BEITRÄGE ZUR HISTORISCHEN THEOLOGIE

HERAUSGEGEBEN VON GERHARD EBELING

43

Gottesbild und Menschwerdung

Eine Untersuchung zur Einheit des Alten und Neuen Testaments

von

ULRICH MAUSER

1971

J.C.B. MOHR (PAUL SIEBECK) TÜBINGEN

©
Ulrich Mauser
J.C.B. Mohr (Paul Siebeck) Tübingen 1971
Alle Rechte vorbehalten
Ohne ausdrückliche Genehmigung des Verlages ist es auch nicht gestattet,
das Buch oder Teile daraus
auf photomechanischem Wege (Photokopie, Mikrokopie) zu vervielfältigen
Printed in Germany
Satz und Druck: Gulde-Druck, Tübingen
Einband: Heinrich Koch, Großbuchbinderei, Tübingen

ISBN 3 16 131541 3 (brosch.)
ISBN 3 16 131542 1 (Lw.)

MEINEN ELTERN ZUGEEIGNET

Qui vult salubriter ascendere ad amorem et cognicio-
nem Dei, dimittat regulas humanas et metaphisicas
de divinitate cognoscenda et in Christi humanitate se
ipsum primum excerceat. Impiissima enim temeritas
est, ubi Deus ipse humiliavit se, ut fieret cognoscibilis,
quod homo aliam sibi viam quaerat proprii ingenii
consiliis usus.

Martin Luther. WA 57 (Hebr), 99.

VORWORT

Die Grundgedanken des vorliegenden Buches sind aus einer Reihe von Seminaren über Biblische Hermeneutik erwachsen, die ich in verschiedener Form seit 1964 am Louisville Presbyterian Theological Seminary abgehalten habe. Dabei stellte sich heraus, daß die durch das Zusammensein von Altem und Neuem Testament in einem Kanon gestellten Probleme trotz aller in den letzten Jahrzehnten an sie gewandten ernsthaften Bemühungen noch weithin eingehender Erörterung entgegenharren. Zu dieser Einsicht hat mir in hohem Maße die wachsame und allen Formeln von vornherein unholde Kritik meiner amerikanischen Studenten verholfen. Ihnen schulde ich deshalb in erster Linie meinen Dank.

Das Buch verfolgt eine doppelte Absicht. Es will zunächst den in den letzten Jahren häufig vorgetragenen Erörterungen über die Einheit des Alten und Neuen Testaments einen neuen Beitrag hinzufügen. Sodann strebt es aber auch das Ziel an, mit Nachdruck die Forderung eines Gesamtentwurfs Biblischer Theologie zu erheben. Das geschieht in der Meinung, daß die heute in getrennten Darstellungen der alt- und neutestamentlichen Theologie zutage tretenden hermeneutischen Grundsatzfragen nur dann einer verheißungsvollen Neubesinnung entgegengeführt werden können, wenn die fundamentale Zweiteiligkeit des christlichen Kanons von vornherein zum Ausgangspunkt des theologischen Denkens wird. Wie groß auch die technischen und sachlichen Schwierigkeiten eines solchen Unternehmens sein mögen, der Entwurf einer Biblischen Theologie muß gewagt werden, sei es auch nur, um sofort von anderen und besseren Entwürfen korrigiert und überholt zu werden.

Im Frühjahr 1968, während eines Besuches an der Vanderbilt University in Nashville, hatte ich Gelegenheit, die Hauptgedanken dieser Arbeit Herrn Professor Gerhard Ebeling vorzutragen. Sein freundliches und förderndes Interesse führte zur Aufnahme der Studie in die Reihe der Beiträge zur Historischen Theologie. Mein Dank für dies Entgegenkommen soll zugleich etwas von dem Dank zum Ausdruck bringen, den ich ihm schon über Jahre hinaus als meinem ehemaligen Tübinger Lehrer schulde. Dem Verleger, Herrn Dr. jur. h. c. Hans Georg Siebeck, danke ich ebenfalls für die Eingliederung der Arbeit in die von ihm betreute Reihe und für die Sorgfalt, die er allen Stadien der Drucklegung zukommen ließ.

VI

Herr Assistent Volker Weymann hat mir die große Hilfe erwiesen, alle Korrekturen mitzulesen. Dafür gilt ihm mein herzlicher Dank.

Dies Buch ist meinen Eltern gewidmet und will einem Dank Gestalt verleihen, der mit Worten nie abzustatten sein wird. Sie haben mein ganzes Leben lang, besonders aber in den letzten zwölf Jahren, mich immer mit selbstloser Förderung begleitet und eigene Wünsche stets dem Wege des Sohnes geopfert. Möge diese Gegengabe sich als ihres Geschenkes würdig erweisen.

Louisville, Kentucky, USA, im März 1971

Ulrich Mauser

INHALT

I. BIBLISCHE THEOLOGIE HEUTE

Ein eindringliches Suchen nach dem Zusammenhang von Altem und Neuem Testament hat die theologische Arbeit der letzten Jahrzehnte stark in Anspruch genommen. Fachleute auf dem Gebiet der alttestamentlichen wie der neutestamentlichen Auslegungswissenschaft nahmen in großer Zahl Stellung zu dieser Frage; an Anstößen und Beiträgen von seiten systematischer Theologen hat es nicht gefehlt; das Wirken bedeutender jüdischer Theologen und Exegeten der jüngeren Vergangenheit verlieh dem neuen Suchen Dringlichkeit und hat in nicht geringem Maße auch auf christliche Theologie richtunggebend gewirkt. Man spricht heute wirklich keine umstürzende Einsicht aus, wenn man feststellt, daß die Erkenntnis der Einheit der beiden Testamente und der Spannung zwischen ihnen als eine Lebensfrage nicht nur für die sachgemäße und verantwortungsbewußte Deutung des christlichen Kanons, sondern auch für die Wahrheit und Kraft christlicher Theologie überhaupt erkannt ist.

Dabei ist man sich bewußt geworden, daß gerade die bahnbrechenden Ausleger in den durch Pietismus und Aufklärung bestimmten Jahrhunderten bis in die neueste Zeit hinein bezüglich der hier zu verantwortenden Weisungen sich auf weiteste Strecken in einem Dämmerzustand befanden, so daß die Frage entweder überhaupt nicht mehr als Frage empfunden oder aber mit Antworten bedacht wurde, die dem Zeugniswillen beider Testamente in keiner Weise angemessen waren. Das heutige Suchen nach dem Zusammenhang der beiden Teile des christlichen Kanons ist deshalb das Bemühen um die Rückgewinnung eines Brachlandes, in dem sich mangels gehöriger Feldbestellung eine ganze Menge Unkraut angesiedelt hatte. Das Ausjäten ist dabei so nötig geworden wie das Neupflanzen und beides dürfte bis zur Stunde noch nicht vollbracht sein. Denn historische Modelle aus Zeiten, die aus einem echten Verhältnis zu der Zweiteiligkeit des Kanons schöpften, etwa der Reformationszeit, sind für uns nicht mehr ohne weiteres zu verwenden. Sie können wohl auf ihre Intention abgehört und darin als Ansporn für eigene Neubesinnung dienlich werden. Aber eine Imitation vergangener Modelle ist unmöglich, weil die Anwesenheit der durch die historisch-kritische Bibelwissenschaft bezeichneten Fragestellungen zu unserem Erbe gehört, das nicht aus dem Hause verwiesen werden darf.

Dennoch stehen wir bisher vor dem Tatbestand, daß zwar an Theologien des Alten und des Neuen Testaments kein Mangel ist, daß deren gegenseitiger Bezug aber nicht annähernd mit derselben Energie erfragt wird, die die Erforschung der innerhalb des alttestamentlichen oder neutestamentlichen Bereichs liegenden Fragen auszeichnet. Gerhard von Rads „Theologie des Alten Testaments" ist freilich auch in dieser Beziehung ein Neubeginn, wenn als Abschluß dieses Werks in einem eigenen Hauptteil das Unternehmen begonnen wird, von der alttestamentlichen zur neutestamentlichen Theologie eine Brücke zu schlagen. Von Rad wagt es zu sagen, „daß es eine wirklich konsequent auf sich beschränkte Theologie des Alten Testaments doch eigentlich nicht geben kann"[1] und beklagt die Tatsache, „daß wir zwei voneinander unabhängige Theologien haben, eine alttestamentliche und eine neutestamentliche, die voneinander keinerlei Notiz nehmen. Es braucht nicht gesagt zu werden, daß dieser Zustand, der durch die Arbeitsteilung und die Verselbständigung der beiden Testamente als getrennter Wissenschaftsbereiche entstand, unbefriedigend ist; wird doch dadurch ein Phänomen von so großer Bedeutung, wie es die offenkundige Bezogenheit der beiden Testamente aufeinander darstellt, gewissermaßen ausgeklammert"[2]. Allerdings hat von Rad selbst den Brückenschlag zwischen den Testamenten eben auch in Form eines, freilich fast genau 100 Seiten umfassenden, Anhangs zu einer alttestamentlichen Theologie unternommen. Seine soeben zitierten Sätze weisen aber deutlich in Richtung auf Entwürfe, die eine biblische Theologie, d. h. die Erforschung der Einheit innerhalb der Mannigfaltigkeit der Schrift Alten und Neuen Testaments von vornherein zum eigentlichen Gegenstand des Erfragens machen[3].

Solche Entwürfe, die in einer umfassenden Gesamtdarstellung das her-

---

[1] G. von Rad, Theologie II 414.

[2] AaO 413. Der amerikanische Alttestamentler G. Ernest Wright hatte schon einige Jahre zuvor dieselben Gedanken geäußert: „We must be dissatisfied, therefore, with the current separation of the Bible into compartments, with the various books on New Testament theology and Old Testament theology which leave it up to the reader to put the whole together, and with the present situation in our theological schools in which the Biblical teachers are separated into Old and New Testament departments." (God Who Acts 111).

[3] Auch G. Ebeling spricht von der Möglichkeit, ja Notwendigkeit, einer biblischen Theologie, deren Aufgabe er wie folgt definiert: „In der ‚Biblischen Theologie' hat der speziell der Erforschung des Zusammenhangs von Altem Testament und Neuem Testament sich widmende Theologe Rechenschaft zu geben über sein Verständnis der Bibel im ganzen, d. h. vor allem über die theologischen Probleme, die dadurch entstehen, daß die Mannigfaltigkeit des biblischen Zeugnisses auf ihren Zusammenhang hin befragt wird." Ebeling erwartet allerdings nicht, daß solche „Biblische Theologie" eine eigene Disziplin entwickelt, sondern er sieht ihre Aufgabe erfüllbar in der Zusammenarbeit von Alttestamentlern und Neutestamentlern unter Mitarbeit von Systematikern und Kirchengeschichtlern (Was heißt „Bibilische Theologie"?, in: Wort und Glaube 88 f.). Ebenso H.-J. Kraus, Die Biblische Theologie 1970 1 ff.

kömmlicherweise in einer alt- oder neutestamentlichen Theologie getrennt zur Sprache gebrachte biblische Reden in konsequenter Bezogenheit aller Einzelteile zueinander entfalten müßten, liegen bisher noch nicht in befriedigender Form vor[4]. Die Erörterung wichtiger Teilprobleme, die dem Wagnis eines Gesamtentwurfs biblischer Theologie vorausgehen müssen, ist aber in beträchtlichem Umfang erfolgt. Teilweise in Form von Monographien[5] und teilweise, der Zahl nach weit überwiegend, in Form von Aufsätzen[6] sind Beiträge zur Frage einer biblischen Theologie geleistet worden, die es erlauben, die bisher zutage getretenen Hauptprobleme einigermaßen genau zu fixieren und die vorgeschlagenen Verstehensmöglichkeiten auf ihre Tragfähigkeit zu prüfen.

[4] Eine Ausnahme ist das Buch von M. Burrows, An Outline of Biblical Theology 1946. Dies Werk, das in systematischer Anordnung etwa 15 Hauptthemen biblischer Theologie darstellt, ist vor dem Aufkommen der lebhaften hermeneutischen Erörterungen der letzten Jahre geschrieben und kann deshalb, trotz vieler wertvoller Beobachtungen im einzelnen, beim heutigen Stand der Forschung nicht mehr genügen.

[5] An neueren Arbeiten seien erwähnt (in der Ordnung des Erscheinungsjahres): W. Vischer, Das Christuszeugnis des Alten Testaments I 1946[7] II 1946[2]. L. Goppelt, Typos 1939. J. Coppens, Les harmonies des deux Testaments 1949. J. Daniélou, Sacramentum Futuri 1950. F. Baumgärtel, Verheißung 1952. G. E. Wright, God Who Acts 1952. A. A. van Ruler, Die christliche Kirche und das Alte Testament 1955. H. H. Rowley, The Unity of the Bible 1955. K. Frör, Biblische Hermeneutik 1961. J. D. Smart, The Interpretation of Scripture 1961. K. H. Miskotte, Wenn die Götter schweigen 1963. M. Barth, Conversation with the Bible 1964. F. Mildenberger, Gottes Tat im Wort 1964. J. Barr, Old and New in Interpretation 1966. F. Hesse, Das Alte Testament als Buch der Kirche 1966. J. Bright, The Authority of the Old Testament 1967. D. Lys, The Meaning of the Old Testament 1967. C. Westermann, Das Alte Testament und Jesus Christus 1968. G. E. Wright, The Old Testament and Theology 1969. H.-J. Kraus, Die Biblische Theologie 1970.

[6] Es ist symptomatisch für die heutige Lage, daß dem Thema eine ganze Reihe von Aufsatzsammlungen gewidmet sind: Le problème biblique dans le Protestantisme, ed. J. Boisset 1955. Probleme alttestamentlicher Hermeneutik, ed. C. Westermann 1960. The Old Testament and Christian Faith, ed. B. W. Anderson 1963. Offenbarung als Geschichte, ed. W. Pannenberg 1963. How does the Christian confront the Old Testament?, ed. P. Benoit/R. E. Murphy/B. van Jersel 1968. Außerdem sind Aufsätze zu nennen, die nicht in die soeben erwähnten Aufsatzsammlungen aufgenommen sind: F. Baumgärtel, Das alttestamentliche Geschehen als „heilsgeschichtliches" Geschehen, in: Geschichte und Altes Testament (1953) 13—28. Ders., Der Dissensus im Verständnis des Alten Testaments, in: EvTh 14 (1954) 298—313. H. Braun, Das Alte Testament im Neuen Testament, in: ZThK 59 (1962) 16—31. G. von Rad, Verheißung, in: EvTh 13 (1953) 406—413. R. Rendtorff, Hermeneutik des Alten Testaments als Frage nach der Geschichte, in: EvTh 19 (1959) 70—90. Zum Thema gehören auch die sich in jüngster Zeit ständig mehrenden Untersuchungen über die Verwendung des Alten Testaments in einzelnen Büchern des Neuen Testaments, sowie über die Zusammenhänge zwischen alttestamentlichen und neutestamentlichen Motiven und Sprachstrukturen. Eine einigermaßen repräsentative Nennung dieser Arbeiten kann hier nicht gegeben werden.

4

In den folgenden Kapiteln soll der Versuch gemacht werden, den bereits vorliegenden Vorarbeiten zum Verstehen der Bibel als ganzer einen Beitrag hinzuzufügen, der einen Fragenbereich erschließen möchte, welcher meines Wissens noch nicht für die Erarbeitung einer biblischen Theologie fruchtbar gemacht wurde. Zur Vorbereitung dieses Vorhabens wird es dienlich sein, an einigen repräsentativen Aufsätzen den gegenwärtigen Stand des Problems zu markieren. Wir wählen zu diesem Zweck Aufsätze zweier Forscher, deren Standpunkte relativ weit voneinander entfernt sind: Walther Zimmerli und Rudolf Bultmann[7]. Walther Zimmerli hat in dem Aufsatz „Verheißung und Erfüllung"[8] ein durch das Neue Testament selbst nahegelegtes und in der Geschichte der biblischen Interpretation in der Kirche vielgebrauchtes Leitmotiv für die Zusammengehörigkeit der beiden Testamente mit den Methoden moderner Exegese neu vorgetragen und damit auch auf dem Boden historisch-kritischer Bibelwissenschaft wieder zu Ehren gebracht. Zimmerli geht aus von der Feststellung, daß das Neue Testament selbst mit dem von ihm proklamierten Heilsgeschehen sich auf das Alte Testament wie die Erfüllung auf die Verheißung zurückbezieht. Dieser Rückgriff auf das Alte Testament ist aber deshalb als legitim anzuerkennen, weil er sich auf eine wesentliche Struktur innerhalb des Alten Testaments stützt; denn das Alte Testament selbst ist voller Verheißungen. Ob es sich im Pentateuch um die Verheißung der Landverleihung und der Nachkommenschaft innerhalb der jahwistischen Erzählungsfolge, in der Priesterschrift um die Zukunft eines wahren Gottesvolkes, oder im Verhältnis der Unheilsgeschichte von Gen. 3—11 zur Patriarchenerzählung um das Versprechen eines universales Unheil überwindenden Segens handelt; ob es sich in den deuteronomistischen Geschichtsbüchern und den Königspsalmen auf die dem judäischen Königshaus gegebenen Verheißungen konzentriert; oder ob uns in der Verkündigung der Propheten mit der Ankündigung bevorstehender göttlicher Geschichtstaten wiederum eine Verheißung auf Kommendes begegnet: überall läßt sich eine Linie der Verheißung erkennen, die sich wenigstens durch die wesentlichsten Teile des Alten Testaments wie ein roter Faden hinzieht. Entscheidend ist aber, nach Zimmerlis Auffassung, nicht das bloße Vorhandensein dieses roten Fadens allein. Von höchster Bedeutung ist vielmehr die Art, wie die alttestamentlichen Verheißungen über sich selbst hinausweisen und so einem jenseits ihrer selbst liegenden Ziel entgegenzustreben scheinen.

Das zeigt sich an einem doppelten Tatbestand: Einmal kann nachgewiesen werden, daß scheinbare Erfüllungen einer konkreten Verheißung im

---

[7] Die weit ausholende Darstellung G. VON RADS im III. Hauptteil des zweiten Bandes seiner Theologie des Alten Testaments ist für die hier zu leistende Standortbestimmung weniger geeignet, weil die Weite der in ihr umfaßten Gesichtspunkte eine kurzgefaßte Orientierung nicht ermöglicht.

[8] Zuerst erschienen in: EvTh 12 (1952/53) 34—59.

Alten Testament selbst der Finalität beraubt und ihrerseits von neuem zur Basis für eine über die anscheinend schon erreichte Erfüllung weit hinausgehende neue Verheißung werden. So wird z. B. die augenscheinliche Realisierung der Verheißung von Landnahme und Nachkommen durch die Niederlassung der 12 israelitischen Stämme in kanaanitischem Gebiet durch die Vorordnung der in weltgeschichtliche Weite strebenden Fluchgeschichte in Gen. 3—11 zusammen mit der Verheißung universalen Heils an die Patriarchen zu einem bloßen Durchgangspunkt inmitten eines Hineilens auf Zukünftiges. Darum läßt sich das Alte Testament nicht anders lesen denn als Dokument eines rastlosen Strebens von Verheißung zu Verheißung. Nie wird ein Punkt erreicht, an dem Israel sagen könnte: hier ist die Verheißung schlechthin erfüllt. Vielmehr: „Überblicken wir das ganze Alte Testament, so finden wir uns in eine große Geschichte der Bewegung von Verheißung auf Erfüllung hin gestellt. Gleich einem großen Bach strömt es — hier reißend, dort in einem Nebenarm scheinbar zur Ruhe gekommen, und doch als Ganzes in der Bewegung einem außerhalb seiner in der Ferne befindlichen Ziel entgegen."[9]

Dazu kommt ein anderes, das noch wesentlicher ist. Insbesondere die prophetische Verheißung im Alten Testament, aber nicht nur sie allein, ist gekennzeichnet durch ein auffallendes Ungenügen an allen konkret erfaßbaren Gegenständen der Erwartung. Prophetischen Voraussagen künftigen Geschehens eignet eine so auffallende Unbekümmertheit bezüglich der konkreten Gestalt des Angesagten, daß es häufig unmöglich ist, ein auch nur einigermaßen genaues Bild von der Zukunftserwartung eines Propheten zu rekonstruieren. Zimmerli will zur Erklärung dieses Phänomens nicht zu psychologischen Erwägungen greifen. Er sieht die Wurzel der Erscheinung vielmehr in einem theologischen Ausgerichtetsein der alttestamentlichen Verheißung überhaupt, nämlich darin, daß sich das Erwarten Israels im Grunde überall nicht auf dies oder jenes hinwendet, sondern auf das Kommen Gottes selbst. Weder Land noch Kinder, weder König noch Tempel, weder nationale Kraft noch das Eintreffen geschichtlicher Gerichtsschläge Jahwes sind als solche das in den alttestamentlichen Verheißungen letztlich erwartete Ereignis. Dies Letzte ist vielmehr durchaus ein innerhalb des Alten Testaments nirgendwo realisiertes, aber nichtsdestoweniger als echt geschichtliches Ereignis erwartetes Ausstehendes: die Hoffnung auf eine Weise der Anwesenheit Gottes im Bund mit seinem Volk, deren konkrete Gestalt nur in Bildern angedeutet, nirgends aber erschöpfend beschrieben ist, es sei denn in der ganz allgemeinen Form „Ich will euer Gott und ihr sollt mein Volk sein".

Folgt man Zimmerlis Darstellung bis zu diesem Punkt, so stellt sie sich als eine mit modernen exegetischen Mitteln durchgeführte Erneuerung des alten Interpretationsmodells von Verheißung und Erfüllung dar. Nun fällt

---

[9] AaO 51.

6

aber auf, daß er dieses Erklärungsschema durch ein ganz anderes ergänzt und bereichert hat, nämlich durch dasjenige von Gesetz und Evangelium. Er hat das, jedenfalls für die gewöhnliche lutherische Tradition, Ungewöhnliche unternommen, Evangelium und Gesetz, das segnende und das strafende Handeln Gottes, gleichermaßen unter dem Oberbegriff Verheißung zu vereinigen. Wir folgen ohne Kritik einfach Zimmerlis Darlegung. Es ist für ihn das Kennzeichnende der prophetischen Botschaft, daß sie Künftiges als Jahwes Kommen ansagt. Dieses Ansagen ist ein Verheißen, und da das Kommen Jahwes ein Kommen sowohl zum Gericht wie zur Rettung ist, enthält die Verheißung sowohl richtende wie rettende Kraft. Damit ist aber das in der alttestamentlichen Verheißung letztlich gemeinte Kommen Gottes mit einer Spannung geladen, die im Alten Testament selbst nirgends aufgelöst ist: Gottes Kommen ist gleichzeitig das Kommen des Richters, vor dem Israel nur noch vergehen kann[10], und ebenso das Kommen des Retters, vor dem die Gebeine der Gerichteten in neuem Leben erstehen[11].

Es bleibt noch zu fragen, was nach Zimmerlis Anschauung für das Neue Testament als Erfüllung der alttestamentlichen Verheißung zu sagen bleibt. Es sind, wenn ich recht sehe, drei Punkte, die hier hervorzuheben sind. Erstens ist das Neue Testament insofern die Erfüllung der Verheißung des Alten Testaments, als es vom ereignisgewordenen Kommen Gottes redet im Zeugnis der Apostel vom Gotteswort, das Geschichte wurde, und von der Geschichte, die Gottes Wort ist. Dieses Geschichte gewordene Wort Gottes antwortet auf die alttestamentliche Verheißung in ihrem doppelten Charakter: Sie ist die Erfüllung der verheißenen Drohung Gottes in der Kreuzigung Jesu und die Realisierung des verheißenen Segens zugleich in Jesu Auferstehung. Wie er das im einzelnen verstanden wissen möchte, hat Zimmerli nicht gesagt. Zweitens und in deutlichem Gegensatz zur Betonung der schlechthinnigen Erfüllung der Verheißung in der Geschichte Jesu redet Zimmerli aber auch von einer Fortsetzung der Verheißungsstruktur des Alten Testaments im Neuen insofern, als der zu Christus gehörige Gläubige gerade durch das „ein für allemal" des Christusgeschehens erst recht in eine neue Erwartung und damit wiederum unter die Gültigkeit einer Verheißung gestellt wird. Und drittens betont Zimmerli die Notwendigkeit der Erkenntnis der alttestamentlichen Verheißung für das Verstehen des Christusgeschehens selbst. Denn nur in dem Ausharren unter dem Spannungsbogen, der sich von Verheißung zu Verheißung und also über eine lange Zeitstrecke hin erstreckt, wird das Wesen der Gottestat in Christus geschützt vor der Verflüchtigung in einen zeitlosen Mythos und allein in diesem Schutz wird dieses Geschehen als echt geschichtliches empfangen werden können.

Wir versuchen nun auf das Ganze von Zimmerlis Darstellung zurückblickend eine Frage zu stellen, die schon im Gedanken an die folgenden Kapitel formuliert ist. Dabei wird der Versuch nicht unternommen, das Ganze

---

[10] AaO 45. [11] Ebd.

der Darlegungen Zimmerlis, insbesondere die Tragfähigkeit der Kombination des Leitgedankens von Verheißung und Erfüllung mit dem Interpretationsmodell von Gesetz und Evangelium, kritisch nachzuprüfen[12]. Es geht uns vielmehr ausschließlich darum eine Frage aufzuweisen, die sich aus Zimmerlis Darstellung ergibt und die unmittelbar auf den Ansatz hinweist, von welchem aus sich die Gedankenführung der folgenden Kapitel nahelegt.

Es ist Zimmerli gelungen, innerhalb des Alten Testaments eine Struktur der Verheißung nachzuweisen, die sich durch große Teile des Buches hinzieht und ihm den Charakter des Dokuments einer Bewegung auf ein zukünftiges Letztes verleiht. Dabei zeigte sich, daß jeder konkrete Inhalt der vielen einzelnen Verheißungen im Blick auf das Ganze auffallend transzendiert und im letzten Sinn auf die Erwartung des Kommens Gottes zu seinem Volk konzentriert wird. Damit ist in der Tat erwiesen, daß sich das Neue Testament keiner Entstellung schuldig macht, wenn es sich auf das Alte Testament als auf das Zeugnis eines entscheidenden Kommens Gottes bezieht. Es ist aber zu fragen, ob das, was inhaltlich im Neuen Testament als Erfüllung bezeichnet ist, in irgendeiner sachlichen Verwandtschaft mit den Inhalten alttestamentlicher Verheißung steht. Gerade Zimmerlis klare Darstellung der großen Variationsbreite alttestamentlicher Verheißungen und sein Betonen, daß das Alte Testament im Grunde nicht dies und das verheißt, schafft den Eindruck einer Verheißungsstruktur, deren Inhalte sich auflösen, so daß nur noch die Struktur der Erwartung selbst als das Wesentliche übrigbleibt. Wohl erreicht Zimmerli durch die Einbeziehung von Gnade und Gericht in den Oberbegriff Verheißung, daß die prophetische Verheißung doppelseitig als strafendes und segnendes Kommen Gottes verstanden werden muß, aber abgesehen von dieser Konkretion bleibt doch nur die ganz formale Struktur der Verheißung übrig. Wenn aber durch das Alte Testament nichts als die reine Struktur hoffender Erwartung auf Gottes Kommen in Gericht und Gnade aufgezeigt wird, mit welchem Recht kann man dann noch sagen, daß eben das Kommen Jesu Christi die Erfüllung dieser Erwartung ist? Könnte das Kommen Jesu nicht ebensogut die Erfüllung jedes Hoffens und Erwartens sein, solange solches Hoffen in irgendeinem Sinne Heil und Unheil einschließt? Mit welcher Notwendigkeit wäre dann noch zu sagen, daß die konkrete Menschengeschichte Jesu sachlich gerade der alttestamentlichen Verheißung und ihr allein zugeordnet ist? Das Kommen Gottes im Neuen Testament ist ja konkret sein Kommen in der *Geschichte eines Menschen* und das ist das einmalige der neutestamentlichen Botschaft, daß Gott in einer *Menschengeschichte* sein ganzes Werk tut. Wenn es der alttestamentlichen Verheißung fremd oder wenigstens neben-

---

[12] Zur Kritik sei beispielsweise verwiesen auf das Kapitel „Typology and Allegory" in dem Buch von J. Barr, Old and New in Interpretation 1964 (deutsche Übers. von E. Gerstenberger, Alt und Neu in der biblischen Überlieferung 1967), dessen Auffassung ich allerdings nicht beipflichten kann.

sächlich sein sollte, das erwartete Kommen Gottes in den Ereignissen eines Menschenlebens zu erhoffen, dann könnte seine Verheißung doch kaum als eine Verheißung Jesu verständlich gemacht werden. Die kirchliche Tradition hat darum auch sehr konkret durch Jahrhunderte hindurch die Verheißung des Alten Testaments als Verheißung der Inkarnation verstanden. Sie hat das mit Mitteln getan, die für uns unverwendbar geworden sind. Es fragt sich aber, ob nicht ihre Blickrichtung trotzdem sinnvoll war. So sind wir vor die Frage gestellt: Ist es möglich, ja vom Wesen alttestamentlicher Verheißung aus gefordert, das Erwarten des Kommens Gottes als Mensch im Alten Testament bezeugt zu finden?

Rudolf Bultmann hat, abgesehen von gelegentlichen Bemerkungen, die in vielen seiner größeren Werke zu finden sind, in zwei Aufsätzen zum Thema des Verhältnisses von Altem und Neuem Testament seine Auffassung der Frage entfaltet[13]. Bultmann kann den soeben besprochenen Gedanken Zimmerlis insofern zustimmen, als auch er die Botschaft des Neuen Testaments als die Erfüllung der Verheißung des Alten Testaments verstehen möchte[14]. Aber das christliche Ja zur alttestamentlich-jüdischen Geschichte kann und darf nach Bultmann nur in einem sehr spezifischen, von großen Spannungen bestimmten Sinn gegeben werden. Denn die Nachbarschaft des Alten Testaments zum Neuen Testament hat für den Ausleger des Neuen Testaments auch eine nicht zu unterschätzende Gefahr.

Um welche Gefahr handelt es sich? Bultmann betont zu Recht, daß in der Verkündigung des Neuen Testaments „das Gottesverhältnis des Menschen an die Person Jesu gebunden ist"[15]. Damit ist dem ganzen Alten Testament gegenüber eine Schranke errichtet. Es geht im Alten wie im Neuen Testament um das Gottesverhältnis des Menschen, aber das Neue Testament behauptet, daß sich des Menschen Heil ausschließlich an der Stellung zu der Person Jesu entscheide. Diese Exklusivität im Zeugnis des Neuen Testaments ist ernst zu nehmen. Sie besagt, daß das gesamte Alte Testament nicht das Dokument sein kann, durch das dem Menschen das Heil zugesprochen wird. Nun ist sich Bultmann natürlich darüber im klaren, daß das Neue Testament trotz seiner Exklusivität bemüht ist, das Christusereignis mit den kanonischen Texten der israelitisch-jüdischen Geschichte in positive Verbindung zu bringen. Eben die Erhellung dieser positiven Verbindung möchte der neutestamentliche Schriftbeweis leisten. Aber gerade hier ergeben sich für Bultmann starke kritische Bedenken. Nicht nur deshalb, weil der kritisch geschulte Interpret im neutestamentlichen Schriftbeweis einer Auslegungs-

---

[13] R. BULTMANN, Die Bedeutung des Alten Testaments für den christlichen Glauben, in: GuV I 313—336. Weissagung und Erfüllung, in: GuV II 162—186.

[14] Die Frage: „inwiefern ist nun die alttestamentlich-jüdische Geschichte Weissagung, die in der Geschichte der neutestamentlichen Gemeinde erfüllt ist?" (GuV II 183) findet eine positive Beantwortung.

[15] GuV I 315 f.

methode gegenübersteht, deren Recht er nicht mehr anerkennen kann. Das
ist freilich auch zu sagen: eine große Zahl neutestamentlicher Schriftbeweise
entfremden die alttestamentlichen Zitate ihrem originalen Zusammenhang
und verwenden sie in einem Sinn, der den alttestamentlichen Autoren selbst
ganz fern lag. Diese Methode, die ungezügelter Allegorese Tür und Tor öffnet, kann von einem historisch orientierten Exegeten nicht anerkannt werden. Viel schwerwiegender als diese Schwierigkeit ist indessen ein anderes
Problem, das sich nicht aus der Form, sondern aus der Sache des Schriftbe-
weises ergibt. Nach Bultmann ist klipp und klar zu sagen: Der neutestamentliche Schriftbeweis ist sachlich illegitim. Seine formale Schwäche, die
in der Willkürlichkeit der Verwendung alttestamentlicher Texte besteht, ist
nur Anzeichen einer sehr viel ernsteren, sachlichen Gefahr: der Schriftbeweis
aus dem Alten Testament ist nicht nur unglaubhaft, er darf vor allem niemand überzeugen[16]. Denn das Christusgeschehen hat seine Mitte im Kreuz
Christi. Da der Schriftbeweis das Kreuz als ein von Gott längst gewolltes
und geplantes Ereignis legitimieren möchte, gibt er dem Kreuzesgeschehen
den Charakter der Notwendigkeit. Dadurch aber wird der Anstoß des Kreuzes verdeckt und ebenso der rechte Weg zu seiner Überwindung[17]. Glaube
ist Überwindung des Anstoßes, den das Kreuz Jesu hervorruft. Gerade deshalb darf der Anstoß nicht durch einen Schriftbeweis unter der Hand in sein
Gegenteil, nämlich in die Gewißheit über einen göttlichen Heilsplan, verwandelt werden. Geschieht das, so ist das Wesen des Glaubens verdunkelt[18]
und das Alte Testament ist zum Mittel für die Erdichtung einer geschichts-
philosophischen Konstruktion geworden, die dem Wesen des Glaubens wi-
derstreitet. Eben das ist die eigentliche Gefahr, die sich nach Bultmanns
Überzeugung aus dem Rückverweis des Neuen Testament auf alttestamentliche Texte ergibt.

Bultmanns Gedankengang ist klar und zwingend nur dann, wenn eine
Reihe alles bestimmender Denkentscheidungen in Betracht gezogen werden[19]. Die Begriffe Offenbarung, Glaube und Geschichtlichkeit sind in seiner
Theologie in einem ganz bestimmten Verständnis unlöslich miteinander
verknüpft. Tod und Auferstehung Christi sind Gottes Offenbarung insofern, als sie im Wort der Verkündigung den Menschen in seinem jeweiligen
Jetzt zur Entscheidung rufen und damit Tod und Auferstehung zu Möglichkeiten menschlicher Existenz machen[20]. Dahinter steht eine charakteristische
Differenzierung zwischen der Geschichtlichkeit des Menschen und der objektiven Historizität konstatierbarer geschichtlicher Fakten. Insofern die Geschichte ein Zusammenhang aufweisbarer Ereignisse und Gegenstände ist,
gehört sie in den Bereich des Naturgeschehens, der in seiner gesamten Di-

---

[16] GuV I 335.   [17] GuV II 168.   [18] GuV I 335.
[19] Vgl. hierzu vor allem die Analyse, die H. Ott in seinem Buch Geschichte
und Heilsgeschichte in der Theologie Rudolf Bultmanns 1955 gegeben hat.
[20] So z. B. R. Bultmann, Theologie 301—306.

mension dem Gesetz von Ursache und Wirkung unterliegt. Auch der Mensch gehört selbstverständlich mit in diesen Bereich; wenn er beobachtet und berechnet, Ereignisfolgen verknüpft und voraussagt, betätigt und bestätigt er sich in diesem Raum des Naturgeschehens. Es ist aber dem Menschen zugleich eigen, zur Geschichte auch ein anderes Verhältnis als das der objektivierenden Betrachtungsweise haben zu können. Er kann Geschichte als Anrede an ihn selbst verstehen in dem Sinne, daß in ihr Grundmöglichkeiten menschlichen Daseinsverständnisses sich erschließen[21]. Diese Möglichkeit, und sie ausschließlich und allein, ist für Bultmann die echte Geschichtlichkeit des Menschen. In ihr kann man nur hören und sich entscheiden, niemals aber berechnen und voraussagen. Wenn nun das echt Menschliche nur im Verstehen der Geschichte als reiner Anrede zu sehen ist, sich also allein im Vollzug einer verantwortenden Entscheidung der Geschichte gegenüber realisiert, so ist es konsequent, daß die wahrhaft menschliche Zeit nicht in der Verkettung historischer Abläufe gesehen werden darf, sondern nur noch im reinen Augenblick, in dem Entscheidung getroffen wird. Die Offenbarung Gottes muß sich an das echt Menschliche, an den Menschen in seiner Geschichtlichkeit wenden. Sie darf also nicht Orientierung über ein vergangenes Geschehen sein, das in seiner Objektivität und Welthaftigkeit dem Bereich des Naturgeschehens eingegliedert ist. Sie kann sich nur als Erschließung eines Daseinsverständnisses ereignen, das im Moment der Entscheidung angenommen oder abgelehnt wird. Die Entscheidung zu einem Existenzverständnis, das dem Kreuz und der Auferstehung Christi angemessen ist, ist der Glaube. Als reiner Glaube kann und darf er durch historische Legitimationen ja nicht gestützt werden; denn sonst gleitet er ab in den Bereich des vorfindlich Naturhaften, dessen Überwindung er im wahren Sinne gerade sein muß.

Nun kann kein Zweifel daran bestehen — wir folgen weiterhin Bultmanns Gedankengang —, daß das Alte Testament sich einem solchen Verständnis von Offenbarung, Glaube und Geschichte nicht ohne weiteres einfügen läßt. Denn auf allen seinen Seiten bleibt im Alten Testament die Offenbarung Gottes und der Glaube Israels gebunden an eine konkrete Volksgeschichte und das heißt an ein Element des natürlichen, welthaften Tatsachenzusammenhangs. Bultmann sucht das klarzumachen durch knappe Analysen dreier Grundbegriffe, die für das Alte und das Neue Testament gleichermaßen konstitutiv sind: Bund, Königsherrschaft Gottes und Gottesvolk. Die Analyse läuft in allen Fällen auf dieselbe Feststellung hinaus: Der Anspruch des jenseitigen Gottes an den Menschen bleibt im Alten Testament stets an die Existenz einer konkreten völkischen Gemeinschaft gekettet. Wohl vollzieht sich innerhalb der alttestamentlichen Geschichte eine Bewegung auf eine Überwindung dieser Verkettung; die prophetische Botschaft prägt Bund, Königsherrschaft Gottes und Gottesvolk um zu „eschato-

---

[21] Z. B. GuV I 318.

logischen" Begriffen, d. h. sie werden nicht mehr als geradlinige Fortsetzungen der israelitischen Volksgeschichte erwartet, sondern von einem Wunder Gottes, das die bestehenden Weltordnungen außer Kraft setzt. Dennoch ist weder in der prophetischen Botschaft noch in der spätjüdischen Theologie der absolute Begriff der „Entweltlichung" erreicht. Wohl erwartet man auf der einen Seite das Einbrechen der Jenseitigkeit Gottes in die Welt, aber auf der anderen Seite bleibt selbst dieser Einbruch der Jenseitigkeit die Bestätigung der Geschichte Israels; denn die konkrete Gemeinschaft des israelitisch-jüdischen Volkes wird erwartet als die Größe, der die wunderbaren Ereignisse der Endzeit zugute kommen werden. In dieser Mischung von Weltlichem und Unweltlichem sieht Bultmann einen inneren Widerspruch, eine Illusion, den Selbstwiderspruch des Alten Testaments. Wohl geht die Intention des Alten Testaments auf den überweltlichen Gott und sein Handeln. „Aber der Widerspruch liegt darin, daß Gott und sein Handeln nicht im radikal jenseitig-eschatologischen Sinne verstanden werden, sondern mit der empirischen Volksgeschichte zur Deckung gebracht werden sollen"[22]: Erst im Neuen Testament ist der Widerspruch aufgelöst. Der Anspruch Gottes ist nun verstanden als Erschließung radikaler Entweltlichung. Der Glaubende lebt in totaler Freiheit von allen weltlichen Bindungen, er gehört zu einer Gemeinschaft, die alle empirischen, völkischen Bindungen überwindet und in seinem Glauben lebt er aus der Kraft des ewig gegenwärtigen Gnadenangebots Gottes, das ihn in stets neuer Entscheidung von allen welthaften Bestimmungen seines Daseins erlöst.

Entweltlichung bedeutet für Bultmann die Befreiung zur echten Geschichtlichkeit und damit zur eigentlichen Kreatürlichkeit des Menschen. Der Glaube ist der Sieg, der die Welt überwunden hat, weil er von dem gesamten unheilvollen Nexus des Naturgeschehens befreit. Zu diesem Unheilsgewebe gehört alle vorfindlich erfaßbare Geschichte in dem Augenblick, in dem objektivierende Betrachtung sie als innerweltlichen Zusammenhang erfaßt. Das gilt für die Lebensgeschichte des Einzelnen ebenso wie für irgendeine Volksgeschichte. Die Geschichte Israels macht davon keine Ausnahme. Im Gegenteil: weil in ihr das Kommen Gottes, des absolut Jenseitigen, stets verknüpft blieb mit den innerweltlichen Fakten einer völkischen Existenz, widerspricht das Alte Testament dem entscheidenden Punkt der neutestamentlichen Verkündigung, nämlich seiner radikal entweltlichenden Kraft. Darum kann das Alte Testament für den Christen nicht Offenbarung Gottes sein[23]. An die großen Gestalten des Alten Testaments, an einen Mose oder David, darf sich christliche Verkündigung deshalb nicht erinnern[24]. Denn Jesus Christus als das Wort Gottes oder, was dasselbe ist, das verkündigende Wort der Kirche ist artmäßig von einem historisch erinnernden Bericht verschieden. „Die Botschaft von der vergebenden Gnade Gottes in Jesus Christus ist kein geschichtlicher Bericht über ein vergangenes Ereignis, sondern

---

[22] GuV II 184. [23] GuV I 333. [24] AaO 332.

sie ist das verkündigende Wort der Kirche, das jetzt jeden unmittelbar als Gottes Wort anredet, und in dem Jesus Christus als das ‚Wort' gegenwärtig ist."[25]

Gerade auf Grund dieser Scheidung des Alten Testaments vom Neuen Testament kommt es aber bei Bultmann zu einer positiven Verhältnisbestimmung der beiden Testamente. Denn die Botschaft des Neuen Testaments kann als Zuspruch der Gnade Gottes nur verstanden werden, wenn Gnade erkannt wird als Befreiung von einem Zustand des Unheils. Nur dialektisch, nur im Widerspruch zur Heillosigkeit, kann Gnade als Gnade empfangen werden. Das Alte Testament, in seinem Selbstwiderspruch zwischen der Intention, das Wort des jenseitigen Gottes vernehmbar zu machen, und dem Versuch, das Handeln des jenseitigen Gottes in die empirische Weltlichkeit Israels hinein zu bannen, ist in eben diesem Selbstwiderspruch der Spiegel des Unheils, von dem Gottes Gnade in Christus erlöst. Insofern ist es Gesetz, dessen Ende Christus herbeiführt. Das Evangelium aber eliminiert nie das Gesetz, vielmehr setzt es das Gesetz allezeit voraus. Deshalb kann man sagen, daß die Nachbarschaft des Alten Testaments zum Neuen Testament bleibende theologische Relevanz hat. Ja, gerade so gesehen ist das Alte Testament Verheißung. Der Glaube bedarf „des Rückblicks in die alttestamentliche Geschichte als eine Geschichte des Scheiterns und damit der Verheißung, um zu wissen, daß sich die Situation des Gerechtfertigten nur auf dem Grunde des Scheiterns erhebt. Wie der Glaube den Gesetzesweg als überwundenen ständig in sich enthält, um wirklich Rechtfertigungsglaube zu sein, so enthält er ebenfalls auch jenen *Versuch der Identifikation weltlichen und eschatologischen Geschehens ständig als überwundenen* in sich, um eschatologische Haltung zu sein"[26]. Wohl kann die Erkenntnis des Gesetzes als des notwendigen Gegensatzes zur Gnade auch aus anderen Quellen als dem Alten Testament entspringen und insofern hat das Alte Testament selbst als das Dokument eines verheißungsvollen Scheiterns nur pädagogische, nicht aber prinzipielle Bedeutung für den christlichen Glauben[27]. Aber es ist zu sagen, daß die Erfassung des Gesetzes im Alten Testament eine solche Tiefe erreicht, daß hier in einzigartiger Angemessenheit die Situation des Menschen unter dem Gesetz zur Sprache kommt. Hier ist Gottes Forderung radikal erfaßt, weil sie jede idealistische oder utilitaristische Interpretation ausschließt und weil sie den konkreten Menschen völlig auf seine konkrete Geschichte behaftet, also alle Fluchtwege in mystische Zeitlosigkeit verbaut. Nicht als die einzig mögliche, aber als die zwingendste und überzeugendste Gestalt des Gesetzes hat darum das Alte Testament bleibende Bedeutung für die rechte Interpretation des Neuen Testaments.

Wenn nun, im Rückblick auf diese Skizze von Bultmanns Position, wiederum eine kritische Frage gestellt wird, so ist auch sie, wie bei der Besprechung Zimmerlis, bereits geleitet von dem Thema der folgenden Kapitel. Es

---

[25] Ebd.   [26] GuV II 186. Meine Sperrung.   [27] GuV I 320 f.

ist also nicht die Absicht, Bultmanns Interpretation des Alten Testaments als ganze zu prüfen; nur ein bestimmter Ausschnitt aus dem ganzen Fragenkomplex soll etwas genauer beleuchtet werden.

Heinrich Ott hat die Verbindung zwischen der Forderung zur Entmythologisierung des Neuen Testaments und dem Bultmann leitenden Verständnis von Geschichte und Zeit einleuchtend klargemacht[28]. Es tritt in Otts Analyse deutlich zutage, daß Bultmanns Verständnis von Geschichte und Zeit dem Entmythologisierungsprogramm so zugrunde liegt, daß es dieses geradezu erzwingt. Es ist für die hier zu stellende Frage wesentlich, diesen Zusammenhang wenigstens kurz zu verdeutlichen. Zunächst gilt im Blick auf die Geschichte, daß jeder Mensch zwei grundsätzlich voneinander verschiedene Möglichkeiten hat sich zu seiner Geschichte zu verhalten. Er kann seiner Geschichte als einem empirisch-objektiv konstatierbaren Tatsachengefüge entgegentreten, er kann darin beobachten und logisch verknüpfen, berechnen und voraussagen und sich so seiner Vergangenheit wie seiner Zukunft bemächtigen. In dieser Stellung zu seiner Geschichte ist der Mensch als ein Teil der Welt in der Welt gefangen, er ist weltlich und lebt als Mensch uneigentlich. Er kann aber ebenso seine Geschichte als Begegnung mit sich ihm in dieser Begegnung öffnenden Möglichkeiten des Daseinsverständnisses erfahren und darin sich zu seiner Antwort entschließen. In diesem Entschluß ist der Mensch frei, das Gefüge des Weltlichen wird in ihm überwunden und so allein kann er eigentlich als Mensch leben. Dem entspricht genau die Bestimmung der Zeit des Menschen. Er kann sich als Glied in der Kette welthafter Zusammenhänge verstehen, seine Zeit also als determiniert erfahren durch die Kontinuität eines historischen Ablaufs. Diese Erfahrung der Zeit ist dem Menschen wiederum uneigentlich. Seine eigentliche Zeit, in der er als Mensch zu sich selbst kommt, ist ausschließlich das punctum mathematicum der reinen Gegenwart, in dem sich Begegnung und verantwortende Entscheidung vollzieht. Im reinen Jetzt allein hat deshalb der Mensch seine eigentliche Zeit, in welcher der zeitliche Zusammenhang von Vergangenheit, Gegenwart und Zukunft als die Zeit des welthaft Vorfindlichen überwunden wird. In beiden Fällen, bezüglich der Geschichte wie der Zeit, ist der Begriff des Weltlichen der Angelpunkt. Die eigentliche Existenz des Menschen ereignet sich stets als die Überwindung des Welthaften, als des Menschen Entweltlichung. Diese Möglichkeit der Entweltlichung des Menschen ist aber zugleich die ontologische Struktur, die das Gottesverhältnis des Menschen ermöglicht. Denn Gott ist per definitionem unweltlich, absolut jenseitig. Des Menschen Entscheidung, die ihn entweltlicht, ist darum seine Entscheidung für Gott, der wesensmäßig unweltlich ist. Nun hat Bultmann bekanntlich den Mythos definiert als die Redeweise, in der das Unweltliche weltlich, das Göttliche in welthafter Geschichte erzählend dargestellt wird. „Der Mythos redet von der Macht oder von den Mächten, die der

[28] H. OTT, aaO.

Mensch als Grund und Grenze seiner Welt und seines eigenen Handelns und Erleidens zu erfahren meint. Er redet von diesen Mächten freilich so, daß er sie vorstellungsmäßig in den Kreis der bekannten Welt, ihrer Dinge und Kräfte, und in den Kreis des menschlichen Lebens, seiner Affekte, Motive und Möglichkeiten, einbezieht . . . Er redet vom Unweltlichen weltlich, von den Göttern menschlich."[29] Da nun der Mythos sich welthafter Vorstellungsweisen zur Darstellung des Göttlichen bedient, andererseits aber der dem Welthaften verfallene Mensch nach Bultmann gerade der Mensch in seiner Uneigentlichkeit ist, so ist völlig klar, daß der Mythos weder als Rede von Gott noch als Aussage vom Gottesverhältnis des Menschen brauchbar ist. Er verdeckt gerade das Entscheidende: die Unwelthaftigkeit Gottes und die Entweltlichung des Menschen im Glauben. Daraus resultiert die Forderung der Entmythologisierung.

Daß das Alte Testament Bultmanns Auffassung von des Menschen Geschichtlichkeit und von seiner eigentlichen Zeit nicht entspricht, braucht nicht betont zu werden, hat Bultmann doch selbst aus diesem Grunde es abgelehnt, dem Alten Testament Offenbarungscharakter zuzuerkennen. Bultmann hat dies getan in der richtigen Erkenntnis, daß das Alte Testament einer Trennung des Göttlichen vom Weltlichen überall so sehr widersteht, daß trotz des stark ausgeprägten Sinnes für die Transzendenz Gottes im Alten Testament das Transzendente sich immer in einer Einheit mit Weltlichem darstellt. Diese Erkenntnis ist für ihn der Grund für die Feststellung vom inneren Selbstwiderspruch des Alten Testaments, der im Neuen Testament überwunden ist durch die Offenbarung der reinen Jenseitigkeit Gottes, der radikalen Entweltlichung des Glaubens und der Erfassung der Heiligkeit des absoluten Jetzt. Man kann aber sehr wohl fragen, ob es nicht möglich, ja gefordert wäre, entschlossen den Spieß herumzudrehen und die von Bultmann gestellte Frage daraufhin nachzuprüfen, ob es nicht gerade die unlösliche Verbindung des Jenseitigen mit dem Weltlichen im Alten Testament sein könnte, die das Alte Testament zur Verheißung für die Botschaft des Neuen Testaments macht; und zwar nicht zur Verheißung im Sinne des Scheiterns und des Widerspruchs, sondern so, daß gerade diese Verbindung des Jenseitigen mit dem Weltlichen im Alten Testament auf eine Erfüllung weist, die den eigentlichen Kern des Neuen Testaments darstellt. Fern davon deshalb in einem Selbstwiderspruch gefangen zu sein, könnte das Alte Testament vielmehr gerade darum die Verheißung des Christusgeschehens sein, weil es auf dem Wege dazu ist, das Göttliche in der Form des Welthaften zu erfassen. Verheißung von Gottes Offenbarung wäre das Alte Testament dann gerade insofern, als es das Eingehen des Göttlichen in das Welthafte noch nicht mit völliger Radikalität auszusagen ver-

---

[29] R. BULTMANN, Neues Testament und Mythologie, in: Kerygma und Mythos I (1948) 23.

mag, sondern erst ahnt, vorbereitet und mit deutlicher Gebrochenheit stück-
weise darstellt.

Freilich, die Rede vom „Eingehen des Göttlichen in das Welthafte" ist
noch viel zu allgemein. Sie muß im Sinne des Neuen Testaments sofort dahingehend präzisiert werden, daß sie auf das Eingehen des Göttlichen in ein
Menschenleben hinweist. Aber an dieser Stelle erhebt sich für das Verstehen
von Bultmanns Gedankenführung erst das entscheidende Problem. Trotz
des Beharrens auf der absoluten Jenseitigkeit Gottes und trotz der Betonung
der entweltlichenden Kraft des Glaubens steht es doch auch für Bultmann
fest, daß sich an der Stellung zu der Person Jesu das Gottesverhältnis des
Glaubenden entscheidet. Das Jenseitige und Unweltliche ist also auch in
Bultmanns Auffassung an die konkrete weltliche Erscheinung eines Menschen geknüpft, der den jüdischen Namen Jesus trug. Jedoch, in welchem
Sinne ist dies bei Bultmann gemeint?[30] Bedeutsam für den Glauben ist Jesus nur insofern, als er das Wort Gottes an uns ist. Diese Bedeutsamkeit ist
im urchristlichen Kerygma ausgesprochen, welches das Gekommensein, den
Tod und die Auferstehung Jesu Christi als „eschatologisches Heilsereignis"
verkündet. Gekommensein, Tod und Auferstehung, aber ja nicht mehr oder
weniger! Es ist für unsere Frage insbesondere das Gekommensein Jesu
Christi, das im Sinne Bultmanns genau verstanden sein will. Der Begriff
Gekommensein ist mit Bedacht gewählt. Er steht in engstem Zusammenhang mit Bultmanns bekannter Weigerung, über das pure Daß des Christusereignisses hinaus noch irgendein Was als theologisch legitim und rele-
vant anzuerkennen. Es ist selbstverständlich unerläßlich für das Kommen
des Kerygmas, daß es einen Menschen Jesus gegeben hat. Da aber Jesus
Christus als Gottes Wort an uns im Kerygma voll und ganz ausgesprochen
ist, ist jede Rückfrage auf das mit dem Namen Jesus gemeinte menschliche
Leben unnötig, ja schädlich. Schädlich deshalb, weil jede solche Rückfrage
auf nichts anderes als auf Mitteilung bestimmter historischer Fakten hinauslaufen und damit an dem Charakter des Kerygmas als Anrede nur vor-
beisehen könnte. Das Menschenleben, das der Name Jesus meint, ist also
wesentlich nur insofern, als es die Voraussetzung zum Kommen des Kerygmas ist. Der Begriff Gekommensein will diese Voraussetzung festhalten
und gleichzeitig das Faktum des Lebens Jesu in seiner Bedeutung daraufhin einschränken, daß es eben eine bloße Voraussetzung für das eigentlich
Wesentliche ist, nämlich das Kerygma als Gottes Anrede an uns.

Daraus folgt, daß das Eingehen Gottes in das Menschliche bei Bultmann
nur in höchst reduziertem Sinn verstanden werden darf. Der Gehalt der Geschichte Jesu ist für das christliche Kerygma bei Bultmann belanglos und
das bedeutet, daß das menschliche Leben Jesu als solches eben nicht das
Wort Gottes ist. Demgegenüber muß eingewandt werden, daß das Neue Te-

---

[30] Ich beziehe mich im folgenden, teils explizit, meist aber implizit, auf
G. EBELING, Theologie und Verkündigung 1963.

stament, einschließlich der paulinischen und johanneischen Literatur, eine solche Entwertung des Menschenlebens Jesu nicht erlaubt. Das Kerygma bezieht sich durch die Nennung des Namens Jesus nicht nur auf dieses Leben als Voraussetzung zurück, sondern erhält durch diesen Namen seine entscheidende inhaltliche Interpretation.

Die im Kerygma verwandten christologischen Würdetitel sind dadurch bestimmt, daß sie auf den Menschen Jesus bezogen sind. „Denn was χριστός, κύριος, υἱὸς τοῦ θεοῦ usw. heißt als über Jesus ausgesagt, das steht nicht kraft des vorgegebenen Gebrauchs dieser Termini fest — sowenig dieser Gebrauch zum Verständnis gleichgültig ist —, sondern erfährt erst dadurch seine Bestimmtheit, daß Jesus es ist, von dem diese Titel ausgesagt werden."[31] Damit ist die Aufgabe gestellt, das Menschentum Jesu[32] als Grund des Kerygmas und das heißt zugleich als das eigentliche Wort Gottes ernst zu nehmen.

Damit sind wir aber erneut am selben Punkt angelangt, an den die Überlegung über Walther Zimmerlis „Verheißung und Erfüllung" führte. Dort ergab sich die Frage, ob das Alte Testament nicht nur dann als Verheißung auf das Neue Testament hin verstanden werden könnte, wenn es dem Charakter seines eigenen Erwartens gemäß als die Erwartung von Gottes Kommen in Gestalt eines konkreten menschlichen Lebens verstanden werden kann[33]. Die Erwägungen zu Rudolf Bultmanns Verständnis des Verhältnisses der beiden Testamente brachten uns, von der Seite des Neuen Testaments her, zu einem dementsprechenden Postulat: Die Menschengeschichte Jesu Christi ist, als Grund des christlichen Kerygmas, das Wort Gottes. Diese Menschengeschichte erweist sich also als der Konvergenzpunkt von Fragerichtungen, die sich vom Alten wie vom Neuen Testament her stellen.

Es fragt sich nun, ob es nicht möglich wäre, von diesem Konvergenzpunkt aus das Problem des Verhältnisses zwischen Altem und Neuem Testament neu zu durchdenken. In Richtung auf das Alte Testament stellt sich die Frage in dieser Form: Wenn das Alte Testament als Verheißung verstanden werden soll, die das Kommen Gottes konkret als sein Kommen in Gestalt einer menschlichen Geschichte erwartet, so muß danach gefragt werden, ob das Gottesbild des Alten Testaments Züge aufweist, die die Neigung Gottes zur Menschwerdung bezeugen. Dem müßte gleichzeitig ein Menschenbild entsprechen, das menschliches Leben dazu bestimmt erweist, sich als Menschengeschichte gewordenes Wort Gottes zu vollenden. Vom Neuen Testament aus gesehen ist aber zu fragen, ob die Geschichte, die christliche Theologie jahrhundertelang als die Menschwerdung Gottes beschrieb, als eine

---

[31] G. Ebeling, aaO 48.

[32] Der Ausdruck Menschentum soll nicht ein psychologisches Faktum, also den Charakter Jesu, bezeichnen, sondern nur die volle Menschlichkeit Jesu festhalten.

[33] Vgl. oben 7 f.

echte menschliche Geschichte so verstanden werden kann, daß sie den Grundstrukturen des alttestamentlichen Gottes- und Menschenbildes entspricht.

Es ist die These dieses Buches, daß sowohl das Alte wie das Neue Testament den soeben gestellten Fragen in der Tat positive Antwort erteilt. Auf die kürzeste Form gebracht läßt sich diese These vorläufig so umschreiben: Die Anthropomorphismen des Alten Testaments sind Anzeigen eines Gottes, der dem Menschlichen nicht fremd ist, sondern in Teilnahme an der Geschichte des Menschen sich Menschliches zugesellt. Dem entspricht gleichzeitig das Menschenbild des Alten Testaments, das, um einen von Johannes Hempel geprägten Ausdruck schon hier aufzunehmen, in bestimmtem Sinne theomorph ist. Das zur Umschreibung des Christusgeschehens verwendete lateinische Wort incarnatio läßt sich, wenn man ein rein formales Wortspiel einen Augenblick lang erlaubt, als lateinische Übersetzung der griechischen Wendung ἐν μορφῇ ἀνθρώπου auffassen: Der alttestamentliche Gott ἐν μορφῇ ἀνθρώπου ist die Ankündigung des Deus incarnatus. Und der Mensch des Alten Testaments, der in gewissem Sinn sein Leben ἐν μορφῇ θεοῦ erfährt, ist der Bote des Menschen Jesus, dem das christliche Bekenntnis vere Deus entspricht. Damit ist unser Thema gestellt[34].

---

[34] Vgl. H. M. KUITERT, Gott in Menschengestalt 1967. In der Beurteilung des Anthropomorphismus in der Bibel deckt sich KUITERTS Buch teilweise mit der Auffassung, die in den folgenden Kapiteln vorgetragen wird.. KUITERTS Absicht geht aber, trotz ausführlicher Besprechungen biblischer Texte, auf die Gotteslehre in der systematischen Theologie, während es uns um ein Verständnis der Zusammengehörigkeit von Altem und Neuem Testament geht, also um eine Frage biblischer Hermeneutik. Damit hängt es zusammen, daß die inhaltliche Durchführung hier und dort ganz verschieden ist, zumal das Korrelat des anthropomorphen Gottesbildes in der Bibel, nämlich das theomorphe Menschenbild, von KUITERT nicht zum Thema gemacht wurde.

II. DIE KRITIK AM BIBLISCHEN ANTHROPOMORPHISMUS

Der am Ende des letzten Kapitels ausgesprochenen These steht vieles entgegen. Sie bedarf nicht nur der Entfaltung und Erklärung. Ihre Berechtigung als sachgerechte Interpretation biblischer Texte muß erst noch erwiesen werden. Sie enthält vor allem aber innere Schwierigkeiten, deren Gewicht die Auslegungsgeschichte der Schrift stark beeinflußt hat. Es wäre nicht gut, die Schwierigkeiten kurzerhand zu ignorieren, die sich biblischen Interpreten zu allen Zeiten mehr oder weniger unausweichlich in den Weg stellten. Denn die Geschichte der christlichen Deutung der Bibel, besonders des Alten Testaments, bietet klare Anzeichen dafür, daß die anthropomorphen Redeweisen von Gott häufig eine Verlegenheit darstellten, der man entweder durch die glatte Verneinung ihrer Angemessenheit oder durch apologetische Sublimationen aus dem Wege gehen wollte. Diese Tatsache gab wohl Anlaß dazu, daß Johannes Hempel den Satz niederzuschreiben wagte: „die Geschichte des Anthropomorphismus Gottes in Theologie und Philosophie ist eine Leidensgeschichte"[1]. Dieser Leidensgeschichte im einzelnen nachzugehen ist nicht unser Ziel; doch haben wir die Absicht, durch eine Auswahl repräsentativer Beispiele aus alter und neuer Zeit verschiedene Beurteilungen des Anthropomorphismus aufzudecken, ihre Motive zu verstehen und so den Weg zu eigenem Verstehen vorzubahnen.

Die Gegebenheit der alttestamentlichen Anthropomorphismen ist stets beachtet worden. Es ist dabei üblich geworden, zwischen der Gestalt Gottes in Analogie zur Menschengestalt, seinem Wirken wie menschlichem Wirken und menschengleichen Empfindungen Gottes zu unterscheiden. Ungenauer, aber sehr weit verbreitet, ist die Differenzierung zwischen Anthropomorphismus und Anthropopathismus. Läßt man sich auf die heute üblichen Klassifizierungen wenigstens einmal vorläufig ein, so kann man mit leichter Mühe für jede Form des Anthropomorphismus im Alten Testament Beispiele finden. Gott ist beschrieben in *menschlicher Gestalt*: Er hat einen Mund (Jer 9,12), darum kann er reden (Lev 4,1); er hat Augen (Am 9,4), mit denen er sieht (Gen 6,12); Ohren (Hos 8,18), mit denen er hört (Ex 16,12). Auch Arme (Jes 52,10), Hände (Am 9,2), Finger (Deut 9,10) und Füße (Jes 66,1) fehlen ihm nicht. Gottes Han-

---

[1] J. HEMPEL, Das Ethos des Alten Testaments 198.

deln ist beschrieben wie das *Handeln eines Menschen*: Er wandelt in der Abendluft in seinem Garten (Gen 3,8), schließt eigenhändig hinter Noah die Arche zu (Gen 7,16), fährt vom Himmel hernieder, um sich den Turm in Babylon zu besehen (Gen 11,5). Er ist einem Krieger gleich (Ex 15,3) oder einem Reiter (Deut 33,26) oder auch einem Kelterer (Jes 63,1–6). Schließlich wird von Gottes Empfindungen und Gedanken geredet, wie man von *menschlichem Empfinden und Denken* redet: Gott kennt Freude (Zeph 3,17), er hat Wohlgefallen an etwas (Jer 9,24), kann aber auch Ekel empfinden (Lev 20,23); selbst so moralisch fragwürdige Gemütsregungen wie Eifersucht (Ex 20,5), Zorn (Deut 29,19) und Gereuen (Gen 6,6) werden ihm zugesprochen.

Es ist oft behauptet worden, daß erst das Neue Testament einen Begriff von Gott als reinem Geist kenne und sich dadurch wesentlich vom Alten Testament unterscheide. Dagegen ist aber zunächst vom religionsgeschichtlichen Standpunkt aus zweierlei einzuwenden. Erstens bedurfte es nicht des Neuen Testaments, um die Frage gegenüber der Problematik der Anthropomorphismen zu erwecken. Diese Frage ist vielmehr in der spätjüdischen Theologie, völlig unabhängig von der Entstehung der christlichen Gemeinden, durchaus als Problem empfunden und teilweise mit ganz radikal negativen Antworten bedacht worden. Zweitens bietet die griechische Religionsgeschichte insofern eine interessante Parallele, als sich auch in ihr eine Bewegung von anthropomorphem Gottesverständnis zur Kritik am Anthropomorphismus findet. Da die Ausbildung der spätjüdischen Theologie sich in der geistigen Umwelt des Hellenismus abspielte, liegt die Annahme von vornherein nahe, daß die Problematik der Anthropomorphismen auch für jüdische Denker zur Zeit des Neuen Testaments unter dem Einfluß hellenistischer Gedanken zur Erfahrung kam.

1. Xenophanes

Die Kritik an den Anthropomorphismen der Götterwelt Homers und Hesiods findet sich zum ersten Mal im griechischen Bereich im Umkreis der jonischen Naturphilosophen des 6. Jahrhunderts. Die uns überlieferten Fragmente von Thales, Anaximander und Anaximenes enthalten zwar keine direkte Kritik an der Menschenartigkeit des griechischen Pantheons[2]. Der ihnen allen eigene Trieb zur Auffindung eines einfachen Naturprinzips und der ihnen ebenso gemeinsame Wille, dieses Einfache mit dem Göttlichen zu identifizieren, mußte aber dem Göttermythos tödlich werden. In Xenophanes von Colophon kommt die gegen den Anthropomorphismus der Göttergeschichten gerichtete Spitze der jonischen Naturphilosophie zu

---

[2] Hierzu W. JAEGER, Die Theologie der frühen griechischen Denker 1953. G. S. KIRK/J. E. RAVEN, The Presocratic Philosophers 1962.

klarem Ausdruck, bei ihm freilich gleich in scharfer und einprägsamer Form. Die Beweggründe und Absichten der Kritik erscheinen mit genügender Deutlichkeit, auch wenn sie in Einzelheiten die Gedanken ihres Urhebers nicht mehr klar erkennen lassen.

Xenophanes ist wohl nicht ein originaler Philosoph gewesen[3]. Vielmehr dürfte seine Bedeutung darin liegen, die Motive und Ziele der jonischen Naturphilosophie kritisch gegen das herrschende Denken zu wenden. Vielleicht war seine Wirkung gerade deshalb so groß[4], weil er, mit der Mühe eigenen Forschens nicht so sehr belastet, die Zeit fand, das von seinen Vorgängern Geleistete in schlagenden Versen vor die Zeitgenossen zu bringen und die Schärfe seiner Beobachtung und seiner Formulierungen dem Geschäft der Polemik zu leihen. Auf alle Fälle ist er in hervorragendem Maße theologisch interessiert gewesen. Diogenes Laertius hat in seiner Beschreibung des Lebens und der Lehre der Philosophen vor allem anderen die Polemik des Xenophanes gegen die Götterwelt Homers und Hesiods hervorgehoben[5], und diese Charakteristik ist durch die überlieferten Fragmente bestätigt. Die in den Fragmenten ausgesprochene Kritik am Anthropomorphismus läßt sich in drei Gesichtspunkten zusammenfassen.

1. Xenophanes hat zum ersten Mal die Feststellung getroffen, die in der Geschichte der Kritik an den Anthropomorphismen stets das kräftigste Argument gewesen ist: es ist menschliche Anschauung, die der Gestalt der Götter ihre Form aufprägt.

Es sind die Sterblichen, die wähnen,

daß Götter geboren werden;

daß sie Kleider, Stimme und Körper

haben, wie sie selbst[6].

Die Vorstellung des Göttlichen in Menschenform ist deshalb nichts als ein Reflex des Bildes, das der Mensch von sich selbst hat: Anthropomorphismen sind Spiegelbilder der Anthropologie. Diese Feststellung hat für Xenophanes deutlich die Folge, daß anthropomorphe Vorstellungen als naive und verfälschende Anschauungen zu beurteilen sind. Er hat mit spürbarem Sarkasmus die Relativität des Bildes vom Menschen und damit gleichzeitig die Relativität aller anthropomorphen Gottesbilder hervorgehoben.

Die Äthiopier sagen, ihre Götter seien stumpfnäsig und schwarz, die

---

[3] W. Jaeger, aaO 40. G. S. Kirk/J. E. Raven, aaO 168.

[4] W. Jaeger, aaO 50 ff. hat des Xenophanes Bedeutung für die Folgezeit sehr hoch eingeschätzt.

[5] (Ξενοφάνης) γέγραφε δὲ ἐν ἔπεσι καὶ ἐλεγείας καὶ ἰάμβους καθ' Ἡσιόδου καὶ Ὁμήρου, ἐπικόπτων αὐτῶν τὰ περὶ θεῶν εἰρημένα. DIOGENES LAERTIUS IX, 18.

[6] 'Αλλ' οἱ βροτοὶ δοκέουσι γεννᾶσθαι θεούς, τὴν σφετέρην δ' ἐσθῆτα ἔχειν φωνήν τε δέμας τε. Kirk/Raven, aaO. Dieses und die folgenden Xenophanes-Zitate sind nach der bei Kirk/Raven, aaO vorliegenden Textgestalt gegeben.

Thracier dagegen behaupten, die ihren hätten blaue Augen und rotes Haar[7].

Wenn Tiere Götter hätten, würden sie das Göttliche ohne Zweifel in tierischer Form begreifen und darstellen.

Wenn Vieh, Pferde oder Löwen Hände hätten, wenn sie mit Händen zeichnen oder ein Werk verrichten könnten, wie Menschen tun, dann würden Pferde die Erscheinung der Götter als Pferde und das Vieh sie in Viehgestalt zeichnen,

und ein jedes würde die Leiber der Götter seinem eigenen Leibe nachgestalten[8].

Das Ziel dieser ironischen Sätze ist klar: die Menschengestalt der Götter soll als ein Unverstand verspottet und diskreditiert werden.

2. Die Einsicht in die Korrelation von Menschenbild und Göttervorstellung und damit in die Relativität aller Anthropomorphismen ist bei Xenophanes begleitet von der Erkenntnis der ethischen Minderwertigkeit der homerischen Götter. Die olympischen Götter mit ihren ins Übermenschliche projizierten menschlichen Eigenschaften nehmen auch an menschlichen Lastern teil.

Homer und Hesiod haben den Göttern all das beigelegt, was bei Menschen als schandhaft und verwerflich gilt, nämlich Stehlen, Ehebrechen und gegenseitiges Betrügen[9].

Der erkenntnistheoretischen Disqualifizierung der Anthropomorphismen ist damit eine ethische Destruktion zugesellt. Die erhaltenen Xenophanes-Fragmente lassen nicht mehr erkennen, ob ihr Verfasser sich über das innere Verhältnis dieser beiden Argumente weitere Gedanken gemacht hat. Es ist aber sicher, daß mit Xenophanes eine Schätzung der Würde des Menschen auf die Bühne tritt, die den Anthropomorphismus als ethisch unannehmbar verstehen muß. Mögen Zeus und seine Mitgötter dem Menschen gegenüber noch so machtüberlegen sein, es lebt im Menschen ein Bewußtsein für Recht und Würde, das ihn qualitativ vor stehlenden, ehebrechenden und betrügenden Göttern auszeichnen muß.

3. Die Überlegenheit eines ethisch bewußten Menschen über ein anthropomorph gedachtes Pantheon könnte sich theoretisch zu einer Leugnung der Götter, zu einem ethisch fundierten Atheismus verdichten. Das ist aber bei Xenophanes nicht der Fall. Seine Kritik am Anthropomorphismus der Götter wollte auf eine Sublimierung, nicht auf eine Eliminierung der Vorstellung des Göttlichen hinaus. Die Naturphilosophen von Milet, mit

---

[7] Αἰθίοπές τε (θεοὺς σφετέρους) σιμοὺς μέλανάς τε Θρῆκές τε γλαυκοὺς καὶ πυρρούς (φασι πέλεσθαι).

[8] Ἀλλ' εἰ χεῖρας ἔχον βόες (ἵπποι τ') ἠὲ λέοντες, ἢ γράψαι χείρεσσι καὶ ἔργα τελεῖν ἅπερ ἄνδρες, ἵπποι μέν θ' ἵπποισι βόες δέ τε βουσὶν ὁμοίας καί (κε) θεῶν ἰδέας ἔγραφον καὶ σώματ' ἐποίουν τοιαῦθ' οἷόν περ καὐτοὶ δέμας εἶχον (ἕκαστοι).

[9] Πάντα θεοῖς ἀνέθηκαν Ὅμηρός θ' Ἡσίοδός τε ὅσσα παρ' ἀνθρώποισιν ὀνείδεα καὶ ψόγος ἐστίν, κλέπτειν μοιχεύειν τε καὶ ἀλλήλους ἀπατεύειν.

deren Gedanken Xenophanes während seiner Jugendzeit in Colophon in Berührung kam, hatten, jeder auf seine Weise, nach dem einheitlichen Grund der Welt gefragt und dieses Einheitliche mit dem Göttlichen identifiziert. Damit war die mythologische Kosmogonie Hesiods in einen Wirkungs- und Bewegungszusammenhang natürlicher Kräfte uminterpretiert, die Welt göttlicher Personen in einen Kosmos treibender Naturelemente verwandelt und die Frage nach dem Woher des Seins zu einem Suchen nach dem aller kosmischen Vielgestaltigkeit zugrunde liegenden Einfachen geworden. In der Fluchtrichtung dieser Frage nach dem einheitlichen Grunde der Welt liegt Xenophanes' Vorstellung des einen und größten Gottes, der als solcher nichts Menschliches an sich haben kann.

Ein Gott, der größte unter Göttern und Menschen ungleich in Gestalt und Gedanke den Sterblichen[10].

Im größten Gegensatz zu der Beweglichkeit homerischer Götter ist von ihm zu sagen:

Er verharrt stets am selben Ort, er bewegt sich nicht, auch ist es ihm nicht geziemend sich von verschiedenen Stellen zu verschiedenen Zeiten wegzubegeben, vielmehr mühelos erschüttert er alles durch die Macht seines Geistes[11].

Die Verse sind zu kurz, um einwandfreie Schlüsse auf die Gottesvorstellung Xenophanes' zuzulassen. Wichtige Fragen bleiben ungeklärt: Ist die Erwähnung der Götter nur rhetorisch gemeint, oder hat sich Xenophanes den höchsten Gott realistisch von einem Chor geringerer Götter umgeben vorgestellt? Ist der sich selbst nicht Bewegende, alles andere aber durch seinen Geist Treibende ein Vorläufer von Aristoteles' unbewegtem Beweger, oder hatte Aristoteles selbst recht, wenn er des Xenophanes Suchen nach einer Einheit (ἑνίσας) ein Unternehmen nannte, das nichts erklärt (οὐθὲν διεσαφήνισεν)[12]? Solche und andere Fragen lassen sich nicht mehr sicher beantworten, selbst wenn Xenophanes eine deutliche Vorstellung gehabt haben sollte. Dennoch ist die Tendenz der Aussagen klar erkennbar. Anthropomorphe Götter sind ein Reflex der Menschheit, die in viele Individuen gespalten und in unaufhörlicher Bewegung sich verändernd, ein Ausdruck der Vielfalt und der Veränderlichkeit sind. Sucht man wie Xenophanes nach der Einheit als höchstem Prinzip und gibt ihm den Namen Gott, so kann der Höchste allerdings weder in Gestalt noch in Gedanken dem Sterblichen gleichen und er muß in unwandelbarer Bewegungslosigkeit von dem ruhelosen Fluß von Werden und Vergehen entfernt sein. Diese Ruhe ist es, die allein dem Göttlichen geziemt.

---

[10] Εἷς θεός, ἔν τε θεοῖσι καὶ ἀνθρώποισι μέγιστος, οὔτι δέμας θνητοῖσιν ὁμοίιος οὐδὲ νόημα.

[11] Αἰεὶ δ' ἐν ταὐτῷ μίμνει κινούμενος οὐδέν οὐδὲ μετέρχεσθαί μιν ἐπιπρέπει ἄλλοτε ἄλλη, ἀλλ' ἀπάνευθε πόνοιο νόου φρενὶ πάντα κραδαίνει.

[12] ARISTOTELES, Metaphysik I, 5, 986b, 21.

2. Philo von Alexandrien

Xenophanes hat unmittelbar auf die altkirchliche Theologie gewirkt. Das zeigt sich an der Tatsache, daß nicht weniger als vier der im vorigen Abschnitt zitierten Fragmente sich in den Werken des Klemens von Alexandrien finden und auf diese Weise für uns erhalten geblieben sind[13]. Die gegen den Anthropomorphismus gerichtete Kritik der griechischen Philosophie ist aber, weit über den Einfluß des Xenophanes hinaus, in breitem Strom in die Länder des Hellenismus eingedrungen. Den daraus entstandenen Gestaltwandlungen im Umkreis der allgemeinen hellenistischen Religionsgeschichte braucht in diesem Zusammenhang nicht nachgegangen zu werden. Dagegen ist es für uns wesentlich zu beobachten, was sich ereignet, wenn ein durch die Kritik am Anthropomorphismus wach gewordenes Bewußtsein mit dem alttestamentlichen Erbe zusammentrifft. Dieses Zusammentreffen findet statt in der Theologie des Spätjudentums. Dabei nimmt die Theologie Philos von Alexandrien eine besonders instruktive Stelle ein, weil sich in seiner Person die Wertschätzung der alttestamentlichen Tradition vereinigt mit dem philosophischen Rüstzeug eines hellenistischen Gebildeten.

Die in der hellenistischen Zeit spürbare Verlegenheit gegenüber den Anthropomorphismen des Alten Testaments ist freilich keineswegs nur bei Philo zu beobachten. Sie zeigt sich ebenso in den weitverbreiteten spiritualisierenden Umdeutungen, die sich in der Septuaginta finden[14]. Einzelne Targume zeigen eine die Anthropomorphismen vermeidende Tendenz in noch höherem Maße als die griechische Übersetzung[15]. Auch das palästinische Rabbinat hat schon vor der Zeit Jesu die Auseinandersetzung um die Darstellung Gottes im Bilde des Menschen gekannt und rabbinische Schulen haben sich in diesem Punkt scharf voneinander unterschieden[16]. Die allgemeine Tendenz des Spätjudentums, die Transzendenz Gottes zu schützen, hatte auch die Folge, daß die alttestamentlichen Anthropomorphismen ihrer anstößigen Direktheit beraubt wurden[17]. Was sich im ganzen Umkreis des Spätjudentums beobachten läßt, kommt aber bei Philo zu solch lehrreicher Entfaltung, daß sich die ganze Problematik bei ihm am eindeutigsten erfassen läßt. Er ist deshalb im folgenden als Illustration gewählt.

---

[13] Oben 20 Anm. 6 = CLEMENS AL., Stromateis V, 109,2.
Oben 21 Anm. 7 = CLEMENS AL., Stromateis V, 109, 3.
Oben 21 Anm. 8 = CLEMENS AL., Stromateis V,109, 1.
Oben 22 Anm. 10 = CLEMENS AL., Stromateis VIII, 22, 1.
[14] C. T. FRITSCH, The Anti-Anthropomorphisms of the Greek Pentateuch 1943.
[15] G. F. MOORE, Judaism in the First Centuries of the Christian Era I 419 f.
[16] Das hat A. MARMORSTEIN nachgewiesen, The Old Rabbinic Doctrine of God II 1937.
[17] W. BOUSSET/H. GRESSMANN, Die Religion des Judentums 316 f.

Entsprechend seiner Stellung am Treffpunkt hellenistischer Bildung und alttestamentlich-jüdischer Tradition war sich Philo der Spannung zwischen der Transzendenz Gottes und der menschlich-welthaften Darstellung Gottes in den heiligen Texten des Judentums in höchstem Maße bewußt. Er weiß, daß das Gesetz zwei miteinander im Widerstreit liegende Prinzipien formuliert, die sich durch alle Texte hindurchziehen. Das richtige Erfassen dieser entgegengesetzten Prinzipien und die sachgemäße Lösung des Konflikts ist für ihn von ganz hervorragender Bedeutung. Die eine These, die den Widerspruch begründet, ist der Satz Numeri 23,19 οὐχ ὡς ἄνθρωπος ὁ θεός. Für die Gegenthese kann Philo keine gleich kurze, definitionsartige Stelle des Alten Testament zitieren. Er faßt sie deshalb in eigenen Worten in den Satz zusammen ὡς ἄνθρωπος ὁ θεός[18]. These und Antithese konstituieren natürlich nicht nur einen logischen Widerspruch, der sich zufällig aus einer Kombination einzelner Schriftverse ergibt. Vielmehr zeigt die Tatsache, daß Philo die Gegenthese ὡς ἄνθρωπος ὁ θεός selbständig zusammenfassend formuliert, daß für ihn die Gegensätze typische Bedeutung haben. Das ganze Wort Gottes, als welches Philo das mosaische Gesetz zu sehen entschlossen ist[19], ist von dem Gegensatz durchzogen, der einerseits Gott als absolut transzendent bezeugt und andererseits denselben Gott in Menschenweise darstellt.

Nun kann es für Philo keinen Augenblick lang unklar sein, welcher Bezeugung Gottes nicht nur die größere Bedeutung, sondern strenggenommen das ausschließliche Recht zuerkannt werden muß. Das Prinzip οὐχ ὡς ἄνθρωπος ὁ θεός hat von vornherein die solideste Zuverlässigkeit auf seiner Seite[20]. Die Antithese ὡς ἄνθρωπος ὁ θεός ist dagegen nicht nur nicht selbstverständlich, sondern ausgesprochen mißverständlich, sachentfremdet und darum gefährlich. Nur der, der es sich erlaubt, in ungeläuterten Vorstellungen zu leben, kann wähnen, Gott könne sich etwas gereuen lassen[21]. Mehr noch, die Sünde vergangener Geschlechter ist weit in den Schatten gestellt durch die Sünde derer, die den ewig Unwandelbaren in ihrem Denken dem Wandel unterwerfen[22]. Die Darstellung Gottes in menschlicher Gestalt muß notwendig die Vorstellung von einer Teilnahme Gottes an menschlichen Leidenschaften mit einschließen und ein sol-

---

[18] Quod Deus immut. sit 11, 53. PHILO sieht Deut 8,5, wo von Gott gesagt ist ὡς ἄνθρωπος παιδεύσει τὸν υἱὸν αὐτοῦ als eine Formulierung an, die seiner Antithese nahe kommt (aaO 11, 54).

[19] Philo unterscheidet im Pentateuch Gottes eigene Worte, Offenbarungen durch prophetische Fragen und Antworten und Worte des Mose in eigener Person. Aber in allen Formen göttlicher Offenbarung hat Gott selbst sich vernehmen lassen. Vita Mosis II, 35, 188—190.

[20] Ἀληθείᾳ βεβαιοτάτῃ πεπίστωται Quod Deus immut. sit 11, 54.

[21] AaO 5, 21.

[22] Ταῦτα δοξάζοντες ἐπελαφρίζουσι καὶ ἐπικουφίζουσι τὰ τῶν παλαιῶν ἐκείνων ἁμαρτήματα δι᾽ ὑπερβολὴν τῆς περὶ αὐτοὺς ἀθεότητος, aaO 5, 21. Mit τὰ τῶν παλαιῶν ἐκείνων ἁμαρτήματα sind die Sünden von Noahs Geschlecht gemeint.

ches Gottesbild kann Philo nur als Mythenbildung der Gottlosen verurteilen[23]. Die Spannung zwischen der Transzendenz Gottes und den alttestamentlichen Anthropomorphismen ist für ihn also gleichbedeutend mit
dem Vorhandensein eines Abgrundes, in den der Bibelleser stürzen kann.
Ein wörtliches Ernstnehmen anthropomorphistischer Stellen kommt einem
Sturz in die Gottlosigkeit gleich. Philos Wortwahl in seiner Wendung
gegen anthropomorphistische Vorstellungen ist so scharf, seine Abwehr so
emphatisch, daß man an eine rein akademische Bedeutung dieser Sache
für den alexandrinischen Religionsphilosophen nicht glauben möchte.
Es dürfte naheliegen, auch unter der Judenschaft Alexandriens Vertreter eines Schriftverständnisses anzunehmen, die von einem wörtlichen
Verständnis alttestamentlicher Anthropomorphismen nicht abweichen
wollten. Opposition gegen eine solche Gruppe andersdenkender Juden
würde jedenfalls die Heftigkeit Philos erklären. Wie sich aber auch die
alexandrinischen Juden in dieser Frage eingestellt haben mögen, eines ist
sicher: Ein Denken von Gott in Analogie zu menschlicher Gestalt oder
menschlichen Gefühlen war für Philo praktischer Atheismus (ἀθεότης)
und deshalb eine religiöse Verirrung von folgenschwerstem Ausmaß.

Natürlich mußte er dennoch den Anthropomorphismen der heiligen
Schriften einen Sinn abgewinnen. Dies hat er nicht nur durch allegorische
Interpretation erreicht, sondern auch mit dem, von nun an in der Geschichte der jüdischen wie der christlichen Schriftinterpretation ungemein
häufig auftauchenden Begriff der göttlichen Akkommodation an die un-
reife Auffassungskraft der Menschen. Es gibt nun einmal auch im Geschlecht Israels Menschen, denen die geistige Wahrnehmung des Intelligi-
blen verschlossen ist. Sie sind an das Leibliche gebunden und um ihres be-
schränkten Wahrnehmungsvermögens willen muß das Gesetz Gottes leibliche Symbole verwenden, die sie verstehen können. Darum, im Rahmen
eines Elementarunterrichts in göttlicher Pädagogik (παιδείας ἕνεκα καὶ
νουθεσίας)[24], haben die Anthropomorphismen einen Platz in Gottes Offenbarung. Das kann aber nichts daran ändern, daß es im Grunde noch
viel zu wenig ist, von Gott alle Vorstellung menschlicher Gestalt fern zu
halten. Philo meint zu wissen, daß Gott letztlich überhaupt eigenschaftslos ist: ἄποιος γὰρ ὁ θεός, οὐ μόνον οὐκ ἀνθρωπόμορφος[25]. Dieser Satz will
die absolute Transzendenz Gottes bewahren, und in dieser Absicht muß
Philos Kampf gegen die Anthropomorphismen gewürdigt werden. Es ist
für das genauere Verständnis seines denkerischen Wollens nötig, ihn in
dieser Sache noch etwas ausführlicher zu Worte kommen zu lassen.

1. Gott muß als völlig unveränderlich gedacht werden. Alles geschaffene
Sein ist dem Wechsel unterworfen, Gott allein ist wesentlich allem Wan-

---

[23] Ἀσεβῶν αὗται μυθοποιίαι λόγῳ μὲν ἀνθρωπόμορφον ἔργῳ δὲ ἀνθρωποπαθὲς
εἰσαγόντων τὸ θεῖον. AaO 12, 59.
[24] AaO 11, 54.   [25] Leg. All. I, 13, 36.

del enthoben[26]. Beständigkeit und Dauerhaftigkeit sind Gott eigen[27], seine Natur ist Ruhe[28]. Wäre dem nicht so, dann wäre Gott in bestimmter Hinsicht sogar dem Menschen unterlegen. Denn wenigstens der philosophisch geschulte Mensch vermag zu einem hohen Grade Wandelbarkeit zu überwinden. Gerade das ist der Nutzen philosophischer Lebenshaltung, daß der Weise allen Veränderungen der Umstände zum Trotz seine Beständigkeit bewahren kann[29]. Wenn also der Wert menschlichen Lebens mitabhängig ist von der Erreichung einer größtmöglichen Beständigkeit, so muß es völlig ausgeschlossen sein, in Gott irgendeine Unbeständigkeit anzunehmen: θεὸς οὐχ ἀψίκορος[30]. Von Gott muß also gesagt werden, was weder von menschlichem noch von kreatürlichem Leben überhaupt gesagt werden kann: daß er alles bewegt, ohne sich selbst zu bewegen[31]. Es ist klar, daß ein unbewegter Beweger als Mensch nicht denkbar ist. Weil aber Gott als unbewegter Beweger gedacht werden muß, kann er niemals in Analogie zu menschlicher Gestalt, menschlichem Tun oder menschlichem Gefühl echt beschrieben werden.

2. Glückseligkeit und Wert des Menschen sind abhängig von dem Grade der ruhigen Überlegenheit über alle Wechselfälle des Geschicks. Wenn es überhaupt angängig ist, von einer Seligkeit Gottes zu sprechen, so kann auch diese Seligkeit Gottes nur als die Steigerung der Unabhängigkeit von allem Wechsel ins Absolute angenommen werden. Nun hat Philo es nicht vermieden von einer μακαριότης und εὐδαιμονία Gottes zu reden. Sie muß als Gottes Seligkeit ungetrübt, unangreifbar und immerwährend sein. Eben deshalb kann sie nichts anderes sein als die Seligkeit des reinen Seins, dem keine unterscheidenden Qualitäten zukommen[32]. Gott ist in sich selbst eigenschaftsloses, reines Sein. Die höchste Einsicht, deren ein Mensch fähig ist, ist die Einsicht: Gott ist. Darüber hinaus nach Gottes Wesen und Eigenschaften zu fragen ist kindischer Unverstand[33]. Gott hat seine Natur niemand offenbart, so daß bei Philo gelegentlich sogar einmal die Frage auftauchen kann, ob es überhaupt

---

[26] Πᾶν μὲν οὖν τὸ γενητὸν ἀναγκαῖον τρέπεσθαι, ἴδιον γάρ ἐστι τοῦτο αὐτοῦ, ὥσπερ θεοῦ τὸ ἄτρεπτον εἶναι.Leg. All. II, 9, 33.

[27] Τὸ βέβαιον καὶ πάγιον ... ὡς ἀληθῶς περὶ αὐτὸν μόνον πέφυκε. De spec. leg. I, 5, 30.

[28] De post. Cain 9, 28.   [29] De post. Cain 9, 28.

[30] Quod Deus immut. sit 6, 28.

[31] Τὸ ὂν τὸ τὰ ἄλλα κινοῦν καὶ τρέπον ἀκίνητόν τε καὶ ἄτρεπτον. De post. Cain 9, 28.

[32] ῞Εν γάρ τι τῶν εἰς τὴν μακαριότητα αὐτοῦ καὶ τὴν ἄκραν εὐδαιμονίαν ἦν τὸ ψιλὴν ἄνευ χαρακτῆρος τὴν ὕπαρξιν καταλαμβάνεσθαι. Quod Deus immut. sit 11, 55.

[33] Ἀνθρώπου γὰρ ἐξαρκεῖ λογισμῷ μέχρι τοῦ καταμαθεῖν ὅτι ἔστι τε καὶ ὑπάρχει τὸ τῶν ὅλων αἴτιον προελθεῖν. περαιτέρω δὲ σπου δάζειν τρέπεσθαι, ὡς περὶ οὐσίας ἢ ποιότητος ζητεῖν, ὠγύγιός τις ἠλιθιότης. De post. Cain 48, 168.

möglich ist zu behaupten, er sei körperlos oder körperlich, da wir über seine Natur schlechterdings nichts wissen[34]. Aber dieser dialektische Umschlag der Frage, die, wenn er sie ernsthaft durchgeführt hätte, Philo möglicherweise zu einer anderen Bewertung der Anthropomorphismen geleitet haben könnte, ist für ihn nicht typisch. Sie bezeichnet lediglich einen Grenzpunkt in Philos Denken, aber nicht den Ausgangspunkt. Vielmehr ist das für ihn typisch, daß die Behauptung, Gott sei eigenschaftsloses Sein, ihn dazu zwingt, von Gott weithin in Negationen zu reden: Gott ist unfaßbar, unnennbar, unsichtbar, unaussprechbar, unvergleichlich. Deshalb sind auch abstrakte Neutra wie τὸ αἴτιον oder τὸ ὄν zur Beschreibung Gottes bei Philo höchst häufig zu finden. Sie sind wegen ihrer Eigenschaftslosigkeit und Allgemeinheit für ihn im Grunde die treffendste Benennung Gottes, dessen Name nach der Philo geläufigen Septuaginta-Version von Lev 24,16 nicht ausgesprochen werden darf[35].

3. Wie Gott nach seinem eigentlichen Wesen eigenschaftslos ist (ἄποιος), so ist er auch beziehungslos (οὐ πρὸς τί). Selbst ein derartig fundamentaler Satz des Alten Testaments wie die Versicherung Gottes an Abraham Gen 17,1 „Ich bin Dein Gott" ist, strenggenommen, ein Mißbrauch der Sprache[36]. Denn reines Sein als solches ist beziehungslos. Es ist in sich selbst erfüllt und genügt sich selbst[37]. Jede Relation zu einem außerhalb seiner selbst existierenden Wesen müßte, darin folgt Philo Aristoteles[38], notwendig eine wechselseitige Abhängigkeit zwischen den beiden in Verhältnis zueinander befindlichen Größen mit sich bringen. Eine Abhängigkeit Gottes vom geschaffenen Sein darf aber für Philo unter keinen Umständen zugegeben werden. Denn Abhängigkeit vom Geschaffenen würde Einschluß in die Wandelbarkeit der Welt bedeuten. Die völlige Selbst-Suffizienz Gottes erzwingt darum das Postulat der Beziehungslosigkeit Gottes. Jedes dem Wort Gott beigefügte Adjektiv oder jede Genitiv-Konstruktion mit dem Subjekt θεός ist somit letzten Endes ein Gebrauch der Sprache καταχρηστικῶς, οὐ κυρίως.

Natürlich finden sich auch bei Philo Ausdrücke in großer Zahl, die das Wort Gott mit Adjektiven und Genitiven näher bezeichnen. Solche Ausdrücke benennen aber nicht das Wesen Gottes an sich, sondern nur die Kräfte, die von ihm ausgehen[39], deren Sammelname wiederum der Logos

---

[34] Οὐδενὶ γὰρ ἔδειξεν αὐτοῦ τὴν φύσιν, αλλ' ἀόρατον αὐτὴν παντὶ τῷ γένει παρεσκεύασε·τίς ἂν ἰσχύσαι ἢ ὅτι ἀσώματον ἢ ὅτι σῶμα ἢ ὅτι ποιὸν ἢ ὅτι ἄποιον τὸ αἴτιον εἰπεῖν. Leg. all. III, 73, 206.

[35] De vita Mosis II, 37, 203.

[36] Ἀλλὰ γὰρ οὐδ' ἐκεῖνο προσῆκεν ἀγνοεῖν, ὅτι τὸ "ἐγώ εἰμι θεὸς σός" λέγεται καταχρηστικῶς, οὐ κυρίως. De mut. nom. 4,27.

[37] Τὸ γὰρ ὄν, ᾗ ὄν ἐστιν, οὐχὶ τῶν πρός τι · αὐτὸ γὰρ ἑαυτοῦ πλῆρες καὶ αὐτὸ ἑαυτῷ ἱκανόν. Ebd.

[38] Aristoteles, Metaphysik V, 15, 1021a, 26—28.

[39] Ἄτρεπτον γὰρ καὶ ἀμετάβλητον (scil τὸ ὄν), χρῇζον ἑτέρου τὸ παράπαν

ist. Sie bezeichnen also nur eine quasi-Relation, nicht eine echte Beziehung Gottes zur Welt[40].

3. Die moderne biblische Theologie

H. A. Wolfson hat gezeigt[41], wie groß Philos Einfluß auf die altkirchliche Theologie, besonders auf die alexandrinische Schule war. Sein Kampf gegen die Anthropomorphismen des Alten Testaments ist tief in das christliche Denken eingedrungen und hat, neben vielen anderen mitbestimmenden Kräften, christliche Theologie mitgeformt. Eine Geschichte der Stellung zum Anthropomorphismus in der christlichen Theologie kann hier nicht einmal im Abriß angedeutet werden. Es muß genügen das Allgemeinste festzuhalten: die bei Philo aufweisbaren Motive, die eine Ablehnung anthropomorphistischer Redeweisen zur Folge haben, sind in sehr hohem Grade in die altkirchliche Theologie eingedrungen und haben sich zu allen Zeiten der Kirchengeschichte hartnäckig gehalten. Das gilt auch für die neuere Theologiegeschichte. Alttestamentliche Theologien der letzten hundert Jahre erweisen deutlich den fortwirkend kräftigen Einfluß der Anstöße, die bei Philo zu klarem Ausdruck kommen. Andererseits hat die alttestamentliche Arbeit der vergangenen Jahrzehnte Beobachtungen gemacht und Zusammenhänge erarbeitet, die eine Neuorientierung teils vorbereiten, teils fordern.

Wieweit die Bewertung der alttestamentlichen Anthropomorphismen auch in der neuesten Zeit auseinandergeht, zeigen zwei Stellungnahmen von anerkannten Meistern ihres Fachs, die in ganz geringem zeitlichem Abstand voneinander niedergeschrieben wurden. Das letzte Werk des Amerikaners Robert H. Pfeiffer „Religion in the Old Testament" ist kurz nach seinem Tode von einem ehemaligen Schüler und Kollegen im Jahre 1961 herausgegeben worden. In diesem Buch findet sich, nach einer äußerst gedrängten Zusammenfassung von Erscheinungen Jahwes in Menschenform, eine kurze Erörterung der Gestalt des Engels in der elohistischen Quelle. Der Engel dieser Quellen ist, so sagt Pfeiffer, die Erscheinungsweise Jahwes in der Menschenwelt. In diesem Zusammenhang findet sich der Satz, „this conception represents the transition stage between the childish mythology of the deity walking in the Garden of Eden in the cool of the evening and the spiritual conception of God in the prophetic theology"[42].

οὐδενός, ὥστε αὐτοῦ μὲν εἶναι τὰ πάντα, μηδενὸς δέ κυρίως αὐτό. τῶν δὲ δυνάμεων, ἅς ἔτεινεν εἰς γένεσιν ἐπ᾿ εὐεργεσίᾳ τοῦ συσταθέντος, ἐνίας συμβέβηκε λέγεσθαι ὡσανεὶ πρός τι. Det mut. nom. 4,28.

[40] H. A. WOLFSON, Philo II 138. Vgl. ebenso H. JONAS, Gnosis und spätantiker Geist II, 1 74 f.   [41] H. A. WOLFSON, aaO 149 ff.

[42] R. H. PFEIFFER, Religion in the Old Testament 73.

Der kurze Satz beleuchtet die ganze Szene alttestamentlicher Religionsgeschichte: Eine kindische Mythologie in den Anfängen, ein Übergangs-
stadium beginnender Vergeistigung und die geistige Gottesidee der prophetischen Theologie. Es ist klar, daß sich in diesem geschichtlichen Urteil
zugleich ein Werturteil spiegelt. Anthropomorphismen gehören in die
Zeit kindischer Mythenbildung. Sie sind im Alten Testament selbst durch
spätere Stadien religiöser Reflexion überholt und korrigiert worden. Darum
können sie wohl als Frühformen eines erwachenden religiösen Geistes
historisch gewürdigt werden; niemals aber können sie für eine spätere
Zeit mit gereiftem religiösem Bewußtsein und verfeinerter Reflexion als
verbindlich anzusehen sein.

Ein Jahr vor dem Tode Pfeiffers erschien Band 1 der „Theologie des
Alten Testaments" von Gerhard von Rad. In der Auslegung des klassi-
schen Satzes von der Gottesebenbildlichkeit des Menschen in Gen 1,26
steht in diesem Bande ein Satz, der das Problem des Anthropomorphismus
auf eine völlig andere Ebene stellt. Er lautet: „Tatsächlich hat sich
Israel auch Jahwe selbst menschengestaltig vorgestellt, aber diese uns
geläufige Formulierung läuft nun gerade im Sinne des AT in falscher
Richtung, denn man kann im Sinne des Jahweglaubens nicht sagen, Israel
habe Gott anthropomorph gesehen, sondern umgekehrt, es hat den
Menschen für theomorph gehalten."[43] Die alte Beobachtung des Xenophanes, daß die Theologie ein Spiegelbild der Anthropologie sei, wird in
diesem Satz zwar nicht geradezu verneint. Wohl aber wird behauptet,
daß die Denkrichtung des Alten Testaments den Leser anweist, eine ganz
andere Dimension zu bedenken, nämlich die, daß die Aussage über die
Gottesebenbildlichkeit des Menschen nicht das unanschauliche Göttliche
mit dem anschaulich Menschlichen verdeutlichen will, sondern geradezu
umgekehrt dem angeblich bekannten Menschen eine Bestimmung gegeben
wird, die ihn durch Gott definiert. Damit ist nicht nur die gewöhnliche Annahme auf den Kopf gestellt, daß alle Anthropomorphismen niemals für
etwas anderes denn als Projektionen menschlicher Bilder gehalten werden
dürfen. Vielmehr deutet der Satz auch an, daß die Anthropomorphie Gottes im Alten Testament mit einer Theomorphie des Menschen zusammenhängt. Das ist in v. Rads Satz zwar im Blick auf Gen 1,26 gesagt
und darf, in seinem Sinn, wohl nicht ohne weiteres zu einem allgemeinen
Prinzip gemacht werden. Dennoch ist einsichtig, daß v. Rads Äußerung
die Möglichkeit eröffnet, danach zu fragen, ob im Alten Testament nicht
etwa die Anthropomorphie Gottes und die Theomorphie des Menschen so
verbunden sind, daß beide wesentlich zueinander gehören und also stets
zusammen bedacht werden müssen. Es ist überdies ohne weiteres ersichtlich, daß, wenn sich v. Rads Andeutung als gangbar und begründet erweisen sollte, damit dem Anthropomorphismus eine Stellung und Bedeu-

---

[43] G. VON RAD, Theologie I 159.

tung zugewiesen würde, die eine Abwertung in der Art Pfeiffers unerlaubt macht.

Die zitierten Sätze von R. H. Pfeiffer und G. v. Rad bringen Gegensätze in der Interpretation und Bewertung alttestamentlicher Anthropomorphismen zutage, die nicht erst in allerjüngster Zeit erstanden sind. Sie können vielmehr überhaupt nicht ganz verstanden werden, wenn sie nicht auf dem Hintergrunde einer Auslegungsgeschichte gesehen werden, die das Problem seit etwa hundert Jahren durchlaufen hat. Diese hundert Jahre sind gekennzeichnet durch den völligen Sieg der historisch-kritischen Methode der Bibelauslegung, der auch die Aufgabe einer biblischen Theologie sowie jedes ihrer Einzelprobleme umformend neu bestimmt hat. Das war auch für das Problem des Anthropomorphismus von Bedeutung. Denn die historisch-kritische Forschung hatte sich der objektiven Beschreibung geschichtlicher Phänomene verpflichtet und war somit gezwungen, auch solche Tatbestände in Rechnung zu stellen, ihrem relativen Gewicht nach abzuwägen und dann so treu wie möglich darzustellen, die an sich mit den philosophischen und religiösen Ideen der an der Forschung beteiligten Gelehrten schlecht oder gar nicht in Einklang zu bringen waren. Eine der historischen Objektivität verpflichtete alttestamentliche Theologie konnte aber auf die Dauer die Anthropomorphismen der Schrift nicht übergehen.

Wohl die wichtigste Scheidelinie für die alttestamentliche Theologie, die die Arbeit der historisch-kritischen Forscher während des 19. Jahrhunderts gezogen hat, ist die These der nachexilischen Entstehung des priesterlichen Gesetzes im Pentateuch. Die von Vatke und Reuss vorbereitete, von Graf weiter durchgeführte und schließlich von Wellhausen zu fast allgemeiner Anerkennung gebrachte Hypothese[44] ermöglichte eine vollkommene Neubesinnung über das Wesen von Israels Prophetie und damit zugleich eine durchgreifende Reorientierung der biblischen Theologie[45]. Die soeben genannten Forscher, die an der Aufstellung und Durchführung der Hypothese hauptsächlich beteiligt waren, haben freilich zum Thema der alttestamentlichen Theologie nicht direkt Stellung genommen. Sie hatten aber einen Gesinnungsgenossen in Abraham Kuenen, der die Graf-Wellhausensche These zum ersten Mal auf dem Felde der alttestamentlichen Religionsgeschichte anwandte und auf ihrer Grundlage eine ausführliche Darstellung israelitischer Religionsgeschichte vorlegte[46]. Es ist auffallend, daß in diesem dicken Buch — die drei Bände der englischen Ausgabe er-

---

[44] Außer den Einleitungen in das Alte Testament siehe vor allem H. J. Kraus, Geschichte der Historisch-Kritischen Erforschung des Alten Testaments 1956.

[45] Die Grenzen dieser Reorientierung sind freilich neuerdings von G. von Rad, Theologie II und noch stärker von W. Zimmerli, Das Gesetz und die Propheten 1963 herausgearbeitet worden.

[46] A. Kuenen, De Godsdienst van Israel 1869 f. Eingesehen nach der englischen Übers. v. A. H. May, The Religion of Israel 1874 f.

geben zusammen 1064 Seiten — das Problem des Anthropomorphismus nicht nur nicht zusammenfassend behandelt, sondern überhaupt mit keinem Wort gewürdigt wird. Auf der anderen Seite, im konservativen Lager unter den Zeitgenossen Kuenens, hat Gustav Friedrich Oehler in seiner Theologie des Alten Testaments das Problem wenigstens in einigen wenigen Sätzen berührt[47]. Oehler stellt fest, das Gebot der Bilderlosigkeit setze den Gedanken voraus, daß es unmöglich sei, sich von Gott ein Bild zu machen. An diesem Grundgedanken könne auch der physische Anthropomorphismus des Alten Testaments nichts ändern. Denn dieser gehöre in die „Sphäre der Vorstellung", ohne die keine Religion auskommt, die aber durch die Gesamtidee von Gott korrigiert wird[48].

Sind auf diese Weise die physischen Anthropomorphismen schnell und schmerzlos im Gefilde der Bildersprache untergebracht und damit aller Bedeutung beraubt, so sieht sich Oehler genötigt, den Anthropopathismen eine andere Behandlung zuteil werden zu lassen. Diese sind, im Unterschied zu den Anthropomorphismen, nicht nur bildliche Ausdrücke, sondern sie drücken wirkliche Beziehungen Gottes zur Welt aus, die in Analogie zu menschlichen Seelenzuständen dargestellt sind. „Wenn von einem Wechsel solcher Zustände die Rede ist, so ist dies eben ein Wechsel des Verhältnisses, in welches zu dem sich ändernden Menschlichen die an sich unveränderliche göttliche Heiligkeit tritt . . . Die Anthropopathien dienen dazu, das Bewußtsein des lebendigen heiligen Gottes, dessen Idee der Mensch so gern in Abstraktionen verflüchtigt, wach und kräftig zu erhalten."[49] Die Überzeugung von der Geistigkeit Gottes, d. h. von seinem immateriellen Wesen, ist bei Oehler verknüpft mit der konservativen Tendenz, so viel wie möglich am alttestamentlichen Gottesbild zu bewahren. Das führt zu einer Trennung der Urteile über Anthropomorphismen und Anthropopathismen, die, obgleich sie häufig gemacht wird[50], eine Halbheit darstellt, die sich nicht empfehlen kann. Warum das menschliche Seelenleben mit seinen völlig unübersehbaren Schwächen, Schwankungen und Fehlern als Analogie einer echten Beziehung Gottes zur Welt in Frage kommen soll, während körperliche Analogien mit strenger Miene des Feldes verwiesen werden, das bleibt gänzlich uneinsichtig; ist doch das eine wie das andere eine rein menschliche Analogie und darum auch mit derselben Problematik behaftet.

Die Hochschätzung des Geistigen, die Oehler zur qualitativen Unterscheidung von Anthropomorphismen und Anthropopathismen veranlaßte, konnte auch vereinigt werden mit der Vorstellung der Entwicklung religiöser Ideen. Es lag dann nahe, die Darstellung der Gottheit in materiel-

---

[47] G. F. OEHLER, Theologie des Alten Testaments 1873.
[48] AaO 169.   [49] AaO 49.
[50] Z. B. G. VAN DER LEEUW, Artikel: „Anthropomorphismus", in: RAC I 446 bis 450.

ler Form an den Anfang der Entwicklung zu stellen und anzunehmen, daß im Verlauf geschichtlicher Wandlungen nach und nach die reine Idee von Gottes absoluter Geistigkeit und Transzendenz sich entfaltet habe. In klarer Form zeigt sich dieses Verständnis bei Ch. Piepenbring[51]. Piepenbring teilte seine alttestamentliche Theologie in drei Teile, die den drei großen Perioden von Israels religiöser Geschichte entsprechen sollen: Mosaismus, Prophetismus und Judaismus. Auf unser Problem hin gesehen ergibt sich dabei, nach Piepenbrings Darstellung, eine überraschend klare und logische Entwicklungslinie. Die Israeliten der mosaischen Zeit kannten nicht nur keinen absoluten Monotheismus, „ils s'étaient tout aussi peu élevés à l'idée de la spiritualité parfaite de Dieu"[52]. In dieser Frühzeit waren anthropomorphistische Vorstellungen nicht als poetische Repräsentationen verstanden, sondern sie waren massiv realistisch gedacht. „Elles n'étaient pas une simple forme de rhétorique, elles répondaient aux idées imparfaites qu'on avait sur la divinité."[53] Diese primitiven Vorstellungen erstrecken sich auf die Darstellung Gottes in Menschengestalt ebenso wie auf ein Gottesbild, das Züge menschlicher Seelenregungen zeigt. Im Unterschied zu Oehler hält Piepenbring auch die Anthropopathismen durchaus für Unvollkommenheiten im Gottesbegriff. „On attribuait à Dieu d'autres imperfections, les affections et les sentiments imparfaits de l'âme humaine."[54] Es ist überhaupt während dieser Frühzeit zu beobachten, wie „certains usages primitifs nous prouvent que si les anciens Israélites ne considéraient pas Dieu comme un pur esprit, ils ne savaient pas non plus l'adorer en esprit"[55]. Das Bild ist klar: die mosaische Zeit hat einen Gottesbegriff voller Unvollkommenheiten, die alle aus der einen Wurzel stammen, daß Gott noch nicht als reiner Geist begriffen und im Geist verehrt werden kann. In der Periode des Prophetismus freilich bessert sich die Lage. Zwar gebrauchen auch die Propheten anthropomorphistische und anthropopathische Ausdrucksmittel; aber diese sind jetzt Elemente eines dichterischen Stils[56] und „les prophètes, se dégageant des idées grossières des anciens temps, se sont élevés à des conceptions plus pures"[57]. Allerdings „il faut pourtant reconnaître que nous ne trouvons nulle part dans l'Ancien Testament l'affirmation que Dieu est un esprit pur"[58], und deshalb gilt es auch noch von der prophetischen Botschaft, daß Unvollkommenheiten des Gottesbegriffs vorhanden sind. Solche Unvollkommenheiten sind aber mindestens einigermaßen erklärt, wenn man sich klarmacht, „que les prophètes n'étaient pas et ne voulaient pas être des théologiens ou des philosophes, des hommes d'école, mais des hommes d'action, et que la pensée religieuse chez eux laisse beaucoup à

---

[51] C. PIEPENBRING, Théologie de l'Ancien Testament 1886.
[52] AaO 24 f. [53] AaO 26. [54] AaO 27.
[55] Ebd. [56] AaO 26. [57] AaO 87.
[58] AaO 88.

désirer"[59]. Was die Propheten weder wollten noch erreichten, nämlich die Ausbildung einer echten Lehre von Gott im Sinne eines ausgebauten theologischen Systems, wurde endlich erreicht während der Periode des Judaismus, die darum die Schwelle ist, über die das geklärte Gottesbild des Neuen Testaments in die Welt eintreten kann, das in dem johanneischen Satz Grund und Gipfel hat: Gott ist Geist. Den jüdischen „Doktoren" gelang es, wenn auch oft durch gekünstelte Bibelinterpretationen, zu beseitigen „ce qu'il y a trop choquant dans les théophanies et dans les anthropomorphismes de l'Ancien Testament"[60].

Piepenbring ist nicht der einzige, der im Bann des Evolutionsgedankens den Wandel der israelitischen Gottesvorstellung von primitiven Anfängen zu fortschreitend reinerer Entfaltung beschrieb und im Gefolge dieser Sicht den Anthropomorphismen des Alten Testaments mit einem einzigen Streich eine einleuchtende Erklärung und einen schmerzlosen Tod verschaffte. Es trägt für das Verständnis der theologiegeschichtlichen Zusammenhänge nichts aus, dem Beispiel des Straßburger Pfarrers noch andere gleicher Art beizufügen. Lediglich das sei noch durch einen anderen Vertreter derselben Grundauffassung festgehalten, daß die bei Piepenbring im Jahre 1886 fast klassisch klare Linie der Einordnung der Anthropomorphismen in ein alle Erklärung von vornherein festlegendes System der Evolution religiöser Ideen auch noch am Ende des ersten Viertels unseres Jahrhunderts zu finden ist. Die englischen Autoren W. O. E. Oesterley und Th. H. Robinson konnten in ihrem 1930 erschienenen Buch über Hebräische Religion[61] über Forschungsmethoden und Materialien verfügen, die Piepenbring noch nicht zur Verfügung standen. Besonders die religionsgeschichtlichen Einsichten waren in den knapp 50 Jahren zwischen 1886 und 1930 ganz gewaltig erweitert worden. So ist es auch kein Wunder, daß Oesterley und Robinson eine ausführliche Schilderung der primitiven Vorstufen hebräischer Religion zu geben vermögen, die zwar völlig in Piepenbrings Schema der Entwicklung religiöser Ideen fällt, für deren Darstellung er aber noch nicht die Mittel besaß. Trotz des erheblichen Fortschritts im Verständnis religionsgeschichtlicher Tatbestände und Zusammenhänge ergibt sich in dem Werk von Oesterley und Robinson im Blick auf die Frage der alttestamentlichen Anthropomorphismen kein neuer Gesichtspunkt. Das Schema ist genau dasselbe: Drei Stufen der Entwicklung heben sich voneinander ab, sie sind durch eine fortschreitende Vergeistigung der Vorstellung gekennzeichnet und die Theologie des Spätjudentums ist die Krone der Entwicklung, die dem Neuen Testament unmittelbar präludiert. Der primitive Israelit der Zeit vor dem Exil ist genau derselbe wie der Piepenbrings. „His conception of God was anthropomorphic, and he thought of Yahweh as possessing a

---

[59] AaO 89. [60] AaO 219.
[61] W. O. E. Oesterley/T. H. Robinson, Hebrew Religion 1937.

physical body, not unlike that of man, though with much greater powers."[62] Eine spätere, verfeinerte Zeit konnte sich damit nicht mehr begnügen und entwickelte eine Vorstellung von Jahwe, die viel geistiger war als zuvor. Robinson und Oesterley sehen dieses Stadium im Schöpfungsbericht der Priesterschrift, Gen 1, in welchem aller Anthropomorphismus abgestreift und durch einen fast wissenschaftlich — entwicklungsmäßigen Prozeß abgelöst ist. Die dritte und höchste Stufe ist erklommen in der jüdischen Weisheitsliteratur. Denn in dem Begriff der Weisheit Gottes ist ein Stadium erreicht, indem nicht nur alle rohen, materiellen Beigaben aus der Gottesvorstellung eliminiert sind, sondern in dem das Denken einen Grad erreicht hat, von dem man sagen kann, es stehe „on the verge of becoming a philosophical doctrine"[63].

Während Piepenbring und Oesterley-Robinson von der Höhe eines rein geistigen Gottesbegriffs aus die Anthropomorphismen des Alten Testaments nur als Elemente ungeläuterter Religiosität verstehen konnten, gab während des von diesen Namen umschriebenen Zeitverlaufs auch andere Stimmen, die den Anthropomorphismen einerseits mit vorsichtiger Kritik, andererseits aber ebenso mit der Überzeugung ihrer Werthaftigkeit begegnen wollten. Diese Mischung von Kritik und Schätzung zeigt sich noch im Verlauf des 19. Jahrhunderts bei Hermann Schultz, dessen alttestamentliche Theologie zu Ausgang des letzten Jahrhunderts eine ungewöhnlich hohe Auflagenzahl erreichte[64]. Schultz will den Kritikern zugestehen, daß jede Darstellung Gottes in Menschenform „in einer bunten naiv-sinnlichen Religion ihre Wurzeln hat, und daß ihr Nichts daran lag, die sinnliche Lebendigkeit der Gottesvorstellung zugunsten theoretischer Reinheit des Ausdrucks aufzugeben"[65]. „Darin muß der Natur der Sache nach etwas dem vollkommenen Gottesbegriffe nicht ganz Entsprechendes liegen . . . etwas Beschränktes . . . wie es dem vollkommenen geistigen Wesen nicht zukommen kann."[66] Das gilt von den physischen Anthropomorphismen ebensogut wie von den Anthropopathismen. Denn „die Reden von Gottes Liebe, Haß, Eifersucht, Furcht, Zorn, Reue, Spott usw. (sind) selbstverständlich der Form nach unangemessen."[67] Aber diese Unangemessenheit und Naivität ist, in Schultz' Auffassung, eben nur ein formaler Mangel. Denn es ist unbedingt zu berücksichtigen, daß die Autoren alttestamentlicher Schriften keine Philosophen und ihre Sprache nicht die Sprache schulgerechter Philosophie sind. Die lebhafte, sinnliche Sprache des täglichen Lebens war ihr Ausdrucksmittel. Hat dieses Ausdrucksmittel seinen Mangel, so hat es doch auch seine Vorzüge. „Die Sage, die man in Israel erzählt, hat wie alle Sage Himmel und Erde verbunden und das Göttliche in's menschlich Sinnliche herabge-

---

[62] AaO 370 f. [63] AaO 372.
[64] H. SCHULTZ, Alttestamentliche Theologie 1896.
[65] AaO 388 f. [66] AaO 391. [67] Ebd.

zogen."[68] Ohne anthropopathische Sprachweisen wäre deshalb die Erfassung eines persönlichen, lebendigen Gottes gar nicht möglich, „weil sich ohne sie ein persönliches bewußtes Leben in volkstümlicher Rede überhaupt nicht schildern läßt"[69]. Eben darum geht es aber dem Alten Testament: Gott als selbstbewußte Persönlichkeit und als freien, weisen und sittlichen Willen erkennbar zu machen[70]. Geht es denn nicht in erster Linie um die logisch-schulmäßige Definition von Gottes Wesen mit Hilfe philosophischer Abstraktionen, sondern um die lebendige Erfahrung eines lebendigen Gottes, dann kann an anthropomorphen Redeweisen billigerweise kein Anstoß genommen werden. Ja, sie sind keineswegs ein notwendiger Widerspruch zu einem höchst vergeistigten Gottesbegriff. Der philosophisch geschulte Leser des Alten Testaments mag wohl selbst einen völlig geistigen Gottesbegriff haben. Aber er wird „sicher keinen Anstoß daran nehmen, wenn von Gottes Hand, Arm, Mund, Auge, seinem Reden, Gehen, Lachen usw. die Rede ist, wenn also die Thätigkeit des lebendigen Gottes in der naiven Weise dichterischer Volkssprache nach der Weise menschlichen Handelns geschildert wird"[71].

Die innere Distanz gegenüber den alttestamentlichen Darstellungen Gottes in Menschenform ist auch bei Schultz unverkennbar. Sie sind, vom Standpunkt des philosophisch geschulten Gebildeten aus betrachtet, naiv und unangemessen. Für eben diesen Gebildeten können sie deshalb nur durch eine kräftige Transponierung in die Tonart philosophisch angängiger Sprache in Frage kommen. Dennoch haben sie eine bleibende Bedeutung, die mit dem Gott, von dem sie künden wollen, zusammenhängt: sie bezeugen Gott in erster Linie als lebendige Person. Diese Absicht wird in ihnen so kraftvoll und unausweichlich zur Wirkung gebracht, daß die Nachteile, die sich an diese urwüchsige Sprache ketten, demgegenüber nicht ins Gewicht fallen.

Das Erbe von Hermann Schultz hat auch in unserem Jahrhundert eindrücklich gewirkt. Seine Stellung in der Schwebe zwischen relativer Distanz und begründeter Würdigung gegenüber den Anthropomorphismen wie seine Betonung ihrer Funktion als Ausdrucksmittel eines Glaubens an einen persönlichen, willensbestimmten Gott, hat bei hervorragenden Vertretern alttestamentlicher Wissenschaft im 20. Jahrhundert Ausdruck gefunden. Das erste Charakteristikum beherrscht die Darstellung von Walther Eichrodt, während das zweite für Ludwig Köhler zum Leitmotiv der Beurteilung wurde. W. Eichrodt[72], in dessen Gedankenführung sich wohl nicht von ungefähr ein längeres Zitat aus Schultz' Theologie findet, hat die anthropomorphistischen und anthropopathischen Redeweisen des AT unter der Überschrift „Die Geistigkeit der Gottesvorstellung" behandelt[73]. Einerseits bringen sie „die Gefahr allzu starker Vermenschlichung der

---

[68] AaO 390.   [69] AaO 391.   [70] AaO 387.   [71] AaO 388.
[72] W. Eichrodt, Theologie I 1968.   [73] AaO 134—141.

Gottheit" mit sich und sie sind von dem Mangel behaftet, es jedenfalls nicht auszuschließen, „daß man über Jahves geistige Natur im Dunkeln tappte"[74]. Da aber das Alte Testament aufs ganze gesehen die Geistigkeit der Gottesvorstellung mit größter Dringlichkeit und Wucht zum Ausdruck bringt, können Anthropomorphismen keinen Schaden tun. Im Gegenteil, und das ist es, was andererseits ebenso zu ihrer Verteidigung gesagt werden muß: „Es geht offenbar nicht an, ein persönliches bewußtes Leben in volkstümlicher Sprache zu schildern, ohne zu den Bildern menschlichen Seelenlebens seine Zuflucht zu nehmen. Es verschwindet die lebendige Bewegtheit göttlichen Handelns mit der Menschheit, wo die philosophische Abstraktion das Wort führt. Den Propheten aber kommt es darauf an, den persönlichen Gott zu schildern."[75] Trotz aller in ihnen liegenden Gefahren und Mängel dürfen die Anthropomorphismen also nicht einfach philosophisch destruiert werden; „vielleicht führt die unbefangene Würdigung der alttestamentlichen Vermenschlichung der Gottheit zu der Erkenntnis, daß nicht die Geistigkeit Gottes die Grundlage des alttestamentlichen Gottesglaubens ist, sondern seine volle lebendige Personhaftigkeit und seine persönliche Lebensfülle, die unwillkürlich nach der Seite der menschlichen gedacht wird."[76]

Der in Eichrodts soeben zitiertem Satz zum Ausdruck kommende Gedanke, es sei die Funktion der alttestamentlichen Vermenschlichung Gottes, die lebendige Personhaftigkeit Gottes als Grundlage des Gottesglaubens zu bewahren, ist in der Darstellung Ludwig Köhlers[77] zur alles übrige verdrängenden Leitidee geworden. Köhler hat es gar nicht mehr für nötig gehalten, die Anthropomorphismen gegenüber der Gefahr einer Materialisierung Gottes in Schutz zu nehmen. Er hat vielmehr ganz am Anfang seiner Besprechung des Daseins Gottes einen Paragraphen über „die Anthropomorphismen und ihr Sinn" allen weiteren Entfaltungen der alttestamentlichen Gotteserfahrung vorangestellt. Er tut das mit Bedacht, weil eben die Anthropomorphismen eindeutiger als alles andere die Lebendigkeit Gottes bezeugen, auf welche dem Alten Testament alles ankommt. Irgendwelche Apologetik gegenüber diesem Tatbestand ist unnötig; denn der Sinn der Anthropomorphismen „ist nicht von ferne der, Gott auf eine

---

[74] AaO 134 f. [75] AaO 138.

[76] AaO 138. Sehr nahe verwandt der Darstellung Eichrodts ist die Sicht des Problems in THEODOR C. VRIEZEN, Grundzüge der Alttestamentlichen Theologie 1957. Auf der einen Seite sind für ihn die Anthropomorphismen symbolische Ausdrücke, naiv realistische Vergegenwärtigungsmittel, die aus dem konkreten, aller Abstraktion abgeneigten, Denken des Orientalen entstammen. Sie sind aber, auf der anderen Seite, kein Widerspruch zu einer sehr vergeistigten Gottesvorstellung. Im Gegenteil, sie legen Zeugnis ab von der Unangemessenheit aller menschlichen Rede von Gott und von der Grundvoraussetzung alles alttestamentlichen Gottesglaubens, daß Wissen von Gott zuerst und zuletzt lebendige Gemeinschaft mit Gott ist. AaO 144 ff.

[77] L. KÖHLER, Theologie 1966⁴.

den Menschen ähnliche Stufe herabzuführen. Die Menschengestaltigkeit ist keine Vermenschlichung"[78]. Vielmehr vollbringen die Anthropomorphismen den entscheidenden Dienst, daß sie „Gott den Menschen zugänglich machen. Sie halten die Begegnung und die Auseinandersetzung auf dem Felde des Willens zwischen Gott und Menschen offen. Sie tun Gott als personhaft dar. Sie verwehren den Irrtum, als sei Gott eine ruhende unbeteiligte abstrakte Idee oder ein starres, dem Menschen wie eine stumme, aber festhaltende Mauer entgegengestelltes Prinzip ... Mit einem Wort: Gott ist ein lebendiger Gott"[79].

Der bisher gegebene Überblick über die Darstellungen und Beurteilungen des Anthropomorphismus in alttestamentlichen Theologien der letzten hundert Jahre läßt schon soweit ein unverkennbares Wachsen positiver Bewertung feststellen, je mehr wir der Gegenwart naherücken. Gewiß sind auch in der Gegenwart die Stellungnahmen nicht einheitlich[80]. Dennoch lassen sich ziemlich feste Tendenzen feststellen: das Evolutionsschema tritt zurück; man ist sich zunehmend darüber im klaren, daß ein fortschreitendes Entwachsen aus anthropomorphistischen Vorstellungen der Frühzeit und ein Hineinwachsen in gereiftere Gottesbilder unter Abstoßung oder Vergeistigung der Menschenförmigkeit Gottes den Tatsachen der alttestamentlichen Überlieferung nicht entspricht[81]; die Geistigkeit des Gottesbildes wird nicht mehr als der selbstverständliche Höchstpunkt alles Gottesglaubens betrachtet, während die Wertung der Lebendigkeit und Personhaftigkeit Gottes stark an Bedeutung gewinnt; darum wird auch die Menschengestaltigkeit Gottes in immer geringerem Maße als eine Gefahr betrachtet, die die Transzendenz Gottes in Frage stellt. Dieses Bild wachsender Hochschätzung der Anthropomorphismen wird aber noch wesentlich erweitert, wenn Arbeiten mit in Betracht gezogen werden, die nicht unter dem Titel alttestamentlicher Theologien erschienen und bisher erst zögernd und bruchstückweise in die Gestaltung der alttestamentlichen Theologie aufgenommen worden sind.

Zunächst sind auf dem Gebiet der Religionsgeschichte Beobachtungen gemacht worden, die für die Deutung der alttestamentlichen Anthropomorphismen von Bedeutung sind. Johannes Hempel hat an verschiedenen Stellen[82] wichtige Überlegungen zum Thema vorgelegt. Er geht davon aus, daß in der altorientalischen Umgebung Israels sehr verschiedenartige Götterbilder vorkommen. Es gibt auch außerhalb Israels anthropomorphe Gottesvorstellungen, wenn sie auch im Alten Orient wesentlich weniger

[78] AaO 6.   [79] AaO 6.
[80] Siehe die oben 28 ff. zitierten gegensätzlichen Stellungnahmen PFEIFFERS und VON RADS.
[81] Das betonen u. a. L. KÖHLER, aaO 5 f. und E. JACOB, Théologie de l'Ancien Testament 30.
[82] J. HEMPEL, Das Ethos des Alten Testaments 1938. Ders., Die Grenzen des Anthropomorphismus Jahwes, in: ZAW 57 (1939) 75—85.

häufig zu finden sind als im Alten Testament. Daneben aber existiert eine Fülle der mannigfaltigsten theriomorphen Gottesbilder. Nicht nur in Ägypten, sondern auch in der kanaanitischen Religion treten Schlangen-, Löwen- und Stiergottheiten auf. Demgegenüber ist es die Eigenart alttestamentlicher Religion, daß die anthropomorphe Gottesvorstellung ganz eindeutig das Feld beherrscht. Das Bilderverbot macht theriomorphe Gottesbilder unmöglich und bestimmte Beobachtungen an Hand der Traditionsbildung lassen erkennen, daß die Weitergabe anthropomorphen Traditionsgutes nicht nur ein kritiklos weitergegebenes Stück alten Glaubens ist, sondern daß darin ganz bewußt „ein Stück ‚Theologie‘, das Bekenntnis zu dem menschengestaltigen im Gegensatz zu dem tiergestaltigen Gott"[83] steckt. Diese Sicht der Dinge verleiht dem Satz Gen 1,26 von der Erschaffung des Menschen im Bilde Gottes großes theologisches Gewicht. Die Anthropomorphismen Jahwes stehen in einem Korrespondenzverhältnis zu der Erschaffung des Menschen im Bilde Gottes und erklären sich gegenseitig. „Bild Gottes sein heißt für den Menschen... Gottes Wesir sein"[84] und diese Vertretungskompetenz des Menschen für Gott in der Welt läßt Hempel den, später von v. Rad aufgenommenen[85], Ausdruck formulieren Gen 1,26 statuiere den „Theomorphismus des Menschen"[86]. Hempel sieht in diesen Zusammenhängen den Hinweis darauf, im Christentum — wie im Buddhismus — lebe „der unerschütterliche Glaube, daß in dem konkreten geschichtlichen Menschen als dem Stifter, Heiland und Erlöser die höchste Gottesoffenbarung in Menschengestalt gegeben und unüberbietbare Wirklichkeit geworden ist"[87].

Eine volle Entfaltung seiner religionsgeschichtlichen Beobachtungen und eine umfassende Darlegung seiner immerhin höchst ungewöhnlichen Interpretation des Verhältnisses von Anthropomorphismus und imago Dei hat Hempel nicht gegeben. Mindestens was die religionshistorische Seite seiner Auffassung betrifft, hat er aber die Unterstützung William F. Albrights erhalten. Mit der für ihn charakteristischen Hochschätzung der mosaischen Tradition stellt Albright fest, daß schon in ihr die anthropomorphe Vorstellung von Gott von grundlegender Bedeutung ist[88]. Das heißt für Albright nicht, daß die mosaische Tradition eben noch in altertümlichen Mißbegriffen gefangen war. Ganz im Gegenteil: Was für Mose galt, bleibt gerade das eigentümlich Israelitische. Denn „Near-Eastern gods shifted in disconcerting fashion from astral form to zoomorphic, dendromorphic and composite manifestations"[89], während es in Israel diese Schwankungen nicht gibt. In seinem Kreis gilt vielmehr, daß „Yahweh...

---

[83] J. HEMPEL, Die Grenzen des Anthropomorphismus Jahwes 78.
[84] Ders., Das Ethos des Alten Testaments 201.
[85] Siehe oben 29.   [86] AaO 201.   [87] AaO 198.
[88] W. F. ALBRIGHT, From the Stone Age to Christianity 264.
[89] Ebd.

is virtually always referred to in the earlier sources in a way which suggests His human form though His body was usually hidden in a refulgent envelope called His Glory"[90]. Albrights weitere Erklärungen in dieser Sache bedürfen hier nicht der Erwähnung, weil sie gegenüber schon Gesagtem nichts Neues bringen. Sein religionsgeschichtliches Votum ist aber von Belang, weil es genau den früher von Hempel vorgetragenen Beobachtungen entspricht. Wir entnehmen daraus den Hinweis, daß die alttestamentlichen Anthropomorphismen möglicherweise nicht nur keine zeitlich bedingte Naivität waren, sondern umgekehrt eine bewußte Theologie enthalten, die sich in der nahezu konsequenten Anwendung eines anthropomorphistischen Monopols in der Sprache von Gott äußert.

Was religionsgeschichtliche Vergleiche nahelegen, wird durch theologische Überlegungen anderer Art bestärkt und zugleich zu Fragen vom Rang erster Dringlichkeit gemacht. Schon vor den Arbeiten Hempels hatten sich in England mehrere Stimmen gemeldet, die zu den Fragen des Anthropomorphismus Neubesinnungen hören ließen, die das ganze Problem über den Bereich der historischen Beschreibung alttestamentlich-theologischer Tatbestände hinaus erweiterten und auf dem weiteren Felde philosophischer und theologischer Bemühung um die Lehre von Gott von neuem zur Diskussion stellten. Der alttestamentliche Vertreter dieser Gruppe war H. Wheeler Robinson[91]. Um seinen Beitrag zu unserer Frage geht es im besonderen. In seinem Buch „The Cross of Hosea" hat er den Propheten Hosea, insbesonders die ersten drei Kapitel mit der Ehe des Propheten, auf eine Weise ausgelegt, die dem Problem des Anthropomorphismus eine ganz neue Dimension öffnet. Robinson sieht in Hosea 1 und 3 die wirkliche Ehe des Propheten und die unbenannte Frau in Kapitel 3 ist ihm identisch mit der Gomer des ersten Kapitels. Auf dem Grunde dieser exegetischen Entscheidung unternahm es Robinson, Folgerungen für das Verständnis von Offenbarung und für das Wesen Gottes im Alten Testament zu ziehen. Zunächst ist festzustellen, daß die Geschichte seiner Ehe

---

[90] Ebd.

[91] H. W. Robinson, The Cross of Hosea 1949. Robinson gibt selbst an (23), daß er an Gedanken von Mozley, Bushnell, Fairbairn, Streeter, Temple, Lotze und Pringle-Pattison anknüpft. Besonders B. H. Streeter hat in seinem Werk Reality 1926 die Ausführungen Robinsons vorbereitet. Einige wenige Sätze aus Streeters Buch seien referiert: "In olden days a crude anthropomorphism was a danger to be feared; in our age what the philosopher wants is the courage to advance further, and to advance more confidently, towards what, abandoning all shamefacedness, I will style the Higher Anthropomorphism" (133 f.). "It is sometimes said that Philosophy demands an Impersonal Absolute, Religion a Personal God. Nothing could be further from the truth . . . I would go so far as to maintain that to individualize the Deity by the use of a proper name like Allah or Jehovah is, up to a point, philosophically more sound than to think of Him exclusively in abstract impersonal terms like τὸ θεῖον or the Absolute" (136 f.).

40

für Hosea als menschliche Illustration einer göttlichen Wahrheit verwendbar war[92]. Das hat zur Voraussetzung, daß die menschliche Erfahrung des Propheten eine Analogie zum Leben Gottes besitzt, die der Illustration ihr Recht verleiht. Diese Analogie besteht für Robinson in der Personhaftigkeit, die Gott und den Menschen auszeichnet. Das Verbindende, das Gott und Mensch vergleichbar macht, ist „the fundamental kinship of human and divine personality"[93]. Das hat zuerst einmal für den Begriff der Offenbarung seine Bedeutung. So lange Offenbarung als Mitteilung von Wahrheit angesehen wird, bleibt der Offenbarungsvorgang mechanisch gedacht: Der die Offenbarung empfangende Mensch ist lediglich ein Schreiber, der ein Diktat niederschreibt. Das Buch Hosea erlaubt aber das Urteil, daß eine solch mechanische Vorstellung dem wirklichen Vorgang der Offenbarung nicht entspricht. Denn in Hosea „we see that the revelation is made in and through a human experience, in which experience the truth to be revealed is first created"[94] und daraus folgt „that human experience is capable of representing the divine... revelation is made through the unity of fellowship between God and man and is born of their intercourse"[95]. Das heißt nicht weniger, als daß Offenbarung schon im Alten Testament der Inkarnation insofern wesensverwandt ist, als der Offenbarungsmittler mit seiner eigenen Existenz an der Offenbarung Anteil hat, ja daß sein Leben der Ort ist, an dem Offenbarung entsteht und das Mittel, wodurch sie sich mitteilt. Deshalb muß der Begriff der Offenbarung im Hinblick auf die Menschwerdung Gottes erklärt werden: „a sound doctrine of revelation really raises the issues of the incarnation itself"[96]. Damit ist aber noch nicht alles gesagt; denn dieser Begriff von Offenbarung impliziert ein Verstehen Gottes, in dem Anthropomorphismen nicht mehr bloße Akkommodationen an menschliche Schwachheit oder ausdrucksvolle Bilder für die Wahrheit eines lebendigen Gottes sind. Denn wenn wir das Recht haben anzunehmen, es bestehe zwischen der Personhaftigkeit Gottes und der Personhaftigkeit des Menschen eine Brücke, die die reale Erfahrung menschlichen Lebens zum Offenbarungsmittel des Lebens Gottes machen kann, so folgt daraus für den Gottesbegriff „that there is no fundamental unlikeness between the human and the divine personality"[97]. Das führt zu der Folgerung, daß die Liebe und Sorge des Hosea nicht nur Symbole eines göttlichen Verhaltens zur Welt, sondern reale Entsprechungen zu einer ebenfalls ganz realen Liebe und Sorge Gottes sind. Ist aber allen Ernstes von realer Liebe und Sorge in Gott zu reden, so kann offensichtlich das Dogma von der Leidensunfähigkeit Gottes nicht gehalten werden. Ein leidensunfähiger Gott könnte auch kein mit-leidender Gott sein: „how can a God who is apathetic be also

---

[92] H. W. ROBINSON, The Cross of Hosea 20.
[93] Ebd.   [94] Ebd.   [95] Ebd.
[96] Ebd.   [97] AaO 21.

sympathetic?"⁹⁸ „If the love of God is more than a metaphor, must not the suffering of God be as real, though with all the qualifications in both love and suffering which come from the reference to God instead of man."⁹⁹ Dieser „höhere Anthropomorphismus", wie Robinson ihn nennt¹⁰⁰, ist die Ankündigung von Gottes Menschwerdung. „The religion of the incarnation continues the religion of the prophets, not only in moral and religious teaching, but also in implicit theology. The prophetic emphasis on the human conscience as the most adequate revelation of God is the true forerunner and anticipation of the prologue of the Fourth Gospel: ‚The law was given by Moses; grace and truth came by Jesus Christ.' "¹⁰¹

Die Werke H. Wheeler Robinsons verraten keine Bekanntschaft mit einem Mann, der schon vor dem Erscheinen von „The Cross of Hosea" wesentliche Elemente von Robinsons These vorgetragen hatte. Schon im Jahre 1936 war das Buch „Die Prophetie" des jüdischen Forschers Abraham J. Heschel erschienen¹⁰². Robinson und Heschel haben, besonders was den Offenbarungsbegriff anlangt, vieles gemein, obwohl sie sich gerade an dem Punkte, der in unserem Zusammenhang besonders interessiert, auch wesentlich unterscheiden. Immerhin ist der erhebliche Grad von Gemeinsamkeit bei beiden Forschern, der offenbar ohne gegenseitige Abhängigkeit zustande kam, sehr bemerkenswert. Die Arbeit des jüdischen Gelehrten ist sehr viel umfassender, oft in Einzelfragen vorsichtiger, aber im ganzen zweifellos von größerer prinzipieller Bedeutung als der Beitrag Robinsons. Heschel ist sich bewußt, nicht nur eine neue, sondern überhaupt die entscheidende Kategorie für das Verständnis der Prophetie Israels wiedergefunden und in unserer Zeit dargestellt zu haben: Der Gott Israels ist ein Gott voll von Pathos und Prophetie ist inspirierte Kommunikation des göttlichen Pathos an das Bewußtsein des Propheten.

Heschels großartiges Werk kann nicht in ein paar Sätzen zusammengefaßt werden; dazu ist es zu reich und zu tief. Seine Gedankenführung ist aber für unsere Frage von so großer Bedeutung, daß wenigstens das Wesentlichste referiert werden muß. Seine These ist zuerst ein kühnes Neubegreifen der Gotteserkenntnis im Alten Testament. Sie behauptet, daß die gewöhnlich dem alttestamentlichen Gottesbild entnommenen göttlichen Attribute wie Güte, Gerechtigkeit, Weisheit und Einheit von der Kategorie des göttlichen Pathos übertroffen und bestimmt werden. Gottes Pathos bedeutet Gottes volles Beteiligtsein an der Geschichte seines Geschöpfs. „He is moved and affected by what happens in the world, and reacts accordingly. Events and human action arouse in Him joy or sorrow, pleasure or wrath. He is not conceived as judging the world in detachment. He reacts in an intimate and subjective manner, and thus determines the

---

⁹⁸ AaO 24.   ⁹⁹ AaO 24 f.   ¹⁰⁰ AaO 23.   ¹⁰¹ Ebd.
¹⁰² A. J. HESCHEL, Die Prophetie 1936. Die folgenden Zitate sind nach der sehr erweiterten amerikanischen Fassung The Prophets 1962 zitiert.

value of events. Quite obviously in the biblical view, man's needs may move Him, affect Him, grieve Him or, on the other hand, gladden and please Him."[103] In seinem Pathos gibt sich Gott kund als der Gott, der zum Menschen und seiner Geschichte sich so verhält, daß er selbst eine echte Geschichte durchlebt. Das göttliche Pathos meint nicht „a self-centered and self-contained state; it is always, in prophetic thinking, directed outward; it always expresses a relation to man. It is therefore not one of God's attributes as such. It has a transitive rather than a reflexive character, not separated from history . . . signifying God as involved in history"[104]. Pathos darf nicht mißverstanden werden als unkontrollierte Leidenschaft. Gott bleibt in seinem Pathos seinem Wesen treu, weil das Pathos mit dem Willen Gottes nicht in Konflikt gerät, sondern stets Gottes Zielstrebigkeit entspricht. Das ändert aber nichts daran, daß Gott in seinem Pathos sich an den Menschen gebunden hat: „Divine pathos... is rather a reaction to human history, an attitude called forth by man's conduct; a response, not a cause. Man is in a sense an agent, not only the recipient. It is within his power to evoke either the pathos of love or the pathos of anger."[105]

Der Prophet ist der Mensch, der das Pathos Gottes nicht nur kennt, so daß er es mitteilen kann, sondern es in und an sich erfährt, so daß er von ihm in seiner Existenz affiziert wird. Es ist deshalb viel zu wenig gesagt, wenn man einen Propheten den Mund Gottes nennen würde. Grundlegend ist vielmehr das viel tiefer Greifende, das das eigentliche Geheimnis der Prophetie ausspricht: die Sym-pathie mit dem göttlichen Pathos[106]. Heschel hat diese Anschauung vom Wesen der Prophetie am Beispiel einer ganzen Reihe von Propheten im einzelnen dargestellt und begründet. Ein paar Sätze, die bei der Besprechung Jeremias niedergeschrieben sind, mögen den Begriff der Sym-pathie näher verdeutlichen. Der Prophet ist von seinen Zeitgenossen dadurch unterschieden, daß er weiß, welche Zeit es ist und die Zeit ansagt als Gottes Zeit. Jeremia wußte, daß er in einer Stunde des Zornes lebte. „His contemporaries had no understanding of the portent of their times, of the way in which God was present at the time. They did not care for time. But a prophet has a responsibility for the moment, an openness to what the moment reveals. He is a person who knows what time it is."[107] Die Zeit Jeremias ist eine Zeit von „affliction of God, His displacement, His homelessness in the land, in the world"[108]. Eben darum ist auch der Prophet angefochten, verstoßen und heimatlos, „his inner condition is one of sympathy with the divine anger"[109]. Was von Jeremia gilt, ist von der prophetischen Existenz überhaupt zu sagen: ihr Herzstück ist die Teilnahme an der Beziehung Gottes zu seinen Menschen in der Geschichte, die durch die konkrete Stunde Gottes bestimmt ist.

---

[103] AaO 224. [104] AaO 226. [105] AaO 225. [106] AaO 26.
[107] AaO 106. [108] AaO 112. [109] AaO 117.

Das Pathos Gottes hat also in der Sym-pathie des Propheten seine Entsprechung. Gibt es ein Pathos Gottes, so gibt es auch, aus ihm fließend und von ihm hervorgerufen, ein Pathos des Propheten, das sich zum Pathos Gottes wie ein Spiegel verhält. Der Prophet ist darum keineswegs nur der Künder von Gottes Entscheidung und Weisung; er ist zugleich und zuerst eine Darstellung von Gottes eigenem Zustand in der Geschichte mit seiner Welt. Dem Christen liegt es nahe, an dieser Stelle sofort die Brücke zum Bekenntnis des Neuen Testaments von der Menschwerdung Gottes zu schlagen. Es liegt unmittelbar auf der Hand, daß Heschels Verständnis von Gottes Pathos und des Propheten Sym-pathie für den christlichen Leser zu einem fast unübersehbaren Hinweis auf die Inkarnation wird. Was auch im einzelnen an Grenzziehungen vorzunehmen sein möchte, die Deutung des Wesens der Prophetie durch Heschel scheint jedenfalls die prophetische Existenz selbst als Voranschauung, als Ankündigung und in diesem Sinne als Verheißung der vollen Gegenwart Gottes in einem Menschenleben zu ermöglichen.

Gerade das hat freilich der jüdische Gelehrte nicht nur nicht ausgesprochen, sondern mit klaren Worten als eine unmögliche Konsequenz abgelehnt. An mehreren Stellen seines Buches hat Heschel diese Ablehnung vollzogen. Sie findet sich auch im Zusammenhang seiner Besprechung des Anthropomorphismus und auf diesen Punkt gilt es für uns noch besonders zu achten. Heschel hat nämlich betont, daß der Ausdruck Anthropomorphismus im Grunde dem Alten Testament nicht gerecht wird. Von echtem Anthropomorphismus sollte, so meint er, nur da geredet werden, wo dem anthropomorphistischen Ausdruck gleichzeitig die Vorstellung von einer Gottheit in Menschenform entspricht. Das ist auch tatsächlich in altorientalischer wie in alter griechischer Religiosität der Fall. Echter Anthropomorphismus entspricht dem Gedanken, daß der Mensch ein Gott werden könne; ja diese Konsequenz ist geradezu der Prüfstein für alle echt anthropomorphistische Gedankenrichtung[110]. Diese Konsequenz ist aber im Glauben Israels vollständig ausgeschlossen. Denn hier entspricht dem anthropomorphistischen Ausdruck die Gottesvorstellung ganz und gar nicht. Für das Alte Testament ist die Grenze zwischen Gott und dem Menschen absolut und unüberschreitbar. Am deutlichsten zeigt sich das im alttestamentlichen Zeugnis von Gottes bedingungslosem Eintreten für das Recht, das alle menschlichen Analogien völlig hinter sich läßt. „God's unconditional concern for justice is not an anthropomorphism. Rather, man's concern for justice is a theomorphism."[111] Auf dem Boden des Alten Testaments kann deshalb von Anthropomorphismus im strengen Sinn nicht gesprochen werden; denn der Kardinalirrtum des Menschen ist nicht das Wie eines Gottesbildes, sondern das Unternehmen, überhaupt ein Gottesbild zu erstellen. Heschel protestiert deshalb auch mit gutem Grund

---

[110] AaO 269.   [111] AaO 271 f.

44

gegen die etwa bei Robinson und der hinter ihm stehenden Gruppe vorgetragenen Anschauung, die Anthropomorphismen seien eine legitime
und notwendige Personifizierung Gottes. Denn Personifizierung Gottes bedeutet eine Aussage über die Substanz Gottes. Eine solche aber ist uns
nicht erlaubt. Die Einsicht in das Pathos Gottes ist anderer Art: „it does
not represent a substance, but an act or a relationship"[112].

An dieser Stelle soll weder zu Heschels Kritik an der Angemessenheit
des Begriffs Anthropomorphismus für das Alte Testament noch zu seiner
Ablehnung des Gedankens, seine Darstellung des göttlichen und prophetischen Pathos zum Begriff der Inkarnation in Beziehung zu setzen, Stellung genommen werden. In diesem Kapitel geht es uns nur um eine Übersicht über die Geschichte der Frage und die verschiedenen Möglichkeiten
ihrer Deutung. Dagegen darf nicht vergessen werden, daß in jüngster Zeit
eine Deutung des Sinnes alttestamentlicher Anthropomorphismen gegeben
wurde, die eben die Konsequenzen, die Heschel ablehnt, explizit vollzieht.
Diese Deutung liegt vor in der Monographie von Frank Michaeli „Dieu
à l'image de l'homme"[113]. Freilich erscheint sie auch in diesem Buche nur
ganz am Ende, fast anhangsweise und ist, da sie im Hauptteil des Buches
nicht zum Leitgedanken gemacht wird, mehr als thesenartige Andeutung
denn als durchgeführtes Thema zu verstehen. Immerhin, auch als Andeutung sind Michaelis Darlegungen interessant genug. Das Buch enthält zunächst die Beschreibung verschiedener Formen des Anthropomorphismus im
Alten Testament, wendet sich dann den Grenzen des Anthropomorphismus
zu, die in Abschwächungen und Vergeistigungen innerhalb des alttestamentlichen Kanons vorgenommen werden, und bespricht schließlich, in
einem dritten Teil, Ursprung und Bedeutung biblischer Aussagen von der
Menschenförmigkeit Gottes. Dabei wird die Abgrenzung gegenüber allen
Anthropomorphismen der Israel umgebenden Religionen dahin bestimmt,
daß Jahwe weder geschaffen noch sündig ist[114]. Daraus ergibt sich für Michaeli zunächst eine Folgerung, die den Beobachtungen Heschels genau entspricht: „L'anthropomorphisme biblique est un anthropomorphisme de relation et non d'absoluité ... Les mots qui désignent des parties du corps, les
gestes et actions, les sentiments et passions attribués à Dieu sont tous des
mots qui ne se comprennent que par rapport à l'extérieur, qu'en relation avec quelqu'un d'autre que Dieu, c'est-à-dire en relation avec le
monde des hommes."[115] „En aucune façon, il ne peut définir ce que le
langage métaphysique appelle l'aséité de Dieu, c'est-à-dire: ce qu'il est
en soi-même, dans son essence."[116] Aber gerade weil die Anthropomorphismen des Alten Testaments die Beziehung Gottes zur Welt und seine
Tätigkeit in ihr darstellen wollen, können sie als ein Präludium der In-

---

[112] AaO 273.
[113] F. Michaeli, Dieu à l'image de l'homme 1948.
[114] AaO 135 f.   [115] AaO 154.   [116] AaO 155 f.

karnation verstanden werden. „En Jésus-Christ la notion du Dieu personnel et vivant qui se révèle et qui parle, qui agit et qui combat, qui juge et qui sauve, qui s'indigne et qui appelle à le suivre, qui souffre et qui aime, et qui, malgré toutes les limitations que lui impose sa nature humaine, demeure infiniment distant de l'homme par sa sainteté, nous apparaît dans la plénitude du fait vivant et réel, et non plus du seul langage. Là non plus, l'unité de la révélation biblique au sujet de Dieu n'est pas brisée, mais au contraire fortifiée et, si l'on peut dire, vécue sous le regard des hommes."[117]

Unsere Übersicht kann hiermit abgeschlossen werden. Die Motive für die Kritik am Anthropomorphismus sind hinreichend geklärt und die Gründe, die eine Neuinterpretation ermöglichen, liegen, wenigstens im Umriß, vor. Wir wenden uns deshalb nunmehr zur Entfaltung unserer These einigen biblischen Texten zu, um an Hand der Bücher Hosea und Jeremia zunächst die alttestamentliche Komponente der Frage genauer zu erfassen.

---

[117] AaO 166.

III. HOSEA

1. Die Klage Gottes

Das Buch Hosea enthält in ungewöhnlicher Geballtheit eine Fülle direkter Gottesrede. Wohl gibt es auch in ihm Berichte über den Propheten (Kap. 1 und 3), gelegentliche Einsprachen Hoseas in den Fluß der Gottesrede kommen vor (9,14) und auch Worte, die der Prophet in eigenem Namen aussprach, fehlen nicht (9,1—9). Aber von Kap. 4 bis zum Ende des Buches herrscht der Strom göttlicher Mitteilung so sehr, daß alles andere in ihm mitgerissen wird wie ein Stückchen Treibholz im Meer. Einleitungen zu den verschiedenen Gottessprüchen kommen selten vor, so daß der Exeget für die Abgrenzung von Sinneinheiten weithin auf die Beachtung der Thematik der Sprüche angewiesen ist. Die in der übrigen prophetischen Literatur so überaus häufige Einleitung des Botenspruches „So spricht Jahwe" kennt Hosea überhaupt nicht. Moderne Ausleger haben diese Eigenart des Buches mit einer außergewöhnlichen Intensität des prophetischen Berufungsbewußtseins auf seiten Hoseas[1] und auch stilgeschichtlich mit dem Hinweis auf die Form des priesterlichen Heilsorakels zu erklären gesucht[2]. Beide Gründe mögen zu Recht bestehen: die Psyche des Propheten ist bei der Gestaltung seiner Sprüche ebenso beteiligt wie es die ihm zur Verwendung stehenden Stilformen sind. Trotzdem ist damit aber zur Interpretation noch nicht alles gesagt. Denn was auch die psychologischen und stilgeschichtlichen Ursachen der Gestalt des Hoseabuches gewesen sein mögen, die Gestalt selbst ist ein Phänomen, das ernst genommen sein will. Es kann nicht nur erklärt, es muß vor allem in seiner Eigenart gewürdigt und gedeutet werden. Auf der Ebene der Würdigung und Deutung aber stehen wir vor der Gegebenheit der direkten Gottesrede. Der sich selbst mitteilende Gott ist das Urphänomen des Hoseabuches. In immer neuen Sprüchen öffnet sich dem Lesenden das Ich Gottes. Spruchketten, in denen Jahwe seine Gedanken ausspricht oder wie in einem Reden zu sich selbst begriffen ist, schließen sich an solche, die an menschliche Hörer gerichtet sind, die aber dennoch in der Anredeform Gottes eigenes Wollen und Fühlen enthüllen. Wohin er sich auch wende, der Leser des Hoseabuches findet sich unablässig und unmittelbar mit dem

---

[1] H. W. WOLFF, Hosea XV. W. RUDOLPH, Hosea 24.
[2] H. W. WOLFF, aaO 151, in Anlehnung an BEGRICHS Untersuchungen.

Subjekt Gott konfrontiert. Das Buch kann deshalb anders nicht verstanden werden denn als die Herausforderung, Gott selbst zu bedenken. Es ist Gott selbst, der überall für sich Aufmerksamkeit erheischt. Freilich geschieht das niemals in einer zeitlosen Abstraktion von der konkreten Stunde der letzten Jahre des nordisraelitischen Reiches. Aber in der Gebundenheit an die konkrete Zeit erschließt sich durch Hosea die Teilnahme Gottes an der Geschichte Israels und in dieser Teilnahme Gott selbst. Gott redet als Teilnehmer an der Geschichte und an der Zeit. Laut Hosea ist sein Innerstes beteiligt an dieser Teilnahme. So kann man nicht umhin zu sagen, daß der Gott, der sich durch Hosea eine Stimme verschafft, in seinem Wesen an der Geschichte Israels teilhat und daß ihm damit selbst die Geschichte seines Volkes zuteil wird. Gerade das ist immer wieder das Thema der Gottesreden im Buch Hosea: Was es für Gott bedeutet, an der Geschichte Israels seinen Teil zu haben.

Das zeigt sich besonders deutlich in den abschließenden Kapiteln des Buches. Von Kapitel 9 bis 14 trifft der Leser immer wieder auf Rückblicke Gottes in die Geschichte, die er mit Israel teilte. Mehrmals werden größere Sinneinheiten in den Gottesreden durch solche Rückblicke eingeleitet (9,10—17; 11,1—11), manchmal sind es nur ganz kurze Einzelsprüche, in welchen sie erscheinen. Fünfmal wiederholt sich das zwischen 9,10 und 13,8, eine auffallende Häufigkeit. Wüßte der Leser nicht von vornherein, daß Gott der Redende ist, wäre also nicht von Anfang an die starke Hemmung wirksam, die es so schwer macht, Gott in gefühlsgeladenen Ausdrücken zu erfassen, so könnte über den unmittelbaren Eindruck, den diese Rückblicke erwecken, gar kein Zweifel sein. Es redet in ihnen ein schwer verletzter und tief enttäuschter Liebender, der sich aus der öden Gegenwart vernichteter Hoffnungen immer von neuem der glücklichen Anfangszeit erwiderter Liebe zuwendet. Nochmals: wüßte man nicht, daß Gott redet, so würde man nicht zögern, diese Rückblicke als teils wehmütige, teils zornige Erinnerungen eines betrogenen Liebhabers zu verstehen. Er kann sich nicht damit abfinden, verlassen und verstoßen zu sein und muß fast zwangsmäßig, wie in einer Psychose des Schmerzes, unablässig in Vorstellung und Sehnsucht zum Beginn seiner Liebe zurückkehren. Die fortgesetzten Rückblicke haben etwas gequältes und quälendes an sich; sie bilden den Liebenden ab, der sich mit seiner Gegenwart nicht abfinden, mit seinem Zustand nicht fertig werden kann. An der ständigen Wiederkehr der Rückblicke hängt viel, sie ist es, die der Intensität des Schmerzes Stimme verleiht. Deshalb seien die Rückblicke selbst, teilweise gelöst aus dem größeren Zusammenhang, in den sie gehören, in der Folge ihres Erscheinens im Buch Hosea zusammengestellt. Die Reihe beginnt in 9,10:

Wie Trauben in der Wüste fand ich Israel, wie eine Frühfrucht am Feigenbaum ersah ich eure Väter.

Diese, nach Baal-Peor gelangt, weihten sich der Schande, sie wurden
Scheusale wie der Gegenstand ihrer Liebe.

Schon in diesem Vers zeigt sich der schreiende Kontrast zwischen einer
glücklichen Zeit des Anfangs und der sofort folgenden, völlig unmotivier-
ten und grundlosen Zerstörung des Verhältnisses. Aber innerhalb desselben Gesichts, nach furchtbarer Bedrohung mit den Folgen des Abfalls,
wendet Jahwe sich erneut dem Anfang zu (9,13):

Ephraim, wie ich einst es ersah, als junge Palme, gepflanzt in die
Weide[3].

Dies Ephraim muß hinbringen zum Metzger seine Söhne.

Kurz darauf ist erneut die Rede von einer Rückschau Jahwes (10, 11—13a):

Ephraim war eine geübte Jungkuh, sie liebte zu dreschen.

Da legte ich ihr ein Joch auf den schönen Hals[4] und spannte Ephraim
ein.

Juda sollte pflügen, Jakob eggen[5].

„Säet euch auf Recht, erntet wie es der Treue entspricht.

Brechet einen Neubruch für euch.

Zeit ist's Jahwe zu suchen, daß er komme und Heil auf euch regnen
lasse."

Aber ihr habt Gottlosigkeit gepflügt, Frevel geerntet
und die Frucht der Lüge gegessen.

Ist es in 10,13—13a ein Bild aus dem Tierreich, das den Umschlag von
Gottes Wohlgefallen zum Verdruß darstellt, so verwendet der folgende
Rückblick Jahwes, mindestens teilweise, einen Vergleich aus dem mensch-
lichen Familienleben (11,1—3):

Als Israel jung war, liebte ich ihn und aus Ägypten rief ich meinen
Sohn. Doch wie ich sie rief, so liefen sie fort von mir[6].

Sie opferten den Baalen und räucherten den Bildern.

Und ich war es doch, der Ephraim gehen lehrte und ihn auf meine
Arme nahm.

Aber sie merkten nicht, daß ich sie pflegte[7].

---

[3] Die Übersetzung von לצור als „junge Palme" folgt der Deutung von W.
Rudolph, aaO 183, der im Anschluß an Arnoldi und Hitzig das Wort vom
arabischen ṣawr „Palmsetzling" ableitet. Diese Änderung fordert keine Text-
änderung und ergibt einen guten Sinn.

[4] Die Lesung על עברתי statt על עבדתי ist von Rudolph übernommen (aaO
201). Sie setzt den Ausfall eines על durch Haplographie voraus, ergibt aber
änderung und ergibt einen guten Sinn.

[5] Die Beibehaltung des masoretischen יהודה ist meines Erachtens durch
Wolff, aaO 240, völlig befriedigend begründet.

[6] Mit der großen Mehrzahl der neueren Kommentare lese ich nach LXX
καθὼς μετεκάλεσα αὐτούς, οὕτως ἀπῷχοντο ἐκ προσώπου μου.

[7] Der folgende Vers 4 wird meist als eine Fortsetzung des Bildes von Vater
und Sohn angesehen und etwa übersetzt: „Ich zog sie mit menschlichen Stricken,
mit Seilen der Liebe. Ich war ihnen wie einer, der aufhebt den Säugling an

Schließlich ertönt die klagende Erinnerung an die Frühzeit und die Feststellung von Israels unbegreiflicher Undankbarkeit in 13,4—6:

Ich bin Jahwe, dein Gott, vom Lande Ägypten her.

Du kennst keinen Gott neben mir und keinen Helfer außer mir.

Ich weidete dich in der Wüste, im Lande der Dürre.

Wie sie weideten, wurden sie satt.

Satt wurden sie und ihr Herz überhob sich, darum vergaßen sie mich.

Die Rückblicke Gottes in seine Geschichte mit Israel haben drei Dinge gemein: 1. Sie erwähnen eine Anfangszeit ursprünglichen Wohlgefallens aneinander, 2. sie reden von Jahwes Fürsorge für sein Volk während dieser Zeit, und 3. sie enden alle mit der Feststellung eines frühen und unbegreiflichen Zerfalls des Verhältnisses.

1. Die glückliche Anfangszeit im Verhältnis Jahwes zu Israel ist in ständig wechselnden Bildern beschrieben. Jahwe fand Israel wie eine unerwartete, köstliche Frucht (9,10), er ersah es wie einen frischen, jungen Palmsetzling im Weideland (9,13), er hatte Gefallen an ihm, wie ein Bauer sich der geschmeidigen Kraft seiner jungen Kuh freut (10,11 und vielleicht auch 11,4, vgl. S. 48, Anm. 7), er liebte ihn, wie ein Vater seinen Sohn liebt (11,1). Weder die Bilder noch die Jahwes Gefallen aussprechenden Zeitwörter dürfen in Einzelheiten gepreßt werden; denn sie sind unter sich zwar sehr verschieden, wollen aber doch alle ein und denselben Tatbestand aussprechen. So wäre es besonders unglücklich, wollte man etwa aus 9,10 und 10,11 folgern, daß das junge Israel Eigenschaften aufwies, die Jahwes Erwählung begründen sollen[8]. Nur das eine ist stets von neuem betont: Die Zeit der Berufung Israels aus Ägypten und die Zeit der Wüstenwanderung bilden eine Anfangszeit[9], in welcher Gott Freude an Israel hatte. Diese Freude wird nun freilich in ganz unbefangener Weise zum Ausdruck gebracht. Wer in einer Wüstenoase[10] Trauben findet, wird auf alle Fälle über diese Entdeckung entzückt sein, gleich ob das Bild von

---

seine Wangen, ich neigte mich zu ihm und gab ihm zu essen" (so A. WEISER, Hosea 69 und sinngemäß auch BUBER, Bücher der Kündung 612; WOLFF, aaO 246; J. M. WARD, Hosea 191). Dennoch scheint mir RUDOLPHS Auffassung eines Übergangs zum Tiergleichnis wahrscheinlicher, da in dieser Lesung der masoretische Text nicht geändert werden muß. RUDOLPH, aaO 208, übersetzt: „Mit menschlichen Seilen zog ich sie, mit Stricken der Liebe, und ich behandelte sie wie die, die ihnen das Joch an den Backen hochheben, und ich neigte mich zu ihm, gab ihm zu essen." Sachlich trägt der Unterschied nicht viel aus, das Bild der sanften Fürsorge ist in jedem Fall weiter ausgesponnen.

[8] R. BACH, Die Erwählung Israels in der Wüste 1951, hat versucht eine Tradition herauszuschälen, die die Wüstenzeit als eine Periode der Harmonie zwischen Jahwe und Israel ansah, ja die Erwählung Israels in der Wüste stattfinden ließ.

[9] Die Vereinigung der Themen vom Auszug aus Ägypten und von der Wüstenwanderung zeigt sich besonders deutlich in 13,4 f.

[10] W. RUDOLPH, aaO 185, weist darauf hin, daß das Vorkommen von Trauben und Feigen in Wüstenoasen durchaus möglich ist.

Hosea als bewußtes Paradox oder als seltene Möglichkeit verstanden wurde. Wer ein Bauernherz hat, dem muß dies Herz lachen beim Anblick der kraftstrotzenden Gesundheit einer jungen Kuh. Vom Gefallen Gottes, von der Freude Gottes, vom Glück Gottes ist überall höchst ungeniert die Rede. Dem darf nun nicht deswegen die Spitze abgebrochen werden, weil man womöglich aus lauter Angst und Sorge um einen chemisch reinen Gnadenbegriff von einem Gefallen Gottes am Gegenstand seiner Liebe nicht reden möchte. Die Bilder der Frucht, der Palme, der Jungkuh und des Sohnes besagen alle unumwunden, daß Israel für Jahwe einen Wert, ja eine Kostbarkeit darstellt. Das hat aus dem einfachen Grunde mit einer Behauptung von Israels eigenständiger Vorzüglichkeit nichts zu tun, weil Gottes Rückschau in seine Geschichte mit dem Volk auf Gottes eigenes Befinden, auf Gott selbst ausgerichtet ist. Die Gottessprüche wollen Gott selbst enthüllen und darauf liegt ihr ganzer Ton. Sie betonen Gottes ursprüngliches Entzücken an Israel und das Vorhandensein eines Verhältnisses, in dem der menschliche Partner für Gott eine Kostbarkeit darstellt.

2. Die Rückblicke Gottes begnügen sich nicht mit den Ausdrücken vergangener Freude und eines verlorenen Schatzes, sie führen dem Leser mehrmals die Fürsorge Gottes für sein Volk vor Augen. Auch hier wieder wechseln die Bilder, und Anklänge an konkrete Einzelheiten der geschichtlichen Überlieferung Israels sind kaum zu finden. Die Jungkuh Ephraim bekommt von Jahwe ein Joch aufgelegt (10,11), so daß sie zur Feldbestellung tätig werden soll. Das Auflegen des Jochs ist dabei nicht als Bedrückung mit einer Arbeitslast aufzufassen, sondern, wie der Zusammenhang zeigt, als Beginn einer Aufgabe, die Ernte und Frucht erhoffen läßt. Es ist wohl möglich, daß auch 11,4 das Bild von Kuh und Joch verwendet und unter diesem Bilde Gottes Fürsorge darstellt: Jahwe handelt wie ein Bauer, der sein Vieh nicht mit Stricken herumzieht und an ihm reißt, sondern ihm, wenn es fressen will, sogar eigenhändig das Joch hochhebt, ja sich zu ihm herabbeugt, um ihm Futter zu geben. Mit einem anderen Bild wird Jahwe dem Helfer und Hirten verglichen, der selbst in der Wüste noch Weide für seine Herde findet (13,4 f.). Wieder anders, aber besonders eindrücklich, ist der Vergleich Jahwes mit einem Vater, der seinen kleinen Sohn ruft, ihn das Gehen lehrt, ihn, wenn er müde ist, auf die Arme nimmt und ihn so in jeder Weise pflegt (11,1—3). Es ist möglich, daß einzelne Worte sich auf konkrete Vorstellungen über Israels Frühzeit beziehen. Das Rufen des Vaters z. B. dürfte mit dem Rufen Jahwes durch seine Propheten identisch sein (12,11 und 14) und vielleicht ist mit dem Wort „weiden" (13,5 f.) an bestimmte Traditionen wie die Gabe des Manna gedacht. Die Einzelheiten wollen aber alle zu der einen Aussage zusammengezogen werden: Gott kümmerte sich um sein Volk. Er war eben nicht nur ein Liebhaber, der im ersten Freudentaumel des Entdeckens seiner Neigung Ausdruck gibt, dann aber sich nicht weiter sorgend,

hütend und helfend um den Gegenstand seiner Liebe kümmert. Jahwe war vielmehr Liebender in der Weise, daß es an fortdauernder Freundlichkeit, Pflege und Fürsorge nicht gebracht. Unter seiner Leitung war ein Grund zur Unzufriedenheit nie gegeben und der Verfall des Verhältnisses zum Volk war deshalb auch, von seiner Seite aus gesehen, völlig unbegründet und unverständlich.

3. Eben deshalb kommt auch der in allen Rückblicken geschilderte Abfall des Volkes mit solch schockierender Plötzlichkeit. Stets ist dabei Stelle und Zeit des Übergangs Israels in das Kulturland Kanaans als der Punkt bezeichnet, an dem sich durch die Übernahme des einheimischen Fruchtbarkeitskultes die Katastrophe vollzog. Die Ortsangaben können schwanken. In 9,10 ist es Baal-Peor, wo sich der Abfall ereignete[11]. An anderen Stellen können Gibea (9,9; 10,9) und Adam (6,7) genannt werden[12]. Wesentlich sind offenbar auch hier nicht die präzisen Einzeltraditionen, da diese auswechselbar bleiben, wohl aber ist es die Erkenntnis der Klagen Jahwes um den Abfall Israels. In ihnen schwingt, nach der Betonung von Jahwes Fürsorge, etwas wie eine Fassungslosigkeit, wie ein Nichtverstehen Gottes über die Rätselhaftigkeit von Israels Untreue.

Die Rückblicke Gottes auf die Geschichte, die er mit dem Volk Israel teilt, münden allesamt in die Ansage unmittelbar bevorstehenden Gerichts aus. Israel, einst das Entzücken Jahwes als erfrischende Frucht, ist nun mit dem entsetzlichen Verdikt bedroht: „aus ist's mit Geburt, mit Mutterleib umd Empfängnis" (9,11); Ephraim, vordem voll von hoffnungsvoll aufstrebendem Leben wie eine junge Palme, muß jetzt seinen eigenen Nachwuchs zum Metzger führen (9,13); der Spruch, der Jahwes Gefallen an der schönen Jungkuh Ephraim preist, endet mit der Drohung von Krieg, Zerstörung und dem Zerschmettern von Müttern und Söhnen (10,14)[13]; der Erinnerung an die ungetrübte Liebe des Vaters Jahwe zu seinem Sohn Israel, die sich in der Befreiung aus ägyptischer Knechtschaft

---

[11] Baal-Peor ist Gottesname. Entweder hat man zu verstehen, „sie kamen zum Baal-Peor", wobei dann aber ein אל kaum zu vermissen ist, oder „sie kamen nach Baal-Peor", wobei der Gottesname für den Ortsnamen Beth-Peor zu stehen kommt.

[12] In 6,7 liest man heute fast durchweg באדמ, denkt also an einen Ortsnamen und nicht, wie in BH, כאדמ, was auf die Sünde Adams in Gen 3 zurückweisen würde. Welches Vergehen in Gibea und Adam stattgefunden hat, bleibt allerdings sehr unsicher, vgl. die Kommentare zu den Stellen.

[13] Zwar ist 10,11—13a eine Sprucheinheit für sich, auf die in 13b—15 eine neue Einheit folgt, wie der Übergang von der Bildrede zur Sache und der Wechsel der Person in den Verben zeigt. Das 10,13b eröffnende כי schließt aber die Sätze so aneinander, daß spätestens ein Sammler die beiden Einheiten als Begründung und Folge verstand. WOLFF, aaO 236, rechnet aber mit der Möglichkeit, daß 13b—15 als Antwort auf einen nicht berichteten Einwand der Hörer gegen 11—13a zu verstehen ist. In diesem Falle wäre der Zusammenhang der Stücke von vornherein gegeben gewesen.

erwies, folgt in genauer Umkehr des Segens die Voraussage neuer Gefan-
genschaft in Ägypten und Assyrien (11,5); und das ehedem von Gott wie
von einem schützenden Hirten geweidete Volk wird schutzlos zur Beute
wilder Tiere (13,7 f.). Die Zeit Hoseas ist Unheilszeit:

> gekommen sind die Tage der Heimsuchung, gekommen sind die Tage
> der Vergeltung. (9,7).

Die Rückblicke Jahwes lassen alle dieselbe Abfolge erkennen: der Zeit ur-
sprünglicher Zuneigung und göttlicher Fürsorge folgt die Zeit des Abfalls
Israels und damit auch der Vergeltung Gottes. Dies legt den Gedanken
nahe, die Einstellung Jahwes gegenüber Israel könne in bestimmten Zeit-
punkten immer klar und säuberlich auf einen Nenner gebracht werden, so
daß die Periode der Frühzeit Israels durch nichts als göttliche Liebe, die
Tage Hoseas aber durch nichts als göttliche Ablehnung gekennzeichnet
wären. Das ist aber keineswegs der Fall. Vielmehr zeigt sich in den Gottesreden des Hoseabuches ein höchst eigentümliches Schwanken in Gott
selbst. Ausdrücke größten Zornes wechseln mit Bezeugungen zartester Zuneigung. Diese sich scheinbar widersprechenden Aussagen lassen sich weder
auf einander folgende Zeitpunkte verteilen, noch können sie psychologisch
mit den wechselnden Gemütszuständen des Hosea erklärt werden[14]. Sie
stehen vielmehr als Selbstenthüllungen Jahwes ganz unvermittelt und un-
ausgeglichen nebeneinander. Es ist aufschlußreich, sich das an einigen Beispielen klarzumachen.

In Hosea 13,14 ersteht das Bild eines wütenden Gottes, der gegen sein
Volk die unüberwindlichsten Kräfte der Zerstörung losläßt. Beachtlich ist
dabei, daß sich der Satz in zwei paarweise gegliederte Fragen entfaltet:

> Aus der Hand der Unterwelt sollte ich sie loskaufen?
> Vom Tode sollte ich sie auslösen[15]?
> Wo sind deine Plagen, Tod?
> Wo ist deine Seuche, Unterwelt?
> Mitleid ist vor meinen Augen verborgen.

Im ersten Fragenpaar nimmt Gott Stellung zu einer Bitte um Erlösung,
wobei nicht klar ist, ob er auf einen von Menschen aus ergangenen Hilfe-
ruf oder auf ein in ihm selbst aufsteigendes Erwägen antwortet. Auf alle
Fälle drückt die Frage eine emphatische Zurückweisung des Ansinnens aus
und das zweite Fragenpaar antwortet mit dem Ruf nach den Seuchen des
Totenreichs[16]. In stärkstem Gegensatz zu dieser zornigen Abweisung eines

---

[14] Ein logisch einliniges Gottesbild läßt sich nur durch gewaltsame Eingriffe
in den Textbestand des Buches erreichen, so wie es etwa W. F. STINESPRING tut
in seinem Aufsatz Hosea, the Prophet of Doom, in: Crozer Quarterly (1950)
200—207.

[15] In der Auffassung der beiden ersten Versteile als Fragesätze folge ich den
Kommentaren von RUDOLPH, WARD und WOLFF.

[16] Die früher verbreitete positive Deutung des Verses ist in jüngerer Zeit nur
noch von WEISER, aaO 83, vertreten worden.

Hilfesuchens bei Gott steht der Satz 11,8, auch er auffälligerweise in seinem ersten Teil wieder als Fragesatz gegeben:

Wie könnte ich dich hingeben, Ephraim, dich dahingeben, Israel?
Sollte ich dich machen wie Adma, dich behandeln wie Zeboim?
Verwandelt ist mein Herz, mächtig ist mein Mitleid entbrannt.

Die anfänglichen Fragesätze geben hier deutlich in Gott selbst aufsteigende Bedenken wieder. Aber während die fragende Bitte in 13,14 heftig zurückgewiesen wird, wird sie in 11,8 Grund einer Selbstbesinnung, ja eines Entschlußwandels in Gott. Es geht Gott selbst zu nahe, Israel wie Adma und Zeboim, die Nachbarstädte von Sodom und Gomorrha (Deut 29,21 f.), auf alle Zeiten vernichtet zu sehen. Freilich ist die Frage, ob Israel nicht das Schicksal völliger Ausrottung erleben sollte, eine berechtigte Frage. Sie ist Gott nicht fremd, er kann sie sich allen Ernstes stellen. Aber es ist Gott ebensowenig fremd, seinen Zorn zu überwinden, sein Mitleid noch stärker brennen zu lassen als seinen Zorn und so sein Herz zu verwandeln. Die Sätze 11,8 reden demnach mit Betonung von einem Kampf in Gott, von einem Sich-selbst-Überwinden Gottes. Es wäre ihm möglich und es wäre auch völlig gerechtfertigt, Israel ein für allemal von der Landkarte verschwinden zu lassen. Aber das Lieben Gottes streitet gegen diese Möglichkeit und so ist Gott selbst, in seiner Teilnahme an Israels Geschichte, in einen Streit mit sich verwickelt.

Die Spannungen zwischen Zorn und Mitleid Gottes zeigen sich auch an anderen Stellen in Hosea. Da heißt es einerseits (9,15):

Ihre ganze Bosheit ist in Gilgal, ja dort begann ich sie zu hassen.
Ihrer bösen Taten wegen vertreibe ich sie aus meinem Hause.
Fernerhin will ich sie nicht mehr lieben, alle ihre Führer sind Verführer.

Aber andererseits wird von Gott verheißen (14,5):

Ich heile ihre Abtrünnigkeit, ich liebe sie aus freiem Antrieb:
denn mein Zorn hat sich von ihm abgewandt.

Einmal kann gesagt werden (5,10):

Ich gieße meinen Zorn über sie aus wie Wasser,

ein andermal aber (11,9):

Ich vollstrecke nicht meinen glühenden Zorn,
ich will Ephraim nicht erneut verderben.

Die eindeutige Folgerichtigkeit des Spruches 4,6:

Da du die Weisung deines Gottes vergessen hast,
vergesse auch ich deine Söhne

steht im Widerspruch zu der völlig entgegengesetzten Stimme des Mitleids (11,8), die schon zitiert wurde:

Wie könnte ich dich hingeben, Ephraim, dich dahingeben, Israel?

Angesichts dieser Spannungen ist es nicht verwunderlich, daß Jahwe, nach-

54

dem er eine Bußliturgie der Israeliten vernommen hat, dem Volk die Frage zurückgibt (6,4):

Was soll ich dir tun, Ephraim; was soll ich dir tun, Juda?

Ist doch deine Treue wie Morgengewölk, wie der Tau, der frühe vergeht.

Es fällt auf, daß in dem Vers 6,4 zum drittenmal die Form der Frage begegnet, die schon 13,14 und 11,8 vorkam. In 13,14 ist es schon aus grammatischen Gründen sicher, daß Jahwe sich die Frage selbst stellt, wenn sie auch durch des Volkes Ruf um Hilfe in ihm hervorgerufen sein mag; denn er redet von Israel in der dritten Person. Die Stelle 11,8 ist ebenfalls keine echte Frage an Israel, sondern Ausdruck des Kampfes in Gott, der die Wahl der Aufgabe Israels durch die überlegene Wahl mitleidiger Geduld verdrängt. Und so ist auch 6,4 offensichtlich keine Frage, auf die Jahwe vom Volk Antwort erwartet, sondern eine Selbstbefragung Gottes angesichts von Israels Unbeständigkeit. Das wiederholte „was soll ich dir tun?" hört sich doch an wie das Eingeständnis tiefer Ratlosigkeit: die Treulosigkeit des menschlichen Partners hat auch dem Liebeswillen Gottes eine Schranke gesetzt, die Gott vor die Frage stellt, was denn noch getan und versucht werden könnte, nachdem bisher alles Bemühen scheiterte.

Die anthropopathische Redeweise von Gott dürfte in den in die langen Gottesreden des Hoseabuches immer wieder eingeflochtenen Fragen Gottes an sich selbst ihre Spitze erreichen. Denn in ihnen steigert sich der Anthropopathismus unverhüllt bis zur Behauptung eines Ringens Gottes mit sich selbst, ja einer Ratlosigkeit Gottes, die selbst schrankenloser Liebe durch die Schranke verweigerter Gegenliebe gesetzt ist. Es ist natürlich ein Leichtes, diesen Anthropopathismen die Spitze abzubrechen und sie durch leichtere oder stärkere „Vergeistigung" im sicheren Gehege eines „reinen" Gottesbegriffs einzuzäunen.

Man muß sich aber doch die Frage vorlegen, ob dadurch nicht der Gott, der sich in den Reden des Buches Hosea enthüllt, um die Realität und die Ernsthaftigkeit seiner Teilnahme an der Geschichte seiner Menschen gebracht und damit eben auch in aller Stille, aber sehr wirksam, in einen anderen Gott verwandelt wird. Der Gott, der zu uns durch Hosea spricht, ist jedenfalls der Gott einer tiefernsten Hinwendung zum Menschen. Nicht nur der Mensch als Gottes Bundespartner ist durch diese Hinwendung Gottes entweder zum Heil oder zum Unheil unentrinnbar behaftet, sondern auch Gott hat sich selbst durch sie an den Menschen gebunden. Er thront nicht über den Wechselfällen von Israels Geschichte in unbeteiligter Seligkeit, sondern er ist mit seinem eigenen Wesen aufs tiefste in sie hineingezogen. Israels Gegenliebe macht ihm Entzücken; Israels Undank verursacht ihm Schmerz. Er nimmt deshalb selbst an den Spannungen in Israels Verhältnis zu ihm teil und ist in die geschichtliche Bewegung von Israels Wandel von Treue zu Untreue persönlich mit hineingenommen.

Von dem Wandel der Geschichte hat er sich also nicht eximiert, sondern er ist selbst von Geschichte affiziert. Deshalb ist es völlig unmöglich zu erwarten, daß er mit der abstrakten Logik einer reinen Idee in allen Schwankungen der Geschichte sich gleich bliebe. Da er sich selbst im Bund mit Israel an menschliche Geschichte gebunden hat, nimmt er nun an den Schwankungen des Verhältnisses seiner Erwählten zu ihm teil. Deshalb kann er sich einmal freuen, ein anderes Mal zornig sein; deshalb kann er auch sich im Widerstreit zwischen Liebe und Zorn befinden. Jahwe ist als mitgeschichtlich offenbart.

2. Der Prophet als Jahwes Gleichnis

Die Gottesreden des Hoseabuches führen Jahwe vor als den Gott, der in seinem eigenen Wesen an der Geschichte Israels teilnimmt. Es ist aber nicht nur zu sagen, daß Jahwe dem Tun und Treiben Israels korrespondiert, vielmehr ist auch das Leben des Propheten gerade dadurch ausgezeichnet, daß Hosea seinerseits Gott korrespondiert. Es ist klar, daß dies das besondere Thema von Hosea 1—3 ist und die innere Einheit der Berichte von Hoseas Ehe in Kap. 1 und 3 und der Gottesrede in Kap. 2 darstellt. Dies Entsprechungsverhältnis zwischen Jahwe und Prophet zeigt sich aber auch in dem vom vierten Kapitel bis zum Ende des Buches sich erstreckenden großen Redenteil und diesem Teil wenden wir uns zunächst zu.

Hosea begriff sich offenbar als Glied in einer Kette von Propheten, die Jahwe von alters her dem Volk gegeben hatte. Diese Kette scheint für ihn mit Mose zu beginnen, der offensichtlich mit dem נביא gemeint ist, von dem es 12,14 heißt, durch ihn habe Jahwe Israel aus Ägypten heraufgeführt und das Volk gehütet. 12,11 stellt fest, daß von Mose an immer wieder neue Propheten auftraten, durch die Jahwe von sich Schauung und Kunde vermittelte. Namen werden nirgends genannt und wir können deshalb nicht sagen, an welche Personen Hosea konkret gedacht hat. Aufschlußreich für unseren Zusammenhang ist aber die Beobachtung, daß das Wirken des Mose sich von der Aufgabe der ihm folgenden Propheten charakteristisch unterscheidet. Mose war es ja, der das Volk bis an die Grenze des kanaanäischen Kulturlandes führte. Die nach Moses Tod auftretenden Propheten waren dagegen auf dem Boden des Kulturlandes tätig und führten deshalb, im Verständnis Hoseas, ihre Aufgabe in einer radikal veränderten Situation aus. Denn die Zeit Moses ist für Hosea die Zeit der von Israels Gegenliebe geehrten Liebe Gottes (9,10; 11,1 ff.; 12,10; 13,4 f.), während der das ganze Verhältnis verderbende Abfall für den Propheten sofort beim Übergang ins Kulturland erfolgt (9,10). Das Prophetentum Moses war also begleitet vom Wohlgefallen Jahwes am Volk, während dasjenige seiner Nachfolger von Gottes Grimm über den Abfall umgeben ist. Dem entspricht denn auch genau die verschiedene

Funktion des Propheten zur Mosezeit und zur Zeit der Landnahme und der auf sie folgenden Epochen. Wie Jahwe in der Anfangszeit einem Vater gleich sein Kind Israel an der Hand führte (11,3), so hat auch Mose das Volk geführt (12,14) und, wie Jahwe damals Israel weidete (13,5), so konnte auch Mose das Hirtenamt des Hütens ausüben (12,14). Solange Israel in der Zeit der unverdorbenen Kindesliebe Jahwe dankbar gehorchte, war Jahwes Gegenwart schützend und hilfreich und auch der Prophet war somit zu einem völlig positiven Amt ermächtigt[17]. Bei den späteren Propheten wird das aber anders. Zwar werden auch ihnen Schauung und Kunde zuteil (12,11), aber diese sind nun empfangen, damit die Propheten dreinschlagen und töten können. Jahwe sagt von ihnen: „ich schlage drein durch Propheten und töte durch die Worte meines Mundes" (6,5)[18]. Sie müssen das tun; denn Jahwe kann unter den gegebenen Umständen auch nichts anderes als züchtigen (10,9) und vernichten (13,9). Das prophetische Amt ändert sich also in Korrespondenz zu den Stadien der Gottesgeschichte mit Israel. Es ist ebensowenig wie das Wesen Gottes in ungeschichtlicher Starrheit in ein stets festliegendes Prinzip der Amtsausübung eingeengt, vielmehr ändert sich die Aufgabe der Propheten von einer Zeit zur anderen. Dennoch ist diese Lebendigkeit und Beweglichkeit nicht ohne ihre eigene Ordnung; denn der Wandel des prophetischen Auftrags korrespondiert jeweils dem Wandel in Gottes Stellung zu seinem Volk. Die Veränderungen des prophetischen Dienstes sind von Mal zu Mal Spiegelbilder einer Veränderung von Gottes Verhältnis zu seinem Menschen, ihre Lebendigkeit und Beweglichkeit ist also nichts anderes als der Reflex der Lebendigkeit und Beweglichkeit Gottes selbst.

Man muß jedoch noch weitergehen. Die Unterschiedlichkeit des hoseanischen Bildes vom Auftrag Moses und dem Auftrag der im Kulturland tätigen späteren Propheten könnte noch immer zu einem Schematismus verleiten, indem das Amt eines einzelnen Sehers je nach seiner geschichtlichen Stunde voll und ganz entweder als Hirtenamt oder als ein Amt zum Tode aufgefaßt wird. Hosea selbst hat im Rückblick auf Mose und seine Nachfolger in Konzentration auf das Wesentliche diese Verkürzung vorgenommen.

Nun zeigt aber ein Blick auf die auch außerhalb der „biographischen" Kapitel 1 und 3 im Hoseabuch verstreuten Hinweise auf das Leben und Amt Hoseas, daß in der aktuellen Wirklichkeit prophetischer Existenz ein

---

[17] Es fällt auf, daß dem Fehlen der Tradition vom Murren des Volkes in der Wüste auch das Fehlen strafender Züge im Mosebild des Hosea entspricht, vgl. oben 49 f.

[18] Die positive Deutung des Verses auf die Gabe des Gesetzes, die im Apparat von BH vorgeschlagen und von RUDOLPH, aaO 133, angenommen ist, verlangt eine von keiner Textvariante gestützte Veränderung des Verbs חרג, die sich nicht empfiehlt.

solcher Schematismus der Sachlage nicht gerecht werden würde. Sahen wir in den Gottesreden des Buches einen Gott, der durch seine Teilnahme an der Geschichte seiner Erwählten in ein Ringen mit sich selbst verwickelt wird, so daß den Tönen schroffster Verwerfung und unnachgiebigsten Gerichts die Laute geduldiger Barmherzigkeit und unerschütterlicher Treue beigegeben bleiben, so erweisen auch die einzelnen Hinweise auf Hosea selbst im großen Redeteil des Buches dieses Hin und Her in genauer Analogie zu dem Bilde von Jahwe.

Auf der einen Seite teilt Hosea mit seinem Gott die Verwerfung durch das Volk. Jahwe muß dem Priester[19] sagen: „Du hast das Wissen um Gott verschmäht"[20] und „du hast die Weisung deines Gottes vergessen" (4,6), er muß vom Volk allgemein feststellen, daß es ihm nicht mehr die Treue halten will (4,10)[21] und sich in seinem Hurengeist von Gott wegwendet (4,12). Stößt es Gott zu, vom Volke verschmäht, vergessen und verstoßen zu werden, so kann auch der Prophet Hosea dem Schatten dieser Fügung nicht entweichen. 9,1—9 ist anscheinend der literarische Niederschlag einer Streitszene, in der die populäre Reaktion gegen Hoseas Ankündigung des Exils festgehalten wurde. In diesem Abschnitt kommt zutage, was man von Hosea dachte: „Ein Narr ist der Prophet, verrückt ist der Mann des Geistes!" (9,7). Es bleibt aber nicht bei der Ablehnung von Hoseas Verkündigung, das Leben des Propheten ist bedroht: „Vogelstellerfallen auf allen seinen Wegen, Feindschaft im Hause seines Gottes" (9,8). Das ist's, was ihm begegnet: Sein Wissen wird als Narrheit verschrieen und gerade da, wo der Mann Gottes eigentlich zu Hause sein sollte, nämlich am Ort, wo man Gottes Namen ehrt, da begegnet ihm Feindschaft. Die Analogie zwischen Jahwe und seinem Propheten ist offenkundig. Jahwe ist mundtot gemacht, weil man seine Erkenntnis verschmäht und seine Weisung vergißt, Hosea wird entmündigt, indem man ihn für verrückt erklärt; im Hause Jahwes herrschen Priester, die durch ihren Baalsdienst den Gott

---

[19] Die Kommentatoren sind sich uneins darüber, ob der Singular כֹּהֵן in 4,4 kollektiv auf die Priesterschaft Israels oder individuell auf einen einzelnen Priester zu beziehen ist. Die Entscheidung in dieser Sache ist im gegebenen Zusammenhang unwichtig, da die priesterliche Schuld durch Hosea auf alle Fälle für den ganzen Priesterstand behauptet wird (vgl. 5,1—3) und durch sie das ganze Volk verseucht wird.

[20] Das דַעַת von 4,6 ist natürlich als דַעַת אֱלֹהִים zu verstehen, wie schon die Parallele תּוֹרַת אֱלֹהִים im selben Vers beweist.

[21] In 4,10 steht der Ausleger, wie so häufig bei Hosea, wieder vor einer schwierigen Entscheidung über die beste Lesart des Textes. Meist wird אֶת־יְהוָה als Akkusativobjekt von עָזַב gedeutet („sie verließen Jahwe") und das folgende לִשְׁמֹר mit dem ersten Wort von Vers 11 זְנוּת verknüpft („um Hurerei zu pflegen"). So hat in der Tat LXX gelesen. Ich folge der Deutung, die אֶת־יְהוָה von לִשְׁמֹר abhängig sein läßt und שָׁמַר im Sinne von „Treue bewahren" und עָזַב als „aufgeben" auffaßt. Das ergibt die Übersetzung RUDOLPHS, aaO 95, „weil sie einem Jahwe die Treue zu halten nicht mehr fertig bringen", deren Sinn ich oben übernehme.

Israels evakuieren, Hosea ist an gottesdienstlichem Ort befehdet und dadurch heimatlos geworden.

Andererseits ist Hosea aber auch darin seinem Gott gleich, daß er nicht einfach der Verwerfung des Volkes seine eigene Verwerfung entgegensetzen kann. Dasselbe 9. Kapitel des Buches lüftet wie in einer Andeutung den Schleier von dem Widerstreit zwischen der Treue gegenüber Israel und der Erkenntnis der Unabwendbarkeit des Unglücks, der das Innere des Propheten zerreißt. In 9,14 findet sich ein Fürbitteschrei Hoseas, der offenbar auf eine ganze Kette von sich in ihrer Schwere steigernden Katastrophenandrohungen Jahwes antwortet[22]. Die Drohungen beginnen mit dem Spruch „aus ist's mit Geburt, mit Mutterleib und Empfängnis" (9,11) und setzen sich fort in den Drohungen, „wenn sie ihre Söhne großziehen, mache ich sie kinderlos, daß niemand mehr bleibt" (9,12) und schließlich „dies Ephraim muß hinbringen zum Metzger seine Söhne" (9,13). Auf diese Folge von Drohungen antwortet Hosea in einem Gebetsspruch: „Gib ihnen Jahwe — was willst du ihnen geben? Gib ihnen fehlgebärenden Schoß und welkende Brüste" (9,14). Daß dieser Ruf eine Fürbitte, nicht ein Rachegebet ist, ergibt sich aus seiner Stellung als Antwort auf die Drohungskette und ist von den meisten modernen Exegeten so verstanden[23]. Die die Bitte einleitende Frageform[24] rechnet mit der Möglichkeit, daß Jahwe sich noch nicht endgültig für die eine oder andere Form des

---

[22] Der äußerst verdorbene Text von 9,10—17 läßt allerdings ein sicheres Urteil darüber nicht mehr zu, was die einzelnen Glieder der Kette sind und in welche Reihenfolge sie gehören. WOLFF, der die überlieferte Versordnung bewahrt, zählt Exil (11a), Unfruchtbarkeit (11b), Sterben der Jungmannschaft (12a, 13) und Abkehr Jahwes (12b) auf, wobei aber einmal ganz verschiedenartige Katastrophen zusammengenommen und zum andern ein zweimaliges Erwähnen des Todes der jungen Männer hingenommen werden, obwohl für WOLFF der Höhepunkt der Kette in 12b liegt (aaO 216). Eine wesentlich klarere Ordnung ergibt sich, wenn man sich dazu entschließt, 16b zwischen 11 und 12 einzuordnen, wie es zuletzt, mehreren Vorgängern folgend, RUDOLPH getan hat (aaO 184). Dann ergibt sich die Folge: Unfruchtbarkeit (11), Tod der Kinder (16b), Sterben der jungen Männer (12). Da Hoseas Fürbitte (14) auf die Androhung des völkischen Todes antwortet, möchte ich sie vorsichtshalber lieber auf die Gottesworte von Unfruchtbarkeit und frühem Tod einschränken, ohne auf die an sich logische Versumstellung die Exegese zu gründen. Ich nehme deshalb oben an, daß 14 nur auf 11, 12a und 13b antwortet. Das ist möglicherweise eine zu ängstliche und enge Interpretation, die ich aber gerade deshalb vorziehe, weil Hoseas Gebetsruf für unseren Zusammenhang von erheblichem Gewicht ist und seine Deutung somit nicht von einer textkritischen Operation abhängig sein darf, die unsicher bleiben muß.

[23] Das gilt allerdings nicht ohne Ausnahme. J. M. WARD, aaO 161, hat 9,14 als „cruel petition" und „vicious curse" aufgefaßt, in dem er die hauptsächlichste Schwäche der jahwistischen Vorstellung vom prophetischen Amt erkennen will, die darin bestehen soll, daß „the divine spokesman was so closely identified with God himself that he constantly ran the risk of confusing his personal sentiments and convictions with the will of God".

Unheils entschlossen hat. In dieser Lage bittet Hosea, das relativ erträg-
lichste Übel möge auf das Volk kommen. Wenn der Tod schon unausweichlich kommen muß, so komme er am Anfang, bevor begonnenes Leben
Liebe erweckt und Hoffnungen erzeugt hat. Der Aufschrei „gib ihnen
fehlgebärenden Schoß und welkende Brüste" nimmt die erste der göttlichen Unglücksansagen auf „aus ist's mit Geburt, mit Mutterleib und
Empfängnis". Dabei dürfte das instinktive Empfinden mitschwingen, daß
die Unfruchtbarkeit der Mütter ein von Gott selbst hervorgerufenes Ende
darstellt, das zudem in antithetischer Entsprechung zu der götzendieneri-
schen Erwartung der Fruchtbarkeit durch den Baalsdienst steht, während
die Tötung der Kinder und das Hinschlachten der Jugend Israel von Fein-
deshand zugefügt werden wird. Es ist, als ob Hosea, von der unausweich-
lichen Katastrophe von allen Seiten umstellt, zu Gott flieht und fleht, daß
die Schwere des kommenden Gerichts wenigstens als Gottesgericht erfahren und vernommen werden möchte, wie es auch David tat, als er nach der
Verfehlung durch die Volkszählung um die Strafe bittet, durch die Israel
in die Hand Gottes und nicht in die Hand der Menschen fällt (2. Sam
24,10 ff.)[25].

Der Fürbitteruf Hoseas öffnet einen Spalt breit den Blick in die Seele
des Propheten. Er zeigt, daß auch der als Narr verschrieene Mann, der gerade als der echte Bote Gottes in Israel weder Stimme noch Heimat hat,
trotzdem um das Heil des Volkes ringt und seiner Zukunft bebend ent-
gegenhofft. Auch darin ist die Analogie zu Gott selbst unverborgen. Gott
ist es, der Ephraim nicht aufgeben kann, dessen Herz sich aufbäumt in
Liebe (11,8) und der sich selbst fragt, was er tun kann, um dem Volk so
zu helfen, daß ihm wahrhaft geholfen ist (6,4).

Die ersten drei Kapitel stellen innerhalb des Hoseabuches eine Einheit
für sich dar. Einem ersten Bericht vom Leben Hoseas, der sich mit der Ehe
des Propheten und den Namen seiner Kinder befaßt (Kap. 1), folgt eine
Rede Jahwes an Israel, in welcher deren Verhältnis zueinander durchweg
als das Verhältnis eines Mannes zu seiner Frau beschrieben ist (Kap. 2),
worauf schließlich nochmals ein kurzer Bericht aus Hoseas Leben folgt, der
es erneut mit dem Verhältnis des Propheten zu einer Frau zu tun hat
(Kap. 3). Die Einheitlichkeit der Thematik springt sofort in die Augen und
stellt die innere Zusammengehörigkeit der drei Anfangskapitel des Buches

---

[24] Das מה-תהי kann allerdings auch als Aussagesatz aufgefaßt werden, wenn
man מה als indirektes Fragewort versteht. Der Fragesatz bewahrt aber besser
die Offenheit der noch möglichen Entscheidungen bei Gott, die die Voraussetzung für des Propheten Bitte um das „geringste Übel" ist, und ist deshalb vorzuziehen.

[25] Diese Auslegung von 9,14 folgt weithin den Ausführungen von H. W.
WOLFF, aaO 216.

außer Frage[26]. Das hohe Interesse an historischen Fragen, das Bedürfnis, psychologische Betrachtungsweisen zur Erklärung biblischer Texte zu verwerten und die Neigung zur Betonung des Biographischen, all das fand in Hosea 1–3 eine wahre Fundgrube und macht diese Kapitel zu einem der am meisten bearbeiteten Dokumente des Alten Testaments. Es hat sich aber neuerdings mit guten Gründen eine starke Neigung gegen die allzu zuversichtliche biographische Auswertung dieser Stücke verbreitet. Formgeschichtliche und redaktionskritische Erkenntnisse dürften darauf hinweisen, daß einer biographischen Verwendung von Hosea 1–3 sehr enge Grenzen gesetzt sind. Was die hoseanischen Texte hergeben, kann nur mit Hilfe von viel Phantasie zu einem Roman über die Ehegeschichte des Propheten ausgebaut werden und die Berichte über die Geschichte der Erforschung von Hoseas Ehe[27] haben eine fatale Ähnlichkeit mit Albert Schweitzers Geschichte der Leben-Jesu-Forschung: man kann sich der Folgerung kaum entziehen, daß die Texte unter dem Gewicht der an sie gestellten Fragen zusammenbrechen. In zunehmendem Maße wird deshalb heute die Frage nach dem Sinn von Hosea 1–3 so gestellt, daß das biographische Element dabei in den Hintergrund tritt[28].

Für die Frage nach der Intention der Kapitel ist es hilfreich, von der Gesamtkomposition der Stücke auszugehen. Zunächst läßt sich eine judäische Redaktion vom übrigen Textbestand ablösen, die wohl die Endredaktion der im übrigen sonst festliegenden Komposition war. Zu dieser judäischen Bearbeitung gehören die Überschrift des ganzen Buches (1,1), die der Namenserklärung von Hoseas Tochter zugefügte Heilsweissagung über das Haus Juda (1,7), wahrscheinlich auch die fingierte Anrede der Nordstämme durch die Judäer in der Heilsweissagung 2,1–3[29] und entweder

---

[26] Das zeigt sich schon an der Fülle der Spezialuntersuchungen, die Hosea 1–3 gewidmet sind (vgl. die Literaturverzeichnisse der meisten neueren Kommentare). Freilich ist ebenso sicher, daß die Einheit der drei Kapitel erst redaktionell zu Stande gebracht wurde, und bei der Beurteilung des Redaktionsprozesses ist eine sichere Urteilsbildung kaum möglich. So wird bis in die Gegenwart hinein von Einzelnen Kap. 3 als Komposition aus nachexilischer Zeit betrachtet (W. F. STINESPRING, aaO 202).

[27] Z. B. H. H. ROWLEY, The Marriage of Hosea, in: BJRL (1956) 200–233.

[28] J. M. WARD schreibt bezüglich der Ehe Hoseas: „I believe that the mystery is insoluble and that scholarly preoccupation with the enigma of Gomer has distracted attention from the primary task of interpreting what these chapters actually say" (aaO 9). Ähnlich urteilt H. W. WOLFF: „die Prophetenerzählungen (1,2–9; 3,1–5) bietet das Buch also nicht aus biographischen Interessen dar, sondern nur deshalb weil sie das Jahwewort bewahren" (aaO 3). Ebenso R. BACH: „Für eine Biographie des Hosea reichen Kap. 1 und 3 als Quellen nicht aus. Das Interesse an der Person des Hosea tritt in ihnen hinter ihrer Zeugnisabsicht ganz zurück" (Hosea, in: EKL II, 202).

[29] Häufig wird allerdings 2,1–3 hinter 2,4–25, manchmal sogar hinter Kap. 3 gestellt. In diesen Fällen wird meist die ganze Einheit als späte judäische Erwei-

der ganze Vers 3,5 oder mindestens die Teile, die sich auf den Davididen der Endzeit beziehen. Vor der judäischen Redaktion erfolgte bereits eine Zusammenfügung verschiedener Überlieferungseinheiten; Spuren dieser Komposition lassen sich unschwer erkennen. Ein Er- und ein Ich-Bericht über Hosea, deren Verhältnis untereinander sehr problematisch ist, wurden mit einer Jahwerede vereint unter dem Leitgedanken der Geschichte einer Ehe.

Daß dabei ursprünglich Vielfältiges durch bewußte Komposition zu einem Ganzen gefügt wurde, zeigt sich an mancher Einzelbeobachtung. Wir finden z. B. eine dreifache Deutung des Namens von Hoseas erstem Sohn Jesreel. Der Name ist nach 1,4 Unheilsbotschaft, die sich auf die Bluttat des Hauses Jehu in der Jesreel-Ebene bezieht (1. Kön. 9,21 ff.); in 2,5 ist derselbe Name in gewollter Umkehrung von 1,4 Träger der Hoffnung, daß der Ort katastrophaler Versündigung zur Stelle wird, an der sich Versöhnung ereignet; und 2,24 f. deutet, ebenfalls im Heilssinne, den Namen etymologisch (Jesreel = Gott sät) als Gottes Versprechen, Israels zukünftiges Wachstum zu gewährleisten. Es ist ausgeschlossen, daß so völlig verschiedene Namensdeutungen sich in einer einzigen Sprucheinheit finden sollten. Außerdem fällt auf, daß die in 2,18 ff. aufeinander folgenden Heilssprüche thematisch keine innere Verbindung miteinander haben, daß sie vielmehr von einem Kollektor mit der sich dreimal wiederholenden Einleitung „an jenem Tage" (2,18. 20. 23) aneinander gereiht wurden. Da dieselbe Einleitungsformel „an jenem Tage" sich auch in 1,5 findet, einem Satz der den Namen Jesreel ein viertes Mal deutet und sicher nicht ursprünglich auf 1,4 folgte[30], zeigt sich klar die Hand eines Sammlers überlieferter Hosea-Traditionen, der den Gesamtzusammenhang von Kap. 1—3 erstellt hat.

Darf es dann als sicher angesehen werden, daß Hosea 1—3 als Sinneinheit durch eine zielbewußte Komposition entstanden ist, so stellt sich die Frage: Was ist der Leitgedanke, der die Entstehung des Ganzen aus mehreren Einzelteilen hervorbrachte? Sollen die Prophetenerzählungen die Stelle der in anderen Prophetenschriften zu findenden Berufungsberichte einnehmen[31]? Dagegen ist einzuwenden, daß eine Berufung in Hosea 1—3 gewaltsam eingetragen werden muß und daß die Gottesrede in Kap. 2 in solchem Fall beziehungslos in der Luft hängen würde. Oder spiegelt sich in der Bemerkung „Anfang des Redens Jahwes mit Hosea" (1,1), die wohl in

---

terung angesehen (vgl. die einleitende Diskussion des Abschnitts durch W. R. HARPER, Amos and Hosea 245).

[30] So die große Mehrheit der Kommentare. Anders zuletzt noch A. WEISER, aaO 8 und J. MAUCHLINE, The Book of Hosea 569 f.

[31] Auf diese Ebene begeben sich die zahlreichen Versuche, die Ehegeschichte Hoseas so zu deuten, daß an der Erfahrung des Zerfalls seiner Ehe dem Propheten die Stellung Jahwes zu seinem Volk und die Art seiner Liebe aufging.

dem „Jahwe sprach weiter zu mir" von 3,1 weitergeführt wird, eine Überlieferung über die chronologische Folge des Auftretens Hoseas? Eine solche
Überlieferung mag vorgelegen haben, sie kann aber nicht der gestaltende
Kern für die Gesamtkomposition gewesen sein; denn die ersten drei Kapitel sind randvoll mit inhaltlichen Querverbindungen und Anspielungen an
vorher Gesagtes angefüllt (z. B. der Name Jesreel). Das bedeutet, daß die
Einheit thematisch bestimmt ist, nicht chronologisch. Dann bleibt die sowieso naheliegende Annahme, daß das Thema Mann und Frau der innere
Beziehungspunkt ist, der die Komposition Hosea 1—3 ermöglicht hat.

Aber auch diese Auskunft dürfte nicht genügen. Sie ist zu mechanisch
und abstrakt, um einen so hochtheologischen Vorgang wie die Bildung von
Überlieferungseinheiten wirklich erklären zu können. Die formale Struktur von Hosea 1—3 ist aber geeignet, einen Fingerzeig zum Vorstoß in
tiefere Bereiche zu geben. Das einfachste Merkmal der Komposition ist
doch dies, daß eine Gottesrede von zwei Prophetenerzählungen umrahmt
wird. Gewiß sind Gottesrede und Prophetenerzählungen inhaltlich insofern
verwandt, als das Thema von Mann und Frau in allen den Grundton angibt. Die Voraussetzung dafür, daß die Rede Jahwes mit den geschichtlichen Fragmenten aus Hoseas Leben überhaupt in gegenseitige Beziehung gesetzt werden konnte, ist aber der Gedanke, daß zwischen der Geschichte Gottes und der Geschichte Hoseas eine Analogie vorliegt, die das
Leben des Propheten auszeichnet. Die Gottesrede in Kap. 2 ist ja mit der
Behauptung, der Bund zwischen Jahwe und Israel werde in ihr am Bild
der Ehe verdeutlicht, nicht ausreichend beschrieben. Es gehört wesentlich
zu der Jahwerede, daß sie eine Geschichte und zwar eine dramatische,
spannungsgeladene, wechselvolle Geschichte einfängt. In ihr gibt es eine
Vergangenheit, deren sich Gott erinnert (2,17), eine Gegenwart und ebenso
eine Zukunft, der Gott sie entgegenführt (2,18 f.). Und so erlebt, durch
das Wort Jahwes, auch Hosea eine Geschichte mit der Gomer von Kap. 1
und deren Kindern und mit der Ungenannten von Kap. 3, eine Geschichte,
die jedenfalls teilweise und fragmentarisch der Geschichte Gottes mit seinem Volk wesensverwandt ist. Darin bestätigt sich aber lediglich eine
Beobachtung, die wir schon oben bei der Besprechung des Hauptteils
Hosea 4—14 machten. Der Jahwe der Gottesreden im Hoseabuch ist der
Gott, der an der Geschichte seines Volkes teilnimmt und zwar so, daß sein
eigenes Leben durch die Beziehung zur menschlichen Wirklichkeit bestimmt wird. Und Prophet in Israel ist der Mensch, der des Wollens und
Fühlens, des Ringens und Leidens Gottes einsichtig, mit seinem eigenen
Leben als ein Abbild Gottes in menschlicher Geschichte lebt. Diese Ent-
sprechung ist nicht nur die Voraussetzung für den einheitlichen Zusammenhang von Hosea 1—3, sondern geradezu dessen eigentliches Thema.
Indem das Stück am Anfang des Buches Hosea steht, wird die Grundthese
ausgesprochen, die das Wesen Gottes ebenso wie das Wesen des Propheten

erhellt: Die Geschichte Gottes stellt sich dar in der Geschichte des Propheten. Das muß sich im einzelnen zeigen und bestätigen lassen[32].

Wir setzen ein bei der Jahwerede 2,4—25. In ihr ist durchgängig das Verhältnis Jahwes zu Israel als die Geschichte eines Mannes mit seiner Frau dargestellt. Freilich nicht so, daß diese Ehegeschichte von Anfang bis zum Ende in chronologischer Folgerichtigkeit in der Rede vorgeführt wird. Prophetische Sprüche sind in ihr zusammengestellt, die manchmal auf schon Gesagtes zurückgreifen, einzelnes wiederholen und die es manchmal mindestens fraglich erscheinen lassen, ob die kanonische Versfolge ursprünglich ist oder nicht[33]. Dennoch lassen sich in der Rede Gottes fünf fundamentale Aspekte der Gottesgeschichte mit Israel finden. Es sind die folgenden:

1. Jahwe befindet sich in einer Ehe. Er redet als verheirateter Mann über seine Frau Israel. Es ist völlig klar, daß damit Jahwe nicht als Sexualgott eingeführt werden soll. Das widerspräche nicht nur der gesamten alttestamentlichen Überlieferung, sondern wäre vor allem auch mit dem Kampf Hoseas gegen den Baalskult unvereinbar. Es ist ja gerade die Anbetung des Sexuellen im weitesten Sinn, das die kanaanitischen Fruchtbarkeitsriten auszeichnet und das die leidenschaftliche Kritik Hoseas herausfordert. Wohl aber ist in der Rede des Mannes Jahwe über seine Frau Israel gesagt, daß sich Jahwe in einer Bindung befindet. Es ist ihm eigen, sich „in Gerechtigkeit und Recht, in Gnade, Erbarmen und Treue" (2,21 f.) dem menschlichen Partner so zuzuwenden, daß eine Lebensgemeinschaft entsteht, die auch Gott bindet[34].

2. Diese Bindung Gottes an sein Volk hat ihren Sinn darin, daß durch sie eine menschliche Gemeinschaft entsteht, die Gott erkennt (2,22). Der

---

[32] Voraussetzung der folgenden Ausführungen zu Hosea 1—3 sind drei Arbeitshypothesen: 1. Die in Hosea 1 und 3 geschilderten Vorgänge sind weder als Visionen noch als Gleichnisse gemeint, sondern als reale Ereignisse des Lebens Hoseas. 2. Diese Ereignisse des Lebens Hoseas sind aber nur deshalb und nur insoweit überliefert, als sie die durch das göttliche Reden an Hosea hervorgerufene Abbildhaftigkeit des Prophetenlebens auszudrücken vermögen. Sie sind also biographisch nicht zu erfassen. 3. Man darf von dem Zeichen des Prophetenlebens keine volle Deckung mit der Geschichte Gottes erwarten. Gerade die Geschichtlichkeit des Zeichens erzwingt es, daß nur der Teil der Geschichte Gottes abbildhaft werden kann, der im Zeitpunkt des Zeichens göttliche Wirklichkeit ist.

[33] Die Exegeten kommen beispielsweise zu verschiedenen Urteilen über die Stellung der Verse 2,8—9 im Zusammenhang. Die Beibehaltung der masoretischen Versfolge findet sich ungefähr ebenso häufig wie die Umstellung der Verse hinter 2,15.

[34] Die Differenzierung WOLFFs, aaO 40, der in 2,4—5 die angeredete Frau als das Land interpretiert und ihre Söhne als die das Land bewohnenden Israeliten, während er erst von 2,6 ab die Frau eindeutig das Volk bezeichnen läßt, ist unnötig. Wie sollte das Land von seinen Bewohnern zur Rechenschaft aufgerufen und vom Boden Palästinas eine Antwort erwartet werden, die die Bewohner selbst nicht zu geben gewillt sind?

für Hosea so bezeichnende Ausdruck „Erkenntnis Gottes"[35] meint nicht nur das Wissen um die Existenz Gottes oder um die Weisung seines Gebots. Er ist auch nicht auf die Erinnerung an die geschichtlichen Heilstaten Gottes eingeschränkt. Er hat vielmehr darin seine Spitze, daß er das Wesen der Gemeinschaft des Menschen mit Gott so bestimmt, daß eine Solidarität des Willens, Fühlens und Handelns entsteht, die Gott und Mensch teilen. Wie der menschliche Partner im Bunde mit Gott nicht nur einer rechtlichen Verpflichtung unterliegt, sondern zur Erfahrung Gottes, zu einer inneren Übereinstimmung mit Gott, kurz zur Liebe Gottes gerufen ist, so ist auch Gott nicht nur rechtlicher Bundesherr Israels. Er freut sich über das willige Einstimmen Israels und kann sich mit einem anderen Zustand als mit dem vollkommener Solidarität zwischen ihm und seinem Volk nicht abfinden. Deshalb enthält die Jahwerede Kap. 2 sowohl den Rückblick auf die Zeit des ungestörten Verhältnisses Jahwes zum Volk in seiner Frühzeit (2,17) wie den Ausblick auf eine Zukunft, in der dieses Verhältnis wieder in voller Geltung sein wird (2,21 f.). In dem Rückblick 2,17 schwingen die Töne mit, die wir oben[36] bei der Besprechung der Rückblicke im Hauptteil des Buches Hosea schon beobachteten: das leidenschaftliche Verlangen Gottes nach einem Volk, das ihn „kennt", welches Gottes Ringen mit sich selbst hervorruft, bis der menschliche Bundespartner zu dem Gott in Liebe entsprechenden Gegenüber wird.

3. Das Verhältnis zwischen Jahwe und dem Volk ist aber zur Zeit Hoseas aufs schwerste belastet. Es kann einer gesunden Ehe nicht verglichen werden, sondern hat durchaus den Charakter der Hurerei von seiten der Frau. Die Rede in Kap. 2 scheint dabei speziell zwei Aspekte der Untreue Israels im Auge zu haben. Die Untreue ist manifest in religiöser Verirrung: die Naturgaben des Landes werden nicht als Gaben Jahwes verstanden und empfangen, sondern als Geschenke der kanaanäischen Baalim (2,7 und 10). Damit ist wohl nicht die formelle Aufkündigung der Jahweverehrung gemeint, sondern die Perversion des Jahwedienstes in einen Fruchtbarkeitsritus, den Israel im Kulturland kennenlernte und dessen Wesen es unter dem Namen der Jahweverehrung nachahmte[37]. Damit hängt der zweite Aspekt zusammen, der in Kap. 2 betont ist: die kultische Verirrung. Es sind die religiösen Festzeiten (2,13) und die an ihnen stattfindenden kultischen Zeremonien mit ihren Opfern, mit ihrem Schmuckanlegen und mit ihren Prozessionen (2,15), die alle dazu angetan sind, Jahwe zu vergessen (2,15). Das also ist die Situation: Gott ist vergessen, er

---

[35] Vgl. hierzu den Aufsatz von H. W. WOLFF, „Wissen um Gott" bei Hosea als Urform von Theologie, in: EvTh 12 (1952/53) 533—554, sowie die Kritik von E. BAUMANN, „Wissen um Gott" bei Hosea als Urform von Theologie?, in: EvTh 15 (1955) 416—425 und WOLFFs weitere Ausführungen, Erkenntnis Gottes im Alten Testament, in: EvTh 15 (1955) 426—431, außerdem aber auch die Behandlung des Themas durch A. J. HESCHEL, The Prophets 57—60.

[36] Oben 47 ff.   [37] So z. B. RUDOLPH, aaO 67 f.

kann Israel als rechtmäßige Frau unmöglich anerkennen (2,4) und muß ihr deshalb das Urteil der Treulosigkeit entgegenhalten (2,7).

4. Jahwe ist aber nicht willens, diesen Zustand anzunehmen. Gerade jetzt steht die entscheidende Maßnahme vor der Tür, die Israels religiöse Perversion herausgefordert hat. Sie besteht in dem völligen Entzug aller natürlichen Segnungen, die das Volk bis jetzt noch genießt und die zum Grund der Gottvergessenheit wurden. Israel wird zur Wüste gemacht (2,5 und 14), die Frucht des Landes, die man glaubte in vitalistischer Naturverehrung im Stil der Baalsreligion sichern zu können, wird nicht mehr gespendet werden (2,11 und 14), wodurch natürlich auch die der Fruchtbarkeit des Landes gewidmeten kultischen Feste aufhören, weil die Naturalien, die man opfert, nicht mehr vorhanden sein werden (2,13). Auf welche Weise dieser Entzug des Natursegens eintreten soll, ist nicht deutlich gesagt und auch nicht weiter wesentlich: man kann an Naturkatastrophen wie Mißernten oder an die Besetzung und Verwüstung des Landes durch einen Feind denken. Die Absicht von Jahwes Gericht ist deutlich: weil das Kulturland mit seinen Reichtümern Israel zu einer ihrem Wesen nach baalistisch gestimmten Naturverehrung verleitet hat, muß alles, was als Natursegen verstanden werden kann, entfernt werden. Israel muß zurück in die Wüste, an den Nullpunkt seiner Anfangszeit; denn „die Wüste kennt keine Baale"[38].

5. Einerseits ist das Ausbleiben des Natursegens natürlich eine Folge des Zornes Gottes. Andererseits liegt in ihm aber auch der Keim neuer Hoffnung[39]. Die Gottesrede Kap. 2 spricht jedenfalls die Erwartung aus, daß das in die Wüste verschlagene Israel zur Erkenntnis seines Gottes und also auch seiner selbst kommen wird. Die Einzelheiten dieser Zukunftshoffnung interessieren in unserem Zusammenhang nicht. Wesentlich ist nur das Allgemeine, daß Jahwe sich so an sein Volk gebunden hat, daß ihm auch ein bis zur Todessituation führendes Gericht (2,5) nur Wegstrecke zu einem Ziel sein kann, an dem sich sein Wille erfüllt: die Erkenntnis Jahwes durch den Menschen.

In diesen fünf Aspekten ist die Geschichte Jahwes mit Israel in der

---

[38] WOLFF, aaO 50. Vgl. dazu auch den Aufsatz desselben Verfassers, Das Thema „Umkehr" in der Alttestamentlichen Theologie, in: ZThK 48 (1951) 129—148.

[39] Da die erneute Versetzung in die Wüstensituation den Punkt darstellt, an dem sich Strafe und Gnade berühren, ist es verständlich, daß die Kommentatoren teils 2,16 f. dem Strafverfahren Jahwes zuordnen (so etwa WOLFF, aaO 49), teils aber auch als Einleitung der Segenssprüche 2,18 ff. verstehen (so zuletzt RUDOLPH, aaO 75). Eine klare Entscheidung dürfte hier gerade von der Sache her unmöglich sein. Die früher häufig aufgestellte Behauptung, die echten Hoseasprüche hätten keine Heilsweissagung enthalten, wie sie erst vor kurzem noch W. F. STINESPRING, aaO, erneuert hat, dürfte durch die gesamte neuere Arbeit an Hosea so sicher widerlegt sein, daß sich eine Berücksichtigung der These heute erübrigt.

Gottesrede Hosea 2 beschrieben. Die Gottesrede ihrerseits ist eingerahmt von zwei Prophetenerzählungen, die Hosea geradezu als Teilnehmer an dieser Gottesgeschichte vorstellen. Dies wird in den Kapiteln 1 und 3 jeweils in charakteristisch verschiedener Weise ausgesprochen und man sollte die Verschiedenheit der Intention nicht durch das verzweifelte Suchen nach der biographischen Relation der beiden Erzählungen zueinander verwischen.

Die erste der beiden rahmenden Prophetenerzählungen (Kap. 1) redet im Er-Bericht von Hoseas Ehe mit Gomer und von drei Kindern, die der Ehe entsprangen[40]. Laut 1,2 ist diese Ehe von vornherein unter das Gesetz einer Analogie mit Gottes Geschichte gestellt: Hosea soll ein Hurenweib und Hurenkinder haben, „denn das Land hurt, ja hurt von Jahwe weg". H. W. Wolff hat in seinem Kommentar eine Erklärung dieses Verses gegeben, die sich mit der übrigen Botschaft Hoseas genau deckt und logische und psychologische Schwierigkeiten aus dem Wege räumt[41]. Gomer ist als Hurenweib bezeichnet, nicht weil sie Prostituierte war oder einen Hang zur Untreue hatte, sondern weil sie sich, vielleicht wie viele andere israelitische Mädchen mit ihr[42], einem aus dem Baalskult stammenden kultisch-sexuellen Ritus hingegeben hatte, der vor der Eingehung einer Ehe vollzogen wurde und die Fruchtbarkeit der Frau sicherstellen sollte. Die Kinder sind Hurenkinder in dem völlig objektiven Sinn, daß sie von einer Mutter stammen, die ihre Mutterschaft in einem dem Baalsdienst entlehnten Brauch erwerben wollte. Auf die moralische Anlage der Kinder ist deshalb überhaupt kein Gewicht gelegt. „Hurenkinder sind sie also nicht, weil sie ihre Geburt einem fremden Vater, sondern einem fremden

---

[40] W. RUDOLPH hat allerdings jüngst alle Schwierigkeiten des Verhältnisses von Hosea 1 und 3 dadurch zu beseitigen gesucht, daß er den Satz 1,2 als spätere Texterweiterung erklärt (aaO 46 ff.) und dadurch eine Erzählung erhält, die sich ausschließlich um die Namen der Kinder dreht. Dies wird gerechtfertigt durch zwei Überlegungen: 1. wenn Hoseas Ehe ein Zeichen des Verhältnisses zwischen Gott und Volk sein soll, hat die Heirat mit einer zweifelhaften Frau keinen Sinn, da sie das ursprünglich gute Verhältnis zwischen Jahwe und Israel nicht darstellen kann. Es wird unten ausgeführt werden, warum ich diesen Grund nicht anerkennen kann. 2. ילדי זנונים heiße „Kinder der Hurerei, die selbst eine Anlage zur Unsittlichkeit mitbekommen" (aaO 47) und eine solche Beziehung sei unlogisch, da man nicht vorauswissen könne, wem die Kinder nachschlagen. H. W. WOLFF hat aber m. E. eine völlig überzeugende Erklärung geliefert, die keinen moralischen Defekt der Kinder voraussetzt, weshalb auch diese Überlegung nicht überzeugen kann. Vgl. unten 67 Anm. 43.

[41] WOLFF, aaO 13 ff.

[42] WOLFFs These ist vielleicht an der Stelle überspitzt, an der er annimmt, es habe unter den Israeliten der Zeit Hoseas jedes heiratsfähige Mädchen an diesen Brautsitten teilgenommen, so daß Hosea praktisch gar keine Wahl hatte, weil „weit und breit andere Frauen nicht zu finden sind" (aaO 16). Auch RUDOLPH, der Wolffs Erklärung ablehnt, muß zugeben, „daß solche Dinge gelegentlich auch in der baalitisch verseuchten Jahwereligion um die Zeit Hoseas vorkamen" (aaO 43).

Gott verdanken."[43] Wie 1,2 ausspricht, führt diese Ehe Hosea in die Analogie mit der Geschichte Gottes. Worin besteht die Analogie? Wenn wir auf die oben besprochenen fünf Aspekte der in der Gottesrede des 2. Kapitels entfalteten Geschichte Jahwes mit Israel blicken, so ist ohne weiteres zu sagen, daß die Analogie unvollkommen ist. Weder der einst in Israels Frühzeit vorhandene Zustand der Harmonie noch deren in der Zukunft erschaute Wiederherstellung wird in Hoseas Ehe abgebildet. Beharrt man nun darauf, daß Hoseas Ehe als ein Zeichen, als religiöse Belehrung, als pädagogische Bildersprache zu verstehen sei, so ist dieser Mangel an Übereinstimmung allerdings bedenklich. Ein Gleichnis, das nur die Hälfte der Sache ausspricht, ist sicher schlecht gewählt. Aber warum soll es ausgemacht sein, daß Hoseas Ehe durchaus nur Zeichen, Belehrung, Bild sein kann? Ist es denn selbstverständlich, daß sich diese Ehe in erster Linie als Tatsachenpredigt an Außenstehende wendet? Diejenigen, die durch diese Ehe betroffen sind, sind doch auf alle Fälle zuerst der Prophet selbst und seine Familie. Könnte dann nicht der Sinn des göttlichen Gebots viel besser zuerst auf Hosea selbst weisen?

Verfolgt man diesen Gedanken weiter, daß der göttliche Befehl an Hosea seinen eigentlichen Sinn in einer Prägung des Lebens des Propheten hat und nicht in einer Zeichenhaftigkeit für die, die diese Ehe von außen beobachten, so folgt ohne weiteres, daß Hoseas Ehe die ursprüngliche Harmonie und deren erhoffte Wiederherstellung gar nicht abbilden kann und darf. Hosea wird geboten, er solle mit einer Frau sein Leben führen, die durch die Tat bewiesen hat, daß sie der Perversion des Jahweglaubens zum Opfer fiel, so wie auch Jahwe mit einem Israel sein Leben führt, das ihn vergaß. Hosea soll also, in der Wirklichkeit menschlichen Lebens, sich in derselben Lage finden, in der sich Gott, in der anderen Wirklichkeit göttlichen Lebens, ebenfalls befindet. Wenn Gott sich des Glücks nicht erfreuen kann, von den Menschen seines Bundes gekannt, geliebt und gehört zu werden, dann kann auch sein Prophet nicht das Glück einer Lebensgemeinschaft erfahren, in welcher die Lebensgefährtin gleichen Herzens und Willens ist. Jahwe lebt mit einem von ihm entfremdeten Israel; Hosea lebt mit einer Frau, deren Religion sie ihrem Mann fremd macht. Ist dies der Sinn des Ehegebotes an Hosea, daß der Prophet mit seinem Leben dem Leben Gottes gleichartig wird, so kommt eine Darstellung vergangener oder zukünftiger Verhältnisse zwischen Jahwe und Volk überhaupt nicht in Frage. Denn eine Teilnahme an dem Leiden Gottes, ein Mit-Gott-Stehen in der Kälte der Vergessenheit, wäre offensichtlich unwahr, wenn es mehr sein wollte als das Beharren in der Situation, in der sich Gott konkret befindet. Gott selbst ist, dem Israel der Zeit Hoseas gegenüber, unglücklich und nicht glücklich; der Blick in Israels Vergangenheit ist schmerzvoll für Gott, wie das Erinnern einer verlorenen

---

[43] WOLFF, aaO 15.

5*

Wirklichkeit des Glücks schmerzvoll ist, und der Vorblick auf eine Zukunft des wiederhergestellten Friedens nimmt dem Ernst der Verlassenheit Gottes von seinem Volk nicht seine Kraft. Hoseas Ehe ist keine Belehrung über den alle Zeiten umschließenden Geschichtsplan Gottes[44]; sie ist das Zeichen, daß der Prophet den konkreten, geschichtlich randvoll mit Wirklichkeit gefüllten Platz teilt, den Gott in seiner Geschichte mit Israel einnimmt.

Die Namen der Kinder Hoseas bestätigen diese Deutung. Dabei muß man sich zunächst vor Augen halten, daß der Name für die Menschen des Altertums sehr viel mehr war als eine zufällige unterscheidende Bezeichnung, die mit dem Wesen des Namensträgers nichts zu tun hat. Der Name repräsentiert das Wesen der Person[45]. Nun sind die Kinder Hoseas Träger höchst absonderlicher Namen. Der erste Sohn wird Jesreel genannt (1,4), was nach der Erklärung des Namens auf die Blutschuld des israelitischen Königshauses hinweist, die durch die Ausrottung der Dynastie Omris durch Jehu in Jesreel zustande kam (2. Kön 9,21 ff.). Der Name des ersten Sohnes ist also ein Ortsname, der eine schwere Blutschuld festhält. Man könnte sich die peitschende Gewalt des Namens verdeutlichen, wenn man sich einen Jungen unserer Tage vorstellt, dem die Eltern den Namen Auschwitz gaben. Der Name des Mädchens, לא רחמה Ohne-Erbarmen (1,6), schlägt grundlegenden religiösen Überzeugungen Israels glatt ins Gesicht. Man weiß in Israel, daß der Name Jahwes sein Erbarmen meint (Ex 33,19), daß er sich wie ein Vater über seine Kinder erbarmt (Ps 103,13). Aber die Tochter Hoseas trägt in ihrem Namen den Widerspruch gegen diese Überzeugung. Sie ist durch ihren Namen die leibgewordene Verneinung der Fürsorge Gottes[46]. Ganz radikal wird es mit dem Namen des dritten Kindes, der zweite Sohn wird Nicht-mein-Volk genannt. Damit ist der Grundbegriff in Israels Selbstverständnis angegriffen: die Überzeugung Volk Gottes zu sein (Ex 6,7; 19,5 f.).

Es ist völlig offensichtlich und unbestreitbar, daß Hoseas Kinder durch ihre Namen wandelnde Gerichtspredigten sind. Selbstverständlich haben diese Namen nach außen gewirkt und Unmut, Ärger und Widerspruch erzeugt. Es ist leicht einzusehen, daß man einen Mann, der seinen Kindern solche Namen gab, für verrückt erklärte und die diesbezügliche Auskunft in 9,7 mag aus einer solchen Reaktion auf die Namen herausgewachsen sein. Aber ist das alles? Ist das auch nur das Wichtigste? Darf man völlig auf der Seite lassen, daß Hosea durch die Namengebung seiner

---

[44] Ich halte deshalb die Überschrift zu Hosea 1, „An Allegory of Covenantal History" die J. M. WARD in seinem Hoseakommentar gibt, für irreführend.

[45] Dies ist häufig dargelegt worden. Vgl. z. B. H. BIETENHARD, Artikel: „ὄνομα etc.", in: ThW V, 242 ff.

[46] RUDOLPH betont (aaO 38), im Anschluß an JEPSEN, daß לחם nicht nur eine Empfindung, „sondern auch die daraus hervorgehende Handlung umschließt". Er übersetzt deshalb den Namen mit „Unversorgt".

Kinder diese aufs schwerste vereinsamte? Es ist völlig ausgeschlossen, sich einen Mann, der Stücke wie 11,1—4 sprach, als einen Eisklotz vorzustellen, der vor lauter Predigtfanatismus das persönliche Geschick seiner Kinder überhaupt nicht berücksichtigt. Man suche sich vorzustellen, was einem deutschen Kinde widerfahren würde, das mit dem Namen Auschwitz tagaus, tagein umherläuft! Was Hosea durch die Namengebung unternimmt, ist die wirksamste Expatriierung innerhalb der Gemeinschaft, die sich vorstellen läßt. Von modernen psychoanalytischen Skrupeln mögen die Männer des Altertums noch nicht angekränkelt gewesen sein. Es bedarf aber keiner Psychoanalyse, um auch zur Zeit Hoseas zu wissen, daß Kinder mit solchen Namen unglücklich gemacht, von der Gesellschaft isoliert, zu Einsamen und Fremden gestempelt werden. Und eben das ist der primäre Sinn dieser Namen, aus dem ihre Predigtfunktion sich dann allerdings von selbst ergibt. Diese Namen unterwerfen Hoseas ganze Familie dem Gesetz der Entfremdung. Auch die Kinder — ist es ein unerlaubter Psychologismus zu sagen: auch die geliebten Kinder? — müssen mit ihrem Vater an der Stelle stehen, an der sich Gott in seinem Verhältnis zu Israel befindet: in der Verstoßenheit. Vielleicht geht es zu weit im Aufspüren von Zusammenhängen, vielleicht öffnet sich aber auch ein letzter Beziehungspunkt, wenn man den Gedanken wagt, daß Hosea samt seiner Familie durch die Namengebung der Kinder schon in der Wüste angelangt ist, in der sich Israels Gericht, aber auch die Chance auf seine Neuwerdung, abspielen (2,16 f.), nämlich in die Wüste einer totalen Isolierung von der Gemeinschaft.

Kapitel 3 des Hoseabuches enthält einen zweiten Bericht aus dem Leben des Propheten. In der Form des Selbstberichts handelt es sich diesmal, anders als in Kap. 1, ausschließlich um Hoseas Geschichte mit einer Frau, aber die Absicht der Erzählung ist insofern derjenigen des 1. Kapitels gleich, als auch dieser Bericht eine Analogie zwischen dem Handeln Gottes und dem Handeln des Propheten aufzeigen will (vgl. 1,2 mit 3,1). Die heute am häufigsten vorgetragene Deutung der Episode von Kap. 3 identifiziert die 3,1 eingeführte ungenannte Frau mit der Gomer von 1,3 und behandelt daher Kap. 3 als einen Teil der Ehegeschichte des Propheten[47]. Die Grundzüge dieser weithin bevorzugten Erklärung sind folgende: Man nimmt an, daß das in Kap. 3 erzählte Geschehen zeitlich auf den in Kap. 1 berichteten Beginn von Hoseas Ehegeschichte folgt. Gomer brach die Ehe mit Hosea und führte daraufhin überhaupt ein Leben in sexuellen Ausschweifungen. Aus den Angaben über den von Hosea errichteten Kaufpreis (3,2) errechnet man, daß die Summe dem zum Kauf einer Sklavin bestimmten Betrag von 30 Sekeln entspricht (Ex 21,32; Lev 27,4) und schließt daraus, daß Gomer schließlich eine gewöhnliche Sklavin oder viel-

---

[47] Vgl. hierzu den Forschungsbericht von H. H. ROWLEY, The Marriage of Hosea, in: BJRL 1956 200—233.

leicht auch Tempelprostituierte, geworden sei. Zu diesem Zeitpunkt, also im Zustand der tiefsten Erniedrigung seiner ehemaligen Frau, sei an Hosea der göttliche Befehl ergangen, die ihm Entfremdete zurückzukaufen. Die Maßnahme der Isolierung von ihren Liebhabern im Haus des Propheten und die Verweigerung der vollen Wiederaufnahme ehelicher Beziehungen durch Hosea (3,3) wird als erzieherische Disziplin verstanden, die den bevorstehenden Entzug aller von Israel geliebten Größen seines nationalen und religiösen Lebens durch Gott vorausbildend vollzieht (3,4). Die Absicht Hoseas im Rückkauf der Gomer ist positiv verstanden sowohl im Blick auf Hoseas Ehe wie in bezug auf den symbolischen Gehalt der Handlung: Gomer soll nach Ablauf der Isolierungszeit wieder Hoseas vollberechtigte Frau werden, wie Israel, durch die Zuchtperiode in der Wüste zur Rückkehr zu Jahwe geführt (2,14 ff.), von neuem im Einklang mit seinem Gott leben wird (3,5).

Diese Deutung würde sich dem oben entfalteten Sinn von Hosea 1 ausgezeichnet einfügen. Wäre sie richtig, so wäre Hosea bis in den Kern seiner Person von dem zweiten Befehl Gottes in Anspruch genommen. Seine Liebe wäre dann in der Tat das genaue Gleichnis der Liebe, mit der Jahwe Israel liebt (3,1). Sie wäre eine Liebe, die sich über Beleidigung und Undankbarkeit, ja, wenn Deut 24,1—4 zur Zeit Hoseas gültig gewesen sein sollte, sogar über das Recht hinwegsetzt, um die Entfremdung zu überwinden. Es läge dann auf der Hand, daß das an Hosea gerichtete Wort Gottes den Propheten im innersten und empfindlichsten Bereich seines Lebens zur Gleichartigkeit mit Gott formt. Das von Hosea verlangte Opfer, die ihm zugemutete Selbstüberwindung und die von ihm erwartete Zuversicht auf die Sinnesänderung der entfremdeten Frau: alles wäre die menschliche Entsprechung zu dem um Israel ringenden und bangenden Gott, der der Versöhnung mit seinem Volk entgegenschreitet.

Trotz der gegenwärtigen Beliebtheit der Interpretation von Hosea 3 als eines Teils der Ehegeschichte des Propheten bleibt ihre Berechtigung aber sehr zweifelhaft. Die Gründe, die zur Gleichsetzung von Gomer und der Ungenannten des 3. Kapitels angeführt werden, sind zu schwach, um überzeugen zu können. Derjenige, der die ersten drei Hoseakapitel zum erstenmal zusammenstellte, hat jedenfalls keinerlei Andeutung gemacht, die eine solche Identifikation nahelegen würde. Der Name der Frau in Hosea 3 ist nicht genannt, die Ungenannte ist ganz unbestimmt als „eine Frau" eingeführt[48], von einer früheren Ehe mit Hosea ist nichts gesagt und auch die Annahme, daß das in Kap. 3 geschilderte Verhältnis auf eine Ehe hinauswill, ist in der Erzählung selbst nicht begründet, wenn man den 3,2 angegebenen Kaufpreis nicht als Brautpreis verstehen will, was

---

[48] Es wäre einem Herausgeber der Hoseageschichten ein leichtes gewesen, das artikellose אשה von 3,1 durch Zufügung eines Artikels als eine bekannte Frau zu bestimmen und damit die Identifikation mit Gomer jedenfalls nahezulegen.

heute so gut wie allgemein abgelehnt wird[49]. Zudem war nach der oben bevorzugten Auslegung von Hosea 1,3 von einem Ehebruch der Gomer nicht die Rede und da der Ausdruck „Ehebrecherin" in 3,1 eindeutig ist, müßte man eine Geschichte der Gomer annehmen, von der in den Texten selbst nichts gesagt ist[50]. Die Erzählung Hosea 3 verrät also kein Interesse daran, sie als Fortsetzung oder Ergänzung der Geschichte von Hoseas Ehe mit Gomer zu verstehen. Es empfiehlt sich deshalb, die biographische Neugier zu zügeln und Kap. 3 als eigenständigen Bericht zu nehmen, der zu seinem Verständnis keiner Beziehung zu Kap. 1 bedarf.

Wenn dem so ist, entfällt aber natürlich auch die oben[51] angedeutete Deutung der Erzählung, die sich völlig dem hier verfolgten Thema eingefügt hätte. Damit stellt sich die Notwendigkeit, Hosea 3 als in sich geschlossenen Bericht zu verstehen und zu fragen, ob er die bisher entwickelte These zu beleuchten vermag oder ob er ihr widerspricht.

Folgt man den in Kap. 3 berichteten Vorgängen, ohne den Versuch zu unternehmen, sie mit dem Inhalt von Kap. 1 in Beziehung zu setzen, so ergibt sich folgender Verlauf der Dinge[52]: Hosea erwirbt sich eine Frau, die als Ehebrecherin und Hure bezeichnet ist. Da der Kaufpreis weder ein Brautpreis noch ein Sklavenpreis zu sein scheint[53], legt sich als das einfachste Verständnis des Vorgangs die Annahme nahe, daß sich Hosea auf eine gewisse Zeit das Alleinrecht auf eine einst verheiratete und jetzt zur Prostituierten gewordene Frau erkauft, die er in sein Haus aufnimmt. Freilich, der scheinbar völlig eindeutige Zweck dieses Unternehmens wird durch die Erklärung des Propheten an die Frau (3,3) auf die seltsamste Weise auf den Kopf gestellt: was gewöhnlichem Ermessen nach nur auf

---

[49] Die jüngste Untersuchung über diesbezügliche Fragen des israelitischen Eherechts kommt ebenfalls zu der Ansicht, daß Hosea 3,2 nicht der Brautpreis gemeint ist, W. PLAUTZ, Die Form der Eheschließung im Alten Testament, in: ZAW 76 (1964) 298—318.

[50] In 3,1 wird עוד oft zu לֹ gezogen, so daß man übersetzt: gehe abermals und liebe eine Frau. Das könnte als Hinweis auf eine erneute Zuwendung zu Gomer aufgefaßt werden. Es ist aber mindestens ebenso möglich, das עוד mit ויאמר יהוה zusammenzulesen, wodurch sich eine klare Parallele zu 1,2 תחלת דבר יהוה ergibt, die Kap. 1 als das erste Jahwewort an Hosea von einem zweiten, in Kap. 3 berichteten, unterscheiden will.

[51] Siehe oben 70.

[52] Diese Darstellung deckt sich, was den äußeren Verlauf der Geschichte betrifft, mit den Darlegungen von W. RUDOLPH, aaO 86—93. Die Deutung der Vorgänge ist aber eine andere als die in RUDOLPHs Kommentar gegebene.

[53] Zum Brautpreis, siehe oben Anm. 49. Bezüglich des Sklavenpreises hat RUDOLPH, aaO 92, m. E. überzeugend nachgewiesen, daß die Rechnung zu unsicher ist, um irgendwelche Schlüsse zu erlauben. Vollends ist die Annahme des Kaufs einer Tempelprostituierten (so D. A. TUSHINGHAM, A Reconsideration of Hosea, Chapter 1—3, in: JNES 1953 150—159) aus der Luft gegriffen, weil wir für einen solchen Kauf, wenn er überhaupt möglich gewesen sein sollte, von keinem Preis etwas wissen.

den Alleinbesitz einer Konkubine hinauslaufen kann, ist in Wirklichkeit die Vereitelung jeder Erfüllung sexuellen Verlangens.

Die Deutung dieses befremdlichen Kaufes ist zweimal gegeben und sie läuft beide Male darauf hinaus, daß Hoseas Verhalten dem Verhalten Gottes analog werden soll. Die erste Deutung erfolgt in Jahwes Befehl an den Propheten, der die ganze Handlung auslöst (3,1): Hosea soll eine Frau lieben, die keine Treue kennt. Die Analogie zwischen Gott und Hosea, auf die der Befehl zielt, ist mit klaren Worten unterstrichen: Hosea soll lieben „wie Jahwe die Kinder Israel liebt". Ist diese Liebe auf seiten Gottes an ein Volk gewandt, das sich von dem Einen Israels ab- und der Menge der fremden Götter zuwendet, so soll auch Hoseas Liebe einer Frau gelten, die ihrem einen Mann untreu geworden und nun sich in Verbindungen mit allen möglichen Männern eingelassen hat. Die Analogie zwischen Jahwe und Hosea, die in 3,1 ausgesagt wird, liegt in der Gleichartigkeit des Gegenstandes der Liebe: Jahwes Israel und Hoseas Ungenannte sind Treulose, die als solche geliebt werden.

Eine zweite Deutung des Geschehens wird in den Worten Hoseas an die von ihm soeben gekaufte Frau gegeben (3,3 f.). Auch sie beruht auf der Analogie zwischen Gott und Prophet, die aber diesmal nicht im Gegenstand, sondern in der Art der Liebe gesehen wird. Jahwes wie Hoseas Liebe ist solcher Art, daß sie den von ihr erwarteten Genuß und die in ihr erstrebte Gemeinschaft nicht erfährt. Im Blick auf Jahwes Liebe wird dies durch den Entzug der politischen und kultischen Grundvoraussetzungen des israelitischen Lebens deutlich: König und Königsbeamte, Opferwesen und Kultstätten sowie die Mittel, die zur Erfahrung des göttlichen Willens dienen, sie werden alle miteinander verschwinden. Hosea hat in seiner Verkündigung diese „Stützen" von Staat und Religion samt und sonders verdammt[54]. Darauf liegt im Zusammenhang des 3. Kapitels aber nicht der Ton. Betont ist vielmehr die stille, aber selbstverständliche Voraussetzung, daß Israel in Königtum und Kultwesen die Gabe Jahwes sah, die seinem Leben Glanz und Bestand verlieh. König und Königshof waren ihm Zeichen göttlicher Gegenwart und der Kult war erst recht das Mittel zur Erlangung und Erhaltung der Gemeinschaft mit Jahwe. Was aber Israel als Ausdruck und Garant der göttlichen Liebe zu ihm verehrt und erstrebt, wird ihm genommen. Und eben dieser Entzug der als Frucht von Jahwes Liebe geliebten Güter ist die Art, mit der Jahwe in Wahrheit Israel liebt.

Die Handlung Hoseas an der von ihm erworbenen Frau ist das genaue Spiegelbild dieser Art von Jahwes Liebe. Die Frau ließ sich kaufen, weil

---

[54] Im Königtum sah er Abfall von Gott (8,4; 13,10 f.), die שרים des Hofes fallen ihm ebenso in den Schatten dieses Abfalls (7,3; 8,4; 13,10), am Opfer hat Jahwe kein Gefallen (6,6; 8,13), und die Orakeltechnik hat Hosea als Geist der Unzucht gebrandmarkt (4,12).

sie von ihren Liebhabern Unterhalt, Gemeinschaft und sexuelle Befriedigung erwartete. Selbstverständlich hat sie von Hosea dasselbe erhofft. Statt dessen muß sie aber nun eine Art der Liebe erfahren, die ihr Verlangen nicht erfüllt. Dabei spitzt sich der Sinn der Handlung ganz auf den Punkt der Verweigerung geschlechtlicher Gemeinschaft zu, der ja auch von vornherein der Höhepunkt der Erwartung ist. Durch den Kauf hat Hosea für „eine lange Zeit" Verfügungsrecht über die Frau erlangt und isoliert sie nun, in Ausübung dieses Rechtes, vollkommen von dem Genuß der Gemeinschaft, die sie durch den Kauf erwartete. Hoseas Liebe besteht also, wie die Liebe Jahwes, im Entzug der Güter, die als Frucht des Verhältnisses erhofft und geschätzt werden[55].

Man hat der Liebe Jahwes wie der Liebe Hoseas häufig eine erzieherische Absicht geben wollen: der Entzug seines politischen und religiösen Besitzes soll Israel zur Umkehr zu Jahwe leiten und die von Hosea erstandene Frau soll durch Disziplin geläutert und später als vollgültige Gattin des Propheten anerkannt werden. Dagegen ist nicht nur zu sagen, daß die Erwartung, eine Prostituierte werde durch erzwungene Isolierungsmaßnahmen schließlich zur Treue geläutert, mindestens eine sehr gewagte Kalkulation voraussetzt. Vor allem aber ist dieses Verständnis von 3,5 geleitet, wo die endliche Umkehr Israels zu seinem Gott ausgesprochen ist. Einmal aber ist es fraglich, ob 3,5 überhaupt zu der alten Erzählung gehört[56]. Und selbst wenn der Vers nicht eine spätere Glosse sein sollte, ist nicht gesagt, daß seine Verbindung mit der vorausgegangenen Erzählung so eng ist, daß er als deren heimlicher Skopus anzusehen ist. In der Anrede Hoseas an die Frau ist jedenfalls eine erzieherische Absicht nicht angedeutet und 3,5 läßt sich, wenn der Vers überhaupt älteste Überlieferung ist, auch verstehen als Ausdruck der Hoffnung auf eine zukünftige Änderung des Verhältnisses zwischen Gott und Volk, das den Zustand der Entfremdung zwar aufhebt, aber nicht durch Erziehungsmaßnahmen direkt zustande gebracht ist. Es dürfte deshalb richtig sein, 3,5 nicht als den Sinn der ganzen Erzählung aufzufassen und eine pädagogische Absicht des Geschehens darum nicht in den Vorgang hineinzulesen.

Wenn der Sinn der in Hosea 3 geschilderten Episode aber kein erzieherischer ist, worin ist er dann zu finden? Es liegt nahe, an die Wirkung von

---

[55] Mit dieser Deutung des Wortes Liebe in Hosea 3 entfällt der Anstoß, den M. BUBER an dem Gedanken einer befohlenen Liebe genommen hat. „Liebe!' Ein seltener und seltsamer Spruch: kann man denn Liebe gebieten — nicht im allgemeinen Gebot, wie wir es im Pentateuch wiederholt in Bezug auf Gott und den Mitmenschen finden, sondern in so besonderem?" (Der Glaube der Propheten 162). Persönliche Zuneigung läßt sich allerdings nicht befehlen. Diese ist Hosea durch den Gottesbefehl aber auch nicht zugemutet. Was er zu tun hat, ist viel objektiver; er muß ein Verhältnis eingehen, das seiner Anlage nach auf den totalen Vollzug der Gemeinschaft abzielt, um dann doch in diesem Verhältnis die Gemeinschaft zu verweigern.

[56] RUDOLPH, aaO 87; WARD, aaO 51 f.

Hoseas Handlung auf die Umgebung des Propheten zu denken und in dieser Wirkung die eigentliche Absicht der Handlung zu erkennen. In der Tat ist es kaum denkbar, daß selbst eine strenge Isolierung der Frau über kurz oder lang nicht zur Entdeckung des wahren Sachverhalts und damit zum Gerede über die neuesten Verrücktheiten des Propheten hätte führen müssen. „Nun war man zwar von dem Mann, der seine Kinder mit so ausgefallenen Namen verunzierte, allerhand gewohnt. Aber was sollte das nun wieder? Rasch verbreitete sich wohl die Kunde von dem unbegreiflichen Verhalten des seltsamen Mannes. Damit hatte Hosea erreicht, was er wollte."[57] Daß die Dinge sich so oder ähnlich abgespielt haben mögen und daß Hosea von vornherein das Gerede über die Frau erwartet, vielleicht sogar provoziert haben könnte, ist nicht abzustreiten. Die öffentliche Wirkung, die Predigtfunktion seiner Tat, kann für Hosea von Wichtigkeit gewesen sein. Aber wiederum ist zu fragen: Erschöpft sich darin die Bedeutsamkeit des Vorgangs? Der göttliche Befehl an den Propheten (3,1) legt doch das Gewicht darauf, daß Hosea lieben soll, wie Jahwe liebt. Sein primärer Sinn liegt demnach in der Formung des Propheten selbst zum Gleichnis Gottes. Das schließt die Wirkung der Tat Hoseas auf seine Umgebung als „symbolische Handlung" natürlich nicht aus. Es eröffnet aber eine Dimension des göttlichen Wortes, die vor der symbolischen Handlung liegt: nämlich die Existenz des Propheten selbst. Er kann zeichenhaft handeln, weil er selbst zuvor schon zum Zeichen Gottes geworden ist. Denn es läßt sich doch auf keinen Fall abstreiten, daß Hosea selbst durch seine Tat aufs schwerste kompromittiert und in Person beschlagnahmt wird.

Es ist deshalb vonnöten, die in Hosea 3 erzählten Vorgänge in erster Linie unter dem Gesichtspunkt zu betrachten, was sie über die Lage Hoseas aussagen. Stellt man sich aber diese Frage, so ergibt sich das Bild einer völlig widersinnigen Situation. Hosea hat tagaus, tagein eine Frau in seinem Hause — aber sie ist nicht sein; er hat sie bezahlt, wie man eine Konkubine für sich erwirbt — aber er lebt nicht im Genuß seines Kaufes; alles in diesem Verhältnis fordert Vereinigung — aber die Vereinigung kommt nicht zustande. Hosea hat sich in eine Lage begeben, die man nur als groteske Sinnlosigkeit bezeichnen kann. Daß ihn das als Mensch in die schwersten Spannungen versetzte, liegt vollkommen auf der Hand. In solchen unnatürlichen Spannungen, in einem vom Unsinn bis ins Lächerliche verzerrten Zustand, in einem Verhältnis, das sich selbst widerspricht, soll er leben. So hat ihn Gottes Wort geheißen; so wird er lieben, wie Gott liebt. Denn auch Jahwes Liebe zu dem flatterhaften Israel ist ein grotesker Zustand, ein Verhältnis, das sich selbst widerspricht, ein unnatürlicher Widersinn. Nach dem in ihm waltenden Gesetz müßte Jahwes Liebe zu Israel in volle Gemeinschaft und in den Genuß aller Gottesgaben führen. Aber die Geschichte mit diesem Volk hat Jahwe in eine Lage verstrickt, in

---

[57] RUDOLPH, aaO 92.

der er, der Gemeinschaft will, keine Gemeinschaft findet und er, der schenken will, nicht schenken kann.

Das ist die Weise, in der Jahwe im konkreten, geschichtlichen Zeitpunkt Israel liebt[58]. Es ist zugleich die Weise der Liebe Hoseas. Darin zeigt sich in der Prophetenerzählung Hosea 3, was sich, unter anderen Umständen und mit verschiedenen Mitteln, auch als die Absicht von Hosea 1 ergab: Der Prophet ist dargestellt als das lebende Gleichnis Gottes.

Es ist nun möglich geworden, rückblickend einige Schlüsse zu ziehen. Beobachtungen über die Geschichte der Bewertung anthropomorpher Aussagen von Gott hatten uns an die Untersuchung des Hoseabuches herangeführt und die Fragestellung dieses Kapitels von vornherein bestimmt. Die Ergebnisse der Untersuchung können jetzt, explizit im Blick auf das Problem des Anthropomorphismus, zusammengefaßt werden.

Hosea zeichnet eine besondere Kühnheit der Sprache von Gott aus, die nicht auf Wendungen beschränkt ist, die man anthropomorph nennen kann. Jahwe wird dem Eiter[59] und der Fäulnis verglichen (5,12), gleich darauf heißt er ein Löwe (5,14), an anderer Stelle wird von ihm, wiederum im Tierbild, als einem Panther und Bären gesprochen (13,7 f.) und schließlich kommt, dem eigentlich anthropomorphen Ausdruck sich nähernd, der Vergleich mit einem Vogelsteller vor (7,12). Selbstverständlich ist in diesen Bildern nicht von ferne daran gedacht, Jahwe das Aussehen eines Tieres oder eines Vogelstellers zuzuschreiben. Schon der ständige Wechsel der Bilder macht eine solche Deutung unmöglich und der Vergleich mit Eiter und Fäulnis macht es besonders offensichtlich, daß die Analogie die von Gott ausgehende Wirkung und nicht das Sein Gottes an sich beschreiben will.

Diese Kühnheit der Sprache von Gott muß nun gewiß auch für die eigentlich anthropomorphen und anthropopathischen Redeformen in Anschlag gebracht werden. Auch wenn von Gott als Vater (11,1), oder als Gatten seiner Frau Israel (Kap. 2) die Rede ist, so handelt es sich um Analogien, die nicht gepreßt werden dürfen. Eine unbesorgt buchstäbliche Übertragung der Begriffe Vater und Gatte müßte ja z. B. geschlechtliche Vorstellungen mit in das Gottesbild hineintragen, die dem Charakter Jahwes im allgemeinen und der streng antibaalistischen Tendenz der Verkündigung Hoseas im besonderen völlig widersprächen.

---

[58] Es ist deshalb eine Verzeichnung, wenn J. Fück, Hosea Kapitel 3, in: ZAW 39 (1921) 288, vom grimmigen Hohn Hoseas redet, der die Strafe als אהבה bezeichnet, oder wenn Rudolph, aaO 89, sagt אהב sei in Kap. 3 ironisch gebraucht. Es handelt sich nicht um Ironie als Stilmittel, sondern um die furchtbare Tatsächlichkeit eines Liebens, das sich nicht erfüllen kann.

[59] Der Vorschlag G. R. Drivers, in 5,12 statt des gewöhnlichen „Motte" besser „Eiter" zu übersetzen, hat sich allgemein durchgesetzt. G. R. Driver, Difficult words in Hebrew prophets, in: Studies in OT prophecy 1950 66 f.

Dennoch handelt es sich bei den eigentlich anthropomorphen und anthropopathischen Redeformen in Hosea nicht einfach um Vergleiche und Analogien, die lediglich der Illustration von Gottes Lebendigkeit und seines persönlichen Willens dienen. Das zeigt sich an zwei Zusammenhängen, die das innere Gefüge der Texte immer wieder nahelegt. Einmal steht die Sprache von Gott als Gatte und Vater in unlöslichem Zusammenhang mit den Gottesreden, in denen Jahwe sich unaufhörlich in Freude und Schmerz, in Zorn und Liebe als der an Israels Geschichte teilnehmende Gott offenbart. Selbstverständlich ist es zutreffend zu sagen, daß diese Sprechweise Gott als einen lebendigen Herrn und als persönlichen Willen zu Gehör bringt. Damit ist aber noch nicht alles gesagt, ja das Entscheidende ist noch nicht festgehalten. Denn die Monologe Jahwes in Hosea sprechen nicht nur von der Lebendigkeit und dem Willen Gottes an sich, sondern sie verknüpfen durchweg das Leben Gottes mit dem Leben Israels und seinen Willen mit Israels Willen. Sie eröffnen auf der ganzen Linie einen Gott, dessen eigenes Leben mit dem Leben des Menschen so verbunden ist, daß die menschliche Geschichte auch die Geschichte Gottes bestimmt. Gott selbst hat Geschichte, er ist Teilnehmer am Wandel des Menschen in der Zeit. Diese Relation Gottes zum Menschlichen läßt ihm menschliches Geschick so nahe kommen, daß er es in sich birgt. In diesem geschichtlichen Verhalten zu des Menschen Geschichte ist er also wahrhaft anthropomorph.

Dazu gesellt sich ein anderes. Der Mensch Hosea wird im konkreten Gegenüber zu seinen Zeitgenossen zum Bild Gottes. In den Episoden von seiner Ehe (Kap. 1) und von dem grotesken Verhältnis zu der unbenannten Konkubine (Kap. 3) ebenso wie in gelegentlich aufblitzenden Lichtern im Hauptteil des Buches, die das Leben des Propheten sehr fragmentarisch zwar, aber scharf umrissen vor uns erscheinen lassen, ist dies geradezu die Leitidee der Darstellung. Der Auftrag Jahwes macht den Propheten nicht nur zum Boten, der Gehörtes weitersagt. Vielmehr schafft sich das Gotteswort ein menschliches Leben, das in menschlicher Weise die Geschichte Gottes teilt. Die Klage und Verlassenheit, das Suchen und Schonen Gottes werden in Hosea menschlich zum Ereignis. Das erfordert, nun auch von der Seite des Menschen aus gesehen, die Wirklichkeit einer Affinität des Menschen mit Gott, die es erlaubt zu sagen, daß der Prophet in der Erfüllung seines Auftrags theomorph wird. Zeigt sich so auch von der Seite des Menschen her, daß Jahwe sich einen Zeugen berufen kann, der mit seinem Leben darstellt, wie Gott mit dem Menschen daran ist, dann bestätigt sich noch einmal, was die anthropomorphe Sprache von Gott will: sie will einen Gott erschließen, der sich des Menschlichen so annimmt, daß er selbst von einem konkreten Menschen vertreten werden kann. Die Anthropomorphie Gottes und die Theomorphie des Propheten sind die zwei Seiten einer einzigen Wirklichkeit. Sie sprechen von einem Verhältnis von

Mensch und Gott, in dem der eine des anderen geschichtliche Stelle vertritt.

Man hat gewiß mit vollem Recht betont, daß die Anthropomorphismen keine Abbildung der göttlichen Substanz sein wollen und können. Sie reden nicht von dem Sein Gottes an sich — wenn davon überhaupt sinnvoll gesprochen werden kann[60] —, sondern von einem Verhalten Gottes. Die Unterscheidung zwischen dem Sein und dem Verhalten Gottes würde aber in dem Augenblick höchst gefährlich, wenn man dem Sein Gottes eine höhere Rangordnung zumessen wollte, welche das Verhalten Gottes relativiert. Auf unser Problem angewandt müßte das besagen, daß die Anthropomorphismen zwar sachgemäß die Relation Gottes zur Welt und zum Menschen aussprechen, daß aber hinter dieser Relation und ihr wertüberlegen das Sein Gottes an sich und damit erst die eigentliche Gottheit Gottes erscheint, welche dann wohl nur in völlig abstrakten Begriffen als reine Geistigkeit zu fassen wäre. Uns ist bei der Untersuchung des Hoseabuches aber kein Hinweis begegnet, der es nahelegen würde, dem Sein Gottes eine Stellung zu reservieren, die vom Verhalten Gottes nicht völlig ausgedrückt würde. Im Gegenteil: die Leidenschaft der göttlichen Monologe enthüllen eine Intensität des Verhaltens Gottes zum Menschen, die Gott in seinem Sein bestimmt. Wir entnehmen daraus die Weisung, daß das Sein Gottes nur im Lichte seines Verhaltens zu uns beschrieben werden kann. Das bedeutet für die Frage des Anthropomorphismus, daß auch Gottes Sein als ein dem Menschen zugewandtes, an der menschlichen Geschichte teilnehmendes Sein und damit allen Ernstes als ein anthropomorphes Sein erkannt werden muß. Nur sehr zu Unrecht hat man dagegen Hosea 11,9 ausspielen wollen: „Ich bin Gott und nicht Mensch, der Heilige in deiner Mitte." Dieser Satz hat mit einer Relativierung des in diesem Kapitel erarbeiteten Gottesbildes zugunsten der Parole einer abstrakten Transzendenz Gottes nichts zu tun. Er begründet ja gerade (כִּי) die unmittelbar vorangehenden Sätze, die zu den kühnsten Formen der Anthropopathie Gottes im Alten Testament gehören. In seinem Zusammenhang besagt der Vers „ich bin Gott und nicht Mensch" ganz eindeutig nichts anderes als die Versicherung, daß Gott wegen seiner Gottheit und im Gegensatz zum Menschen nicht seinem Zorn zum Opfer fällt und auch dann noch Milde und Vergebung walten lassen will, wenn ein Mensch nicht mehr vergebungswillig sein würde. Gottes Heiligkeit, die ihn vom Menschen unterscheidet, ist die qualitative Überlegenheit seines Verhaltens und keineswegs eine Verleugnung seines Wesens, das durch die Teilnahme an menschlicher Geschichte bestimmt ist.

---

[60] Siehe hierzu die Einleitung I in E. JÜNGEL, Gottes Sein ist im Werden 1965 1—8.

IV. JEREMIA

1. Prophetentum und Menschlichkeit

Das Buch Hosea kennt keinen geschichtslosen Gott. Der in ihm redende Jahwe ist ein Gott, der an der Geschichte seines Volkes teilnimmt und sich damit des Volkes Wohl und Wehe zu einem Teil seines eigenen Lebens macht. In deutlicher Analogie dazu ist auch der Prophet nicht einfach Sprachrohr Gottes. Vielmehr ist Hosea in entscheidenden Bereichen seines Lebens in die Teilnahme an der Geschichte Gottes aufgenommen und gerade darin liegen Grund und Erscheinung seines Prophetentums. Im Buche Jeremia zeigt sich der gleiche Sachverhalt, ja man ist berechtigt zu sagen, er zeige sich klarer, umfassender und tiefdringender. Klarer, weil die Analogie zwischen Gottesgeschichte und Prophetengeschichte im Jeremiabuch einen direkteren literarischen Niederschlag als bei Hosea findet; umfassender, weil das weltumfassende Handeln wie die weltweite Bedeutung des prophetischen Berufes in die Strahlungskraft dieser Analogie einbezogen werden; und tiefdringender, weil die sich in das Leben des Propheten einbohrende Gewalt der Gottesgeschichte hier in Texten äußert, die einen Blick in den dadurch in der Seele Jeremias hervorgerufenen Kampf erlauben[1].

---

[1] H. Graf REVENTLOW (Liturgie und prophetisches Ich bei Jeremia 1963) hat freilich rundweg bestritten, daß das Individuell-Menschliche bei Jeremia zu beobachten sei. Er kommt auf Grund ausführlicher gattungsgeschichtlicher Analysen wichtiger Abschnitte zu dem Ergebnis, daß die bisher durchweg auf die individuelle Komponente des Propheten interpretierten Texte in Wahrheit festgeprägte kultische Formen sind, die in der gottesdienstlichen Sprache Israels Allgemeingültigkeit besaßen. REVENTLOWS Buch hat die mannigfaltigen Beziehungen Jeremias zur Kultsprache Israels in vielen Fällen klarzumachen gewußt. Dennoch schießt seine These m. E. weit über ihre Grenzen hinaus. Denn auch wenn anzuerkennen ist, daß selbst die Gebetsworte Jeremias weithin liturgisches Gut verwenden oder sogar reproduzieren, kommt doch damit die Tatsache nicht in Wegfall, daß in ihnen ein lebendiger Mensch die Geschichte seines Glücks und seiner Not ausspricht. Die Abstraktion kultischer Gattungsformen von der sich in ihnen bezeugenden Existenz des Propheten ist keine gute Sache und es darf dem Exegeten nicht verboten werden, nach dieser Bezeugung zu fragen. Sonst kommt die Interpretation alttestamentlicher Texte in die Gefahr, die Verkündigungsgeschichte des Alten Testaments auf das Eigenleben kultischer Formeln zu reduzieren.

Die Analogie, von der hier die Rede ist, ist gerade an Jeremia immer wieder beobachtet worden. So schreibt Gerhard von Rad im Blick auf die Konfessionen Jeremias: „Der Prophet eröffnet in diesen Dichtungen eine Dimension des Schmerzes, und zwar eines doppelten Leidens: des Leidens der von dem Gericht Betroffenen, aber zugleich auch des Kummers Gottes über sein Volk. Und dann — das ist erst das Entscheidende — tritt Jeremia selbst ein in dieses doppelte Leiden; es liegt auf ihm, und er spricht es aus als seine ganz persönliche Qual."[2] Kühner noch äußert sich Abraham Heschel über das Leiden Gottes an seinem Volk und dem Mit-Leiden des Propheten mit Gott: „Israel's distress was more than a human tragedy. With Israel's distress came the affliction of God, His displacement, His homelessness in the land, in the world"[3] und im Blick auf Jeremias Leiden: „What was the source of this dreadful condition? What emotion or what awareness brought this condition about? The prophet stated it briefly: ‚Because of the lord, and because of His holy words' . . . What convulsed the prophet's whole being was God. His condition was a state of suffering in sympathy with the divine pathos."[4] Ganz ähnlich urteilt Heinz Kremers bezüglich der von ihm als Leidensgeschichte verstandenen Kapitel Jeremia 37—45: „Jeremia und seine Freunde haben in ihrem Leben in einer Leidensgemeinschaft mit Gott gestanden", wobei besonders der von Kremers als Verfasser dieser Leidensgeschichte betrachtete Baruch durch den Gottesbescheid Jer 45 auf Jahwes eigenes Leiden hingewiesen und damit „in eine Gemeinschaft des Leidens mit ihm selbst" hineingenommen wird[5].

Die besondere Art der Gemeinschaft Jeremias mit Gott, die in den soeben zitierten Äußerungen in verschiedener Weise vorgetragen wird, hängt mit einem Problem der Jeremia-Deutung zusammen, das sich der Prophetenforschung seit Bernhard Duhm immer erneut gestellt hat. Es handelt sich um die Frage, wie die Steigerung des individuellen Einschlags in die prophetische Verkündigung, die Intensivierung des reflexiven Elements und die damit zusammenhängende Aufmerksamkeit auf das persönliche Geschick Jeremias sich mit dem prophetischen Beruf verbinden. Man hat zur Beantwortung dieser Frage im ganzen drei Wege eingeschlagen und es dient der vorläufigen Orientierung im Blick auf die hier folgende Darstellung, wenn diese drei Wege nach ihrer grundlegenden Richtung vorgeführt werden.

Es ist zunächst möglich, die Intensivierung des Individuell-Reflexiven bei Jeremia als eine Verfeinerung des prophetischen Bewußtseins aufzufassen. Während frühere Formen des Prophetentums noch auf der über-

---

[2] G. VON RAD, Theologie II 284.
[3] A. J. HESCHEL, The Prophets 112.   [4] AaO 118.
[5] H. KREMERS, Leidensgemeinschaft mit Gott im Alten Testament, in: EvTh 13 (1953) 138 f.

80

persönlichen Macht ekstatischer Ergriffenheit beruhten, kommt bei Jeremia eine Bewegung an ihr Ziel, die das Wesen des prophetischen Geistes in der Klarheit der persönlichen Intuition und der Empfindlichkeit des ethischen Verhaltens offenbarte. So hat es z. B. John Skinner gesehen, der über das innere Leben Jeremias folgende Sätze schreiben kann: „It was a great step in the history of religion to turn from the formalism of an external worship, and the legalism of a national covenant, and to find God in the heart of the individual, as One whose holy and searching presence strengthens every good purpose and pure aspiration that dwells there, and who sets secret sins in the light of His countenance. By the grace of God Jeremiah took that step, and opened up a way of access to God which many devout souls, following in his footprints, found to be the way everlasting."[6] So gesehen kann Jeremia schlechterdings als das Ende der Wege Gottes im Alten Testament verstanden werden. „His is the last word of the Old Testament on the universal essence of religion ... he breaks through the limitations of the strictly prophetic consciousness[7], and moves out into the larger filial communion with God in which every child of man may share."[8]

Ein anderer Weg der Interpretation Jeremias wurde von Hans Wilhelm Hertzberg beschritten[9]. Er will die innere Auflösung des eigentlich Prophetischen in der Prophetie Jeremias aufzeigen, die im „Hervortreten des Menschlichen auf Kosten des Prophetischen"[10] zustande kommt. Dieser Prozeß bedeutet für Hertzberg freilich keineswegs eine Kritik an Jeremia, im Gegenteil, er sieht, darin Skinner durchaus verwandt, einen Fortschritt größten Ausmaßes. In Jeremia „ist der Schritt getan, der das Beste der israelitischen Religion zur Menschheitsreligion zu machen imstande war", wodurch Jeremia „der erste Seelsorger der Religionsgeschichte"[11] wurde. Der Schritt nach vorne kam aber zustande durch einen Bruch mit dem älteren, eigentlich Prophetischen, wie es sich uns in der Schriftprophetie des 8. Jahrhunderts darstellt. Hertzberg hat den Schritt, der Jeremia von seinen älteren Vorgängern trennt, viel schärfer als Skinner gesehen, aufgewiesen und betont. Er besteht, nach seiner Darstellung, wesentlich in folgendem: Die älteren Propheten wußten sich vollkommen als verkündende Organe des Gotteswillens, bei Jeremia aber tritt Beobachtung, Urteil und Bemühen der selbständigen menschlichen Persönlichkeit in ihr Recht. Von Amos bis Jesaja gibt es keinen Zweifel an der Identität von Gotteswort und Prophetenwort, Jeremia dagegen hat auf eine scharfe Trennung seines Denkens und Redens von dem an ihn ergangenen Jahwe-

---

[6] J. SKINNER, Prophecy and Religion 227.
[7] SKINNER meint damit die Bindung von Inspiration und Ekstase in der Prophetie vor Jeremia, aaO 220 ff.
[8] AaO 16.
[9] H. W. HERTZBERG, Prophet und Gott 1923.
[10] AaO 164.   [11] AaO 180 f.

wort geachtet. Bei den älteren Propheten herrscht das nie in Frage gestellte Muß des Auftrags, bei Jeremia beginnt ein Aufbäumen und Aufbegehren, ein Bestürmen und sogar ein Kritisieren Gottes. Die klassische Prophetie des 8. Jahrhunderts konnte der natürlichen Liebe zum Volk keine dem Beruf eigene Stimme geben und hat das Fürbitteamt deshalb nicht gekannt, Jeremia ist im großen Gegensatz dazu zum Fürbitter und Seelsorger seines Volkes geworden. Schließlich kannte die ältere Prophetie als Teil ihres prophetischen Auftrags keinen eigentlichen Gebetsverkehr mit Gott, während bei Jeremia der Gott im Gebet bestürmende, bis zur Widersetzlichkeit gegen Jahwe aufschreiende Mensch hervortritt[12]. Dieser „bedeutende Schritt auf den religiös-ethischen Individualismus zu"[13], der „ein durchaus eigenständiges Freiheitsbewußtsein"[14] Gott gegenüber voraussetzt, markiert die Stelle Jeremias in Israels religiöser Geschichte. Er ist gleichbedeutend mit der Auflösung der älteren prophetischen Stellung vor Gott und dem Eintritt des allgemein Menschlichen in das Gottesverhältnis. Strenggenommen ist der gewaltige religiöse Gewinn, der durch das Auftreten Jeremias der Welt geschenkt wurde, eine Zersetzung des eigentlich Prophetischen. Der Mensch hat sich in Jeremia vom Propheten gelöst.

Es gibt noch einen weiteren Weg zur Erklärung des Verhältnisses von prophetischem Ich und prophetischem Amt bei Jeremia[15], der in letzter Zeit einige Male beschritten wurde. Dieser dritte Weg führt zunächst in dieselbe Richtung, die am Beispiel von W. Hertzberg beschrieben wurde, bricht dann aber ab und ermöglicht das Weitergehen in eine völlig andere Weise des Verstehens. Der Pionier dieser dritten Verstehensrichtung ist Gerhard von Rad. In einem Aufsatz über Jeremias Konfessionen aus dem Jahre 1936[16] geht v. Rad zunächst dem von Hertzberg vertretenen Gedankengang insofern parallel, als auch er von einem Ende des Prophetentums redet, das in Jeremias Konfessionen in Erscheinung tritt. Auch er meint, bei Jeremia gehe ein Riß durch das Prophetenamt, der in einem wesentlichen Sinne als Abschluß der Prophetie verstanden werden muß. Aber dieser Abschluß ist nicht gleichbedeutend mit geheimem Zerfall des Prophetentums. Man kann ihn ganz anders interpretieren und hier ist der Punkt, an dem v. Rad in eine neue Richtung vorwärts geht. Er sagt von diesem Ende „es reicht nicht aus, wenn wir das eine Zersetzung des eigentlich Prophetischen durch subjektive Reflexionen nennen"[17]. Warum reicht das nicht aus? Weil bei Jeremia das Phänomen einer Beanspruchung durch

---

[12] Die Zusammenfassung der Thesen HERTZBERGS folgt der von ihm selbst gegebenen Übersicht, aaO 160 f.

[13] AaO 179.   [14] AaO 161.

[15] Die Eliminierung des Problems durch H. Graf REVENTLOW, aaO, wäre allerdings ein vierter Weg. Sie ist aber m. E. unhaltbar, vgl. oben 78 Anm. 1.

[16] G. VON RAD, Die Konfessionen Jeremias, in: EvTh 3 (1936) 265—276.

[17] AaO 274.

Gott in Erscheinung tritt, die nicht die Verkündigung des Mundes allein, sondern das ganze Leben und damit eben notwendig das Ich des Propheten in die Sache Gottes hineinverwickelt. „So wird nun — das ist bei Jeremia ein Neues[18] — der Prophet nicht nur kraft seines Charismas, sondern in seiner Menschlichkeit ein Zeuge Gottes; aber nicht als der über die Sünde der Menschen triumphierende, nicht als der überwindende, sondern als der unter den Menschen zerbrechende Bote Gottes."[19] Bei Jeremia kündet sich deshalb neben dem munus propheticum das munus sacerdotale an, so daß der Prophet nicht nur als das Ende einer Reihe, sondern auch als Anfang erscheint, insofern nämlich, als mit ihm „ein neues Kapitel in der Weissagung auf Jesus Christus aufgeschlagen" ist[20].

In diesen Sätzen v. Rads ist eine ganz neue Verstehensmöglichkeit gegeben. Die rein psychologisch-individuelle Interpretation ist an entscheidender Stelle verlassen und durch einen Gedanken ersetzt, der die gewaltige Verbreiterung des Persönlichen bei Jeremia, einschließlich des qualvollen Scheiterns, theologisch als Niederschlag der Verwicklung des ganzen Lebens des Propheten in die Geschichte Gottes zu deuten vermag. V. Rad meint allerdings an einer bestimmten Zweideutigkeit der Erscheinung festhalten zu müssen. Auch er redet von einem Ende des Prophetentums bei Jeremia und von einem Riß, der sich im prophetischen Amt auftut. Das munus sacerdotale ist dem eigentlichen munus propheticum eben doch als ein Neues hinzugewachsen, die Beschlagnahmung der Menschlichkeit des Propheten ist deshalb auch gegenüber dem wesentlich prophetischen Charisma verschieden. Auch in seiner Theologie des Alten Testaments hat v. Rad diese Zweideutigkeit erhalten. Er kann einerseits von Jeremia als dem Teilhaber an Gottes Kummer reden[21] und andererseits weiterhin feststellen, daß bei Jeremia Mensch und prophetischer Auftrag so auseinandertreten, daß es zu Spannungen kommt, die den Prophetenberuf bedrohen[22].

Es fragt sich, ob es angemessen ist, die Deutung Jeremias in dieser Spannung zwischen munus propheticum und munus sacerdotale zu belassen. Könnte es nicht sein, daß der in die Geschichte Gottes hineingerissene Prophet gerade am tiefsten seinem prophetischen Amt treu bleibt, so daß selbst das Zerbrechen und die Qual Jeremias nicht als Ende, sondern als Bestätigung seines Auftrags als Prophet zu verstehen sind[23]? Gewiß gibt es bei Jeremia nicht nur ein Leiden und Zerbrechen, sondern auch schuldhaftes Leiden und aufrührerisches Zerbrechen. Als der von Gott

---

[18] Wenn die Kap. III gegebene Darstellung Hoseas auf dem richtigen Wege war, kann freilich von einer Neuheit dieses Phänomens bei Jeremia keine Rede sein.

[19] G. VON RAD, aaO 275. [20] Ebd.

[21] Siehe oben 79 Anm. 2. [22] G. VON RAD, Theologie II 213.

[23] Diese Frage hat auch H. J. STOEBE, Seelsorge und Mitleiden bei Jeremia, in: WuD 4 (1955) 116—134, an VON RAD gestellt.

Zurechtgewiesene kommt Jeremia in der Tat auch mit seinem Propheten-beruf nicht mehr zurecht. Es fragt sich aber, ob dieses Nicht-mehr-Zurecht-kommen mit dem Auftauchen des Menschlich-Individuellen inmitten des Prophetenamtes einfach zur Deckung zu bringen ist.

Stellt man diese Annahme aber einmal grundsätzlich in Frage, so er-geben sich für die Jeremiadeutung Perspektiven, die es erlauben, dem ausgebreiteten Erscheinen des Humanen mitten im prophetischen Auftrag viel offener entgegenzutreten. Es muß sich, soll diese Infragestellung gel-ten dürfen, an den Texten des Jeremiabuches zeigen lassen, daß das Huma-num des Propheten dem auf das Leben Jeremias gelegten göttlichen Auf-trag entspricht und nicht widerspricht. Die folgende Darstellung dient dem Ziel, die Rechtmäßigkeit dieser Annahme zu erhellen. Sie verwendet dazu als Leitbegriff des ganzen Gedankengangs den Begriff Wort Gottes. Denn, so wird sich zeigen, Gott ist, sofern er sein Wort spricht, ein ge-schichtlicher, sich in die Menschengeschichte hineinbindender Gott und der Prophet, als Empfänger dieses Wortes, wird zu dem in die Geschichte Gottes eingelassenen Menschen.

2. Wort Gottes und Prophetie

Mit dem Auftreten des Jeremia erhält der Begriff Wort Gottes eine Schlüsselstellung, wie er sie in der älteren Prophetie noch nicht gehabt hatte. Natürlich wußten sich auch die Propheten des 8. Jahrhunderts als Empfänger und Boten göttlicher Sprüche. Aber es genügte ihnen, mit ihrem „So spricht Jahwe" vor ihre Zeitgenossen zu treten, ohne daß sie diese Tatsache des Wortempfangs zum Gegenstand weiterer Reflexionen gemacht hätten. Auch Jeremia kennt den Botenspruch[24] und das Verneh-men des göttlichen Wortes ist für ihn wie für seine Vorgänger die Grund-tatsache seines Berufes. Bei ihm setzt aber das Nachdenken über die Be-deutung des Sprechens Jahwes ein, und zwar in solcher Dichtigkeit und Breite, daß man von einer jeremianischen Theologie des Wortes Gottes reden kann. Das zeigt sich schon an einer statistischen Beobachtung. Oskar Grether hat eine Liste für das Vorkommen der status constructus-Verbin-dung דבר יהוה zusammengestellt. Er zählt für das ganze Alte Testament 242 Stellen, von denen auf Jeremia und Ezechiel nicht weniger als 112, d. h. annäherend 50 % entfallen. Bei Ezechiel findet sich die Verbindung 60mal, bei Jeremia 52mal (3 Stellen sind unsicher)[25]. Die Häufigkeit der Wortverbindung דבר יהוה bei Jeremia ist aber nur Anzeige einer leiden-schaftlichen Frage nach dem Wesen Jahwes, der als Wort begegnet. Otto

---

[24] Die Funktion des Botenspruches bei Jeremia ist im einzelnen untersucht von H. WILDBERGER, Jahwewort und prophetische Rede bei Jeremia 48—77.

[25] O. GRETHER, Name und Wort Gottes im Alten Testament 64 f.

Proksch hat mit Recht gesagt: „Die tiefste Theologie des Wortes (scil. im Alten Testament) finden wir bei Jeremia..., dessen innerstes Wesen er aufgedeckt hat."[26] Diese Theologie des Wortes Jahwes bei Jeremia hat für unser Thema große Bedeutung. Wir suchen sie im folgenden so zu entfalten, daß wir zunächst die Frage stellen, was es für Gott bedeutet Wort zu haben, um sodann den Blick auf Jeremia zu wenden, um zu verstehen, was die Gabe des Wortes Gottes für den Propheten erwirkt. Dieser doppelte Gedankengang wird in drei Abschnitten durchzuführen sein, die a) das Wort Gottes als die Tat Gottes, b) das Wort Gottes als die Zeithaftigkeit Gottes und c) Wort Gottes und Pathos Gottes darzustellen haben.

a) Das Wort Gottes als die Tat Gottes

Die Auffassung des Wortes der Gottheit als einer schaffenden und zerstörenden Potenz ist keine Eigenheit Israels. Überall im antiken Orient läßt sich die Vorstellung nachweisen, daß das Reden eines Gottes die Welt schafft und erhält. Der das Leben entfaltende und fördernde Bestand der Natur wie die Leben zerstörenden Einbrüche tödlicher Gewalten können auf das Wort eines Gottes zurückgeführt werden[27]. Besonders unmittelbar erweist sich diese Auffassung von der Dynamik des göttlichen Worts in der dem Alten Orient gemeinsamen Stellung zu Segen und Fluch, die beide als direkte Wirkungen des Redens der Gottheit verstanden werden[28]. Innerhalb dieses gemeinorientalischen Rahmens hat sich aber in Israel ein spezifisches Verständnis von der Dynamik des Wortes Gottes gebildet, das bei Jeremia zu besonders kraftvollem Ausdruck kommt. Diese Seite der Sache muß zuerst ins Auge gefaßt werden.

Freilich ist auch im Buche Jeremia[29] nicht jede Tat Gottes schematisch

---

[26] O. Proksch, Artikel: „λέγω etc.", in: ThW IV 96. Ders., Theologie des Alten Testaments 472.

[27] Das hat besonders L. Dürr, Die Wertung des göttlichen Wortes im Alten Testament und Antiken Orient 1938, an vielen Beispielen eindrücklich dargestellt.

[28] J. Hempel, Die israelitischen Anschauungen von Segen und Fluch im Lichte altorientalischer Parallelen, in: ZDMG NF 4 (1925) 20—110.

[29] Da von nun ab Texte des Jeremiabuches zu besprechen sind, ist es nötig, zur Frage der Überlieferung in dieser Prophetenschrift Stellung zu nehmen. Für die einigermaßen sichere Erfassung der echten Überlieferung von Jeremia und die Scheidung späterer Texte gibt es bis heute keinen allgemein anerkannten Maßstab. Zwar schienen Thesen Mowinckels über die Überlieferungsgeschichte des Buches einige Zeit sich durchzusetzen. Dieser hatte in seiner Arbeit Zur Komposition des Buches Jeremia 1914 drei Hauptschichten unterschieden: eine Quelle A, die in poetischer Form kurze Prophetensprüche zusammenstellt, eine Quelle B, welche in Prosaform Berichte über Jeremia enthält, und eine Quelle C, die Überlieferungen von Jeremia in starker deuteronomistischer Überarbeitung vereinigt. Lediglich Quelle A enthält, nach Mowinckels Analyse, echte Prophetie

als das Wort Jahwes bezeichnet. Häufig ist ein geschichtliches Ereignis direkt als Tat Gottes bezeichnet, ohne einen Hinweis darauf, welche Rolle das Wort Jahwes bei diesem Vorgang spielt. Das gilt sowohl für Heilstaten Jahwes wie für Taten seines Gerichts. Im Blick auf Gottes Heilshandeln hat auch Jeremia das altisraelitische Bekenntnis von der „Herausführung aus Ägypten" und der „Führung in der Wüste" aufgenommen. Es ist Jahwe, „der uns heraufgeführt hat aus dem Lande Ägypten, der uns geleitet hat in der Wüste, im Lande von Steppe und Schlucht, im Lande von Dürre und Finsternis, im Lande, das kein Mensch durchzieht und das niemand bewohnt" (2,6)[30]. Jahwe kann aber auch etwas ganz

---

Jeremias, während die beiden anderen Quellen zeitlich so spät anzusetzen sind, daß sie für eine Rekonstruktion der Verkündigung Jeremias nicht in Frage kommen. Der Analyse Mowinckels haben sich, wenn auch mit Abweichungen im einzelnen, eine beträchtliche Zahl von Forschern angeschlossen, darunter vor allem W. RUDOLPH in beiden Auflagen seines Jeremiakommentars (Jeremia HAT 1947[1], 1958[2]), J. PH. HYATT (The Deuteronomic Edition of Jeremiah, in: Vanderbilt Studies in the Humanities (1951) I 71—95 und der Kommentar in IB 1956) und J. BRIGHT (The Date of the Prose Sermons of Jeremiah, in: JBL 70 (1951) 15—35 und der Kommentar in der Reihe The Anchor Bible 1965). Dabei sind freilich vor allem RUDOLPH und BRIGHT geneigt, selbst in der deuteronomistischen Quelle echtes jeremianisches Gut von Fall zu Fall anzuerkennen. Im Gegensatz dazu sehen T. H. ROBINSON (Baruch's Roll, in: ZAW 42 (1924) 209—21) und OTTO EISSFELDT (Einleitung in das Alte Testament 1964[3]) gerade in den Prosareden, also in Mowinckels Quelle C, besonders ursprüngliches jeremianisches Material. Diese Position ist durch J. W. MILLER (Das Verhältnis Jeremias und Hesekiels 1955) insofern stark gestützt worden, als Miller nachzuweisen unternahm, daß es schon vor dem Deuteronomium eine liturgisch-paränetische Predigtform gab, auf die sowohl die Prosareden Jeremias wie Hesekiel und die deuteronomistische Literatur aufbauen. Die jüngste Arbeit zum Redaktionsproblem des Jeremiabuches (C. RIETZSCHEL, Das Problem der Urrolle 1966) schließt sich in der Beurteilung der deuteronomistisch gestalteten Prosareden dagegen wieder dem Urteil an, die diese Reden Jeremia abspricht.

Im folgenden wird sich zeigen, daß die für unsere Fragestellung wichtigen Texte zum weit überwiegenden Teil der Schicht des Jeremiabuches angehören, die MOWINCKEL einst als Quelle A bezeichnete. Über die Echtheit dieser Schicht besteht allgemeines Einverständnis. Nur in Fällen, in denen Texte anderer Schichten herangezogen werden, muß die Echtheitsfrage gestellt werden. Sie ist dann in jedem Fall gesondert zu prüfen.

[30] Verwendungen des Bekenntnisses der Herausführung aus Ägypten als Gottes Tat finden sich auch in Jer 11,7 und in den fast gleichlautenden Sätzen 16,14 f. und 23,7 f., wo die neue Heilstat der Herausführung aus dem Exil als eine Gottestat gepriesen wird, die der Errettung aus Ägypten an Größe gleichkommt, so daß sie das alte Bekenntnis verdrängen wird. Jer 11,7 (in LXX nicht überliefert) steht aber im Zusammenhang einer deuteronomistisch gestalteten Stelle und ist deshalb nicht mit Sicherheit auf Jeremia zurückzuführen. Die Sätze 16,14 f. und 23,7 f. werden oft als nachexilisch beurteilt (z. B. von BRIGHT, HYATT und LESLIE in ihren Kommentaren). M. E. ist aber die Kühnheit der Sätze, die die Verdrängung eines alten Bekenntnisses durch das Lob einer neuen Heilstat proklamieren, eher Jeremia selbst als einem Redaktor zuzumuten, da sie sich mit der Erwartung einer tiefgreifenden Wende decken, die VON RAD als ein

anderes als eine Befreiungstat heraufbringen. Er in eigener Person bringt Unheil von Norden her (4,6; 6,19), das einbrechen wird in Gestalt eines uralten Volkes aus der Ferne, welches Jahwe über Israel kommen lassen will (5,15). Jahwe bringt herbei den Verwüster der Jungmannschaft (15,8) und die Horden, die im Krieg über das Volk herfallen (18,22). In solchen und vielen anderen Stellen ist Jahwe — ganz anthropomorph — als Person gesehen, die handelt. Ein Anklang an das Reden Gottes als das Mittel seiner Tat ist in solchen Stellen nicht angedeutet.

In Sprüchen der erwähnten Art ist Gott unmittelbar als Täter auf der Bühne der Welt eingeführt. Die menschlichen Akteure, die bei dem gemeinten Geschehen natürlich mit im Spiele sind, treten nur als Vollstrecker eines fremden Willens auf; Gott selbst ist der eigentlich Handelnde. Es gibt im Jeremiabuche aber auch Sprüche, in denen eine Verbindung zwischen dem Wort Gottes und dem Weltgeschehen auf die Weise hergestellt ist, daß das Wort ein kommendes Ereignis erschaubar macht. Das Wort zieht den Vorhang vor der Bühne des Zukünftigen zurück, so daß Kommendes im Bilde erscheint. Jahwe hat gesprochen und sogleich zeigt sich die Szene des Landes, das zur Wüste geworden ist (4,27 f.). Gott hat geredet und vor den Sinnen entsteht das Drama einer belagerten Stadt, sogar die Stimmen der Belagerer werden vernehmbar, die zum Fällen der Bäume und der Errichtung eines Belagerungswalls aufrufen (6,6). Manchmal steigert sich das durch Jahwes Wort erzeugte Bild zu einer Schau von grauenhafter Prägnanz. Die Frauen Jerusalems müssen es sich gefallen lassen, von dem Propheten das Gemälde eines Totentanzes vorgehalten zu bekommen, den das Reden Gottes malte: der Tod, in hundertfacher Gestalt und doch überall derselbe, steigt durch die Fenster in die Häuser. Wie einst bei den Plagen Ägyptens macht er auch jetzt nicht halt vor den Wohnungen der Höchsten, sondern dringt durch bis in die Paläste und auf allen Straßen und Plätzen der Stadt wütet er unter der Blüte des Lebens, den Kindern und Jünglingen (9,19 f.).

Nun gibt es aber im Buche Jeremia noch eine dritte Art von Sprüchen, in denen die Tat Gottes auf solche Weise mit dem Wort Gottes verknüpft ist, daß Wort und Tat zusammenfallen. In solchen Versen erscheint Jahwes Wirken als Worttat und Tatwort, so daß eine Differenzierung zwischen Reden und Ereignis nicht mehr möglich wird. Jeremia erhält die göttliche Zusicherung:

Siehe, ich mache meine Worte in deinem Mund zum Feuer
und dieses Volk zum Brennholz, daß es sie verzehre (5,14).

Es ist klar, daß dem Wort Jeremias als solchem die Kraft verzehrenden Feuers nicht zukommt. Feuerkraft erhält sein Reden erst, wenn Jahwe sein Wort in den Mund des Propheten legt. Die verzehrende Gewalt des

Charakteristikum der Prophetie in der Epoche Jeremias herausgearbeitet hat (G. von Rad, Theologie II 276 ff.).

Wortes ist zuerst eben die Gewalt des Wortes Gottes[31]. Dieses Reden Jahwes aber ist nicht nur Enthüllung des Sinns der Geschichte oder Offenbarung des Zukünftigen, es ist selbst Macht, die mit der zerstörenden Gewalt des geschichtlichen Geschehens eins ist. Dies kommt, mit Verwendung eines weiteren Bildes, ebenso zum Ausdruck in dem Gottesspruch 23,29:

> Ist nicht mein Wort wie Feuer[32] — Spruch Jahwes —
> wie ein Hammer, der einen Fels zerschmettert?

Jahwe ruft die Königreiche des Nordens, daß sie Juda und Jerusalem bedrängen (1,15) und was sich auf Grund dieses Rufs geschichtlich abspielt, ist nichts anderes als Jahwes Gerichtsrede (ודברתי משפטי אתם[33], 1,16).

Das Verständnis von Gottes Wort als Gottes Tat durchdringt und bestimmt eine bei Jeremia häufig vorkommende Wortgruppe, die Jahwes Handeln als ein Bauen und Pflanzen bzw. als ein Ausreißen und Einreißen bildhaft zur Rede bringt[34]. Die Wortgruppe ist für die Gesamtverkündigung Jeremias so bezeichnend, daß Paul Volz sie als ein Leitmotiv des Propheten bezeichnen konnte[35]. Sie vereint stets eine positive und eine negative Begriffskette und findet sich an folgenden Stellen: 1,10; 18,7—10; 24,6; 31,28; 42,10 und 45,4[36]. Allen Stellen ist gemeinsam, daß Jahwe als Subjekt des Bauens und Pflanzens wie des Ausreißens und Einreißens erscheint. Die Verben sind also ausnahmslos bildliche Umschreibungen des Handelns Jahwes. Jedoch ist es möglich, über diese allgemeine Beobachtung noch hinauszugehen. Das „Pflanzen" findet sich an mehreren Stellen der alttestamentlichen Überlieferung in dem heilsgeschichtlichen Sinn der Hineinführung Israels in das verheißene Land (Ex 15,17; Ps 44,3; Ps 80,9. Von der Sicherung des Erblandes unter David 2. Sam 7,10). „Pflanzen und Bauen" kommt als Wortpaar in alltäglichem Sinn schon vor Jeremia häufig vor und man kann schließen, daß der Pro-

---

[31] Über die eigenartige und bedeutsame Zweideutigkeit in Jer. 5,14, die die Frage erweckt, ob Jahwe oder Jeremia das eigentliche Subjekt des Redens ist, siehe unten 89 ff.

[32] Ich folge den Kommentatoren, die das כה mit LXX weglassen, ohne כה zu כוה „brennend" zu ändern.

[33] אתם ist mit B. H. zu אותם geändert.

[34] Zu diesem Abschnitt vgl. R. Bach, Bauen und Pflanzen, in: Studien zur Theologie der alttestamentlichen Überlieferungen 7—32. Bach zeigt, daß das positive Wortpaar „bauen und pflanzen" immer in derselben Form vorkommt, während das negative Wortpaar durch Umstellungen und Erweiterungen keine feste Form erlangt.

[35] P. Volz, Der Prophet Jeremia 360.

[36] 18,7—10 steht in einem deuteronomistisch gestalteten Zusammenhang und wird deshalb im folgenden nicht berücksichtigt, obwohl die meisten neueren Kommentare und auch Bach, aaO 8, annehmen, daß der Vers echtes jeremianisches Gut enthält. 31,28 steht zwar in einem sekundären Zusammenhang, zeigt aber so klar Elemente der Sprache Jeremias (die Wortgruppe selbst und das Wort שקד wie in 1,12), daß ein echter Spruch angenommen werden darf.

phet den landläufigen Ausdruck übernommen und als Synonym für das heilsgeschichtliche „Pflanzen" verwendet hat[37]. Das Ausreißen und Einreißen ist offenbar als negative Entsprechung zum positiven Wortpaar geformt und hat demnach auch heilsgeschichtliche Bedeutung. Das führt zu dem Schluß, daß Bauen und Pflanzen das Heilshandeln, Ausreißen und Einreißen aber die Gerichtstat Jahwes bezeichnen[38].

Nun ist es in unserem Zusammenhang bedeutsam, daß „Bauen und Pflanzen", also das Heil schaffende Handeln Jahwes in der Geschichte mit seinem Volk, und „Ausreißen und Einreißen", d. h. die Gerichtstat Gottes an Israel, an einigen Stellen als Folgen des Wortes Gottes beschrieben sind. So geschieht es gleich zu Anfang des Buches im Bericht von der Berufung Jeremias. Jeremia erzählt, wie Jahwes Hand seinen Mund berührte und wie er die Worte vernahm, „Siehe, ich lege meine Worte in deinen Mund" (1,9). Sofort darauf, als unmittelbare Fortsetzung des Gottesspruches, folgt die Erklärung dafür, was es faktisch bedeutet, das Wort Jahwes in den Mund gelegt zu bekommen. Es kommt dem Auftrag gleich, Völker und Königreiche „auszureuten und einzureißen, zu bauen und zu pflanzen"[39] (1,10). Wie bei 5,14[40] ist es natürlich allein die Kraft des göttlichen Redens, die die Gründung der Völkermacht wie ihre Vernichtung bewirkt. In gleicher Weise wie in 1,10 dürfte auch 31,28 zu verstehen sein: „Wie ich über ihnen wachte auszureuten und einzureißen, zu zerstören und zu vernichten und Unheil zu schaffen, so wache ich auch über ihnen zu bauen und zu pflanzen." Denn das Wachen Jahwes über seiner Tat ist ganz eng verwandt dem Wachen über seinem Wort, wie es in der Mandelzweigvision 1,11 f. erzählt ist, die gipfelt in Jahwes Spruch „ich wache über meinem Wort, es zu tun" (1,12). Das führt zu dem Schluß, daß auch in 31,28 das vernichtende wie das schaffende Tun Gottes als die Geschichte machende Kraft des Redens Jahwes verstanden ist, obwohl in diesem Vers ein ausdrücklicher Hinweis auf den דבר יהוה fehlt. Die anderen Stellen, an denen die im jetzigen Zusammenhang behandelte Wortgruppe vorkommt, zeigen keinen Hinweis auf den Begriff des Wortes Gottes (24,6; 42,10; 45,4). Es ist aber kaum zu bezweifeln, daß im Hintergrund auch dieser Verse die, freilich unausgesprochene, Vorstellung steht, die Jahwes Wort als die Kraft des Bauens und Pflanzens, des Ausreißens und Einreißens wahrnimmt. Dasselbe dürfte von einigen Sprüchen gelten, in denen einzelne Verben der Wortgruppe isoliert verwendet werden: so

---

[37] So R. BACH, aaO 24.

[38] R. BACHS Deutung der negativen Begriffe als „das Ende der Heilsgeschichte" (aaO 28) scheint mir zu weit zu gehen. Man kann Jeremia die Erwartung einer neuen Periode des Heils nicht absprechen und somit auch nicht von einem Ende der Heilsgeschichte reden. Vgl. jedoch unten 95 ff.

[39] Ob man das masoretische ולהאביד ולהרוס stehen läßt oder als Ergänzung aus 18,7 und 24,6 ansieht, ist sachlich von keiner Bedeutung.

[40] Siehe oben 86 f.

vom Pflanzen der Edelrebe Israel (2,21) und vom Bauen der Jungfrau Israel (31,4).

Zusammenfassend läßt sich sagen: die anthropomorphe Rede vom Handeln Gottes in der Geschichte und die Funktion des göttlichen Wortes als Enthüllung der Zukunft ist bei Jeremia begleitet und gedeutet von einem Verstehen des Wortes Gottes, das mit der geschichtlichen Tat Gottes identisch ist. Damit ist bei weitem noch nicht alles gesagt. Die folgenden Abschnitte werden den Inhalt dieser Vorstellung erst noch zu entfalten haben. Aber die grundlegende Konzeption ist mit der Identifikation von Wort und Tat Gottes gegeben. Bevor jedoch die weitere Frage nach dem Sinn und Gehalt der Gleichsetzung von Reden und Handeln Jahwes — und damit die Frage nach dem Wesen Gottes — gestellt wird, soll zunächst die Konsequenz beschrieben werden, die aus dieser Gleichsetzung für den prophetischen Auftrag Jeremias folgt.

Jeremia 1,10 und 5,14 legen, wie wir schon sahen[41], eine eigenartige Doppeldeutigkeit an den Tag insofern, als man schwanken kann, ob Gott oder der Prophet als Subjekt des Redens gemeint ist. Diese Doppeldeutigkeit ist aufschlußreich und wichtig. Sie darf nicht zugunsten einer klaren Unterscheidung aufgegeben werden, die darauf hinaus laufen müßte, das Reden Jahwes vom Reden des Propheten zu trennen[42]. Wenn Jahwe zusichert: ich lege meine Worte in deinen Mund, so ist damit eine Subjektsambiguität gegeben, die im Wesen der Sache liegt. Der Prophet wird zum Sprecher eines Wortes, das, indem er es selbst ausspricht, gleichzeitig das Wort Gottes ist. Diese Subjektsambiguität in Sprüchen Jeremias ist auch an einer ganzen Reihe anderer Stellen zu beobachten, und zwar auch in Versen, die nicht von einem Reden, sondern von Lieben, Klagen oder Mitleiden reden[43]. Bleiben wir aber zunächst einmal stehen bei der Doppeldeutigkeit, die dem דבר יהוה insofern anhaftet, als er gleichzeitig Wort Gottes und Wort Jeremias ist, so ergibt sich daraus ein Schluß von größter Tragweite. Wie das Wort Jahwes alles andere als bloße Information ist, sondern eine schaffende und zerstörende Macht, so ist auch das Reden des Propheten nicht nur Enthüllung des Willens Gottes, sondern ebenfalls auf-

---

[41] Siehe oben 87 und 88.

[42] Das bezieht sich natürlich nur auf solche Sprüche Jeremias, in welchen der Prophet selbst den Anspruch erhebt, unmittelbar ein Wort Jahwes zu sagen, nicht auf den gesamten Umfang des Jeremiabuches. H. WILDBERGER (aaO passim) hat an vielen Beispielen gezeigt, wie die älteste Tradition sehr wohl zwischen dem Reden des Propheten als Mund Jahwes und dem auf eigene Verantwortung Jeremias erfolgten Reden zu unterscheiden wußte, ebenso aber auf die Tendenz der späteren Überlieferung, die gesamte Jeremiatradition als Wort Gottes zu prädizieren.

[43] „Man kann an vielen Stellen die Frage nicht beantworten, ob die Worte des Propheten Ausdruck sind für die natürliche Liebe Jeremias zu seinem Volk, oder ob in diesen Worten Gott selbst um das gefallene Volk klagt." V. HERNTRICH, Jeremia, der Prophet und sein Volk 43.

bauende und niederreißende Gewalt. Der Prophet wird durch den Empfang des Wortes Jahwes mit der Dynamik dieses Wortes ausgestattet, so daß er durch sein Reden ein Mit-Jahwe-Wirkender, ein Bauender und Zerstörender wird. Die Bechervision 25,15 f. bringt diesen Sachverhalt mit besonderer Einprägsamkeit zum Ausdruck:

> So hat Jahwe, der Gott Israels, zu mir gesprochen: Nimm diesen Becher mit Wein des Zorns aus meiner Hand und gib ihn allen Völkern zu trinken, zu denen ich dich sende, daß sie trinken und wanken und rasen vor dem Schwert, das ich unter sie sende[44].

Daß das Bild des Zornbechers nichts anderes als die Verkündigung Jeremias meinen kann, ist auch dann sicher, wenn Weisers Hinweis[45] auf das Gottesgericht, das nach Num 5,11 ff. durch Trinken eines Fluchwassers durchgeführt wird, zu Recht bestehen sollte. Das Wort des Propheten hat die Folge, daß die, an die es gerichtet ist, dadurch in einen wahnwitzigen Rausch verfallen, der sie in der Kriegskatastrophe, die sie befallen wird, sinnlos umhertaumeln läßt. Weiser hat recht, wenn er zu diesen Versen bemerkt, daß „hier dem Propheten die Rolle des Vollstreckers des Gottesgerichts zugewiesen" wird[46]. Vollstrecker des Gerichts aber ist der Prophet als Verkündiger des Wortes Jahwes, das durch sein Reden richtende Kraft entfaltet.

Die Gabe des göttlichen Wortes an den Propheten verleiht diesem eine derartige Machtfülle, daß sich eine konkurrierende Machtstellung daneben nicht mehr recht denken läßt. Es dürfte daher kein Zufall sein, daß Jeremias Berufungsvision einige Züge enthält, die sein Prophetenamt als ein königliches Amt deuten. Die Erwählung von Mutterleib an (1,5) ist, vor allem von einigen skandinavischen Forschern bei der Auslegung der Gottesknechtslieder Deuterojesajas (Jes 49,1), als ein der vorderorientalischen Königsideologie gemeinsames Motiv erwiesen worden[47] und es ist immerhin möglich, daß dieser Zug auch in das israelitische Verständnis des Königtums aufgenommen wurde, wenn sich auch eine zweifelsfreie Bezeugung dieser Vorstellung im Alten Testament nicht findet. Wäre dem so, so ließe sich Jer 1,5 als Aufnahme eines Stückes Königsideologie verstehen[48]. Sicherheit läßt sich an dieser Stelle aber nicht gewinnen[49]. Dagegen ist die

---

[44] Die Verse stehen in einem stark redaktionell bearbeiteten Zusammenhang. Es liegt aber kein Grund vor, sie dem Jeremia abzusprechen. MOWINCKEL (aaO 21) rechnet sie zu seiner Quelle A und die neueren Ausleger nehmen allgemein einen echten Spruch an (so BRIGHT, HYATT, LESLIE, RUDOLPH und WEISER in ihren Kommentaren zur Stelle).

[45] A. WEISER, Jeremia 232.   [46] Ebd.

[47] Zur Diskussion dieses Motives vgl. O. KAISER, Der Königliche Knecht 57.

[48] J. P. HYATT verweist zu Jer 1,5 auf eine sumerische Königshymne, allerdings ohne zu sagen, daß der darin ausgesagte Glaube von der Erwählung der Könige von Mutterleib auf eine Verbindung zwischen Jeremias Berufungsvision und der Königsideologie hinweist (Jeremia 800).

[49] H. Graf REVENTLOW hat, im Anschluß an CORNILL, auf das Vorkommen

Beauftragung Jeremias als Prophet für die Völker (1,5 b) und die ihm gegebene Vollmacht, Königreiche zu vernichten und zu gründen (1,10), kaum anders zu verstehen, denn als direkte Anspielung auf das Amt des Königs[50]. Denn soviel dürfte durch die neueren Untersuchungen über die Wertung des Königtums in Israel doch feststehen, daß, im Gegensatz zu der sehr bescheidenen politischen Wirklichkeit des Kleinstaates Juda, die Person des Königs in Jerusalem mit der Erwartung einer universalen Weltherrschaft bekleidet wurde (Ps 2,8 f.; 110,5 f.), die sich nur als Spiegelung der Weltherrschaft Jahwes in seinem königlichen Sohn verstehen läßt. Nun ist zwar das Vorkommen eines prophetischen Auftrags gegen fremde Völker bei Jeremia keine Neuerung im Vergleich zur älteren Prophetie Israels[51]. Aber eine thematische Zusammenfassung des Prophetenamtes als „Völkerprophet" und eine ausdrückliche, gewissermaßen offizielle Verpflichtung zur universalen Herrschaft hatte es vor Jeremia bisher nicht gegeben. Als offizieller Amtsauftrag an Jeremia tritt jedoch die Herrschaftsverleihung an den Propheten mit der bereits bestehenden Überzeugung von der universalen Machtfülle des Königs in Jerusalem in Konkurrenz. „Das Prophetenamt ist ein königliches Amt."[52] In diesem Satz liegt ein starkes kritisches Element. Was etwa die Königspsalmen als die Würde des Königs verherrlichen, reklamiert Jeremias Berufungsvision für das prophetische Amt. Eine gleichzeitige Durchführung des Auftrags zu universaler Herrschaft durch König und Prophet ist damit sicher nicht gemeint[53]. Wenn man die im Buche Jeremia folgenden Erzählungen über das Verhältnis des Propheten zum König und seinem Hof als Kommentar zur Berufungsvision liest, ist jedenfalls eine schiedlich-friedliche Gewaltenteilung ganz ausgeschlossen. Vielmehr zeigt sich in diesen Erzählungen das Königtum durchweg faktisch als Antithese gegen Jeremias Prophetentum. Die Einsetzung Jeremias zum Amt des Völkerpropheten, die in der Berufung erfolgt, läuft deshalb gleichzeitig auf die Absetzung des Königs vom Auftrag des Weltherrschers hinaus. Was das judäische Königtum

---

einer Erwähnung von Mutterleib in Ri 13,5.7 und 16,17, nämlich bei dem Naziräer Simson, aufmerksam gemacht (aaO 39 f.).

[50] Ich folge hier REVENTLOW, aaO 43 ff.
[51] Das haben RUDOLPH und WEISER in ihren Kommentaren zur Stelle besonders betont und belegt.
[52] REVENTLOW, aaO 43.
[53] REVENTLOW, aaO 45, hat Königtum und Prophetentum als „parallele Entfaltungen des Dienstes Jahwes" aufgefaßt. Der König soll Stellvertreter Gottes in der Herrschaft über die ganze Welt sein, während die Sendung des Propheten aus der Zuordnung des Kosmos zu Jahwe folgen soll. Aber Jeremia hat keine kosmische Sendung. Der Bereich, in dem er seine Macht übt, ist genau derselbe wie der des Königs, nämlich die Völkerwelt. Derselbe Anspruch im selben Machtbereich kann deshalb nicht als zweiseitige Entfaltung im Dienst Gottes angesehen werden, sondern nur als das Aufeinanderprallen zweier Ansprüche, die miteinander in Konkurrenz stehen.

nicht vermochte, das ist dem Propheten gegeben und übertragen. Ist diese kritische Wendung gegen das Königtum richtig gesehen, so kann auch über ihre eigentliche Wurzel kein Zweifel bestehen. Das königliche wie das prophetische Amt ist an Macht geknüpft. Während aber die Erringung und Sicherung der Macht vom jerusalemischen Königshaus als eine Angelegenheit militärischer Stärke und diplomatischen Geschicks verstanden wird, tritt in der Prophetengestalt Jeremias eine völlig andere Macht in Erscheinung, die völlig als Macht des Wortes Jahwes zutage kommt. Der Prophet ist der eigentliche König, eine Person von universaler Machtfülle, eben weil er Wortteilhaber Jahwes ist[54].

Noch ein Weiteres gehört in diesen Zusammenhang. Die Macht des Propheten ist, weil sie in der Teilnahme an der Macht des Wortes Jahwes ihren Grund hat, offensichtlich sehr viel weniger evident und auch viel ungeschützter als die Macht des Königs. Da aber das Prophetenamt nichtsdestoweniger von der Machtfrage nicht getrennt werden kann, nimmt das Problem der Zuverlässigkeit und Unerschütterlichkeit des Prophetenamts kritische Bedeutung an. Jeremia wird von Jahwe bedeutet, daß die Sicherheit seiner Existenz allein darin bestehen kann, daß er seinem Verkündigungsauftrag treu bleibt. Er muß alles, was ihm befohlen ist, reden (1,17) und in Ausführung dieses Auftrags wird er feste Stadt, eiserne Säule und eherne Mauer sein (1,18). Für Jeremia ist die Treue gegenüber diesem Auftrag keine Selbstverständlichkeit. Die Existenz, die auf die Macht des Redens Gottes angewiesen ist, wird ihm zuzeiten unzuverlässig erscheinen, so daß Jahwe ihm vorkommt wie der Anblick eines Bachtals, das dem Dürstenden Wasser verspricht, sich bei näherem Zusehen aber als ausgetrocknetes Wadi erweist (15,18). Die im folgenden Vers auf Jeremias Klage über die Unzuverlässigkeit der Macht Gottes gegebene Antwort Jahwes gibt keine direkte Antwort auf Jeremias Notschrei (15,19). Sie setzt vielmehr einfach voraus, daß der Zweifel an der Mächtigkeit des Wortes Jahwes das Unedle ist, das auf Jeremia einen Makel setzt und seine Umkehr erfordert. Nur in Umkehr zum erneuerten Vertrauen darauf, daß Jahwes Wort faktisch sich durchsetzen und seine Mächtigkeit in der Sprache der Tatsachen erweisen wird, kann Jeremia wieder Jahwes Mund und also Prophet sein. Vom Scheitern Jeremias ist hier noch nicht zu reden. Nur dies soll festgehalten sein: die Schenkung des göttlichen Wortes an den Propheten, die gleichzeitig die Verleihung einer universalen, königlichen Machtfülle ist, begründet zugleich die Festigkeit und Verläßlichkeit des Lebens Jeremias. Eine andere Basis ist für die prophetische Existenz uner-

---

[54] Folgt man G. von Rad in seiner oben 82 erwähnten Feststellung, daß bei Jeremia das munus propheticum sich mit dem munus sacerdotale vereine, so könnte man nun, dogmatisch redend, sagen, in Jeremia sei die Einheit von munus regium, munus propheticum und munus sacerdotale bereits gegeben.

findlich und ihr Verlust muß den Zusammenbruch der dem Propheten gegebenen Macht mit sich bringen.

b) Das Wort Gottes als die Zeithaftigkeit Gottes

Wir sahen, daß der Begriff des Wortes Gottes bei Jeremia in zweifacher Weise dynamischen Charakter hat. Er bezeichnet einmal das Handeln Gottes als Gottes Reden und umfaßt sodann gleichzeitig das Wesen des Propheten, der als Wortempfänger auf solche Art an der geschichtsmächtigen Kraft des Wortes Jahwes Anteil hat, daß er zum Mittäter Gottes wird. Damit ist aber bei weitem noch nicht alles gesagt. Die Feststellung, daß der דבר יהוה dynamische Potenz in sich trägt, ist noch zu allgemein, um eine deutliche Erfassung des Begriffs zu erlauben. Sie muß auf ihren konkreten Gehalt sowohl im Blick auf das Wesen Jahwes wie auf das Wesen des Propheten noch genauer erfragt werden. In den folgenden zwei Abschnitten wird diese konkrete Näherbestimmung des Begriffs Wort Jahwes versucht, wodurch der dynamische Charakter des Begriffes erst in seinem ihm eigenen Sinn verständlich wird. Zunächst wird sich dabei zeigen, daß die Rede vom Wort Jahwes auf die Bindung Gottes an Zeit und Geschichte hinweist.

Jeremia ist in der Tradition der Prophetendeutung oft als Prophet des Zorns bezeichnet worden. Abraham Heschel hat dagegen eingewandt, es sei richtiger, Jeremia als einen Propheten zu verstehen, der die Zeit des Zorns ansagt. „It would be more significant to say that Jeremiah lived in an age of wrath. His contemporaries had no understanding of the portent of their times, of the way in which God was present at the time. They did not care for time. But a prophet has a responsibility for the moment, an openness to what the moment reveals. He is a person who knows what time it is. To Jeremiah his time was an emergency, one instant away from a cataclysmic event."[55] Diese Deutung ist richtig. Sie erfaßt den Zorn Gottes nicht als eine ewige und unveränderliche Eigenschaft Jahwes, sondern als den Inhalt des Verhältnisses Gottes zu seinem Bundesvolk zu einer bestimmten Zeit. Dementsprechend ist auch der Prophet nicht Verkünder einer besonderen Seite des göttlichen „Charakters", sondern ein Mensch, der weiß, welche Stunde es geschlagen hat. Das Jeremiabuch enthält eine ganze Reihe von Hinweisen darauf, daß das Wort Gottes die Zeit enthüllt, die Gott mit seinem Volk teilt.

Von besonderer Bedeutung sind für uns in diesem Zusammenhang einige Stellen, die in dem Kampf Jeremias gegen die falschen Propheten ihre Wurzel haben. Bekanntlich hat der Streit gegen die falsche Prophetie

---

[55] A. J. Heschel, aaO 106.

im Jeremiabuch eine besondere Betonung erhalten und besonders dramatische Spuren hinterlassen. Die religions- und traditionsgeschichtlichen
Hintergründe dieses Streits sowie die Frage nach dem Wesen der falschen
Prophetie können uns hier nicht beschäftigen[56]. Der Punkt des Streites,
der hier allein in Betracht zu ziehen ist, ist folgender: Die falschen Propheten sind offenbar überzeugt von einer unwandelbaren und deshalb allen
zeitlichen Wandel verneinenden Haltung Jahwes gegenüber seinem Volk,
während Jeremia, wie es scheint, gelegentlich zu seiner eigenen Überraschung, ja Bestürzung durch das Wort Jahwes von dem Wandel Gottes
in der Zeit zu reden hat.

Sehr aufschlußreich für diesen Sachverhalt ist zunächst die Stelle Jer
4,9—12[57]. Die Verse stehen im Zusammenhang einer Kriegsvision, die die
Heilszusage Jahwes an sein Volk völlig erschüttert.

Und es wird geschehen an jenem Tage — Spruch Jahwes —,
daß des Königs Herz verzagt und das Herz der Fürsten,
daß die Priester vor Entsetzen erstarren und die Propheten bestürzt
sind.
Und ich sage[58]: „Ach Herr Jahwe, wahrlich du hast dies Volk und
Jerusalem schwer getäuscht,
als du sprachst: euch wird Heil!
Und nun rückt uns das Schwert ans Leben!"
In jener Zeit wird zu diesem Volk und zu Jerusalem gesagt werden[59]:
„Ein scharfer Wind von den Kahlhöhen der Wüste bläst auf den Weg
der Tochter meines Volkes,
nicht zum Worfeln, nicht zum Sichten, ein Wind zu voll dafür kommt
von mir[60].
Nun spreche auch ich Gericht über sie."

Diese Übersetzung versteht 4,9—12 als einen dreigliedrigen Zusammenhang: 1. Gottesrede, die ein entsetzliches Unheil ankündigt (v. 9), 2. Einrede des Propheten, der Gott seine Heilszusage vorhält (v. 10), 3. erneute
Gottesrede, die den Unheilsbeschluß bestätigt (v. 11—12). Die in Vers 9

---

[56] Vgl. hierzu vor allem G. von Rad, Die falschen Propheten, in: ZAW 51
(1933) 109—120; G. Quell, Wahre und falsche Propheten 1952; und zuletzt den
Exkurs über die falschen Propheten bei H. Graf Reventlow, aaO 121—140.

[57] Die Einheit dieser Verse in einem Sinnganzen ist freilich nicht allgemein
anerkannt. Bright (Jeremiah 29) läßt mit 4,11 einen neuen Abschnitt beginnen
und Leslie und Hyatt in ihren Kommentaren trennen ebenfalls 4,9—10 von 4,
11—12. Die Entscheidung hängt an der Lesung von 4,10, siehe folgende Anmer-
kung.

[58] Mit Bright (aaO 28), Reventlow (aaO 97) und Stoebe (aaO 128) behalte
ich den masoretischen Text ואמר bei, der auch von LXX (εἶπα) gedeckt ist.

[59] Mit Rudolph (Kommentar zur Stelle) ist das יאמר als Umschreibung des
göttlichen Handelns verstanden. Der folgende Spruch ist also Gottesrede. So
auch Reventlow, aaO 97 f.

[60] לי ist als dativus auctoris verstanden.

im Spiegel ihrer lähmenden und Entsetzen erregenden Wirkung sichtbare Drohung Jahwes ist solcher Art, daß sie, wie die Antwort des Propheten in Vers 10 zeigt, nicht als eine begrenzte und vorübergehende Zuchtmaßnahme Gottes zu verstehen ist. Sie öffnet vielmehr den Blick auf ein Geschehen, das die Verantwortlichen des Volkes mitsamt Jeremia nur als Aufkündigung von Jahwes Heilsabsicht und darum als Betrug und Wortbruch Jahwes zu verstehen vermögen. Die Erwartung von Heil in der Bundesgemeinschaft mit Jahwe ist ja auch alles andere als aus der Luft gegriffen. Es hieße Eulen nach Athen tragen, wenn man aufs neue betonen und nachweisen wollte, daß das Leben im Bund mit Jahwe für Israel in erster Linie eben Israels Heil in sich barg[61]. Gewiß ist mit Recht darauf hingewiesen worden, daß auch das älteste israelitische Recht bereits eine Bekanntschaft mit der im Gesetz beschlossenen Fluchdrohung aufweist[62]. Von der Ausmerzung Einzelner und auch ganzer Gruppen innerhalb des Volkes auf Grund der Aktualisierung der im Gottesgesetz von vornherein angelegten Potentialität des Fluches hatte man sich schon lange vor dem Aufkommen der großen Propheten in Israel in Gesetzen und Erzählungen Rechenschaft abgelegt. Aber diese Verwirklichungen der Fluchdrohung, die im Bundesgesetz stets mit eingeschlossen war, waren doch bisher immer als Reinigungsaktionen verständlich gewesen, durch die der Heilswille Jahwes gegenüber dem gesamten Volk gerade nicht verneint, sondern vollauf bestätigt wurde. Die Tat des Worfelns und Sichtens (4,11) konnte von Jahwe auch seither durchaus erwartet werden. Aber der Sturm, der sich in Jahwes Worten an Jeremia nunmehr ankündigt, ist eben kein heilsames Wehen mehr zur Ausscheidung schädlicher Elemente. Er ist zu voll dafür (4,12), d. h. er wird mit der alles vernichtenden Gewalt eines Wirbelsturms über das Land fahren, in dessen Gefolge nichts mehr als totale Vernichtung zu sehen sein wird. Dieser Sturm ist deshalb als auf Reinigung angelegte Heilstat Jahwes nicht mehr verständlich. Er wird alle unbarmherzig in den Sog seiner zerstörenden Wut hineinziehen und darum nur noch als Unheil ohne Einschränkung zu bewerten sein. Die Konsequenz ist unausweichlich: Die Heilszusage Jahwes wird sich im Wüten dieses Sturmes als befristet und als abgelaufen erweisen. Für die Generation Jeremias ist das Heil Gottes nicht mehr erfahrbare Wirklichkeit. Die Zeit hat sich radikal gewandelt: Jahwes Gegenwart heißt nicht mehr Heil, sondern nunmehr auf der ganzen Linie Unheil für Israel. Es ist alles andere als verwunderlich, daß der im Leben des Bundes mit Jahwe beheimatete Israelit in diesem Umschwung die Auflösung des Bundesver-

---

[61] Die alttestamentliche Forschung ist deshalb mit Recht in zunehmendem Maße von der früheren Annahme abgerückt, daß falsche Prophetie gleichbedeutend mit Heilsprophetie sei. Vor allem G. QUELL (Wahre und falsche Propheten) hat die Brüchigkeit dieser Annahme überzeugend herausgearbeitet.
[62] Dazu vgl. vor allem W. ZIMMERLI, Das Gesetz und die Propheten 1963.

hältnisses, einen Wortbruch Jahwes und schließlich den Tatsachenbeweis dafür vor Augen sah, daß Jahwes Wort eine Täuschung war.

Versteht man, wie das oben geschehen ist, 4,10 als Einrede Jeremias, so ist die Folgerung nicht zu umgehen, daß auch Jeremia selbst von diesem Wandel der Zeit überrascht und ratlos gemacht wurde. Zwar halten die meisten Kommentatoren den Einwand in 4,10 für unvereinbar mit der Grundhaltung Jeremias, ändern deshalb den überlieferten Text und lesen den Vers als Einrede der falschen Propheten. Daran ist sicher so viel richtig, daß die Nichterkenntnis des Zeitwandels für die falsche Prophetie charakteristisch ist. Es ist nur die Frage, ob Jeremia in allen Momenten sich seines Gegensatzes gegen die ihm entgegengesetzte Prophetie so sicher war, daß die Position der prophetischen Mehrheit für ihn niemals denkmöglich wurde. Diese Frage muß aber so beantwortet werden, daß auch für Jeremia die Heilsprophetie eine Möglichkeit blieb, der er kein allezeit unerschütterliches Nein entgegenhalten konnte. G. Quell hat an dem Bericht über Jeremias Zusammenprall mit Chananja (28,1—17) gezeigt, daß Jeremia der Behauptung eines seiner Botschaft widersprechenden Gotteswortes zunächst nichts entgegensetzen kann und darum nur zu einer schwankenden Antwort kommt[63].

Das bedeutet, daß ihm die Möglichkeit von Jahwe kommender Heilsprophetie nicht von vornherein als ausgeschlossen erscheint. 4,10 scheint eine Situation wiederzugeben, in der Jeremia selbst die Drohung des vernichtenden Gerichtes Gottes als Selbstwiderspruch Jahwes auffaßt, weil sie die Verneinung des im Jahwebund erschlossenen Heils bedeutet. Daß Jeremia mit dem furchtbaren Gedanken eines Betrugs Gottes allen Ernstes zu ringen hatte, zeigt in aller Deutlichkeit das in 15,15—18 überlieferte Gebet. Das Bild vom Trugbach (15,18) gründet in demselben Gedanken wie der Satz von der Täuscherei Gottes in 4,10. Jeremia ist also in der 4,10 vorausgesetzten Lage von der in 4,9 angegebenen entsetzten Abwehrbewegung der anderen Propheten gerade nicht verschieden. Anders ist seine Lage nur insofern, als an ihn ein Wort Jahwes als Erwiderung seiner Vorhaltungen ergeht, das die Vernichtungsabsicht bestätigt und so, allen Einwänden zum Trotz, als göttlichen Willen aufrechterhält (4,11 f.). Stark betont ist das alles letztlich begründende Wort, „jetzt spreche auch ich Gericht über sie". Dieser Satz dürfte so zu verstehen sein, daß in der jetzt gegebenen Zeit auch Jahwe im Gericht in die Reihe der Feinde Israels tritt. Feinde hatte Israel natürlich auch schon früher gehabt und eine Bedrohung seiner Existenz war von daher immer schon gegeben. Aber bisher hatte Jahwe, trotz aller begrenzten Gerichtshandlungen an seinem Volk, grundlegend als Verteidiger Israels auf dessen Seite gestanden. Das hat sich aber nun geändert, die Zeit ist eine andere geworden. „Nun auch ich", d. h. jetzt ist auch der Bundesgott selbst zum Heer der Feinde Israels

---

[63] G. Quell, aaO 43 ff.

gestoßen, und deshalb ist von diesem Augenblick an dem Leben Israels der Boden unter den Füßen weggezogen.

Das an Jeremia ergehende Wort Jahwes sagt die Zeit Gottes an. Es enthüllt eine geschichtliche Veränderung im Verhältnis Gottes zu seinem Bundespartner, die so groß ist, daß sie nur durch die Gegensätze Heil–Unheil oder Leben–Tod richtig bezeichnet ist. Das Wort Gottes erschließt also die Zeithaftigkeit Gottes. Der wahre Prophet, als Empfänger dieses Wortes, muß sagen, was Gott in der konkreten Zeit für den Menschen ist. Er muß also gerade gegenüber dem Wandel Gottes in der Zeit offen sein. Im Gegensatz hierzu ist die Jeremias Botschaft bestreitende Prophetie von der Unwandelbarkeit Gottes überzeugt. Es ist für sie ein Axiom, daß der Bund mit Jahwe für alle Zeiten nur das zum Inhalt haben kann, was er in vorigen Zeiten jedenfalls überwiegend und ausschlaggebend tatsächlich bedeutete: Heil und Leben. In dem höchst bezeichnenden Abschnitt 23,16–32 wird die Taubheit der falschen Prophetie gegenüber dem die Zeit Gottes ansagenden Wort in immer neuen Wendungen ausgedrückt. Das Wort Jahwes kündet die Zeit des Jahwesturms, des von Jahwe losbrechenden Orkans (v. 19), die Zeit des Zorns (v. 20). Die falsche Prophetie hat von dieser Zeit nichts gehört. Sie beharrt noch immer auf der Zeit des Heils, in der Jahwe als Schutzherr Israels wirkt, um Unglück abzuwehren (v. 17). Aber eben diese Taubheit gegenüber dem Wort, das Gottes Zeit eröffnet, ist nichts als menschliches Träumen (v. 16.25–28.32), sie ist Lüge und Trug (v. 25 f. 32). Das Postulat, daß Jahwe unabhängig vom geschichtlichen Ort immer nur dasselbe wollen und wirken kann, ist für Jeremia das Zeichen, daß Jahwes Wort überhaupt nicht vernommen wurde (v. 21).

Wir konnten beobachten, daß dem Bilde Gottes als Täter durch das Wort die Auffassung vom Propheten als Mittäter Jahwes korrespondiert. Dasselbe Korrespondenzverhältnis gilt in dem uns jetzt beschäftigenden Zusammenhang. Jahwes Wort erschließt das Verhältnis, das Gott in einer bestimmten Zeit zu seinem Volk hat. Es sagt deshalb etwas aus über das Verhalten Gottes zu einer konkreten Zeit und offenbart damit die Zeithaftigkeit Gottes. Der Prophet Jahwes, der das göttliche Wort empfängt, wird durch die Kraft dieses Wortes von der Zeit Gottes dermaßen in Anspruch genommen, daß sein Leben dem Inhalt dieser Zeit einverleibt wird. Der Prophet weiß und kündet nicht nur, was die Stunde Gottes ist; er ist selbst mit seinem Leben die Ansage dieser Stunde.

Jeremia muß den drohenden Vernichtungskrieg gegen Juda und Jerusalem ankünden (4,5–31). Bilder der Verwüstung, der schrecklichen Agonie des Krieges, stehen vor seiner Seele, als wäre das Unheil bereits in vollem Gang. Die Visionen des Kommenden bedrängen ihn mit solcher Intensität, daß der Prophet von körperlichen Krämpfen angefallen wird.

O meine Eingeweide, meine Eingeweide!

Ich winde mich! O meines Herzens Wände!

Mein Herz rast, ich kann nicht schweigen! (4,19).

Bis in den Zustand seines Leibes hinein ist Jeremia von der kommenden Stunde des Gottesgerichts affiziert. Während man um ihn her sich in Sicherheit wiegt, ist ihm schon von der bevorstehenden Katastrophe der Körper zermartert. Er ist buchstäblich der Stunde des Zorns vorgängig einverleibt.

Viermal findet sich im Buche Jeremia ein Verbot der Fürbitte (7,16. 11,14. 14,11. 15,1f.)[64]. Die Tatsache der Wiederholung des Verbots bringt eine Deutungsschwierigkeit mit sich, auch wenn man sich auf die sicher echten Verse 14,11 und 15,1 f. beschränkt. Die Frage erhebt sich: ist die Wiederholung des Fürbitteverbots begründet in einem inneren Kampf des Propheten, der aus Liebe zu seinem Volk von der Fürbitte nicht lassen kann, obwohl sie ihm bereits untersagt war, oder handelt es sich jeweils nur um konkrete Verbote in bestimmten Fällen, also niemals um ein grundsätzliches Fürbitteverbot? Die erste Deutung ist besonders klar von Rudolph formuliert, der folgendermaßen kommentiert: „Das Verbot zeigt, daß er die Fürbitte versucht hatte; so sehr er sich seit seiner Berufung als Unheilsprophet wußte, suchte er doch im konkreten Fall, zumal am Anfang seiner Wirksamkeit, sich fürbittend vor sein geliebtes Volk zu stellen, sein menschliches Gefühl lag mit seinem göttlichen Auftrag in Streit."[65] Die andere Auffassung wird vor allem von Reventlow vertreten, welcher schreibt: „In V. 11 (scil. 14,11) wird daraufhin dem Propheten die weitere Fürbitte in diesem Falle verboten. Das ‚in diesem Falle' ist wichtig zu betonen, denn obwohl dem Propheten im ganzen viermal die Fürbitte verboten wird, ist damit doch kein grundsätzliches Verbot gemeint, sondern nur ein auf die jeweiligen Fälle bezogenes."[66] Für Reventlow ist diese Deutung von größter Bedeutung, weil er die Auffassung vertritt, daß das kultisch festgelegte Amt des Propheten wesentlich das Fürbitteamt einschließt. Würde das Jeremia erteilte Fürbitteverbot die Fürbitte grundsätzlich ausschließen, so wäre damit natürlich das kultische Amt des Propheten zerstört.

Nun ist es Reventlow m. E. gelungen, durch Wortvergleiche und gattungsgeschichtliche Beobachtungen die Verwandtschaft von Jer 14,1—15,9 zu anderen prophetischen Stücken wie Joel 1, Jes 24,4 ff., Jes 33 und Jes 15—16 wahrscheinlich gemacht zu haben. In diesen Stücken liegt entweder eine Klageliturgie vor, oder es läßt sich eine solche aus dem jetzi-

---

[64] 7,16 ist von MOWINCKEL, aaO 31, zu seiner Quelle C gerechnet und steht jedenfalls in einem Zusammenhang, der Überarbeitung verrät. 11,14a ist eine wörtliche Parallele zu 7,16 und steht deshalb ebenfalls im Verdacht, sekundär zu sein. Obwohl mehrere Ausleger die Verse für echte Jeremia-Sprüche halten, werden sie vorsichtshalber im obigen Zusammenhang nicht berücksichtigt.

[65] W. RUDOLPH, aaO 93.

[66] H. Graf REVENTLOW, aaO 165.

gen Textzusammenhang herauslösen. Die stark liturgisch geprägte Form
von Jer 14,1—15,9 ist dadurch in der Tat erwiesen. Dazu kommt, daß der
ausdrückliche Verweis auf Mose und Samuel in 15,1 Männer der isrealiti-
schen Geschichte in Erinnerung ruft, bei denen Fürbitte und Nabitum
schon in der vorprophetischen Tradition verbunden war[67]. Dadurch liegt
in der Tat der Schluß in der Luft, daß in dem Abschnitt 14,1—15,9 Jeremia in der kultisch geprägten Form der prophetischen Fürbitte vor Gott
tritt.

Das berechtigt aber nicht dazu, die Fürbitteverbote in 14,11 und 15,1 f.
so zu verharmlosen, daß das Fürbitteamt Jeremias dadurch praktisch gar
nicht berührt wird. Die Verse reden nicht davon, daß dem Propheten bei
konkretem Anlaß auf sein Fürbittegebet eine negative Antwort erteilt
wurde[68], sondern sie verbieten die Ausübung der Fürbitte. Das erste Verbot innerhalb des Zusammenhangs von 14,1—15,9 „bete nicht für dieses
Volk zum Guten" (14,11) wird von Jeremia damit beantwortet, daß die
Heilszusage der Propheten Jahwe vorgehalten wird (14,13). In dieser Antwort wird gewöhnlich „der Versuch einer Entschuldigung, ein Plädieren
für mildernde Umstände"[69] gesehen, derart, daß der Prophet das Volk in
Schutz nehmen will, weil ihm ja nicht die Einsicht Jeremias in die Lügen-
haftigkeit der falschen Prophetie zur Verfügung steht. Wie aber, wenn
Jeremia selbst über diese Einsicht gar nicht ohne weiteres verfügte? Wäre
es nicht denkbar, daß Jeremias Antwort 14,13 sich darauf beruft, daß doch
die Propheten als Vermittler des göttlichen Worts und Urteils im Namen
Jahwes Heil sagen und daß Jeremia selbst in Treu und Glauben dieses
prophetische Urteil annimmt? Die Antwort Jahwes 14,14 ff., die die Propheten als Lügner bezeichnet und ihrem Auftreten die Sendung von Gott
abspricht, wäre dann als eine Antwort im echten Sinn zu verstehen, die
bisher Unbekanntes an den Tag bringt. So verstanden weist die Folge
von Jahwerede, prophetischem Einwand und abschließender Antwort Gottes in 14,11—16 genau dieselbe Struktur auf, wie die oben besprochene
Versfolge 4,9—12. Auch dort folgt auf eine Gerichtsansage ein Einwand
Jeremias, der erkennen läßt, wie seine eigene Sicht der Dinge von der des
Prophetentums nicht abweicht, worauf die Antwort Jahwes die Lügen-
haftigkeit der Prophetie feststellt durch die niederschmetternde Neuigkeit,
daß nun auch er zu den Feinden Israels zählt[70].

---

[67] Zu der frühen Funktion der Propheten als Fürbitter, siehe G. von Rad,
Die falschen Propheten, in: ZAW 51 (1933) 109—120.

[68] Auf diese Anschauung läuft die Deutung Reventlows hinaus. Reventlow
selbst ist sich des Unterschiedes zwischen Verbot und Abweisung eines Gebetes
bewußt, wenn er sagt „das *Verbot* der Fürbitte ist nur eine besondere Form,
welche die *Abweisung* der Fürbitte (neben anderen) annehmen kann, einer
hebräischen Ausdrucksweise entsprechend", aaO 165. Für diese alles entscheidende Behauptung wird aber keinerlei Stütze gegeben.

[69] A. Weiser, aaO 131.   [70] Siehe oben 96.

7*

Die Wiederholung des Fürbitteverbots in 15,1 f. ist insofern gegenüber 14,11 eine Steigerung, als nun gesagt wird, daß selbst Mose und Samuel, die größten Fürbitter in Israels Geschichte[71], in der nun gegebenen Zeit umsonst vor Gottes Angesicht treten würden. Wenn das Volk zum Propheten kommt mit der Frage „wohin sollen wir gehen?", so ist ihm die Antwort zu geben: „ins Verderben!" (15,2). Nun ist die Frage „wohin sollen wir gehen?" von Reventlow mit Recht in den Zusammenhang von 21,1 ff., 37,1 ff. und 42,1 ff. gestellt worden[72]. An diesen Stellen wird entweder vom König die Bitte um Befragung Jahwes (21,1 f.), oder wiederum vom König (37,3) bzw. von den Heerführern (42,1 f.) das Gesuch um Fürbitte an Jeremia gerichtet. An allen Stellen ist dasselbe gemeint: der Prophet kann als Mittler des Gotteswillens vor Jahwe eintreten und Weisung für das rechte Verhalten erlangen. Die Frage „wohin sollen wir gehen?" setzt demnach das Fürbitteamt Jeremias voraus. Erst wenn das erkannt wird, erhält die Antwort Jahwes in 15,2 ihr volles Gewicht. Das Volk bittet: bete für uns und zeige uns den Weg ins Heil, und die Antwort kommt zurück: euer Weg geht in den Tod! Furchtbarer läßt sich die Abweisung des Heilsverlangens nicht mehr ausdrücken. Die Bitte um Einweisung in den Weg Gottes wird mit der Entgegnung bedacht, daß Gott in Gestalt der Vernichtung bereits auf dem Wege ist.

Diese Deutung des Sinnganzen 14,1—15,9 setzt eine Situation voraus, in der Jeremia die Möglichkeit der zukünftigen Rettung mit den anderen Propheten zunächst noch erwartet. Erst die Antwort Jahwes, die Vernichtung ansagt und deshalb Heilsprophetie als Lüge entlarvt, bringt die Trennung Jeremias von den Heilspropheten herbei[73]. Mit Jahwes Erklärung, daß die Zeit des Heils vorüber und die Zeit des Unheils angebrochen sei, ist auch das Verbot der Fürbitte verknüpft. Es ist keine Zeit mehr, um Gottes Schutz zu bitten; denn Gottes Zeit hat jetzt den Tod zum Inhalt. Für Jeremia ist deshalb, jedenfalls bis zum tatsächlichen Eintreten der Katastrophe, die Fürbitte unmöglich gemacht. Hatte er bisher das traditionelle Fürbitteamt des Propheten ausüben zu können geglaubt, allem Anschein nach durchaus in Aufnahme altgewohnter liturgischer Formen, so war ihm durch Jahwes Wort nunmehr diese Möglichkeit entwunden. Das prophetische Amt war dadurch zutiefst verwandelt und diese Wandlung entspricht dem Wandel der Zeit Gottes. Prophet sein heißt für Jeremia nun in Entsprechung zur Zeit des Zorns Jahwes diesem Zorn den Lauf zu lassen und also das gewohnte, und wohl auch geliebte, Tun der Fürbitte zu unterlassen.

---

[71] Mose als Fürbitter: Ex 17,11; 32,11 ff.; Num 14,13 ff.; Deut 9,18 ff. Samuel: 1. Sam 7,9 f.; 12,17 f.

[72] H. Graf REVENTLOW, aaO 143 ff. und 180.

[73] Dabei ist weiterhin vorausgesetzt, daß die Stellung von 14,1—15,9 im Ganzen des Jeremiabuches kein Urteil über die zeitliche Ansetzung dieses Abschnitts erlaubt.

Die der Zeit Gottes entsprechende Veränderung des Prophetenamtes
ist einschneidend genug. Sie hat aber außerdem Parallelen im persönlichen Leben Jeremias, die genau dieselbe Kraft des Wortes Jahwes zeigen,
das den Stempel der besonderen Zeit auch auf die „private Sphäre" des
Propheten drückt. Das 16. Kapitel enthält an seinem Anfang eine Zusammenstellung von Jahweworten, die Jeremia eine Reihe von Verzichten
zumuten, die tief in sein persönliches Leben eingreifen. Jeremia darf nicht
heiraten und muß demgemäß kinderlos bleiben (16,2), er darf an den bei
einem Todesfall üblichen Trauerbräuchen nicht teilnehmen und soll ein
Trauerhaus überhaupt nicht betreten (16,5—7), aber auch zu einer frohen
Versammlung aus Anlaß eines Festes darf er sich nicht verfügen (16,8).
Diese Serie von Verboten macht Jeremia nicht nur zu einem seltsamen
Sonderling. Das tut sie freilich auch: ein Mann, der sich Brauch und Sitte
auf solche Weise widersetzt, darf sich nicht wundern, wenn man ihn als
hypochondrischen Kauz betrachtet. Es ist aber Ernsteres als das im Spiel.
Ehe und Besitz von Kindern waren dem Menschen des alten Israel in noch
viel höherem Maße als heute Reichtum, Erfüllung und Segen Jahwes. Der
Verzicht auf sie war in ganz direktem Sinne Verzicht auf die Lebenskraft,
die der Jahwebund begründet und erhält. Auch die Nichtteilnahme an
Trauerbräuchen und festlichen Mahlen ist mehr als bloße Absonderung
von der Gemeinschaft. Wer an Trauerbräuchen teilnimmt, sucht zu trösten, und wer an Festen mitfeiert, trägt zu der Freude der Gäste bei.
Trauerbrauch wie Festmahl sind Formen liebender Gemeinsamkeit, die
voraussetzen, daß auch angesichts des Todes noch Würde und Trost sinnvoll und inmitten der Freude Grund zur Mitfreude vorhanden sind.

Alles das schneiden die Verbote 16,1—8 für Jeremia ab. Ungeachtet des
Zeugencharakters des von ihm geforderten Verhaltens ist er dabei selbst
der Beraubte. Frau und Kinder sind Jahwes Segen. Aber er kann dieses
Segens nicht teilhaftig werden. Trost und Würde eines Begräbnisses sind
Zeichen der Wiedergesundung des Lebens, das das schlechterdings Unreine
des Todes überwindet[74]. Aber Jeremia darf mit Gesundung nichts zu
schaffen haben. Festfreude hätte auch ihm das Herz gestärkt. Aber die
Feier des Lebens darf nicht seine Sache sein. Er lebt inmitten seiner Zeitgenossen wie ein Gespenst, wie eine Vorgestalt des Todes. Sollte er sich
dabei nicht auch selbst wie ein Gespenst vorgekommen sein?

Der Sinn des skandalösen Verhaltens ist eindeutig erklärt. Jeremia ist
ohne den Segen der Nachkommenschaft, weil der ganze Kinderreichtum
des Volkes jetzt schon zum Tod verurteilt ist (16,3—4). Mit den übrigen
Gütern des Lebens werden auch die Kinder zugrunde gehen (3,24. 5,17.
11,22). Die Würde eines Begräbnisses darf nicht mehr gewährt werden,
weil jetzt schon die Zeit herrscht, die nur noch Totenfelder übrigläßt, so

---

[74] Zum Tod als äußerstem Grad der Unreinheit vgl. G. VON RAD, Theologie
I 288 ff.

daß niemand mehr da ist, um zu begraben und zu trösten (14,16). Freude
ist gegenstandslos geworden, weil Jahwe aufgebrochen ist, das ganze Land
zu verwüsten, so daß kein Freudenruf mehr vernommen wird (7,34. 16,9.
25,10). Es ist die Zeit nicht mehr für Frau und Kinder, Trost und Freude.
Es ist die Zeit des Todes, der Sinnlosigkeit und Verzweiflung. Dies ist
jetzt Gottes Zeit. Jeremia, der das Wort Jahwes hört, das ihm Ehe, Trost-
bräuche und Freudenfeiern untersagt, ist schon lange vor der Katastrophe
in der Katastrophe gefangengesetzt. Das Wort Jahwes offenbart ihm also
nicht nur Gottes Zeit; es legt auch die Last auf ihn, daß er selbst von dieser Zeit gezeichnet ist. Als Wortempfänger wird der Prophet Teilnehmer
an der Zeit Gottes.

c) Wort Gottes und Pathos Gottes

Wenn man von Gottes Wort, Gottes Tat und Gottes Zeit redet, greift
man bereits zu Sprachwendungen, die anthropomorphes Gepräge haben.
Wir wenden uns nun aber einem Bereich zu, in dem die anthropomorphe
Eigenart der Rede von Gott deshalb noch weit deutlicher hervortritt, weil
von Gefühlen und Entschlüssen Jahwes zu sprechen ist. Das Wort Gottes
erschließt das Beteiligtsein Gottes an der Geschichte des Menschen, die
Bewegung in Gott, die sich durch göttliche Willensentscheidung vollzieht.
Wir nennen diesen Vorgang zusammenfassend das Pathos Gottes, in
Aufnahme eines von A. Heschel eingeführten Begriffs[75].

G. von Rad hat darauf aufmerksam gemacht, daß in den Eingangs-
kapiteln (Kap. 1—6) des Jeremiabuches die gewohnte prophetische Ge-
richtsdrohung eine auffallend geringe Rolle spielt und von den Klagen
Jahwes über Israel weithin verdrängt wird[76]. Natürlich spiegeln diese
Klagen Jahwes implizit auch den Zustand des Volkes. Es ist aber trotzdem
bezeichnend, daß die Klage über den Abfall Israels eben nicht in Form
einer Beschreibung dessen gegeben wird, was sich auf der Ebene von Israels
Kult und Leben abspielt, sondern in Form der Klage Jahwes. Es gilt diese
Form des Redens ernst zu nehmen. Sie besagt, daß Jahwe vom Zustand
Israels betroffen ist. Da der Zustand des Volkes zur Zeit Jeremias ein Zustand des Abfalls ist, äußert sich das göttliche Betroffensein in Gestalt der
Klage. Die Klagen Jahwes in Jer 2—6 klingen wie Selbstgespräche Gottes,
die aber nicht Selbstgespräche bleiben sollen, sondern vom Propheten in
die Öffentlichkeit zu tragen sind[77]. So ergeht gleich die Erinnerung Jah-

---

[75] A. Heschel, aaO 231, bestimmt die Bedeutung von Pathos folgendermaßen:
„its essential meaning is not to be seen in its psychological denotation, as stand-
ing for a state of the soul, but in its theological connotation, signifying God as
involved in history, as intimately affected by events in history, as living care."

[76] G. von Rad, Theologie II 202 f.

[77] Im folgenden ist die innere Verwandtschaft Jeremias mit Hosea besonders
evident

wes an die glückliche Jugendzeit Israels als ein Wort Gottes, das Jerusalem in die Ohren gerufen werden muß (2,1—3). Die Klagen Jahwes sind also ihrer Intention nach nicht epische Gedichte, in denen ein vom Leid gepackter Dichter die Bedrängnis seiner Seele in Gestalt von Gottes Leid ausspricht, sondern Verkündigung, die sich an die Öffentlichkeit wendet. Jerusalem muß vom Schmerz Gottes unterrichtet werden. Denn Jahwes Leid ist keine Privatsache Gottes, vielmehr die in Gott durch die Untreue seiner Menschen hervorgerufene Bewegung, über die das Volk erschrekken soll.

Jahwes Klagen kommen wiederholt zum Ausdruck als Reflexionen über die völlige Unbegreiflichkeit und Grundlosigkeit des Abfalls. Israels Väter konnten an ihrem Gott nichts Unrechtes entdecken, weil die Führung und Fürsorge Jahwes für Israel ohne Tadel und Schwäche war (2,5—7).

O Geschlecht, das ihr seid, sehet doch Jahwes Wort!

Bin ich etwa Wüste gewesen für Israel oder dunkles Land? (2,31)[78]

Die Geschichte Gottes mit dem Volk war „ein klarer und sinnvoller Weg... nicht zu vergleichen mit einer weglosen Wüste und einem dunklen Land, in dem sich niemand zurechtfindet"[79]. Wie das Wort Jahwes, daß das Land zur Wüste werden soll (4,27), in Jeremia das Gesicht einer Verwandlung der Welt in finsteres Chaos auslöst (4,23—26), so daß das Wort zugleich als Gesicht erscheint, so ist in 2,31 die Geschichte, die Jahwe und Israel zusammen erleben, als erschaubares Wort begriffen. Was in dieser Geschichte für den Glauben zu sehen war, war Klarheit, Zielstrebigkeit und Verläßlichkeit. Dies macht es so unverständlich, daß sich Israel trotzdem der Sicht der Führung durch Jahwe entschlug. Es klingt wie ein Verwundern Gottes, der selbst vor einem unerklärlichen Rätsel steht, wenn Jahwe sich selbst fragt, ob je ein Volk seine Götter tauschte (2,11), ob jemand aus freien Stücken eine Quelle verließ, um lieber eine unzuverlässige Zisterne auszuhauen (2,13), oder ob jemals eine Braut ihren Schmuck vergißt (2,32). Die Natur kennt ihre Ordnung und folgt ihr mit Selbstverständlichkeit; nur Jahwes Volk tut das völlig Widernatürliche, daß es seine Ordnung vergißt (4,7). In all diesen Wendungen ist die totale Grundlosigkeit von Israels Abfall von Jahwe ausgesprochen. Jahwe, der an dieser paradoxen Wendung der Dinge keine Schuld trägt, ist nichtsdestoweniger dadurch betroffen. Seine Klage kündet seine Betroffenheit, und zwar in dem doppelten Sinn, daß er dadurch in Mitleiden-schaft gezogen und von Unerklärlichem befallen wird.

---

[78] Von DUHM bis RUDOLPH ist 2,31a immer wieder als spätere Glosse angesehen worden, weil sich דבר־יהוה auf geschriebenes Wort beziehen müsse. Das Recht dieser Annahme ist unerfindlich. Wir sahen wie für Jeremia Wort und geschichtliche Tat Jahwes zusammenfallen. Es liegt keine Schwierigkeit in der Vorstellung, daß das Wort Jahwes als geschichtliches Ereignis sichtbar ist; freilich bedarf es zur Sichtbarwerdung des Glaubens.

[79] A. WEISER, aaO 28.

Ist die Klage Jahwes über Israels Treulosigkeit einerseits begründet in der Unbegreiflichkeit des Abfalls, so ist sie andererseits deshalb so leidvoll, weil sie in der Zuneigung Jahwes zu Israel ihre eigentliche Wurzel hat. Die Sprüche Jeremias, die von dieser Zuneigung Gottes reden, bieten einen hohen Grad von Wärme und Leidenschaft auf. Israel war Jahwe lieb wie eine Braut (2,2), wer sich an ihm vergriff, konnte nicht ungestraft davonkommen (2,3). Israel ist Jahwes Liebling (11,15), ja, in gesteigertem Ausdruck, der Liebling seiner Seele genannt (12,7). Die Begriffe, die die Kostbarkeit Israels für Jahwe ausdrücken, können sich in einem einzigen Spruchganzen in mehreren Bildern zusammendrängen: Israel ist Jahwes eigene Wohnstätte in der Welt, sein Erbe, der den Reichtum Gottes genießen soll, sein eigener Weinberg und seine Flur (12,7−12). Es ist angesichts der von Jeremia vorgebrachten Anklagen gegen das Volk völlig klar, daß mit den Bildern der Kostbarkeit keine im Volkscharakter Israels als solchem vorliegende Eigenschaft gemeint ist. Die Kostbarkeit Israels für Jahwe ist in nichts anderem als der erwählenden Zuneigung Gottes begründet. Solche Zuneigung ist aber echte Liebe, die sich am Glück des Geliebten freut, für sein Wohlergehen sorgt und in seinem Unglück sich grämt.

Eben deshalb kann Jahwe auch nicht leichten Herzens ein untreues Volk laufen lassen, um seine Liebe etwa einem anderen Volk zuzuwenden. Das Verlassen, Verstoßen und Preisgeben Israels (12,7) ist ihm offensichtlich ein äußerst schwerer Entschluß. Jeremia freilich hat anzusagen, daß die Zeit des Verlassens, Verstoßens und Preisgebens nunmehr gekommen ist. Das Verlassen Israels durch Gott ist ja auch eigentlich nur die Gültigkeitserklärung von seiten Gottes über einen Zustand, in den sich Israel tatsächlich sowieso begeben hat. Denn Gott ist in seinem Volk faktisch ein Fremder, allenfalls ein vorübergehend anwesender Wanderer, dem man für eine Nacht die Unterkunft nicht versagen mag (14,8). Hat aber Israels Untreue Jahwe faktisch des Landes verwiesen, so ist der göttliche Entschluß des Verlassens nur die Anerkennung eines schon bestehenden Verhältnisses. Jedoch ist auch diese Anerkennung seiner eigenen Ausweisung durch Gott mitsamt den verheerenden Folgen, die sie mit sich bringen wird, für Jahwe eine herzzerreißende Angelegenheit. Wie bei Hosea finden sich auch bei Jeremia Jahwesprüche, die von einem Kampf in Gott Kunde tun. Die nun gekommene Zeit des Zorns bedeutet für Jahwe selbst die Verstrickung in einen Widerstreit, die sich in Ausdrücken des Fragens, des Zögerns und Schwankens kundgibt. Eine der Klagen Jahwes enthält die Wendung:

„Ich sagte zu mir selbst:
Wie will ich dich (Israel) unter die Söhne versetzen und dir ein kostbares Land geben, den herrlichsten Erbbesitz aller Völker.

Und ich meinte, ihr würdet mich ‚Vater‘ nennen,
und euch nicht von mir abwenden!" (3,19).

Das Zu-sich-selbst-Reden und Meinen Jahwes bezeichnet nicht allein
die Heilsabsicht Gottes in Israels Erwählung; denn die Absicht ist ja,
jedenfalls für die Zeit Jeremias, vereitelt (3,20). Jahwes Wollen ist also
durchkreuzt durch Israels Nichtwollen. „Ich meinte, ihr würdet mich
‚Vater‘ nennen!" Enttäuschung, zunichte gewordene Hoffnung, vereitelte
Absicht klingen so unüberhörbar in diesen Worten, daß niemand auf den
Gedanken käme, in ihnen etwas anderes als die Stimme fassungsloser
Klage über betrogene Liebe zu erkennen, wenn wir nicht wüßten, daß es
die Stimme Gottes ist, die hier spricht, für den der Schmerz tiefster Her-
zensnot angeblich undenkbar und unwürdig sein soll.

Jahwe fragt sich selbst: weshalb sollte ich Israel vergeben (5,7), welcher
Grund könnte geltend gemacht werden, daß ich das Volk nunmehr nicht
heimsuchen und Rache an ihm nehmen sollte (5,9. 29)? Eine echte
Entschuldigung für Israel liegt nicht vor. Die an sich selbst gerichtete
Frage Jahwes, die doch ein Zögern und Innehalten ausdrückt, entsteht
aus dem Widerstreit zwischen Heilswillen und Strafwillen in Gott. Das
zeigt der im Zusammenhang von Jeremias Heilsbotschaft überlieferte
Jahwespruch[80], der wie sonst kein anderer in diesem Prophetenbuch den
in Gott entfachten Kampf um Israel zeigt:

„Ist mir denn Ephraim ein so werter Sohn, oder mein Lieblingskind?
Sooft ich von ihm rede, muß ich immer seiner gedenken[81].
Deshalb sehnt sich mein Inneres nach ihm, erbarmen, erbarmen will
ich mich seiner! — ist Jahwes Spruch." (31,20).

Auch in diesem Vers drückt die Frage Jahwes ein Zögern aus. Ist das
Zögern im Zusammenhang von Kapitel 5 aber ein An-sich-Halten vor
dem Ausbruch des Zorns, so ist es innerhalb der Spruchsammlung in
Kap. 31 ein Verwundern über die Sieghaftigkeit der Gnade. Der Grund
ist jedoch beidemal derselbe: Die Treue Jahwes zu Israel — sein Gedenken, sich Sehnen und Erbarmen — überwindet die Erkenntnis von Israels
Unwürdigkeit und dieselbe Treue kann in der Zeit des Zorns auch der
verdientesten Heimsuchung nicht ohne weiteres Raum geben. In beiden
Fällen überwindet Gott sich selbst. Seine Partnerschaft mit Israel ist so
real, daß des Volkes Untreue ihn in einen Widerspruch mit sich selbst
verwickelt und damit eine innere Not Gottes mit sich bringt.

Dem Pathos Gottes entspricht das Pathos Jeremias. Vor die Aufgabe
gestellt, diese Entsprechung genauer zu entfalten, sieht sich der Ausleger

---

[80] Ich schließe mich der heute weit überwiegenden Meinung an, daß Jer 31,20
als echt anzusehen ist, obwohl die Kapitel 30—31 stark redigiert sind.

[81] דברי בו ist, A. WEISER folgend (aaO 289 Anm. 1), in neutralem Sinn übersetzt, obwohl die oft gegebene Übersetzung „sooft ich gegen ihn rede" sich sehr
gut dem oben vertretenen Gedankengang einfügen würde.

aber einem Interpretationsproblem gegenüber, das für die Deutung Jeremias von großer, wenn nicht von entscheidender Bedeutung ist. Wir wiesen schon darauf hin, daß bei Jeremia die Stimme des Individuums in sehr viel größerer Breite in den Strom des prophetischen Zeugnisses einfließt und daß diese Eigenart in sehr verschiedener Weise beurteilt worden ist[82]. Es wurde ebenfalls bereits angedeutet, daß die von Gerhard von Rad in einem Aufsatz über Jeremias Konfessionen vorgetragene These von der Aufnahme des Humanums des Propheten in das prophetische Amt die Richtung für die folgenden Ausführungen angibt[83]. Dies ist nun genauer zu begründen und darzustellen.

Es ist klar, daß in der Beurteilung des individuellen Faktors in der Prophetie Jeremias die sogenannten Konfessionen eine zentrale Stelle einnehmen müssen. Zwar ist der Begriff „Konfessionen Jeremias" in mehr als einer Beziehung unscharf. Sie lassen sich nicht durch klare Kriterien von vielen anderen Stellen scheiden, in denen das Ich des Propheten sich vernehmen läßt, so daß eine überzeugende Abgrenzung der Texte, die man zu den Konfessionen zählen will, nicht möglich ist. Außerdem kann der Begriff „Konfessionen" die Vorstellung rein privater Herzensbekenntnisse hervorrufen, und das sind Jeremias Konfessionen gerade nicht; denn auch ihnen eignet Verkündigungscharakter, ohne den sie in der Überlieferung gar nicht erhalten geblieben wären[84]. Trotzdem kommt man ohne den Begriff kaum mehr aus. Er hat sich so eingebürgert, daß er kaum mehr aus dem Sprachgebrauch verdrängt werden kann und er umschreibt mit hinreichender Genauigkeit eine Gruppe von jeremianischen Texten, in denen das Ich des Propheten in besonders hohem Maße zum Vorschein kommt. Wir rechnen im folgenden die Stücke Jer 8,18—23. 11,18—23. 12,1—5. 15,10—21. 17,12—18. 18,18—23 und 20,7—18 zu Jeremias Bekenntnissen, ohne unbedingt auf der Zugehörigkeit des Stückes 8,18—23 zu der Gruppe der Konfessionen bestehen zu wollen[85].

Bei der Betrachtung der Bekenntnisse geht es uns in diesem Zusammenhang ausschließlich um einen Gesichtspunkt: machen sie eine Entsprechung zwischen dem Pathos Gottes und dem seelischen Ringen Jeremias sichtbar und, wenn eine solche Entsprechung sich finden sollte, was sind die Gestalten dieser Entsprechung? Der Übersichtlichkeit wegen sei dazu eine Darstellungsform gewählt, die bestimmte Aussagen aus den einzel-

---

[82] Siehe oben 79 ff.   [83] Siehe oben 81 f.

[84] Das haben vor allem die Forscher betont, die die Verwurzelung auch der Konfessionen in der kultischen Tradition Israels hervorhoben, vor allem A. WEISER in seinem Kommentar sowie J. J. STAMM, Die Bekenntnisse des Jeremia, in: Kirchenblatt für die ref. Schweiz 111 (1955) 354—357, 370—375; H. J. STOEBE, aaO und H. Graf REVENTLOW, aaO.

[85] Ich folge damit dem angegebenen Artikel von RADS, obwohl derselbe Autor in seiner Theologie des Alten Testaments (Theologie II 209) Jer 8,18—23 nicht mehr zu den Konfessionen zählt.

nen Bekenntnisstücken unter einem sie verbindenden Gesichtspunkt zusammenfaßt.

1. Jeremia ist vom Zorn Jahwes erfüllt (15,17). Von Rad hat dazu kommentierend bemerkt, daß der Zorn Jahwes Jeremia wie ein Fremdkörper
erfüllt, so daß sich der Prophet dadurch der Freiheit seiner natürlichen
Affekte begeben hat[86]. Jahwe selbst ist ja zur Zeit mit überwallendem
Zorn erfüllt (2,35. 4,8. 17,4. 36,7) und Jeremia, der Zornglut Jahwes in
sich hat wie eine siedende Masse, die er über das Volk ausgießt (6,11), ist
durch den Empfang von Jahwes Wort dem zürnenden Verhalten Jahwes
gleichgeworden. Israel hat die Quelle seines Lebens verlassen und dadurch
den Fluch auf sich gezogen (17,13; vgl. 2,13)[87]. Freilich, der vom Zorn
Jahwes erfüllte Prophet findet kein Gehör. Im Gegenteil: man weist ihn
höhnisch darauf hin, daß seine Gerichtsverkündigung nicht eingetroffen
und also durch die Tatsachen Lügen gestraft ist. „Wo ist das Wort Jahwes? Es treffe doch ein!" (17,15)[88]. Der durch Jahwes Wort mit Zorn Erfüllte steht also in schärfstem innerem Gegensatz zu seiner Umgebung.
Ein von der kommenden Katastrophe gepacktes Inneres hier; eine von
zuversichtlichem Optimismus bestimmte Grundhaltung dort. Da die Gegensätze nicht nur verschiedene Beurteilungen der geschichtlichen Lage
sind, sondern auf beiden Seiten mit der Kraft religiöser Überzeugung verbunden sind, ist der Widerstreit prinzipiell. Die Gegenseite, die auf das
von Jahwe versprochene Heil pocht, muß Jeremia notwendig als einen
Krebsschaden am Volkskörper ansehen und bekämpfen. Darum kann es
gar nicht anders sein, als daß das Prophetsein für Jeremia Zank und Streit
bedeutet (15,10), ihn zum Gelächter und Spottobjekt macht (20,7) und
daß ihm das Wort Jahwes täglich Schimpf und Hohn einträgt (20,8). Dieser Zwiespalt macht ihn innerlich krank (8,18). Das Erfülltsein mit dem
Zorn Gottes hat ihn vereinsamt; er kann in einem Geschlecht, das den
Zorn verlacht und fröhlich fortfährt seine Feste zu feiern, nur als ein völlig
Isolierter leben (15,17)[89]. Was aber Jeremia widerfährt, das ist schon vorher Jahwe selbst widerfahren. Auch des zürnenden Jahwe Wort hat Israel

---

[86] G. von Rad, Die Konfessionen Jeremias 266.

[87] Der Vers 17,13b ist, mit Reventlow, aaO 231, wohl am besten ohne Text-
änderung zu lesen. Dann besagt das Suffix der 1. Pers. sing. (יסורי), daß in
diesem Versteil Jahwerede vorliegt. Der Wechsel der redenden Person ist in
den Konfessionen häufig zu beobachten.

[88] Reventlow, aaO 237, hat bestritten, daß der דבר in 17,15 speziell das
prophetische Wort meine. Schwerlich mit Recht; denn in 5,12, einem inhaltlich
17,15 ganz nahe verwandten Vers, ist das Wort ausdrücklich als prophetisches
Wort gekennzeichnet.

[89] Die Parallele von 15,17 mit 16,8 f. ist so offensichtlich, daß die Deutung
Reventlows (aaO 222 f.), der in dem in 15,17 gemeinten Kreis schadenfrohe
Spötter sehen möchte, kaum durchschlägt. Das Argument, der Hinweis auf
Kap. 16 verfange nicht, „da dort symbolische Handlungen vorliegen und nicht
etwa biographisches Interesse am Leben Jeremias", ist dunkel. Wie soll man

verspottet (6,10), und auch Jahwe ist in seinem Volk ein Fremder (14,8). Jahwe und sein Prophet, vom selben Zorn beseelt, mit demselben Spott gehöhnt, sind beide in der Situation der Entfremdung von einem Volk, das das Gericht verlacht. Der Klage Gottes um sein Volk entspricht deshalb die Klage des Propheten:

„Wegen des Schlags der Tochter meines Volkes bin ich zerschlagen.
Ich traure, Entsetzen hat mich erfaßt . . .
O würde doch mein Haupt zu Wasser, mein Auge zum Tränenquell,
daß ich beweinen könnte Tag und Nacht die Erschlagenen der Tochter meines Volkes." (8,21. 23).

2. Die Konfessionen enthalten deutliche Hinweise darauf, daß Jeremia an dem Bestimmtsein seines Lebens durch Jahwes Gericht, der daraus folgenden Einsamkeit und dem täglichen Kampf und Hader schwer zu tragen hatte. Es ist aber durchaus nicht selbstverständlich, daß in dem in den Bekenntnissen zweifellos immer wieder sichtbaren Widerstand gegen den Zwang zur Gerichtsverkündigung ein werteigenes Humanum sich zu Worte meldet, das sich dem Prophetenamt gegenüber bewußt wird und um seine Geltung kämpft. In Richtung auf diesen Gedanken pflegte man freilich so gut wie ausschließlich das in den Konfessionen sich aussprechende Zögern Jeremias zu deuten. Die natürliche Vaterlandsliebe des Propheten, seine weiche Natur, oder was sonst als Merkmal menschlicher Triebe genannt werden konnte, wurde als das rein Menschliche gewertet, das sich dem Prophetenamt nicht mehr selbstverständlich und kampflos einfügt, sondern sich dem göttlichen Auftrag gegenüber selbständig erhält und sich, bis zum leidenschaftlichen Aufbäumen gegen Jahwes Willen, durchzusetzen sucht. Nun ist es nicht wegzudisputieren, daß an zwei Stellen der Bekenntnisse Jeremia eine Zurechtweisung von Jahwe erteilt wird, daß also tatsächlich der Mensch Jeremia in Konflikt mit seinem Gott gerät. Wir werden auf diese Tatsache zurückkommen müssen. Es fragt sich aber, worauf sich diese Zurechtweisung bezieht. Wir werden sehen, daß sie sich in beiden Fällen gegen ein Müdewerden wendet, das sich für Jeremia aus dem bis zum Zerreißen angespannten inneren Konflikt ergibt, in den ihn der Auftrag Jahwes hineinführt. Der göttliche Tadel wendet sich gerade gegen die Auflösung der Spannung. Das bedeutet, daß die Spannung als solche zum prophetischen Beruf hinzugehört und nicht als Anzeichen eines Auseinanderfallens von Humanum und Prophetentum interpretiert werden darf.

Um welche Spannung handelt es sich? Jeremia erinnert Jahwe daran, daß er als Fürbitter für das Volk eintrat und versuchte, den kommenden Zorn abzuwenden:

---

symbolische Handlungen verstehen, wenn nicht als einen Aspekt, und zwar einen höchst bezeichnenden und prägenden Aspekt, des Lebens Jeremias?

Gedenke daran, wie ich vor dein Angesicht trat,
um über sie Gutes zu reden, um deinen Zorn von ihnen abzuwenden.
(18,20)[90].

Es kann keine Rede davon sein, daß der Prophet aus mißgünstiger Absicht gegen das Volk redet. Er hat sich fürbittend eingesetzt und er hat den kommenden Tag des Verderbens nicht herbeigewünscht (17,16). Die Tatsache, daß er gegen Jerusalem und Juda auftreten mußte, war geradezu auf eine Verführung und Vergewaltigung durch Jahwe zurückzuführen (20,7)[91]. Mit einer an Blasphemie grenzenden Kühnheit ist die Unmöglichkeit ausgedrückt, der Gewalt der Berufung durch Jahwe Widerstand zu leisten. Aber das Resultat dieser Vergewaltigung war, wie 20,7 b sofort klarstellt, daß Jeremia für jedermann zum Gelächter und Spott wurde. Das ist die Folge der Gerichtsverkündigung, die von den sich in Sicherheit wiegenden Zeitgenossen verlacht wird.

Damit sind die Pole der Spannung hinreichend klar. Jeremia will Gutes für Israel. Er hat sich betend für es eingesetzt, versuchte fürbittend das Unheil abzuwenden und hat, dessen ist Jahwe selbst Zeuge, das Verderben nicht gewünscht. Seine Unheilsbotschaft ist also nicht das Produkt seiner Phantasie oder gar eines dunklen Hasses. Sie ist vielmehr ganz und gar Folge einer Überwältigung durch Jahwe, dessen Wort den Propheten

---

[90] Es ist möglich, daß auch 15,11 Jahwe an Jeremias Fürbitte erinnert wird. Der Vers wird häufig so verstanden, wie es etwa WEISERS Übersetzung wiedergibt: „Fürwahr, Jahwe, dir diente ich zum Guten, trat ein bei dir dem Feind zulieb, als er in Unglück und Bedrängnis war" (aaO 136). Der Text ist an dieser Stelle aber so unsicher und die wiedergegebene Übersetzung setzt so starke Emendierung voraus, daß er als weiterer Erweis für Jeremias Fürbitte nur mit großem Vorbehalt verwendet werden kann. An dieser Stelle muß nochmals kritisch zu der Deutung der Konfessionen bei REVENTLOW Stellung genommen werden. REVENTLOW deutet in 15,11, wie an anderen Stellen, die „Feinde" auf die Feinde Israels, nicht auf Gottes Feinde in Israel (z. B. aaO 218). Diese Deutung ist dadurch erzwungen, daß Jeremia als Vertreter der Gemeinschaft vor Gott verstanden wird, der in seinen Gebeten Israel vor Gott vertritt. Der Begriff „corporate personality" wird dazu verwendet, das Ich Jeremias vollkommen in dem Amt der Mittlerschaft aufgehen zu lassen. Selbst die Unschuldsbeteuerungen der Konfessionen, die unleugbar zur Form des Klagelieds gehören, werden für Gebete Jeremias als Volksvertreter angesehen. So liest man den Satz: Jeremias „vorbildliche Gerechtigkeit, auf die er pocht, sein unverschuldetes, tief empfundenes Leiden sind Typen für die Lage des Volkes überhaupt, für das Selbstbewußtsein der Gemeinschaft, das er nun in der Klage stellvertretend vor Gott trägt" (aaO 225). Jeremia als Typus für das unverschuldete Leiden des Volkes? Und also keine Trennung von diesem Volk, sondern völlige Identität mit ihm? Es ist unerfindlich, wie sich das mit Jahwes Feststellung der Unentschuldbarkeit Israels und mit Jeremias Klage, er könne keinen Rest in Israel mehr finden (6,9 f.), vertragen soll.

[91] Die Verben פתה und חזק in 20,7 bezeichnen das Verführen und Vergewaltigen einer Frau, siehe die Kommentare von RUDOLPH und WEISER zur Stelle.

in die Gleichförmigkeit mit dem Zorn Gottes hineinzwang. Die Spannung besteht in dem Streit zwischen Jeremias Wunsch und Absicht, die das Heil Israels erstreben, und dem Zwang Gericht zu verkünden, das der Zeit des Zorns entspricht. Nun wäre es aber völlig verkehrt, Jeremias Wunsch für Israels Heil lediglich als menschliche Regung, womöglich sogar als Schwäche, zu deuten und dem allein die Gerichtsverkündigung als göttlichen Auftrag gegenüberzustellen. Hatte etwa nicht auch Jahwe das Heil Israels gewollt? War nicht auch Jahwe vom Schmerz zerrissen darüber, daß er strafen mußte? Die Spannung zwischen Heilswillen und Gerichtswillen ist zuerst eine Spannung in Gott. Es ist deshalb nicht richtig, dieselbe Spannung bei Jeremia auf ein Humanum einerseits und auf prophetischen Auftrag andererseits zu verteilen und schon an dieser Spannung das Scheitern Jeremias an seinem Amt zu konstatieren. Im Gegenteil: Es ist gerade diese Spannung, die, beide Pole in sich vereinigend, das prophetische Amt ausmacht. In dieser Spannung ist Jeremia das menschliche Bild Gottes, der an Israel leidet, weil er es liebt und doch richten muß.

3. Der Widerstand gegen Jeremias Prophetie entzündet sich an der Ablehnung der Gerichtspredigt. Wenn es auch in vielen Fällen unmöglich ist, einzelne Sprüche, die das kommende Unheil ansagen, genauer zu datieren, so ergibt sich doch aus den in Kapitel 26 und 27—29 erzählten Episoden mit Sicherheit, daß Jeremias Unheilsprophetie schon Jahre vor dem Untergang Jerusalems und des judäischen Staates vorgetragen wurde. Trotz der bedrohlichen politischen Lage während der letzten Jahrzehnte vor dem Jahre 587 war dem Vertrauen auf göttlichen Schutz noch nicht der Boden unter den Füßen entzogen. Man konnte noch hoffen. Man konnte noch darauf pochen, daß Jahwe seine Wohnstatt im Tempel habe und inmitten seines Volkes sei und daß darum etwas wirklich Böses nicht geschehen könne. Daß Jahwe selbst Israels Feind geworden war, wie es die Verkündigung Jeremias behauptete, ließ sich durch die tatsächlichen Lebensverhältnisse in der Tat nicht unmittelbar einsehen. Daraus entstand für Jeremia die Lage, auf Jahre hinaus von einer Katastrophe vernichtenden Ausmaßes reden zu müssen, während man ihm durchaus entgegenhalten konnte, daß seine Schwarzmalerei der Wirklichkeit nicht entspreche und auch in Zukunft nicht entsprechen werde. Sein Wort, das doch mit dem Anspruch vortrat, Jahwes eigenes Wort zu sein, war dadurch bestritten und das bedeutete gleichzeitig, daß er als Jahwes Mund diskreditiert war. Solange der Tatbeweis für die Wahrheit seiner Botschaft, nämlich der Untergang des Bundesvolkes in seiner seitherigen Gestalt, noch nicht erbracht war, hing der Autoritätsanspruch Jeremias unbewiesen in der Luft. Jeremia mußte warten, und zwar lange warten, bis er als wahrer Sprecher Jahwes durch das Eintreffen seiner Vernichtungsankündigungen bestätigt wurde. Die Bekenntnisse zeigen die Pein dieses Wartenmüssens, die gewaltige Probe auf die Geduld des Propheten, der auf Jahre hinaus sich als

verbohrten Schwarzseher verspotten lassen muß. Aus diesem Wartenmüssen erklärt sich die aus den Bekenntnissen immer wieder erklingende
Frage an Jahwe: wie lange noch? Darum die Gebete um Rechtfertigung
des Propheten in den Konfessionen (11,20. 12,3. 15,15. 18,21—23. 20,12 f.).
Diese Gebete, die uns allzu leicht von grausamer Rachgier diktiert scheinen, sind nichts als das drängende Bestürmen Gottes, die durch sein Wort
schon längst dem Propheten zur Last gelegte Unheilsbotschaft wahrzumachen. Es geht nicht allein um die Rechtfertigung Jeremias, es geht vor
allem um die Rechtfertigung Gottes, der mit der Wahrheit seines Wortes
selbst auf dem Spiele steht.

Es ist kein Wunder, daß die durch das lange ausbleibende Gericht Jahwes wie auf die Folter gespannte Existenz des Propheten dem Anspruch
des Wartenmüssens nicht standhält. Hier allein scheint uns der Punkt zu
liegen, an dem der Mensch Jeremia dem prophetischen Amt nicht mehr
gerecht zu werden vermag und so an seinem Prophetentum scheitert. Der
zweimal (12,5. 15,19) in Form einer an Jeremia gerichteten Gegenfrage
ausgesprochene Tadel Jahwes trifft sein Müdewerden in dieser Folter und
also das Verlangen, der Spannung zu entfliehen, die als Spiegelbild der
Lage Gottes Jeremias Prophetentum auszeichnet. Das zeigt sich am deutlichsten in dem 15, 10—21 überlieferten Zusammenhang. Gleich zu Anfang des Abschnitts (15,10) läßt sich Jeremia zum Wehe über seine Mutter
hinreißen, die ihn „den Mann des Streits und Zanks für alle Welt" geboren hat. Diese Stellung ist ihm unerträglich, weil er einerseits sich in
Fürbitte zum Guten des Volkes verwendet hat (15,11), andererseits aber,
vom Zorn Jahwes angefüllt, als Ausgestoßener und Vereinsamter zu leben
hat (15,17). Dieser sein Leben zerreißende Widerstreit zwischen Liebe und
Zorn, zwischen Eintreten für das Volk und Verbannung aus seiner Gemeinschaft — und darin gerade das getreue Abbild Jahwes! — ist der
Schmerz, den er nicht auf die Dauer tragen kann. Das allem Augenschein
nach endlose Fortdauern dieser Spannung wird ihm unerträglich:

„Warum muß mein Schmerz immer dauern, und meine Wunde heillos sein, daß sie nicht heilt?" (15,18).

Denn anders kann Jeremia das Gefangensein in dieser Spannung nicht
verstehen, denn als Erweis der Unzuverlässigkeit Jahwes. Das furchtbare
Bild von Gott als dem Trugbach hat hier seinen Ort:

„Wie ein Trugbach wurdest du mir,
wie ein Wasser, das unzuverlässig ist." (15,18).

Jeremia, mit dem Auftrag der Gerichtsansage betraut, ist eben durch die
Tatsachen nicht gedeckt, muß deshalb das Wort Gottes ohne Tatsachenerweis ausrichten und ist so, in der ihn bestimmenden Spannung zappelnd,
die Beute des Zweifels an der Verläßlichkeit des Wortes Jahwes.

Der Wunsch, der dem Zustand Gottes entsprechenden Spannung zu
entgehen, ist auch, freilich weniger klar, in dem Abschnitt 12,1—5 zu beob-

achten. Er ergibt sich hauptsächlich aus der an Jeremia ergehenden göttlichen Gegenfrage, die die Beweggründe des Gebets des Propheten erhellt. Jahwe fragt:

"Wenn du mit Fußgängern läufst und schon müde wirst,
wie kannst du dann mit Pferden wettrennen?
Wenn du dich schon im friedlichen Lande unsicher fühlst,
was willst du dann im Dickicht des Jordans anfangen?" (12,5).

Jahwe erkennt also als Grund von Jeremias Gebet ein Ermüden, ein Unsicher-Werden. Worin hat es seinen Anhaltspunkt? Offensichtlich in der Tatsache, daß der Weg der Gottlosen glücklich ist, daß sie sorglos leben können (12,1). Ihr Leben gleicht durchaus dem Baum, mit dem israelitische Weisheitsdichtung das Gedeihen des Gottesfürchtigen zu vergleichen liebt (Ps 1): "sie sind gepflanzt, fassen Wurzel und bringen Frucht" (12,2). Gerade das dürften sie aber nach dem Jeremia kundgegebenen Wort Gottes nicht mehr. Denn jetzt ist die Zeit des Zorns, des Ausreißens und nicht mehr die Zeit des Wachsens und Gedeihens. Da aber, entgegen Jeremias Botschaft, das Glück und die Sorglosigkeit derer, die innerlich von Jahwe entfernt sind (12,2), eine Tatsache ist, kommt Ermüden und Unsicherheit über den Propheten. Sein Glaube vermag das Ertragen der Spannung nicht durchzuhalten[92].

Wir haben damit dem Scheitern Jeremias an seinem prophetischen Auftrag eine andere als die gewöhnliche Deutung gegeben. Man verstand dies Scheitern bisher als den Ausbruch eines Konflikts, der sich aus dem Zusammenprall natürlicher Vaterlandsliebe oder eines weichen Gemüts mit dem Auftrag ergab, ohne Rücksicht auf das Humanum des Propheten das Wort Gottes zu verkünden. Wir suchten umgekehrt aufzuweisen, daß gerade der innere Kampf Jeremias Gott selbst entspricht und deshalb nicht im Gegensatz zum prophetischen Amt steht. Das Scheitern Jeremias setzt erst dort ein, wo dem Propheten die Zeitspanne zwischen dem von ihm angesagten Unheil und dem geschichtlichen Vollzug des Gerichts so unerträglich lange wird, daß er an der Zuverlässigkeit von Jahwes Wort verzweifelt. Das Scheitern Jeremias hat also nichts mit dem breiten Eindringen des Menschlichen in das Prophetische zu tun. Im Gegenteil: das Ent-

---

[92] Jer 12,4 macht der vorgetragenen Deutung freilich insofern Schwierigkeiten, als hier von einer durch die Bosheit der Bevölkerung hervorgerufenen Dürre die Rede ist, die Jahwes Gegenfrage in 12,5 unmittelbar vorausgeht und so auf den Gedanken führen könnte, die Ermüdung und Unsicherheit Jeremias sei durch eine Naturkatastrophe herbeigeführt. So deuten denn auch J. J. STAMM (aaO 357) und Graf REVENTLOW (aaO 244) eine tatsächliche Dürre als Anlaß für Jeremias Gebet. Wie soll aber, wenn das ganze Land verdorrt, noch sinnvoll von Glück und Sorglosigkeit der Gottlosen (12,1 f.) gesprochen werden können? Entweder ist 12,4 an dieser Stelle zu eliminieren (so z. B. C. H. CORNILL, Das Buch Jeremia 156 f.), oder die Dürre ist als Vision einer Erwartung zu verstehen, die das Veröden des Landes als unabwendbare Folge der glückseligen Gottlosigkeit erfaßt.

rinnen aus der durch Gottes Wort gefangenen Menschlichkeit in ihrer Gott gleichgearteten Spannung ist gleichzeitig auch das Erlöschen der Legitimation zum Propheten. Nicht das Humanum streitet gegen den Prophetenberuf, sondern der Glaubensverlust Jeremias.

Unsere Darstellung Jeremias ist damit abgeschlossen. Wir werden uns im nächsten Kapitel, das Alte Testament verlassend, dem Neuen Testament zuwenden, um dort in der Theologie des Apostels Paulus die Tragfähigkeit und Bedeutung unserer Fragestellung zu erproben. Da aber im alttestamentlichen Teil nur die Propheten Hosea und Jeremia besprochen wurden, ist eine Andeutung über die Ausdehnung der in den beiden letzten Kapiteln untersuchten Konzeption innerhalb der alttestamentlichen Theologie am Platze. Sie kann freilich nur in allgemeinster Form gegeben werden.

Die Beschränkung der Darstellung auf die Propheten Hosea und Jeremia ist nicht aus der Auffassung entstanden, daß sich nur in diesen Büchern die uns interessierende Zuordnung des an menschlicher Geschichte teilnehmenden Gottes Israels zu dem an Gottes Geschichte teilnehmenden Propheten nachweisen läßt. Die Beschränkung entstand lediglich durch die Wahl, die eine einigermaßen detaillierte Betrachtung von zwei repräsentativen Dokumenten einer nach größtmöglicher Breite strebenden, darum aber auch allgemeineren, Darstellung vorzog. Hosea und Jeremia sind, was die in diesem Buche vertretene These betrifft, ganz und gar keine Einzelgänger. Die alttestamentliche Prophetie zeigt vielmehr in großer Breite die charakteristischen Grundzüge, die bei der Behandlung Hoseas und Jeremias zutage traten.

So hat etwa, noch im Rahmen des Buches Jeremia selbst, die von Jeremia direkt inspirierte Tradition dieselben Eigenarten. Aus Jer 37—45 läßt sich ein Erzählungszyklus erschließen, der wohl Baruch zum Verfasser hat und eine Leidensgeschichte Jeremias und seiner Freunde erzählen will[93]. Der Zyklus schließt in Kap. 45 mit einem Gotteswort an Baruch, das den Helfer und Schüler des großen Propheten in ganz auffälliger Weise in die Linie Hoseas und Jeremias einordnet. Jahwe weist im Gottesspruch Kap. 45 den Baruch auf Jahwes eigenes Leiden hin. „Denn er, Jahwe, leidet darunter, daß er Israel, das er liebt und so lange gehegt und gepflegt hat, nun vernichten muß. Dann ermahnt er Baruch, angesichts seines Leidens für sich selbst nichts anderes . . . zu verlangen . . . So stellt Jahwe in seinem Wort an Baruch diesen hinein in eine Gemeinschaft des Leidens mit ihm selbst.“[94]

Was für die auf Jeremia folgende prophetische Tradition gilt, ist aber

---

[93] H. KREMERS, Der leidende Prophet 1952. DERS., Leidensgemeinschaft mit Gott im Alten Testament, in: EvTh 13 (1953) 122—140.
[94] H. KREMERS, Leidensgemeinschaft 138.

für die alttestamentliche Schriftprophetie auf großer Breite überhaupt bezeichnend. Es kann hier lediglich auf das schon mehrfach erwähnte grundlegende Werk von Abraham Heschel[95] verwiesen werden, das nahezu die gesamte prophetische Überlieferung berücksichtigt und in ihr das Pathos Gottes mit dem ihm korrespondierenden Co-pathos der Propheten nachgewiesen hat.

Indessen ist das uns beschäftigende Gottesbild und das ihm zugehörige Verstehen des Menschen innerhalb des Alten Testaments nicht auf die prophetische Literatur beschränkt. Drei Hauptlinien wären zu berücksichtigen, die hier freilich nur als reine Behauptungen angeführt werden können, da ihre Durchführung nur in ausführlicheren Untersuchungen möglich wäre.

1. Das Mosebild des Pentateuch zeigt Züge, die sich kaum anders denn als Co-pathos Moses mit dem Pathos Gottes verstehen lassen. Nun ist freilich die Überlieferung von Mose so vielschichtig und komplex, daß allgemeine Behauptungen über *das* Mosebild nur irreführend sein können. Dennoch läßt sich m. E. die These vertreten, daß es Überlieferungen von Mose gibt, die sich mit den bei Hosea und Jeremia beobachteten Charakteristiken aufs engste berühren.

2. Es wäre mindestens zu prüfen, ob nicht das in Jerusalem ausgebildete Verständnis des Königs als Sohn und Statthalter Gottes mit unserem Thema in der Wurzel verwandt ist. Besonders schwierige kultur- und religionsgeschichtliche Fragen sind jedoch mit der jerusalemischen „Königsideologie" verknüpft und diese müßten bei jeder möglichen Verbindung mit unserer Frage genau berücksichtigt werden. Es dürfte offensichtlich sein, daß das eine eigenständige Untersuchung von erheblichem Umfang verlangt.

3. Die im Schöpfungsbericht der Priesterschrift sich findende Bezeichnung des Menschen als „Bild Gottes" steht einerseits im Zusammenhang mit dem Bilderverbot des Alten Testaments und andererseits mit dem Verständnis des Menschen in der Zeit nach dem babylonischen Exil. Wenn auch Gen 1,27 im Alten Testament nicht die Bedeutung eines locus classicus der Anthropologie gegeben werden darf, die christliche Theologie später der Lehre von der imago Dei zusprach, so ist die Stelle doch ein wichtiger Konvergenzpunkt, an dem sich ältere Traditionen sammeln und von dem bedeutende Einflüsse in die spätjüdische Theologie ausströmen. Auf alle Fälle ist in dem Erfassen des Menschen als Bild Gottes eine Einheit von Gottesbild und Menschenbild festgehalten, die von unserer Fragestellung aus eine weitere Nachfrage nahelegt.

---

[95] A. J. HESCHEL, The Prophets 1962.

V. PAULUS

1. Der Mensch Jesus und die Theologie des Paulus als Problem

Wir wenden uns nunmehr dem Neuen Testament zu. Unsere Fragestellung richtet sich auf die Einheit der beiden Testamente des christlichen Kanons, wodurch es nötig wird, das am Alten Testament Erarbei-
tete dem am Neuen Testament nun zu erhebenden Bestand gegenüberzustellen. Zunächst sei noch einmal das Ergebnis festgehalten, das die
Untersuchung einiger repräsentativer Texte des Alten Testaments ergab.
Wir sahen, daß im Alten Testament die Anthropomorphie Gottes und die
Theomorphie des Menschen einander gegenseitig bedingen. Jahwe, der
Gott Israels, ist zwar stets der unergründliche, schlechthin überlegene und
durch menschliches Wollen, Vorstellen und Begreifen niemals einge-
schränkte Herr seines Volkes. Er ist aber ebenso in der Geschichte mit seinem Volk der Israel Zugewandte. In dieser Zuwendung ist Jahwe alles
andere als ein ferner Beobachter, der in sicherer Entfernung und völliger
Unberührtheit die Geschichte von Welt und Mensch an sich vorüberziehen
ließe. Im Gegenteil: die Zuwendung Jahwes zur Geschichte bedeutet für
ihn seine Teilnahme an dieser Geschichte. In seiner teilnehmenden Zuwendung zu Israel wird Jahwe von dem Ergehen seines Volkes mit allen
Veränderungen, die dieses Ergehen mit sich bringt, affiziert. Die Anthropomorphismen des Alten Testaments sprechen die Zuwendung Gottes zum
Menschen, die Teilnahme Gottes am Menschengeschick, sein Affiziertsein
durch menschliche Geschichte aus. Der Gott Israels ist allen Ernstes insofern ein menschlicher Gott, als er dem Menschlichen in sich selbst Raum
gewährt. Ist so Jahwe dem Menschlichen gegenüber nicht verschlossen, so
ist andererseits auch der berufene Mensch Jahwe gegenüber nicht einfach
so wesensfremd, daß er an Gott keinen Anteil haben könnte. Gewiß ist
auch hier zu sagen, daß selbst der Berufene Jahwes stets Mensch bleibt.
Von einer Vergöttlichung des Menschen kann im Alten Testament keine
Rede sein. Aber in seiner menschlichen Art ist der Berufene in Israel dazu
bestimmt, der Zuwendung, der Teilnahme, dem Affiziertsein Gottes seinerseits zu entsprechen. Er nimmt die Stelle ein, die Gott in seiner Geschichte mit dem Volk einnimmt und er teilt das Geschick Gottes, das
Jahwe zu der konkreten Zeit seiner Zuwendung erfährt. Er ist deshalb

nicht nur Sprecher Gottes, sondern Stellvertreter und Gleichnis Jahwes. In dieser Bestimmtheit seines Lebens ist er in höchster Realität theomorph.

Die kirchliche Interpretation des Neuen Testaments hat zu allen Zeiten von der Menschwerdung Gottes geredet. Das geschah mit wechselnder Betonung, in verschiedener Absicht und in mannigfachem Sinn. Trotzdem sah man stets in dem Satz von der Menschwerdung Gottes das Einzigartige des Neuen Testaments und das unverwechselbar Christliche des Glaubens, der sich im Neuen Testament ausspricht. Die in den vorigen Kapiteln gegebene Auslegung alttestamentlicher Texte wollte deutlich machen, daß die Menschwerdung Gottes in den Dokumenten des Glaubens Israels vorbereitet ist, und zwar nicht in dem Sinne messianischer Weissagung, sondern, viel tiefer verwurzelt, in der Struktur des Verständnisses von Gott und seinem menschlichen Boten. Wir möchten weitergehen und behaupten, daß sich diese Struktur im Neuen Testament überhaupt nicht ändert, sondern sich bestätigt und erfüllt. Wenn dem so ist, läßt sich aber von vornherein vermuten, daß eine Loslösung des Neuen Testaments von dem im Alten Testament sich aussprechenden Verstehen der Anthropomorphie Gottes und der Theomorphie des Menschen zu einer Interpretation der Inkarnation führen kann, oder vielleicht sogar führen muß, die das Neue Testament selbst gar nicht mehr sachgerecht deutet.

Nun ist freilich in der jüngeren christlichen Theologie seit der Aufklärungszeit ein Verständnis des Neuen Testaments mächtig geworden, das gerade in der vollendeten Vergeistigung des Gottesbegriffs einen wichtigen Fortschritt des Neuen Testaments gegenüber dem Alten Testament sehen wollte. Joh 4,24, „Gott ist Geist", wurde geradezu zur Losung dieser Auffassung, die im Neuen Testament ein von allen menschlichen Zügen gereinigtes, rein geistig erfaßtes Gottesbild sehen wollte, demgegenüber sich die Anthropomorphismen des Alten Testaments als Anzeichen mindestens naiver, wenn nicht gar minderwertiger Gottesvorstellungen abheben. Bis heute halten Vertreter der alttestamentlichen Wissenschaft an diesem Gegensatz fest[1] und Neutestamentler scheinen ihm jedenfalls dadurch stillschweigend zuzustimmen, als sie fast ausnahmslos die Theologie des Neuen Testaments darstellen, ohne die Frage der Menschlichkeit Gottes auch nur mit einem Gedanken zu beehren. Das ist schon deshalb seltsam, weil sich Anthropomorphismen im Stil des Alten auch im Neuen Testament finden lassen[2]. Es ist aber deshalb geradezu unbegreiflich, weil das Neue Testa-

---

[1] So kann selbst W. EICHRODT, der die alttestamentlichen Anthropomorphismen durchaus zu würdigen willens ist, sagen, daß die israelitischen Verkündiger des Gotteswillens es lieber in Kauf nahmen, „daß man über Jahwes geistige Natur im Dunkeln tappte, als daß man über die persönliche Art seines Handelns und Wirkens im Ungewissen geblieben wäre", während „eine Lehre von Gottes Geistigkeit im philosophischen Sinne" erst in dem in Joh 4,24 enthaltenen Satz ermöglicht wird (Theologie I 135).

[2] Selbst der johanneische Christus kann von der Hand Gottes sprechen (Joh

ment auf Schritt und Tritt von Gott in dem Ereignis eines Menschenlebens redet. Es ist das Neue Testament und nicht das Alte, das im Wirken Jesu von Nazareth, in seinem Wort wie in seinem Werk, das Wirken Gottes beschreibt. Wenn es in irgendeinem Sinne ernsthaft wahr sein soll, daß im Neuen Testament das Da-Sein Gottes mit dem Da-Sein Jesu geschichtlich zusammenfällt, so ist es völlig unmöglich zu behaupten, das Neue Testament habe den Anthropomorphismus überwunden. Im Gegenteil: hier gab es nichts zu überwinden. Das Neue Testament hat vielmehr das Ereignis eines Menschenlebens mit Wort und Tat Gottes geradezu identifiziert. Es hat dadurch von Gott noch viel breiter und nachdrücklicher in Form menschlicher Sprache und Aktion, menschlichen Willens und Entschließens geredet, als das je im Alten Testament geschehen ist. Die Anthropomorphie Gottes im Alten Testament wird im Neuen Testament so auf die Spitze getrieben, daß man das Neue Testament nur als ihren unüberbietbaren Kulminationspunkt begreifen kann.

Nun ist freilich die Behauptung, im Neuen Testament falle das Da-Sein Gottes mit dem Da-Sein Jesu zusammen, noch so allgemein, daß sich damit allein nichts Rechtes anfangen läßt. Ich meine zwar, daß alle Autoren des Neuen Testaments ihr zustimmen. Sie stimmen ihr aber auf untereinander recht verschiedene Weise zu und es muß nun unsere Aufgabe sein, die allgemeine Behauptung dadurch zu konkretisieren und zu verdeutlichen, daß wenigstens ein Teil des Neuen Testaments im einzelnen auf die These der Anthropomorphie Gottes in Jesus Christus zu prüfen ist. Es kann nicht darum gehen, alle neutestamentlichen Dokumente auf unsere Frage hin abzuhören — ein solches Unternehmen käme einem Abriß der neutestamentlichen Theologie überhaupt gleich. Eine Auswahl muß getroffen werden. Es liegt auf der Hand, daß sich besonders die Evangelien zur Wahl empfehlen: geht es um die Erfassung des Lebens Jesu als der Tat Gottes, so dürften solche Texte besonders geeignet sein, die sich explizit mit diesem Leben befassen[3].

Dennoch ist im folgenden zur Verdeutlichung der These von Gottes Anthropomorphie im Neuen Testament eine andere Gruppe von Schriften gewählt, nämlich die paulinischen Briefe. Der Grund dafür ist folgender: Wenn es sich darum handeln soll, die Einheit von Altem und Neuem Testament am Leitfaden eines bestimmten Phänomens aufzuweisen, so kann

10,29). Vgl. im übrigen die von H. M. KUITERT, Gott in Menschengestalt 49 ff., ausgewählte Zusammenstellung.

[3] Das gilt natürlich besonders vom Johannes-Evangelium, in dem die Darstellung der Identität des Menschen Jesus mit Wort und Werk Gottes geradezu Hauptthema der Evangelienschreibung geworden ist und schon einen hohen Grad dogmatischer Reflexion erreicht hat. „Johannes bietet kein Modell eines dogmenlosen Christentums. Seine Eigenart besteht vielmehr darin, daß es nur ein einziges, nämlich das christologische Dogma von der Einheit Jesu mit dem Vater hat" (E. KÄSEMANN, Jesu letzter Wille nach Johannes 17, S. 50).

der Versuch nur dann als gelungen betrachtet werden, wenn er sich an den Hauptdokumenten des Neuen Testaments verifizieren läßt. Daß die Briefe des Paulus zu den wichtigsten Teilen des Neuen Testaments zu zählen sind, dürfte kaum jemand bestreiten. Nun stellt aber gerade das Corpus Paulinum, aus Gründen, die sogleich darzustellen sein werden, unserer These größte Schwierigkeiten entgegen. Sollten diese Schwierigkeiten so groß sein, daß sie die Beobachtung des uns beschäftigenden Phänomens unmöglich machen, müßte der Versuch überhaupt als gescheitert anzusehen sein, mit Hilfe des Gedankens der Menschenförmigkeit Gottes und der Gottförmigkeit des Menschen die Einheit der Testamente zu verdeutlichen. Andererseits wäre bei einem Gelingen des Nachweises die Tragfähigkeit der These gerade an der kritischsten Stelle erwiesen, wodurch ihre allgemeine Gültigkeit dann nachdrücklich unterstrichen wäre. Eben aus diesem Grunde ist die Wahl der Paulusbriefe erfolgt.

Thema ist die Korrespondenz zwischen der Geschichte Gottes und der Geschichte eines menschlichen Lebens. Soll diese Frage mit Aussicht auf Beantwortung an neutestamentliche Texte gestellt werden, so hat dies natürlich zur Voraussetzung, daß die Texte selbst an dieser menschlichen Lebensgeschichte interessiert sind. Eben das aber ist von einigen der bedeutendsten neutestamentlichen Exegeten unseres Jahrhunderts im Blick auf die Theologie des Paulus in ihrem Verhältnis zum Leben Jesu bestritten worden. Darin besteht die grundsätzliche Schwierigkeit, die sich aus der paulinischen Theologie heraus unserem Thema entgegenstellt. Diese Schwierigkeit läßt sich nicht mit einer Handbewegung vom Tische wischen. Die Beobachtungen, aus denen sie erwächst, sind so genau angestellt worden und die Deutungen der Gründe, die ihr Vorhandensein erklären, sind so beachtlich, daß auf sie, wenn auch in großer Kürze, einzugehen ist[4].

Das Problem wurde am Anfang des 20. Jahrhunderts von William Wrede mit großer Schärfe gesehen und gestellt[5]. Wrede stellte fest, daß die Verkündigung des Paulus von der Predigt Jesu nicht abhängig war, daß vielmehr beide auf das Judentum ihrer Zeit als gemeinsame Basis zurückzuführen sind. Damit aber nicht genug: bei Paulus, so meint Wrede, hat ein Himmelswesen das Bild des Menschen Jesus völlig verdrängt. Weder die Predigt Jesu noch seine Taten haben irgend etwas zu tun mit der Inkarnation eines Präexistenten und mit der Heilstat dieses Himmelswesens, die in dessen Tod und Auferstehung vollbracht wird. Der Mensch Jesus ist somit durch Paulus vollkommen zugunsten einer Erlösungsmetaphysik preisgegeben worden. Wredes These hat vielfachen, teilweise

---

[4] Der folgende Überblick stützt sich teilweise auf die Darstellungen, die E. JÜNGEL, Paulus und Jesus 5—16, und E. GÜTTGEMANNS, Der leidende Apostel und sein Herr 330—412, gegeben haben.

[5] W. WREDE, Paulus 1907. Wichtige Züge der Position Wredes waren schon von M. BRÜCKNER, Die Entstehung der paulinischen Christologie 1903, vorweggenommen worden.

auch beachtlichen, Widerspruch hervorgerufen. Dennoch wurde sie durch die folgende Entwicklung der Forschung eher verschärft als widerlegt. Einerseits gelang der religionsgeschichtlichen Forschung die Entdeckung der Zentralität des Kultus für das Verständnis des Neuen Testaments und der Nachweis der Existenz einer hellenistischen Kultfrömmigkeit, die von der palästinischen grundverschieden war. Gehörte Jesus mit seiner ganzen Frömmigkeit und Verkündigung in den Raum des palästinischen Judentums, so war Paulus gerade in seiner Auffassung von Christus vollkommen von dem in hellenistischen Gemeinden verehrten Kyrios abhängig. Diese Kyriosgestalt aber war ein Produkt hellenistischer Religion, das längst vor der Entstehung christlicher Gemeinden zustande gekommen war. Der „Kyrios Christos" des Paulus hat alle wesentlichen Züge von dieser Religion und mit dem Menschen Jesus deshalb nichts mehr als den Namen gemein[6]. Andererseits hat auch ein Forscher wie Albert Schweitzer[7], der der Behauptung einer Abhängigkeit des Paulus von hellenistischer Religiosität ablehnend gegenüberstand, durch seine Betonung der Bedeutung, die die Eschatologie des Paulus für dessen gesamte Theologie hat, den Graben zwischen dem historischen Jesus und der Christologie des Apostels auf seine Weise vertieft. Denn nach Schweitzer ist für das Denken des Paulus die Überzeugung grundlegend, daß der Messias gekommen ist, daß sich deshalb der Zustand der Welt grundlegend gewandelt hat und der neuen Situation in einer Erlösungslehre Rechnung getragen werden muß, die mit der Lehre Jesu nicht mehr identisch sein konnte und durfte[8].

Die Paulusdeutung Rudolf Bultmanns dürfte die bedeutendste Leistung in der paulinischen Forschung seit Albert Schweitzer darstellen. In ihr sind die scharfen Beobachtungen Wredes, die Gesichtspunkte der Religionsgeschichtler Heitmüller, Bousset und Reitzenstein und die Betonung der Bedeutung der Eschatologie durch Schweitzer vereint. So ist auch Bultmann der Auffassung, daß das Verhältnis des Paulus zu dem historischen Jesus ein sehr lockeres war. Eine Abhängigkeit des Apostels von der Verkündigung Jesu ist auf ganz wenige Fälle beschränkt. „Jesu Verkündigung ist für ihn — mindestens im wesentlichen — irrelevant."[9] Ferner „spielen die Lebensführung und das Wirken Jesu, seine Persönlichkeit, sein Charakterbild keine Rolle, sowenig wie seine Verkündigung"[10]. Entscheidend wichtig für Paulus sind lediglich Tod und Auferstehung Jesu, in denen sich das Heilsgeschehen vollzieht. Allerdings präzisiert Bultmann insofern, daß darin Menschwerdung und Erdenleben Jesu als Tatsache einbegriffen sind, und zwar einschließlich des von Paulus festgehaltenen

---

[6] W. BOUSSET, Kyrios Christos 1913.
[7] A. SCHWEITZER, Die Mystik des Apostels Paulus 1930.
[8] AaO 114—116.
[9] R. BULTMANN, Die Bedeutung des geschichtlichen Jesus für die Theologie des Paulus, in: GuV I 191. Ebenso: Theologie 190.
[10] R. BULTMANN, Theologie 293.

Bewußtseins, „daß Jesus ein konkreter, bestimmter Mensch, ein Jude, war"[11]. Daraus darf aber nicht geschlossen werden, daß das Festhalten des Paulus an der historischen Person Jesu seine Christologie in dem Sinne beeinflußte, daß sie wichtigen Begriffen, etwa Christi Gehorsam oder seiner Liebe, konkrete Füllung und Anschaulichkeit verlieh. Denn wenn Paulus sagt, „daß die entscheidende Heilstat Christi ὑπακοή und ἀγάπη ist, so sind damit nicht die Charaktereigenschaften des historischen Jesus gemeint... Die betreffenden Stellen reden vielmehr vom Präexistenten"[12]. Es bleibt also dabei: das Wie des Lebens Jesu ist nur in allgemeinster Form von Paulus vorausgesetzt, was faktisch nicht mehr als die Tatsache dieses Lebens festhalten will. Das Heilsgeschehen ist völlig auf Kreuz und Auferstehung konzentriert, also auf Punkte, die im Falle der Kreuzigung am äußersten Rande des Lebens Jesu stehen oder im Falle der Auferstehung als ein Ereignis des Lebens Jesu nicht mehr verstanden werden können.

Die Berechtigung, ja Notwendigkeit, dieser Konzentration auf Kreuz und Auferstehung in der Theologie des Paulus hat Bultmann mit einer Reflexion über den Glaubensbegriff zu erweisen gesucht. Er stellt fest, daß eine rein nachzeichnende Reproduktion der Aussagen des Paulus eigentlich zwei Glaubensbegriffe unterscheiden müßte. Einmal einen Glauben, der berichtete Tatsachen als wahr entgegennimmt — und unter diesen Begriff müßte dann wohl alles fallen, was als Aussage über das Leben Jesu anzusehen ist. Zum andern einen Glauben, „der als Hingabe an die Gnade Gottes eine radikale Umkehr des bisherigen Selbstverständnisses des Menschen bedeutet"[13] — d. h. einen Glauben im Sinne des Entschlusses, die Verkündigung von Kreuz und Auferstehung als Erschließung einer neuen Existenzweise zu empfangen. Zwischen diesen Glaubensbegriffen gibt es für Bultmann keinen Zusammenhang, vielmehr muß einer den andern notwendig verdrängen. Es ist deshalb zu fragen, auf welche Gestalt des Glaubens Paulus eigentlich hinaus wollte. Und da gibt es dann für Bultmann keine Frage mehr: Für Paulus ist das Heilsgeschehen nicht eine Mitteilung von Fakten, sondern die sich im Glauben vollziehende Anerkennung von Kreuz und Auferstehung Christi, die durch die Verkündigung der Kirche ermöglicht wird. Die Christologie des Paulus muß deshalb konsequent als Soteriologie erfaßt werden, und es ist kein Zufall, daß Bultmann einen Aufsatz über die Christologie des Neuen Testaments mit dem Melanchthon-Zitat zusammenfaßt: hoc est Christum cognoscere, beneficia eius cognoscere[14].

Wenn Bultmanns Auffassung von der Bedeutung des geschichtlichen Jesus für die Theologie des Paulus die Absicht des Apostels richtig wiedergeben sollte, dann wäre die Durchführung unseres Themas an Hand der Paulusbriefe offensichtlich unmöglich. Im folgenden soll aber gezeigt wer-

---

[11] Ebd.
[13] Theologie 300.

[12] GuV I 213.
[14] GuV I 267.

den, daß die paulinische Theologie durchaus eine bestimmte Deutung des menschlichen Lebens Jesu enthält, die in ihrer Gewichtigkeit weit über die bloße Feststellung der Tatsächlichkeit dieses Lebens hinausgeht. Dabei wird es weder um die Frage der Abhängigkeit des Apostels von der Jesustradition der Urgemeinde gehen[15] noch um das Problem, wie sich die Verkündigung Jesu und die Verkündigung des Paulus sachlich zueinander verhalten[16]. Es soll vielmehr ausschließlich danach gefragt werden, welches Verstehen des menschlichen Lebens Jesu in der paulinischen Theologie vorliegt und wie sich diese menschliche Geschichte zu der Geschichte Gottes verhält[17].

Es wurde oben behauptet[18], das Neue Testament habe das Ereignis des Menschenlebens Jesu von Nazareth mit Wort und Tat Gottes identifiziert und vor uns liegt die Aufgabe, diese Behauptung an der Theologie des Paulus zu prüfen[19]. Ein Ansatzpunkt für die Inangriffnahme dieser Aufgabe liegt in der Beobachtung, daß eine bedeutende Zahl wichtiger paulinischer Begriffe Aussagen über Gott und über Christus machen, die eine sehr weitreichende Parallelität erweisen[20]. Es gilt zunächst, über diese Parallelaussagen einen Überblick zu gewinnen, wobei vorerst die Interpretation der betreffenden Stellen soweit wie möglich zurückgestellt werden soll. Weiter bleibt anfangs unberücksichtigt, daß die Parallelaussagen mit verschiedenen christologischen Titeln, aber auch mit dem einfachen Jesus-Namen verbunden sind. Daraus ergibt sich allerdings ein Problem, auf das am Ende der Übersicht eingegangen werden muß.

---

[15] Es erscheint doch fraglich, ob Bultmanns überaus skeptische Einschätzung der Kenntnisse von Jesustradition auf seiten des Apostels zu Recht besteht. Zwar ist die Methode von A. M. HUNTER, der in seinem Buche Paul and his Predecessors 1940 wesentliche Teile der paulinischen Paränese direkt aus der Predigt Jesu ableiten will, sicher zu unkritisch. Aber die vorsichtigen Erörterungen, die C. H. DODD in dem Aufsatz ΕΝΝΟΜΟΣ ΧΡΙΣΤΟΥ (in: Studia Paulina 1953 96—110) angestellt hat, dürften eine breitere Verwendung von Herrenworten in den ethischen Partien der Paulusbriefe doch wahrscheinlich machen.

[16] Diesem Problem ist die Arbeit von E. JÜNGEL, Jesus und Paulus 1967, gewidmet.

[17] Auch E. GÜTTGEMANNS, Der leidende Apostel und sein Herr 1966, hat sich bei aller Sympathie für BULTMANNS theologischen Entwurf um eine Überwindung der bei BULTMANN vorliegenden Hemmung bezüglich der expliziten Ausarbeitung paulinischer Christologie bemüht.

[18] Siehe oben 117.

[19] Die Prüfung ist beschränkt auf die Briefe, für die die Autorenschaft des Paulus unbestritten ist, also: Römer, 1. und 2. Korinther, Galater, Philipper, 1. Thessalonicher, Philemon.

[20] Solche Parallelaussagen über Gott und Christus sind, freilich sehr in Auswahl, zusammengestellt worden von M. MEINERTZ, Theologie des Neuen Testaments II 1950, 71 f. Vgl. außerdem W. THÜSING, Per Christum in Deum 1965, 10 und passim, P. STUHLMACHER, Gerechtigkeit Gottes bei Paulus 1966, 209.

2. Die Identität der Heilstat Gottes mit der Heilstat Christi

Alle paulinischen Briefeingänge stellen das Gegründetsein der Gemeinden im Heil als den Besitz von Gnade und Friede heraus. Fast durchweg findet sich die identische Formulierung χάρις ὑμῖν καὶ εἰρήνη ἀπὸ θεοῦ πατρὸς ἡμῶν καὶ κυρίου Ἰησοῦ Χριστοῦ (Rm 1,7. 1. Kor 1,3. 2. Kor 1,2. Gal 1,3. Phil 1,2. Phm 3). Lediglich in 1. Thess 1,1 besteht der Gruß in dem einfachen χάρις ὑμῖν καὶ εἰρήνη, der aber auch in diesem Brief durch das unmittelbar vorangehende τῇ ἐκκλησίᾳ Θεσσαλονικέων ἐν θεῷ πατρὶ καὶ κυρίῳ Ἰησοῦ Χριστῷ bestimmt ist. Gnade und Friede, die der Gemeinde nicht nur gewünscht, sondern als Lebensgrund zugesprochen werden[21], gehen aus von Gott dem Vater und von dem Herrn Jesus Christus[22]. Die von Paulus gebrauchte Form des Grußes ist aus dem jüdischen Segenswunsch erwachsen, in dem Gnade und Barmherzigkeit Gottes dem Empfänger des Segens zugesprochen werden. Zweierlei ist bei der Verwendung des jüdischen Segenswunsches von Paulus geändert worden: Der Apostel ersetzte das im Judentum an das System von teilweiser Vergebung und teilweiser Belohnung des Frommen gebundene Wort Barmherzigkeit durch das viel radikalere Wort Gnade[23] und er fügte zu Gott als dem Segenspender den Herrn Jesus Christus als Ursprung des Segens hinzu. Irgendeine Differenzierung zwischen θεός und κύριος in bezug auf den Ursprung von Gnade und Friede ist in den Briefeingängen nicht zu erkennen und Versuche, etwa Gott den Vater als Urheber und Christus als Grund von Gnade und Friede zu unterscheiden[24], sind willkürlich. Gal 1,4 weist in eine andere Richtung, weil dort dem Segenswunsch sofort ein Satz angeschlossen wird, der den Sinn des Segens erläutert. Gnade und Friede kommen von Christus, insofern er sich für unsere Sünden hingegeben hat und sie kommen von Gott, insofern sie seinem Willen entsprechen. Als Urheber und Grund von Gnade und Friede sind Gott und Christus eins. Sie unterscheiden sich aber so, wie der weltlich-geschichtliche Vollzug sich von dem in ihm ereignenden Gotteswillen unterscheidet.

Während in den paulinischen Briefeingängen χάρις und εἰρήνη zusammen das Heil bezeichnen, ist sonst meist χάρις allein verwendet. Das Wort ist überwiegend absolut gebraucht und meint die Gnadentat, nicht die gütige Nachsicht Gottes[25]. Es kommt aber auch in Wortverbindungen vor

---

[21] Vgl. z. B. H. SCHLIER, Der Brief an die Galater 7.

[22] Auffallend ist, daß alle Briefschlüsse, in weniger formelhafter Weise, allein von der Gnade Christi, nie aber von der von Gott und Christus ausgehenden Gnade sprechen (Rm 16,20; 1. Kor 16,23; Gal 6,18; Phil 4,23; Phm 25. Etwas anders ist nur die trinitarisch erweiterte Form des Briefschlusses in 2. Kor 13,13).

[23] E. LOHMEYER, Probleme paulinischer Theologie, in: ZNW 26 (1927) 158 bis 173.

[24] So H. SCHLIER, aaO 7.

[25] H. CONZELMANN, Grundriß 236 f.

in der Weise, daß von der Gnade Gottes und von der Gnade Christi, bzw. der Gnade in Christus die Rede ist. Häufig erscheint die Genitivverbindung χάρις τοῦ θεοῦ, entweder als die göttliche Gnade, die Paulus zum Apostelamt berief (1. Kor 3,10. 15,10. Gal 1,15), oder als die Gnade, die den Gemeinden geschenkt ist (2. Kor 6,1. 8,1. 9,14), aber auch ganz umfassend im Sinne des Gnädigseins Gottes überhaupt (Gal 2,21). Im gleichen Sinne redet Paulus aber auch von der Gnade Christi. Er hat Gnade und Apostolat vom κύριος Ἰησοῦς Χριστός empfangen (Rm 1,5), die Gemeinden in Galatien sind ἐν χάριτι Χριστοῦ berufen (Gal 1,6), der leidende Paulus erhält von seinem Herrn auf die Bitte um Befreiung vom Satansengel die Antwort ἀρκεῖ σοι ἡ χάρις μου (2. Kor 12,9) und die ganze Heilstat dessen, der göttlichen Reichtum als der Präexistente aufgebend um unseretwillen arm wurde, ist die χάρις τοῦ κυρίου ἡμῶν Ἰησοῦ Χριστοῦ (2. Kor 8,9). So ist auch in allen Briefschlüssen von der Gnade Christi die Rede, wobei die hier verwendeten christologischen Titel abwechseln (Rm 16,20. 1. Kor 16,23. 2. Kor 13,13. Gal 6,18. Phil 4,23. 1. Thess 5,28. Phm 25). Überall ist dieselbe Gnade gemeint, ob nun Gott oder Christus als ihr Urheber näher gekennzeichnet ist. Das zeigt sich besonders klar an solchen Stellen, in denen das geschichtliche Ereignis der Gnadentat konkreter gezeichnet ist. Rm 3,24 sagt, wir seien gerechtfertigt durch die Gnade Gottes διὰ τῆς ἀπολυτρώσεως τῆς ἐν Χριστῷ Ἰησοῦ und in Rm 5,15 wird die Gnade Gottes geradezu mit der δωρεά ἐν χάριτι τῇ τοῦ ἑνὸς ἀνθρώπου Ἰησοῦ Χριστοῦ identifiziert. „So kann bald betont sein, daß die χάρις Gottes oder Christi Tat ist, bald, daß sie das Ereignis ist, das für die Menschen Gabe, Geschenk ist, bald kommt das eine wie das andere zur Geltung; immer aber handelt es sich um die eine und gleiche Tat, das eine und gleiche Geschehen."[26]

Wie χάρις kann auch ἀγάπη die heilschaffende Gottestat ausdrücken. Das Wort wird von Paulus freilich vorwiegend für die Bruderliebe unter Menschen verwandt, so daß sich eine scharfe Trennung zwischen einer Liebe, die nur Gott eigen ist, und einer Liebe, die es bei Menschen gibt, nicht durchführen läßt. Dennoch gibt es einige Stellen, in denen ἀγάπη auf das sich in Christus vollziehende Heilsgeschehen bezogen ist. In ihnen zeigt sich die Liebe Gottes und die Liebe Christi als ein und dasselbe Geschehen. Der Erweis der Liebe Gottes ereignet sich darin, daß Christus für uns starb (Rm 5,8). Der Kreuzestod Christi ist aber nicht nur Aufweis der Liebe Gottes, vielmehr ist er zusammen mit Auferstehung, Erhöhung und Anwaltschaft für unsere Sache genauso auch Erweis und Ereignis der ἀγάπη τοῦ Χριστοῦ (Rm 8,34 f.)[27]. In der Kraft der Liebe Christi, διὰ τοῦ

---

[26] R. BULTMANN, Theologie 290.

[27] Die von einigen guten Textzeugen gebotene Lesung ἀπὸ τῆς ἀγάπης τοῦ θεοῦ in Rm 8,35 ist sachlich möglich, aber nicht so gut bezeugt wie ἀπὸ τῆς ἀγάπης τοῦ Χριστοῦ. Die Lesart ἀπὸ τῆς ἀγάπης τοῦ θεοῦ τῆς ἐν Χριστῷ Ἰησοῦ hat den Vers offensichtlich an 8,39 angeglichen.

ἀγαπήσαντος ἡμᾶς, sind Glaubende in die Lage versetzt, die Angriffe einer sterbenden Welt zu überwinden (Rm 8,35—37), und gerade darin zeigt sich Gottes Liebe. Die Frage τίς ἡμᾶς χωρίσει ἀπὸ τῆς ἀγάπης τοῦ Χριστοῦ; (Rm 8,35) und die Gewißheit, daß keine Macht der Welt δυνήσεται ἡμᾶς χωρίσαι ἀπὸ τῆς ἀγάπης τοῦ θεοῦ τῆς ἐν Χριστῷ Ἰησοῦ, wendet sich an dieselbe Liebe, von der eine Trennung nicht möglich ist, weil sie göttliche Liebe ist. Der θεὸς τῆς ἀγάπης (2. Kor 13,11) ist menschliche Geschichte in der ἀγάπη τοῦ Χριστοῦ, der für uns in den Tod ging (2. Kor 5,14. Gal 2,20). So sind im Heilsgeschehen Liebe Gottes und Liebe Christi miteinander identisch[28].

Gnade und Liebe, ob sie als Gnade und Liebe Gottes oder Christi bestimmt sind, meinen ein geschichtliches Geschehen. Das ist unterstrichen durch eine Reihe von Verben, die das Ereignis des Heils ausdrücken und bei welchen sich ebenfalls die Parallelität der Aussagen über Gott und Christus findet. In erster Linie ist hier an σῴζειν zu denken. Zwar kann, ähnlich wie ἀγάπη, wenn es für die Bruderliebe unter Menschen verwendet wird, σῴζειν die Tat eines Christen für einen anderen Menschen beschreiben. Es ist möglich, daß in einer Ehe eine Christin ihren ungläubigen Mann oder ein Christ seine ungläubige Frau rettet (1. Kor 7,16), und die apostolische Tätigkeit des Paulus hat das Retten anderer Menschen zum Ziel (Rm 11,14. 1. Kor 9,22). Es ist aber klar, daß solches menschliche Retten sich nur vollziehen kann auf dem Grunde und in der Kraft des Rettens Gottes, das mit der Tat Christi in eins zusammenfällt. Die σῳζόμενοι von 1. Kor 1,18 werden gerettet durch die δύναμις θεοῦ und Gott ist das Subjekt des σῴζειν, das sich durch die Torheit der Verkündigung an den Glaubenden ereignet (1. Kor 1,21). Ist so Gott das eigentliche Subjekt des Rettens, so ist der geschichtliche Vorgang der Rettung nichts anderes als die verkündigte Christustat. Die δύναμις θεοῦ in 1. Kor 1,18 ist konkret erfaßbar eben nur als das Wort vom Kreuz, nach 1. Kor 1,21 ist es das κήρυγμα, durch das die Rettung Gottes geschichtliche Realität besitzt, und laut 1. Kor 15,2 ist es das Evangelium, δι' οὗ καὶ σῴζεσδε. Das Wort vom Kreuz, das Kerygma und das Evangelium sind Sammelbegriffe für die apostolische Verkündigung und, sofern sie als das geschichtliche Mittel der Rettung Gottes betrachtet werden, besteht eine Parallelität zwischen dem Retten Gottes und dem Retten durch die Verkündigung. Weder das Wort vom Kreuz noch das Kerygma noch das Evangelium sind indessen Mächte, die ihre Rettungskraft aus sich selbst schöpfen. Sie sind vielmehr alle auf die Christustat bezogen und die Macht, die sich in ihnen entfaltet, ist die Macht Christi selbst. Das kommt zum Ausdruck in Rm 5,9 f., wo der gegenwärtige Stand von Rechtfertigung und Versöhnung als Grund der Hoffnung auf eine noch ausstehende Rettung im Gericht Gottes bezeichnet ist. Dort wird von Christus in analoger Weise gesagt: σωθησόμεθα

---

[28] Auch diese Einheit hat R. BULTMANN betont, Theologie 291 f.

δι' αὐτοῦ ἀπὸ τῆς ὀργῆς und σωθησόμεθα ἐν τῇ ζωῇ αὐτοῦ. Ist also einerseits Gott das Subjekt des σῴζειν, so ist andererseits genauso Christus der Retter, der als die eigentliche Macht in der Verkündigung lebt und dessen zukünftiger Rettungsmacht von der Gewalt der Verdammung und des Todes der Christ entgegenschaut.

Dieselbe charakteristische Parallelität findet sich im Gebrauch von ῥύεσθαι. Das Verb ist in 2. Kor 1,10 auf den Gott bezogen, der die Toten erweckt, in dieser Kraft Paulus aus Todesgefahr herausriß (ἐρρύσατο) und auch in Zukunft herausreißen wird (ἔτι ῥύσεται). 1. Thess 1,10 ist Jesus der ῥυόμενος ἡμᾶς ἐκ τῆς ὀργῆς τῆς ἐρχομένης. Freilich dürfte in 1. Thess 1,10 Paulus eine ältere Formulierung verwenden, die vielleicht in Kreisen des hellenistischen Judenchristentums entstand[29]. Die Tatsache der Zitation durch den Apostel erweist aber, daß Paulus einen Satz, der Jesus als Subjekt des heilbringenden Herausreißens aus dem endzeitlichen Zorn verwendete, ohne Korrektur sich zu eigen machen kann. Ῥύεσθαι erscheint außerdem in einem Mischzitat aus der Septuaginta in Rm 11,26: ἥξει ἐκ Σιὼν ὁ ῥυόμενος. Es ist nicht mit Bestimmtheit auszumachen, wer mit dem ῥυόμενος gemeint ist, Gott oder sein Christus[30]. Der Vers nimmt teil an der diesbezüglichen Zweideutigkeit der LXX-Zitate bei Paulus, die weiter unten noch zu besprechen sein wird[31]. Das Ergebnis der später folgenden Übersicht über die Verwendung des Kyriostitels in der Septuaginta vorausnehmend, kann aber hier schon gesagt werden, daß eben diese Zweideutigkeit von sachlichem Gewicht ist. Sie gründet in der Tatsache, daß Paulus den Kyrios des Alten Testaments mit Christus zu identifizieren vermag, weshalb die Unsicherheit nicht so sehr eine Verlegenheit für den Exegeten, als eine Anzeige des Sachverhalts selbst ist.

Sind χάρις und ἀγάπη bei Paulus auf das Heilsgeschehen im engeren Sinn bezogen, so kommen auch Nomina vor, die den weiteren Horizont der Heilstat Gottes im Blick haben. Auch bei solchen Nomina zeigt sich wiederholt die Eigenart, daß sie teils mit Gott, teils mit Christus verbunden sind. Der weiteste und vielgestaltigste dieser Begriffe ist der der δύναμις. Es ist auch für Paulus notwendig zu sagen, daß Gott Kraft hat. Gott besitzt eine ἀΐδιος δύναμις, die seiner θειότης entspricht (Rm 1,20). Der Apostel macht sich die Septuaginta zu eigen, wenn er von der die Geschichte beherrschenden δύναμις Gottes spricht (Rm 9,17), wobei in diesem Vers die δύναμις eindeutig als die Macht des sich erbarmenden Gottes (Rm 9,16) gemeint ist. Die δύναμις θεοῦ erweist sich ebenso in der Rettungskraft der Verkündigung, wobei es keinen Unterschied ausmacht, ob

[29] G. FRIEDRICH, Ein Tauflied hellenistischer Judenchristen 1. Thess 1,9 f., in: ThZ 21 (1965) 502–516.
[30] TH. ZAHN hält z. B. dafür, daß Gott das Subjekt des Satzes ist (Der Brief des Paulus an die Römer 526), während O. MICHEL sich, mit Hinweis auf rabbinische Auslegung von Jes 59,20, für den Messias als Subjekt einsetzt (Der Brief an die Römer 281 f.). [31] Siehe unten 27 f.

der Ausdruck mit dem Evangelium (Rm 1,16. 1. Thess 1,5) oder dem Wort vom Kreuz (1. Kor 1,18) zusammengestellt ist. Ganz besonders aber denkt Paulus, wenn er von δύναμις θεοῦ redet, an die Kraft Gottes, die das Nichtseiende in das Sein, das Tote ins Leben ruft (Rm 1,4. 1. Kor 6,14. 2. Kor 13,4). Vergegenwärtigt man sich, wie Paulus Gott überhaupt mit Vorliebe als den beschreibt, der die Toten erweckt (Rm 4,17.24. 8,11. 2. Kor 1,9. 4,14. Gal 1,1), so ist schon dadurch nahegelegt, daß das Verständnis der δύναμις θεοῦ in seinem Kern von der Auferstehung Jesu geprägt ist. Läßt sich aber sagen, daß die δύναμις θεοῦ sich primär in der Auferstehung Jesu entfaltet, so ist wiederum deutlich, daß Jesu Auferstehung nicht nur Erweis der Kraft Gottes, sondern selbst Kraft, und zwar die Kraft Christi ist. Paulus, der nicht mehr seine eigene Gerechtigkeit aus dem Gesetz, sondern die Gerechtigkeit durch den Glauben an Christus haben will, sucht darin Christus zu erkennen καὶ τὴν δύναμιν τῆς ἀναστάσεως αὐτοῦ (Phil 3,10). Selbstverständlich ist mit der Kraft der Auferstehung Christi keine zweite und andere, der Auferstehungsmacht Gottes selbständig konkurrierende Kraft gemeint. Vielmehr ist die Kraft Gottes, die Tote zum Leben bringt, dieselbe wie die Kraft Christi, der als Auferstandener mächtig ist. Es ist deshalb für Paulus möglich, Christus geradezu die δύναμις θεοῦ zu nennen (1. Kor 1,24). In seinem durch Schwachheit gekennzeichneten Dienst als Apostel schlägt die δύναμις τοῦ Χριστοῦ ihr Zelt auf (2. Kor 12,9), wobei das Verb ἐπισκηνοῦν die palästinische Formel für die Gegenwart Gottes ist[32]. Die Kraft Christi ist somit nichts anderes als die Gegenwart der Kraft Gottes.

Derselbe Satz, der Christus die Kraft Gottes nennt, bezeichnet ihn auch als σοφία θεοῦ (1. Kor 1,24). In etwas abgewandelter Form heißt es von Christus 1. Kor 1,30 ἐγενήθη σοφία ἡμῖν ἀπὸ θεοῦ. Eine breite jüdische Tradition hatte sich schon lange vor der neutestamentlichen Zeit mit der Weisheit Gottes beschäftigt. In dieser Tradition hatte die Weisheit die Stellung einer himmlischen Partnerin Gottes erlangt, die weithin für das Gesetz Israels einsteht und Gottes Handeln an der Welt vermittelt[33]. Besonders in Kreisen des hellenistischen Judentums war es deshalb nicht nur eine Selbstverständlichkeit, sondern eine Sache von großem sachlichem und apologetischem Gewicht, daß Gott Weisheit besitzt. Paulus hat diese Tradition gekannt und bejaht. Er kann ohne unmittelbaren christologischen Bezug ganz allgemein von der σοφία τοῦ θεοῦ reden, die sich schon immer dem Kosmos offenbarte, freilich ohne damit zu einer wirklichen Erkenntnis Gottes durch die Weisheit zu führen (1. Kor 1,21). Auch für ihn steht es fest, daß Gott allein weise ist (Rm 16,27)[34]. Somit setzt sich

---

[32] A. Schlatter, Paulus der Bote Jesu 669. Ebenso H. Lietzmann/W. G. Kümmel, An die Korinther 212.

[33] Dazu siehe U. Wilckens, Artikel: „σοφία etc.", in: ThW VII 497–510.

[34] Der Ausdruck μόνῳ σοφῷ θεῷ Rm 16,27 kann allerdings auch so gedeutet

erneut eine Parallelität der Aussagen durch: Gott besitzt Weisheit, aber diese Weisheit ist im Heilsgeschehen so mit Christus eins geworden, daß Christus die Weisheit Gottes in Person ist.

Der gleiche Tatbestand zeigt sich, wenn Paulus sowohl von der δόξα θεοῦ wie von der δόξα Χριστοῦ redet. Δόξα ist in der Septuaginta Übersetzungswort für den alttestamentlichen כבוד יהוה [35]. Der alttestamentliche Ausdruck ist vielgestaltig. Er erhält aber an theologisch gewichtigen Stellen den Sinn der überwältigenden Erscheinung Jahwes und wird bei Ezechiel und in der Priesterschrift zum bezeichnendsten Mittel der Selbst-Offenbarung Jahwes durch das Irdische[36]. Die Bedeutungen Sinnenfälligkeit, Ehre, Pracht und Macht sind in der Septuaginta erhalten und dem hellenistischen Judentum geläufig. In dieser Traditionskette stehend ist auch für Paulus die δόξα θεοῦ ein wohlbekannter Begriff. In Rm 1,23 und 3,7 dürfte die Bedeutung Ehre Gottes überwiegen, während in Rm 4,20 und 6,4 mehr an die Macht Gottes, und zwar im besonderen an seine Macht der Totenerweckung, gedacht ist. Andere Stellen scheinen mehrere Bedeutungsnuancen zu vereinen (Rm 3,23. 5,2. 2. Kor 4,6). Bedeutungsvoll in diesem Zusammenhang ist die Beobachtung, daß auch Christus δόξα eignet. Er ist für Paulus auch und gerade als der Gekreuzigte der κύριος τῆς δόξης (1. Kor 2,8). Während die Israeliten der Mosezeit die Herrlichkeit Jahwes auf dem Antlitz Moses nicht zu schauen vermochten, kann der Christ nun mit unverhülltem Gesicht die δόξα κυρίου erblicken (2. Kor 3,18)[37]. Das Evangelium läßt die δόξα τοῦ Χριστοῦ aufleuchten (2. Kor 4,14) und die endzeitliche Verherrlichung der Glaubenden wird als Aufnahme in die Herrlichkeit Christi verstanden (Rm 8,17. Phil 3,21). Auch ein Begriff, der in so besonderem Maße die Göttlichkeit Gottes betont, wie es das Wort δόξα tut, ist von Paulus also ohne eine Veränderung des Sinnes auf Christus verwendet worden.

1. Kor 15,28 redet Paulus von der endzeitlichen Unterordnung des Sohnes unter den Vater. Der Satz wäre aber auf alle Fälle mißverstanden, wenn aus ihm die Folgerung gezogen würde, daß die bisher beobachtete Einheit der Tat Gottes und Christi im Blick auf die Eschatologie aufgehoben wäre. Im Gegenteil, es ist so, daß sich die Parallelität der Aussagen auch in dieser Blickrichtung erhält. Das zeigt sich zunächst an der eschatologischen Verwendung des Wortes ἡμέρα. Die prophetische Bewegung Israels hatte vom Kommen des Tages Jahwes gesprochen. Der Begriff Tag Jahwes, offenbar beheimatet in der Vorstellung des heiligen Krieges[38],

---

werden, daß die Adjektive getrennt voneinander verschiedene Eigenschaften Gottes meinen: Gott ist einzig und weise.

[35] G. KITTEL, Artikel: „δόξα etc.", in: ThW II 245.

[36] G. VON RAD, Artikel: „δόξα etc.", in: ThW II 240—245.

[37] Der Zusammenhang legt an dieser Stelle den κύριος eindeutig als Christus klar.

[38] In seiner Theologie des Alten Testaments (Theologie II 129—133) bringt

hatte in der jüdischen Apokalyptik die Bedeutung des endzeitlichen Welt-gerichts Gottes angenommen[39]. In diesem Sinne wird er von Paulus ge-braucht. Der Apostel hat die apokalyptische Erwartung insofern festge-halten, als auch er das Weltgericht schlechthin als „den Tag" und zwar als den Tag des Richtens Gottes kennt. Das ist der Tag, an dem Gott das Ver-borgene der Menschen richten wird (Rm 2,16), die ἡμέρα ὀργῆς καὶ ἀποκαλύψεως δικαιοκρισίας τοῦ θεοῦ (Rm 2,5). Die Erwartung des Tages Gottes entfernt sich von der allgemeinen apokalyptischen Form aber in-haltlich insofern, als der Tag Gottes derselbe wie die ἡμέρα τοῦ κυρίου sein wird. Ist schon der Satz Rm 2,16, der die allgemeine Erwartung des Gerichts durch Gott ausspricht, sofort durch den erläuternden Zusatz κατὰ τὸ εὐαγγέλιόν μου διὰ Ἰησοῦ Χριστοῦ präzisiert, so kann das Kommen des Tages Gottes auch ohne Bedeutungswandel als das Kommen des Tages Christi beschrieben werden. Dabei fällt besonders auf, daß die christolo-gischen Titel im Zusammenhang mit dem kommenden Tag des Gerichts stark wechseln. Paulus nennt ihn die ἡμέρα κυρίου (1. Thess 5,2. 1. Kor 5,5), die ἡμέρα Χριστοῦ (Phil 1,10. 2,16), die ἡμέρα Χριστοῦ Ἰησοῦ (Phil 1,6), die ἡμέρα τοῦ κυρίου ἡμῶν Ἰησοῦ (2. Kor 1,14) und, in voller Titulatur, die ἡμέρα τοῦ κυρίου ἡμῶν Ἰησοῦ Χριστοῦ (1. Kor 1,8).

Dem entspricht, daß das Erscheinen vor dem Richterstuhl im endzeit-lichen Gericht entweder als ein Hintreten vor das βῆμα τοῦ θεοῦ (Rm 14,10) oder vor das βῆμα τοῦ Χριστοῦ (2. Kor 5,10) vorgestellt werden kann. Es ist für Paulus selbstverständlich, daß Gott richtet (Rm 2,2 f. 16. 1. Kor 5,13). Das ist aber offensichtlich für ihn kein Widerspruch dazu, daß er dem Gericht des Kyrios über ihn entgegensieht (1. Kor 4,4) und es ist auffällig, wie ähnlich der das Gericht Gottes meinende Satz κρίνει ὁ θεὸς τὰ κρυπτὰ τῶν ἀνθρώπων (Rm 2,16) dem das Gericht des Kyrios fest-stellenden Vers ist ὃς καὶ φωτίσει τὰ κρυπτὰ τοῦ σκότους καὶ φανερώσει τὰς βουλὰς τῶν καρδιῶν (1. Kor 4,5). Es ist so, wie W. Thüsing sagt: „Der Apostel sieht das Richteramt Gottes und Christi so sehr in eins, daß für ihn das eine mit dem anderen gegeben ist."[40]

Die bisher zu beobachtende Parallelität der Aussagen über Gott und Christus findet in den Paulusbriefen weiteren Ausdruck in der Art, in der der Apostel alttestamentliche Zitate, die von Gott als Kyrios reden, auf Christus anwendet. Das Problem ist schon mehrmals ausführlich behandelt worden[41], so daß es hier genügen kann, das in unserem Zusammenhang

---

G. v. Rad eine überzeugende Analyse der prophetischen Rede vom Tag Jahwes, die die Wurzel dieser Vorstellung in der Ideologie des heiligen Krieges sehr wahrscheinlich macht. In seinem früheren Beitrag zu dem Artikel über ἡμέρα (ThW II 945—949) hatte derselbe Verfasser diesen Zusammenhang noch nicht gesehen.

[39] Belege bei G. Delling, Artikel: „ἡμέρα", in: ThW II 954.

[40] W. Thüsing, Per Christum in Deum 36.

[41] Vor allem von L. Cerfaux in mehreren Aufsätzen, die in Recueil L. Cer-

Entscheidende zu referieren. Es dürfte sicher sein, daß die Übertragung von LXX-Stellen, die יהוה mit κύριος übersetzen, auf Christus schon vor Paulus im hellenistischen Urchristentum erfolgte, und daß diese Übertragung zu dem Anwachsen der Vorstellung vom Erhöhten als dem Pantokrator führte[42]. Ebenso ist zu erkennen, daß Paulus dann, wenn er ein eigentliches Zitat aus LXX bringen wollte, meistens die ursprüngliche Bedeutung von κύριος als Gott erhielt, während in freieren Abwandlungen alttestamentlicher Verse, in Zitatensplittern und in Anspielungen auf einen alttestamentlichen Text, die Übertragung des Kyrios-Titels auf Christus häufig erfolgt[43]. Für das Gesamtbild ist es belanglos, wie viele Stellen man bei Paulus zählen mag, in denen ein κύριος der LXX auf Gott oder auf Christus bezogen wird[44]. Es ist auf alle Fälle sicher, daß der Apostel sich in der Lage sah, Gottesaussagen des Alten Testaments für Christus zu verwerten. Dies konnte nur geschehen auf Grund der Voraussetzung, daß Gegenwart, Handeln und Kommen Gottes mit Gegenwart, Handeln und Kommen Jesu Christi zusammenfallen.

Wir sahen bisher, wie Begriffe und Wortverbindungen, die das heilschaffende Handeln Gottes beschreiben, von einer Parallelität der Aussagen über Gott und Christus bestimmt sind. Dasselbe Charakteristikum zeigt sich aber auch, wenn man das Verhalten der Glaubenden gegenüber Gott betrachtet. Eine Prüfung der paulinischen Aussagen an Hand wichtiger Begriffe, die die Kirche und die einzelnen Christen betreffen, zeigt, daß die Parallelität auch hier zu beobachten ist. Wir wenden uns nunmehr, weiterhin lediglich in Form eines Überblicks, diesem Aspekt der Sache zu.

Wie das Alte Testament die Gemeinde Israels gelegentlich als קהל יהוה angeredet hat (z. B. Deut 23,2 f. Mi 2,5), so wendet sich auch Paulus an die christlichen Gemeinden als ἐκκλησίαι τοῦ θεοῦ. Die Bezeichnung kommt vor in Briefeingängen (1. Kor 1,2. 2. Kor 1,1) ebenso wie im Hauptteil der Briefe (1. Kor 10,32. 11,16.22. 15,9. Gal 1,13). In 1. Thess 2,14 ist der Ausdruck mit der Zufügung ἐν Χριστῷ Ἰησοῦ zu finden. Letztere Wendung weist schon darauf hin, daß die Christengemeinden ἐκκλησίαι θεοῦ sind in dem besonderen Sinne, daß Gottes Eigentumsrecht über sie konkret im Leben ἐν Χριστῷ verwirklicht wird. Diese Bindung an Christus ist aber so umfassend gedacht, daß Paulus auch von den ἐκκλησίαι τοῦ Χριστοῦ zu reden vermag (Rm 16,16), was sachlich nichts anderes meint als die Wendung in Gal 1,22, wo die Christengemeinden Judäas als ἐκκλησίαι ἐν Χριστῷ bezeichnet sind. Ein Unterschied in der Bedeutung des Genitivs in

---

faux I 1954 vorliegen. Ebenso von W. FOERSTER, Artikel: „κύριος etc.", in: ThW III 1081—1094.

[42] So sieht es z. B. W. KRAMER, Christos Kyrios Gottessohn § 43 a—d (154 ff.).

[43] W. KRAMER, ebd.

[44] L. CERFAUX zählt 12 Stellen, an denen sich κύριος im LXX-Zitat auf Gott bezieht, und 8 Verse, die Christus meinen (‚Kyrios' dans les citations pauliniennes de l'Ancien Testament, in: Recueil L. Cerfaux I 1954 173—188).

ἐκκλησία θεοῦ bzw. Χριστοῦ ist nicht festzustellen; beide Male handelt es sich um einen Genitiv der Herkunft und Zugehörigkeit. Ist also Gott Gründer und Besitzer der Gemeinde, so gilt dasselbe auch von Christus. Genau gleich liegen die Dinge in bezug auf das Apostolat. Paulus hat seine Berufung zum Apostolat als eine Tat Gottes beschrieben. Die Verben εὐδοκεῖν, ἀφορίζειν und καλεῖν, mit denen in Gal 1,15 die Berufung ausgedrückt ist, haben alle Gott als Subjekt und, wenn Paulus sich den letzten Apostel nennt, fügt er hinzu χάριτι δὲ θεοῦ εἰμι ὅ εἰμι (1. Kor 15,10). Es ist aber bezeichnend, daß der gleiche Vorgang auch als eine Begnadigung durch den Kyrios verstanden werden kann (1. Kor 7,25), weshalb die Gabe des Apostolates gleichermaßen διὰ 'Ιησοῦ Χριστοῦ καὶ θεοῦ πατρός erfolgt (Gal 1,1). Es ist deshalb folgerichtig, daß Paulus sich meist ἀπόστολος Χριστοῦ nennt (1. Kor 1,1. 2. Kor 1,1), daß er sagt, Christus habe ihn gesandt (1. Kor 1,17), oder daß er vom Kyrios das Apostolat empfangen habe (Rm 1,5). Auch bei der Berufung zum Apostel ist also kein Unterschied zwischen einer Berufung und Sendung durch Gott oder durch Christus zu machen.

Paulus weiß sich zur Verkündigung des Evangeliums berufen (1. Kor 1,17). Das Wort εὐαγγέλιον wird häufig absolut gebraucht, kommt aber auch oft genug mit Genitivverbindungen vor. Bei letzteren findet sich εὐαγγέλιον θεοῦ in Rm 1,1. 15,16. 2. Kor 11,7. 1. Thess 2,2.8.9, während εὐαγγέλιον τοῦ Χριστοῦ Rm 15,19. 1. Kor 9,12. 2. Kor 2,12. 9,13. 10,14. Gal 1,7. Phil 1,27 und 1. Thess 3,2 vorkommt. Außerdem erscheint die Verbindung εὐαγγέλιον τοῦ υἱοῦ (sc. θεοῦ) in Rm 1,9.

Die Frage, ob es sich in diesen Genitivverbindungen um einen gen. subj. oder gen. obj. handelt, ist wahrscheinlich in bezug auf εὐαγγέλιον θεοῦ wie auf εὐαγγέλιον τοῦ Χριστοῦ nicht sachgemäß gestellt. Gott ist jedenfalls sowohl Urheber wie Gegenstand des Evangeliums und Stellen wie Rm 15,18 und 2. Kor 13,3 zeigen in aller Klarheit, daß Paulus auch von Christus als dem Urheber seiner Verkündigung sprechen konnte, während das εὐαγγέλιον θεοῦ in Rm 1,1 gleich darauf seinem Inhalt nach als περὶ τοῦ υἱοῦ αὐτοῦ erklärt wird, also Christus als Gegenstand der Verkündigung verstanden ist. „Inhaltlich steht fest, daß für Paulus Christus Objekt wie auctor der Verkündigung ist"[45], und dasselbe gilt von Gott. Deshalb kann auch von dem Begriff εὐαγγέλιον gesagt werden, daß er die charakteristische Einheit der Aussagen über Gott und Christus aufweist.

Die apostolische Tätigkeit kann ein μαρτύριον genannt werden. Dabei macht es offenbar keinen Unterschied, ob es als μαρτύριον τοῦ θεοῦ (1. Kor 2,1) oder als μαρτύριον τοῦ Χριστοῦ (1. Kor 1,6) näher bestimmt ist. Das Zeugnis des Apostels hat selbstverständlich nicht zwei gesonderte Gegenstände, sondern es ist Zeugnis von Gott, indem es Zeugnis von Christus ist, und umgekehrt.

---

[45] G. FRIEDRICH, Artikel: „εὐαγγέλιον etc.", in: ThW II 728.

Wie die in den Umkreis des apostolischen Dienstes gehörigen Begriffe so zeigen auch Worte, die sich auf das Leben jedes einzelnen Christen beziehen, die Parallelitätsaussagen, um die es sich im Zusammenhang dieses Überblicks handelt. In erster Linie stehen hier die Worte πίστις und πιστεύειν. Glaube ist natürlich auch bei Paulus Glaube an Gott. Wie Abraham Gott glaubte (Rm 4,3.5.17. Gal 3,6), so glaubt der Christ an den, der Christus von den Toten erweckte (Rm 4,24. 10,9). Christlicher Glaube ist πίστις . . . πρὸς τὸν θεόν (1. Thess 1,8). Trotzdem ist es kein zweiter und anderer Glaube, wenn Paulus von sich und allen Mitchristen feststellt ἡμεῖς εἰς Χριστὸν Ἰησοῦν ἐπιστεύσαμεν (Gal 2,16, ebenso die Formulierung εἰς αὐτὸν πιστεύειν Phil 1,29). Mehrfach kommt der Ausdruck πίστις Ἰησοῦ oder πίστις Χριστοῦ vor (Rm 3,22.26. Gal 2,16. 3,22.26. Phil 3,9), auch die Form πίστις τοῦ υἱοῦ τοῦ θεοῦ ist bezeugt (Gal 2,20). An diesen Stellen liegt zweifellos stets ein gen. obj. vor, wie vor allem Gal 2,16 zeigt, wo πίστις Χριστοῦ Ἰησοῦ und ἡμεῖς εἰς Χριστὸν Ἰησοῦν ἐπιστεύσαμεν direkt beieinander stehen und sicher dieselbe Sache aussprechen.

Die Begriffe δοῦλος und δουλεύειν bestätigen weiterhin die bisher beobachteten Sachverhalte. Die Dinge liegen hier allerdings etwas anders als bei den Worten πίστις und πιστεύειν. Während es bei Paulus keinen Satz gibt, in dem sich Glaube an einen anderen als an Gott oder Christus hält, kann δουλεύειν durchaus auch vom brüderlichen Dienst eines Menschen an anderen gebraucht werden. Dennoch ist der Dienst Gott bzw. Christus gegenüber eine Realität, die auf einer anderen Ebene als der Dienst unter Mitmenschen liegt. Weder Gott noch Christus kann in dem Sinne gedient werden, daß eine innerweltliche Bedürftigkeit befriedigt wird. Vielmehr handelt es sich beim Dienst ihnen gegenüber um die Anerkennung einer letztgültigen Verpflichtung, die dem Gebot der Gottesverehrung entspricht. In diesem Sinn kennt Paulus einen Dienst Gottes ebenso wie einen Dienst Christi. Die Feststellung, die Galater hätten vor ihrem Übertritt zu dem von Paulus verkündigten Evangelium τοῖς φύσει μὴ οὖσιν θεοῖς gedient (Gal 4,8), schließt den Gedanken ein, daß Christsein Dienst des wahren Gottes bedeutet (vgl. 1. Thess 1,9). So heißt es Rm 6,22, diejenigen, die von der Herrschaft der Sünde befreit sind, seien δουλωθέντες τῷ θεῷ, und Rm 7,25 stellt der Apostel fest τῷ νοῒ δουλεύω νόμῳ θεοῦ. Auf der anderen Seite steht die mehrfache Selbstbezeichnung als δοῦλος Χριστοῦ (Ἰησοῦ) in Rm 1,1. Gal 1,10 und Phil 1,1, die jedoch nicht auf die Träger des Apostolats einzuschränken ist, da jeder Christ kraft seines Glaubens ein δοῦλος Χριστοῦ ist (1. Kor 7,22). Τῷ κυρίῳ δουλεύειν ist eines der auszeichnenden Merkmale des christlichen Lebens (Rm 12,11. 14,18. 16,18). In diesen Zusammenhang gehört auch die Feststellung, daß Paulus die Apostel als θεοῦ διάκονοι bezeichnet (2. Kor 6,4), während er der Behauptung seiner Gegner, sie seien διάκονοι Χριστοῦ, die Antwort erteilt: ὑπὲρ ἐγώ (2. Kor 11,23), was einschließt, daß er sich durchaus auch als διάκονος Χριστοῦ verstehen kann.

In allgemeinerem Sinn werden die Worte ζῆν und εὐάρεστος εἶναι zur Charakterisierung christlichen Lebens gebraucht: der Christ lebt für Gott und er sucht Gott zu gefallen. Paulus sagt von sich selbst, freilich sinngemäß alle Christen miteinschließend, νόμῳ ἀπέθανον ἵνα θεῷ ζήσω (Gal 2,19). Der Christ hält sich für einen solchen, der für die Sünde tot ist und Gott lebt (Rm 6,11). Das hat aber erneut seine genaue Entsprechung darin, daß von den Glaubenden gesagt werden kann τῷ κυρίῳ ζῶμεν und τοῦ κυρίου ἐσμέν (Rm 14,8); denn Christus ist deshalb für alle gestorben ἵνα οἱ ζῶντες μηκέτι ἑαυτοῖς ζῶσιν ἀλλὰ τῷ ὑπὲρ αὐτῶν ἀποθανόντι καὶ ἐγερθέντι (2. Kor 5,15). Dem entspricht es, daß die Römer ermahnt werden, sich als lebendiges und heiliges Opfer darzubringen τῷ θεῷ εὐάρεστον (Rm 12,1), während im Gedanken an den Kyrios zu sagen ist, daß wir danach streben εὐάρεστοι αὐτῷ εἶναι (2. Kor 5,9).

Denselben Gedanken drückt das Wort φόβος aus. Die Weisung μετὰ φόβου καὶ τρόμου τὴν ἑαυτῶν σωτηρίαν κατεργάζεσθε (Phil 2,12) meint wegen des sofort folgenden θεός in V. 13 sicher die Gottesfurcht. Diese Verbindung ist in der ähnlichen Formulierung in 1. Kor 2,2 und 2. Kor 7,15 zwar nicht direkt ersichtlich, trotzdem ist es aber das natürlichste, auch hier φόβος und τρόμος als Furcht und Zittern vor Gott zu verstehen. Dagegen ist in 2. Kor 5,11 mit dem φόβος τοῦ κυρίου in Anbetracht der Erwähnung des Richterstuhls Christi im vorausgehenden Vers sicher der Kyrios Jesus gemeint.

Schließlich sei noch erwähnt, daß Paulus, wenn er auf Reisepläne zu sprechen kommt, des öfteren die Bedingung ausspricht, daß der göttliche Wille die Reisen zustande kommen läßt. Rm 1,10 wird die Durchführung der Besuchsabsicht vom θέλημα τοῦ θεοῦ abhängig gemacht und Rm 15,32 nochmals im Vorblick auf dieselbe Reise. Ein vorgesehener Besuch bei den Korinthern wird dagegen unter die Bedingung gestellt ἐὰν ὁ κύριος θελήσῃ (1. Kor 4,19) und der Wunsch nach einem längeren Bleiben in Korinth kann nur erfüllt werden ἐὰν ὁ κύριος ἐπιτρέψῃ (1. Kor 16,7). Die Einheit des die Geschichte leitenden Handelns Gottes und Christi ist in einem Satz zusammengefaßt in 1. Thess 3,11: αὐτὸς δὲ ὁ θεὸς καὶ πατὴρ ἡμῶν καὶ ὁ κύριος ἡμῶν Ἰησοῦς κατευθῦναι τὴν ὁδὸν ἡμῶν πρὸς ὑμᾶς.

Ein Überblick über die bis jetzt beachteten Zusammenhänge erlaubt das Urteil: Paulus hat das Handeln Gottes und das Handeln Christi so analog beschrieben, daß sich die Folgerung der völligen Einheit dieses Handelns ergibt. Das Werk Gottes ist das Werk Christi und Christi Tat ist Gottes Tat. Aber an dieser Stelle stellt sich erst die entscheidende Frage: kann und muß im Sinne paulinischer Theologie die Tateinheit von Gott und Christus auch gleichzeitig als Tateinheit von Gott und Mensch interpretiert werden? Unsere Fragestellung geht ja dahin, ob und wie das Tun Gottes sich im Tun des Menschen verleiblicht. Nun ist aber seit Wrede in der paulinischen Forschung immer wieder betont worden, daß Paulus dem Menschen Jesus keine entscheidende Bedeutung zumißt, daß es vielmehr der erhöhte Himmlische ist, auf den sich der Glaube des Apostels richtet. Selbst wenn man Paulus ein gewisses Interesse am Menschen Jesus zuge- steht, kann man immer noch darauf bestehen, daß das erhöhte „Himmels- wesen" von ihm scharf zu unterscheiden ist[46]. Wenn dem so sein sollte, so wäre es mindestens denkbar, daß die Parallelaussagen, die wir beobachte- ten, wohl für den himmlischen Kyrios, aber nicht für den Menschen Jesus zuträfen. In diesem Falle wäre natürlich für unser Thema überhaupt nichts gewonnen. Die Frage ist deshalb unausweichlich: an wen denkt Paulus, wenn er von der Tat Christi in ihrer Einheit mit der Tat Gottes spricht?

Es liegt nahe, an der Stelle einzusetzen, an der Paulus selbst durch den einfachen Gebrauch des Namens 'Ιησοῦς möglicherweise eine besondere Orientierung an dem Menschen Jesus andeuten möchte. In den sicher echten Paulinen kommt der einfache Name Jesus 17mal vor[47]. Im Hinblick auf diese Stellen ist, auch in jüngster Zeit, gesagt worden, „daß Paulus dabei in besonderem Maße an den ,Geschichtlichen' denkt"[48]. Von vorn- herein fällt auf, daß von den 17 in Betracht kommenden Stellen 3 auf den 1. Thessalonicherbrief und 8 auf den 2. Korintherbrief entfallen. Die 8 Stellen aus dem 2. Korintherbrief nehmen dabei eine Sonderstellung ein und sollen deshalb zuletzt geprüft werden. Dagegen fallen die Verse des 1. Thessalonicherbriefs nicht aus dem Rahmen dessen, was sich auch in den anderen Briefen zeigt.

Außerhalb des 2. Kor kann sich das absolute 'Ιησοῦς auf den Kreuzes- tod Jesu (1. Thess 4,14. Rm 3,26 und wohl auch Gal 6,17), auf seine Auf- erstehung (1. Thess 1,10. 4,14. Rm 8,11, mit gewissen Reserven auch Phil 2,10), ja sogar auf seine Wiederkunft (1. Thess 1,10. 4,14) beziehen. Der Tod am Kreuz ist eindeutig ausgesagt in 1. Thess 4,14: πιστεύομεν ὅτι 'Ιησοῦς ἀπέθανεν, er ist zweifellos gemeint mit dem Hinweis auf die Recht- fertigung ἐκ πίστεως 'Ιησοῦ in Rm 3,26, weil der vorausgehende Textzu- sammenhang von der Rechtfertigung durch das Blut Christi spricht (Rm 3,25), und er ist auch mit den στίγματα 'Ιησοῦ in Erinnerung gebracht, die Paulus nach Gal 6,17 an seinem Leibe trägt. Natürlich wurde niemand anders als der irdische Jesus gekreuzigt und es ist unbestreitbar, daß Pau- lus an diesen Stellen an den Irdischen dachte. Dagegen ist nicht einzu-

---

[46] So in der jüngeren Forschung z. B. W. SCHMITHALS, Die Gnosis in Korinth 124.

[47] Ich folge mit dieser Zählung W. KRAMER, aaO § 59b (199).

[48] W. FOERSTER, Artikel: „'Ιησοῦς", in: ThW III 289. Dem stimmt zu D. GEORGI, Die Gegner des Paulus im 2. Korintherbrief 283, wo es heißt: „Immer also weist der einfache Jesusname bei Paulus betont auf den irdischen Jesus."

sehen, warum in den erwähnten Versen Paulus Anlaß gehabt haben sollte, mit Betonung gerade auf die irdische Erscheinung Jesu hinzuweisen. In anderem Zusammenhang hat Paulus meist den Christustitel mit dem Ereignis des Todes Jesu verknüpft (z. B. Rm 8,34. 1. Kor 15,3. 2. Kor 5,14 f.). Ein sachlicher Unterschied ist nicht ersichtlich, weshalb W. Kramers Urteil richtig ist, daß an diesen Stellen der Name Jesu die übliche Bedeutung von Χριστός hat[49]. Damit ist aber gleichzeitig gesagt, daß einfaches Ἰησοῦς und Χριστός, mindestens bezüglich der Kreuzigung, auswechselbar und also identisch sind.

Das gleiche gilt von den Stellen, die Ἰησοῦς mit der Auferstehung verbinden. In 1. Thess 1,10 geschieht dies wahrscheinlich unter Verwendung einer vorpaulinischen Vorlage[50], sicher auch in Phil 2,10, wo allerdings der Blick des zugrunde liegenden Liedes nicht auf die Auferstehung, sondern auf die Erhöhung Jesu fiel. Immerhin sah sich Paulus beide Male nicht veranlaßt, den Wortlaut zu ändern. Daß er sich dazu nicht gezwungen sah, wird durch die Verbindung des bloßen Namens Jesu mit der Auferstehung an den Stellen erhärtet, wo vermutlich eigene Formulierung vorliegt. In 1. Thess 4,14 wird dem Ἰησοῦς ἀπέθανεν sofort ein καὶ ἀνέστη beigefügt und Rm 8,11 sagt, Gott habe τὸν Ἰησοῦν ἐκ νεκρῶν erweckt. Nun ist sicher, daß die Auferstehung sowohl mit dem Kyrios-Titel (Rm 4,24. 10,9. 1. Kor 6,14) wie mit dem Christus-Namen (Rm 6,4.9. 8,34. Häufig in 1. Kor 15) verbunden wird. Es ist wiederum nicht zu sehen, was an den Stellen, an denen der einfache Name Ἰησοῦς vorkommt, zu einer besonderen Betonung des Irdischen geführt haben soll. Klar ist aber auf der anderen Seite auch, daß für Paulus der Mensch Jesus erweckt wurde und nicht ein von ihm irgendwie zu unterscheidender himmlischer Herrscher unter dem Namen Χριστός oder κύριος. Der Gebrauch des alleinstehenden Ἰησοῦς betont in Verbindung mit der Auferstehung die Identität des Menschen Jesus mit dem Kyrios[51].

Diese Identität ist vollends auf das schärfste unterstrichen, wenn Paulus im 1. Thessalonicherbrief zweimal die Parusie mit dem ohne Titel versehenen Namen Jesu verknüpft (1. Thess 1,10. 4,14). Hier wäre es völlig absurd, an eine Betonung des Irdischen als solchen zu denken. Dagegen sind die Formulierungen nur möglich, wenn der Wiederkommende eben in Identität mit dem Menschen Jesus erwartet wird. Die Bewahrung dieser Identität ist auch der Grund für die Emphase, mit der das Bekenntnis κύριος Ἰησοῦς dem häretischen ἀνάθεμα Ἰησοῦς entgegengestellt wird (1. Kor 12,3). Denn — dieser Nachweis ist W. Schmithals gelungen[52] — der Satz entstammt einer stark gnostisch schillernden Christologie gewisser

---

[49] W. Kramer, aaO § 59b (200).

[50] G. Friedrich, Ein Tauflied hellenistischer Judenchristen 1. Thess 1,9 f., in: ThZ 21 (1965) 502—516.

[51] Das ist auch die Meinung von D. Georgi, aaO 283 f.

[52] W. Schmithals, aaO 117—122.

Gruppen in Korinth, die zwar den himmlischen κύριος verehren, dem irdischen Jesus aber keinerlei Heilsbedeutung beimessen. Solche Christologie hat die Einheit des irdischen Jesus mit dem herrschenden Kyrios radikal zerstört und die Gegenthese des Paulus in 1. Kor 12,3 behauptet demgegenüber, daß die Norm eines Bekenntnisses aus dem Geiste Gottes gerade die Bewahrung der Einheit des Irdischen mit dem Auferstandenen ist.

Kann man demnach in der paulinischen Literatur im allgemeinen nicht davon sprechen, daß die gelegentliche Verwendung des reinen Jesusnamens den irdischen Jesus als solchen besonders hervorhebt, so zeigt sich darin doch die Voraussetzung der Einheit des Irdischen mit dem Erhöhten. In der an Korinth gerichteten Korrespondenz, besonders im 2. Korintherbrief, ändert sich die Lage aber insofern, als der Apostel hier explizit zur Frage des irdischen Jesus Stellung nimmt. Diese Stellungnahme hat großes theologisches Gewicht und vermag die Voraussetzungen zu erhellen, die für Paulus auch in seinen anderen Briefen vorgegeben sind. Der Grund für den ausdrücklichen Verweis auf den irdischen Jesus in den Korintherbriefen liegt in der Opposition, mit der Paulus in diesen Briefen zu kämpfen hat, und zwar speziell in der gnostizierenden Christologie der Gegner des Paulus. Die antipaulinische Opposition ist in beiden Briefen dieselbe, jedenfalls läßt sich die christologische Position der Paulusgegner in Korinth in beiden Briefen durchaus als einheitlich verstehen[53].

Der „andere Jesus" (2. Kor. 11,4), den die Gegner des Paulus in Korinth verkünden, ist identisch mit dem Jesus, den sie nach 1. Kor 12,3 verfluchen[54]. Es handelt sich also um Leute, die die Einheit des irdischen Jesus mit dem auferstandenen, pneumatischen Kyrios in radikaler Weise leugnen, indem sie nicht nur die Nutzlosigkeit, sondern geradezu die Schädlichkeit alles Fleischlich-Irdischen und damit konsequenterweise auch der

[53] Diese Auffassung ist von D. GEORGI (Die Gegner des Paulus im 2. Korintherbrief 1964) bestritten worden. Er sucht aufzuweisen, daß Paulus im 2. Korintherbrief, im Gegensatz zu den im ersten Brief angeredeten Gruppen gnostizierender Enthusiasten, mit dem Einfluß judenchristlicher Wandermissionare zu tun hat, deren theologische Orientierung aus der Tradition hellenistisch-jüdischer Apologetik stammt. Diese Wandermissionare sehen in Jesus von Nazareth, im Stile hellenistisch-jüdischer Auffassung der großen Gestalten jüdischer Vergangenheit, einen θεῖος ἀνήρ, der sich in seinem Leben durch glänzende Beweise des Geistbesitzes ausgezeichnet hat. Auch GEORGI betont den nachdrücklichen Bezug des Paulus auf den irdischen Jesus im 2. Kor. Er kommt aber durch die sein Buch bestimmende These über die Eigenart der Opposition im 2. Korintherbrief zu einer Interpretation, die von der oben gegebenen abweicht. Zur Kritik an GEORGI siehe E. GÜTTGEMANNS, Der leidende Apostel und sein Herr 1966 passim, sowie die Besprechung desselben Verfassers in: ZKG 77 (1966) 126—131.

[54] Dieser Satz klingt nur paradox. Man kann die Verfluchung des Fleisches durchaus zum Gegenstand der Verkündigung machen und also auch den Jesus des Fleisches als Verfluchung des Fleisches verkünden.

irdischen Existenz Jesu behaupten[55]. Paulus haben sie vorgeworfen, daß
die in seinem Apostolat überall zum Vorschein kommende Schwachheit
(ἀσθένεια) der Herrlichkeit (δόξα) enthusiastischen Pneumatikertums widerspricht, und haben ihm deswegen die Legitimation zum Apostel abgesprochen[56].

Im Zusammenhang der Verteidigung seines Apostolats hat Paulus in
2. Kor 4,7—15 auch die christologischen Überzeugungen seiner Gegner in
Korinth mit seinem Verstehen der Bedeutung des irdischen Jesus konfrontiert[57].

Nicht weniger als sechsmal kommt das absolute Ἰησοῦς in diesem kurzen Abschnitt vor — für Paulus eine ganz singuläre Häufung[58]. Freilich
sind die christologischen Wendungen völlig in die Diskussion des apostolischen Amtes eingelassen. Die Herrlichkeit des Apostelamtes, so argumentiert Paulus, tritt nach außen hin deshalb nicht unmittelbar in Erscheinung, weil sie einem Schatz gleicht, den man in irdenen Gefäßen aufbewahrt (4,7). Das Leben des Apostels ist ein Leben in Bedrängnis, Verlegenheiten, Verfolgungen und Niederwerfung, aber in solcher Weise, daß
völlige Verzweiflung und Niederlage niemals das Ergebnis sind (4,8). Der
von den Gegnern als Widerspruch empfundene Gegensatz zwischen der
Herrlichkeit des apostolischen Dienstes und der vor aller Augen liegenden
Schwäche des Apostels wird von Paulus als notwendig und ordnungsgemäß gedeutet. Er beherbergt weder Zufall noch Fragwürdigkeit. Denn
der Gegensatz ist die direkte Erscheinung des Todes und Lebens Jesu
selbst. Die Schwäche des Apostels ist notwendig, weil der Apostel in ihr die
νέκρωσις τοῦ Ἰησοῦ am eigenen Leibe mit sich herumträgt, weil er διὰ
Ἰησοῦν in den Tod gegeben ist. Gleichzeitig aber ist die fortgehende
Rettung und Erhaltung mitten in Gefahr und Schwachheit die Manifestation der ζωὴ Ἰησοῦ, die sich an der hinfälligen Existenz des Apostels offenbart (4,10 f). Wäre das Leben des Apostels nicht von diesem Gegensatz geprägt, so wäre es ein Leben aus eigener Kraft, das nicht auf den Erweis
der Kraft Gottes harren und angewiesen sein müßte (4,7).

Wie erklärt sich nun die auffallende Verwendung des absoluten Ἰησοῦς
in 2. Kor 4,7—15? Die Ungewöhnlichkeit der Wortwahl wird dadurch nur
noch verstärkt, daß Paulus in anderen Zusammenhängen den Gedanken
der Anteilnahme des Glaubenden an Tod und Leben Christi gewöhnlich

---

[55] W. SCHMITHALS, aaO 117—122.

[56] E. KÄSEMANN, Die Legitimität des Apostels, in: ZNW 41 (1942) 33—71. Käsemann nimmt allerdings eine andere Opposition an. Seine Analyse der an Paulus
geübten Kritik wie seine Interpretation des von Paulus den Gegnern vorgehaltenen Verstehens der ἀσθένεια fügen sich aber dem oben angenommenen
Bild gut ein.

[57] Zu diesem Abschnitt vgl. die ausgezeichnete Darstellung von E. GÜTTGE
MANNS, aaO 94—124.

[58] Mit W. KRAMER, aaO § 3h (21), halte ich in 4,16b die Lesung ὁ ἐγείρας τὸν
Ἰησοῦν unter Weglassung von κύριον für ursprünglich.

mit dem Titel Χριστός verbindet (z. B. Rm 6). Die besondere Eigenart der korinthischen Opposition bietet die Erklärung. Die enthusiastischen Pneumatiker Korinths wollen ja den Sieg über den Tod als in ihrem Geistbesitz bereits erstritten, die unaufgebbare Unterschiedenheit des auferstandenen Christus vom Gläubigen als in einer pneumatischen Identität von Erlöser und Erlösten schon aufgelöst und damit die gesamte Sphäre der leiblichen, sozialen und rechtlichen Bindungen des Christen als belanglos angesehen wissen[59]. Paulus sah in diesem Unternehmen eine Spekulation, die nur zustande kommen kann, wenn man vergißt, daß der erhöhte Kyrios der gekreuzigte Mensch Jesus ist. Der Gekreuzigte ist der Herr, darum gibt es Leben nur in der Hingabe an die Gewalt des Todes. Das konnte sich anders als im Hinweis auf den irdischen Jesus nicht klar machen lassen.

2. Kor 4,10 f. sind sachlich ganz eng mit 2. Kor 13,4 verwandt. Hier wie dort ist das Sterben Jesu als Grund der Schwachheit des Apostels und sein Leben aus dem Tode als Grund des Lebens des Apostels aufgezeigt. 2. Kor 13,4 heißt es: ἐσταυρώθη ἐξ ἀσθενείας, ἀλλὰ ζῇ ἐκ δυνάμεως θεοῦ.

Diese Verwandtschaft dürfte den Sinn von νέκρωσις Ἰησοῦ und ζωὴ Ἰησοῦ in 2. Kor 4,10 f. verdeutlichen. Νέκρωσις entspricht dem ἐσταυρώθη, meint also das Getötetsein Jesu[60], und ζῇ ἐκ δυνάμεως θεοῦ bezieht sich auf die Auferstehung, was bedeutet, daß auch die ζωὴ Ἰησοῦ in 2. Kor 4,10 f. die am Auferstandenen und durch den Auferstandenen wirksame Lebenskraft Gottes meint[61]. Beides zusammen, das Getötetsein Jesu und seine Lebenskraft als Auferstandener bestimmen für Paulus den apostolischen Dienst: eine Herrlichkeit ohne Leiden, ein Genuß des Geistes ohne die Verantwortung für die konkreten Bindungen an leibliches Leben war für ihn deshalb nicht möglich. Paulus hat also sein Verständnis des Apostolats in seiner Christologie gegründet. Freilich hat das auch die korinthische Opposition getan, aber an der Verschiedenheit der Argumente kommt der entscheidende Punkt deutlich zum Vorschein. Die korinthischen Häretiker trennten den irdischen Jesus von dem von ihnen allein verehrten pneumatischen Kyrios, um auf diese Weise die Parole der Freiheit des Pneumatikers von jeder weltlich-leiblichen Bindung zu rechtfertigen. Paulus betont genau umgekehrt die Einheit des gekreuzigten Irdischen mit dem Auferstandenen und leitet daraus die Notwendigkeit der apostolischen ἀσθένεια als des Offenbarungsortes der Herrlichkeit Gottes ab (2. Kor 12,9). Mit die-

---

[59] Siehe hierzu die Analyse des Interpretationsproblems von 1. Kor 15 in E. GÜTTGEMANNS, Der leidende Apostel 53–94, und E. KÄSEMANN, Der Ruf der Freiheit 83–87.

[60] Gegen D. GEORGI, aaO 286, wo νέκρωσις als Prozeß verstanden ist. Die einzige paulinische Parallele für νέκρωσις (Rm 4,19) verwendet das Wort ebenfalls eindeutig als Bezeichnung eines Zustandes.

[61] Auch das gegen D. GEORGI, aaO 287, der ζωὴ Ἰησοῦ allein auf das irdische Leben Jesu deutet.

ser Einheit steht oder fällt für ihn das Verständnis seines Dienstes. Daher rührt der sechsmalige Gebrauch des absoluten Ἰησοῦς in 2. Kor 4,7 ff., daher ist mit großer Betonung in dem Ausdruck ζωὴ τοῦ Ἰησοῦ zweimal (4,10 f.) der Auferstandene mit dem irdischen Jesus identifiziert. „Die Auferweckung als die Erhöhung des irdischen Jesus zum Herrn hebt eben das Gekreuzigtsein nicht auf, wie die Korinther glauben. Der Jesus am Kreuz wird nie zur abgetanen Vergangenheit, sondern bleibt. Paulus denkt den Leichnam Jesu am Kreuz und das Leben des Auferstandenen, die Kyrios-Würde, so sehr zusammen, daß beides keinen Gegensatz mehr bildet, sondern eine paradoxe Identität."[62]

Wir müssen uns die leitende Fragestellung dieses Abschnitts erneut vergegenwärtigen. Wir beobachteten, daß Paulus durch eine Fülle von Parallelaussagen die Tateinheit von Gott und Christus ausdrückt und unser Problem entstand durch die weitere Frage, ob diese Tateinheit von Gott und dem Menschen Jesus ausgesagt ist oder ob sie einer Tateinheit von Gott und einem den Kyrios-Titel tragenden himmlischen Wesen gilt. Im Rückblick auf die Behandlung der Stellen, an denen der reine Jesusname vorkam, ist bereits eine vorläufige Antwort erlaubt. Wir sahen, daß der Name Ἰησοῦς das menschliche Leben, den Tod, die Auferstehung, die Herrschaft über die Welt und die erwartete Parusie eines und desselben Subjektes bezeichnet. Es wäre also bestimmt kein sachgemäßes Verständnis, wenn man den Begriff Menschenleben auf solche Aussagen des Paulus einschränken wollte, die im Rückblick auf die Vergangenheit vom irdischen Jesus zwischen seiner Geburt und seinem Tode reden. Der Mensch Jesus ist für Paulus identisch mit dem Auferstandenen und Erwarteten, und in dieser Identität des Subjekts liegt die dauernde Bewahrung der Menschlichkeit Jesu beschlossen.

Dennoch ist damit die Frage noch nicht völlig beantwortet. Es wäre ja noch immer möglich, daß Paulus zwar die Einheit des Menschen Jesus mit dem auferstandenen Herrn der Welt erhält, dem gegenwärtigen und erwarteten Kyrios aber doch bestimmte Funktionen zuschreibt, die nur ihm allein zukommen. Es könnte also sein, daß wenigstens bestimmte Aspekte der Parallelaussagen nur für den Erhöhten gelten, selbst wenn seine Identität mit dem Menschen Jesus erhalten ist. Um die Frage auch unter diesem Gesichtspunkt zu prüfen, soll nunmehr ein weiterer Überblick über die Art der mit den Titeln Χριστός und κύριος verbundenen Aussagen gegeben werden.

Paulus hat sowohl den Christustitel[63] wie die Kyriosbezeichnung von der

---

[62] E. GÜTTGEMANNS, aaO 118. Paradox würde ich diese Identität freilich nicht nennen, weil sie dem Grundzug des biblischen Gottesbildes in seinem Zusammenhang mit dem Menschenbild entspricht und so gerade ein Grundzug des Glaubens ist.

[63] Es ist allerdings fraglich, ob man Χριστός bei Paulus selbst in determiniertem Gebrauch noch als Titel und nicht ausschließlich als Eigennamen aufzufas-

Tradition übernommen. Die beiden Titel sind auf verschiedenem Boden entstanden und hatten ursprünglich verschiedene Bedeutungsinhalte. Diese traditionsgeschichtliche Verschiedenheit ist bei Paulus noch nicht völlig verwischt. Sein Sprachgebrauch läßt vielmehr noch die Unterschiede erkennen, die für die Titel zunächst konstitutiv waren. Analysen ergeben, daß Χριστός hauptsächlich im Blick auf die Vergangenheit des Heilsgeschehens, also in erster Linie auf Kreuz und Auferstehung, verwendet wird, während κύριος überwiegend im Gedanken an die gegenwärtige Autorität Jesu gebraucht wird, besonders in der Paränese[64].

Obwohl Paulus dieser traditionsgeschichtlich gegebenen Differenzierung bis zu einem gewissen Grade treu bleibt, hat er sich doch keinesfalls damit an ein Schema binden wollen. Es ist für ihn vielmehr umgekehrt gerade charakteristisch, daß er die Titel in Zusammenhängen verwendet, in die sie ihrer Entstehung und ihrem ersten Sinn nach nicht gehören. Das zeigt sich zunächst besonders auffällig an der Verwendung von κύριος. Das Wort ist von Paulus auch an Aussagen über die Kreuzigung gebunden. Er kann sagen, er wolle sich nur rühmen ἐν τῷ σταυρῷ τοῦ κυρίου ἡμῶν Ἰησοῦ Χριστοῦ (Gal 6,14), ja noch viel auffälliger heißt es unter alleiniger Verwendung des κύριος-Titels von den Archonten dieser Welt τὸν κύριον τῆς δόξης ἐσταύρωσαν (1. Kor 2,8). Dem entspricht, daß die Erwähnung von Leib und Blut Christi, die gewöhnlich mit Χριστός verknüpft ist (z. B. 1. Kor 10,16), doch auch zusammen mit dem Wort κύριος auftreten kann (1. Kor 11,27). Paulus steht nicht an, die scheinbar völlig paradoxe Wendung vom θάνατος τοῦ κυρίου zu gebrauchen (1. Kor 11,26) und von den Juden zu sagen, sie hätten den κύριος Ἰησοῦς getötet (1. Thess 2,15). Zweimal ist von leiblichen Brüdern Jesu die Rede. Einmal wird Jakobus ἀδελφὸς τοῦ κυρίου genannt (Gal 1,19), das andere Mal erscheinen ohne Namensnennung die ἀδελφοὶ τοῦ κυρίου (1. Kor 9,5). Zwar ist es in diesen Fällen möglich, daß der Ausdruck ἀδελφός bzw. ἀδελφοὶ τοῦ κυρίου auf palästinensischen Sprachgebrauch zurückgeht, in welchem er einfach „Bruder des Rabbi" meinte[65]. Es ist aber kaum zu bezweifeln, daß Paulus κύριος auch an diesen Stellen im vollen Sinn der christologischen Titulatur verstand. Der Überblick ergibt also mit aller wünschenswerten Klarheit, daß Paulus auch den irdischen Jesus als κύριος angesehen hat, wobei er so weit geht, sogar den Tod Jesu als den Tod des Herrn zu deuten.

---

sen hat. Vgl. N. A. DAHL, Die Messianität Jesu bei Paulus, in: Studia Paulina in honorem Johannis de Zwaan, 1953, 83—95. H. CONZELMANN, Was glaubte die frühe Christenheit?, in: Schweizerische Theologische Umschau 25 (1955) 61—74. W. KRAMER, aaO § 60 (203 f.).

[64] Dazu besonders W. KRAMER, aaO §§ 41 und 52 (147 f. und 179 f.) sowie F. NEUGEBAUER, In Christus 44 ff. Etwas anders H. CONZELMANN, Grundriß, wo κύριος mit Auferstehung und Parusie, Χριστός mit Tod und Auferstehung verbunden wird.

[65] W. KRAMER, aaO § 49 (175).

Für den Gebrauch des Wortes Χριστός lassen sich ähnliche Beobachtungen zusammenstellen. Obwohl im ganzen der Kyrios die Gegenwart des Glaubenden bestimmt, so daß die Ermahnungen an ein Verhalten ἐν κυρίῳ verständlich werden, gibt es doch auch paulinische Paränesen, die in Christus begründet sind. Der νόμος τοῦ Χριστοῦ (Gal 6,2) ist selbstverständlich das gegenwärtig gültige Gesetz, es gibt ein δουλεύειν τῷ Χριστῷ (Rm 14, 18) in der Gegenwart, die Ermahnung zu gegenseitiger Annahme der Christen untereinander wird mit dem Satz begründet ὁ Χριστὸς προσελάβετο ἡμᾶς (Rm 15,7), wie die Ermahnung anderen und nicht sich selbst zu Gefallen zu leben sich aus dem Grundsatz ergibt ὁ Χριστὸς οὐχ ἑαυτῷ ἤρεσεν (Rm 15,3). Darüber hinaus ist zu beachten, daß Χριστός, allerdings ausschließlich im Philipperbrief, auch mit Aussagen über die Zukunft des Erwarteten verknüpft ist (Phil 1,6.10. 2,16). Somit ist wohl zu sagen, daß die Haftung der Χριστός-Aussagen an dem traditionellen Punkt des vergangenen Heilsgeschehens bei Paulus stärker bewahrt ist als die Beziehung der Aussagen auf die Gegenwart des Pantokrators. Streng erhalten ist aber auch sie nicht. Auch der Christus ist gegenwärtig und zukünftig. Eine prinzipielle Scheidung der Funktionen des Χριστός und des κύριος hat Paulus also nicht im Auge. Vielmehr ist für ihn der eine Ἰησοῦς als Vergangener, Gegenwärtiger und Zukünftiger stets beides: Χριστός und κύριος.

Die volle Form des Namens κύριος Ἰησοῦς Χριστός ist also ernst zu nehmen. Jesus, Kyrios und Christus sind ein einziges Subjekt, das eine vergangene, eine gegenwärtige und eine zukünftige Geschichte hat. Alle Aussagen über dieses Subjekt sind deshalb Aussagen über den Menschen Jesus. Das erlaubt uns, die beobachteten Parallelaussagen, die die Tateinheit Gottes und Christi feststellen, in vollem Umfang und ohne Differenzierung der Titel als Tateinheit Gottes und eines Menschen zu verstehen. Dennoch gilt es nun noch eine Grenze zu beachten, die bei Paulus nicht zu übersehen ist. Wohl werden in seinen Briefen das Werk Gottes und das Werk Christi dauernd als Einheit herausgestellt. Diese Einheit hat aber insofern eine doppelte Grenze, als sich zeigt, daß bestimmte Aussagen nur von Gott und andere, ebenso bestimmte Aussagen nur von Christus gemacht werden. Dabei ist in unserem Zusammenhang nur die zweite Grenze, also Aussagen, die sich auf Christus allein beziehen, von Belang[67].

---

[66] Es besteht natürlich kein Unterschied zwischen κύριος Ἰησοῦς Χριστός und κύριος Χριστὸς Ἰησοῦς. Wenn die Wortstellung vernachlässigt wird, ergibt sich nach Neugebauers Zählung (In Christus 45) ein 35maliges Vorkommen der vollen Namensform in den sicher echten Paulinen.

[67] Die in den Paulusbriefen begegnenden Aussagen, die ausschließlich auf Gott als Subjekt bezogen sind, können folgendermaßen zusammengefaßt werden:

a) Aussagen über die Vorsehung Gottes (πρόγνωσις Rm 8,29 f.; 11,2; πρόθεσις Rm 8,28; 9, 11; προορίζειν Rm 8,29 f.; 1. Kor 2,7; ἐκλέγεσθαι 1. Kor 1,27). Diesen

Denn hier könnte sich nun doch ein Verstehen des Menschenlebens Jesu bei Paulus ankündigen, das die von uns bisher beobachtete Parallelität der Aussagen wenigstens teilweise durchbricht und damit überhaupt in Frage stellt. Es ist deshalb nötig, diese Grenze zum Schluß, wiederum nur in Form eines auf genauere Auslegung verzichtenden Überblicks, ins Auge zu fassen.

Zunächst ist hier an die häufigen Wendungen zu denken, die das Sterben Jesu bezeichnen. Die Identität der Tat Gottes mit der Tat Christi erreicht hier, jedenfalls auf den ersten Blick, eine klare Grenze insofern, als von Kreuz und Tod Christi sehr häufig die Rede ist, parallele Aussagen von Gott aber nicht vorkommen. Was auch Grund und Recht der Identifizierung des Kreuzes Christi und der Tat Gottes sein mögen, sie führt für Paulus nie so weit, daß er direkt von einer Kreuzigung oder vom Tode Gottes reden könnte. Es ist der Christus, der stirbt. Die Juden haben ihn getötet (1. Thess 2,14), und es gehört zur christlichen Überlieferung, daß er starb (1. Thess 4,14. Gal 2,21. Rm 8,34. 14,9), indem er für uns (1. Thess 5,19. Rm 5,8), für jeden Bruder (1. Kor 8,11. Rm14,15), für die Gottlosen (Rm 5,6), ja — in noch allgemeinerem Ausdruck — für unsere Sünden (1. Kor 15,3) und überhaupt für alle starb (2. Kor 5,14 f.). Es ist nötig und sinnvoll, vom Tode Christi zu reden (1. Kor 11,26. 2. Kor 4,11. Rm 5,10. 6,3.5. Phil 2,8. 3,10). Paulus kann seine Verkündigung überhaupt als Wort vom Kreuz beschreiben (1. Kor 1,18), und es ist klar, daß dabei in erster Linie an das Kreuz Jesu gedacht ist (Gal 6,12.14. 1. Kor 1,17. Phil 2,8. 3,18). Es bleibt grundlegend, daß Christus gekreuzigt wurde (Gal 3,1. 1. Kor 1,23. 2,2.8. 2. Kor 13,4). Paulus denkt zweifellos in erster Linie an das Kreuz, wenn er von dem Getötetsein Jesu (2. Kor 4,10) oder von den Leiden Christi spricht (2. Kor 1,5. Phil 3,10). Das gleiche gilt, wenn in

Aussagen stehen aber diejenigen von der Präexistenz Christi gegenüber: z. B. Gal 4,4; Rm 8,3; Phil 2,6. Um das gegenseitige Verhältnis dieser Aussagen hat sich Paulus gedanklich nicht bemüht. Es ist aber offensichtlich, daß die Präexistenzvorstellung den Gedanken der Vorsehung Gottes christologisch präzisiert.
b) Aussagen vom Willen Gottes. Θέλημα verbindet sich bei Paulus nur mit dem Genitiv θεοῦ, als Berufung zum Apostolat (1.Kor 1,1; 16,12; 2. Kor 1,1), in ethischem Sinn als die Gott gefallende Lebensweise (1. Thess 4,3; 5,18; 2. Kor 8,5; Rm 12,2) oder als die göttliche Lenkung der Lebensgeschichte des Paulus (Rm 1,10; 15,32). Aber auch hier ist die Grenze nicht absolut, weil das θέλημα θεοῦ ausdrücklich mit dem Heilsgeschehen in Christus identifiziert wird (Gal 1,4).
c) Aussagen, die eine Überordnung Gottes über Christus besagen. So der Ausdruck Gott sei die κεφαλὴ τοῦ Χριστοῦ (1. Kor 11,3) und der Satz ὁ υἱὸς ὑποταγήσεται τῷ ὑποτάξαντι (scil. θεῷ) αὐτῷ τὰ πάντα (1. Kor 15,28). Beide Wendungen sind aber insofern gerade als Sicherungen der Tateinheit von Gott und Christus zu verstehen, als sie festhalten, daß der Christus kein eigenmächtiges Ziel verfolgt und also auch keine mit Gott konkurrierende Stellung einnimmt. Seine Tat zielt allein auf die Vollendung der Tat Gottes, darüber hinaus hat sie keinerlei Ziel.

Anlehnung an jüdische Opfersprache Christus unser Passa genannt wird (1. Kor 5,7).

Nur zweimal ist bei Paulus das Begräbnis Jesu erwähnt (1. Kor 15,3. Rm 6,4). Ebenso häufig wie der Hinweis auf Leiden und Tod ist aber die Aussage von der Auferstehung Christi. Dabei zeigt der Sprachgebrauch mit aller Deutlichkeit, daß Paulus die Auferstehung Christi als die Tat Gottes versteht, die sich an dem Gekreuzigten und Toten vollzieht; die Verwendung des Passivs ἐγερθῆναι überwiegt bei weitem. Wohl kommt es einmal vor, daß Paulus ἀνιστάναι für die Auferstehung verwendet und so durch den Ausdruck ὁ Ἰησοῦς ἀνέστη (1. Thess 4,14) den Anschein gibt, als denke er an eine Auferstehung, bei der der Gewinn des Lebens die eigene Tat des Toten ist. Auch die Rede von der ἀνάστασις Christi (Rm 1,4. Phil 3,10) könnte in diesem Sinne mißverstanden werden. Daß aber auch hinter diesen Wendungen in Wahrheit der Gedanke an die Erweckung durch Gott steht, ergibt sich aus der immer wiederkehrenden Verwendung des Passivs ἐγερθῆναι (2. Kor 5,15. Rm 4,25. 6,4.9. 7,4. 8,34 abgesehen von der fast stereotypen Anwendung in 1. Kor 15) und vor allem aus dem häufigen Gebrauch des Aktivs ἐγείρειν mit Gott als handelndem Subjekt (1. Thess 1, 10. Gal 1,1. 1. Kor 6,14. 2. Kor 4,14. Rm 4,24. 8,11. 10,9). Wir müssen also festhalten, daß gerade in bezug auf die entscheidenden Geschehnisse der Kreuzigung und der Auferweckung Christi eine beachtliche Doppelung der Sehweise auftaucht. Einerseits sind Tod und Auferstehung Christi das Heilsgeschehen, in dem die Tat Gottes und die Tat Christi ineinanderfallen. Andererseits aber wird nur von Christus, niemals von Gott, das Leiden und Sterben festgehalten, während die Auferstehung mit gleicher Eindeutigkeit als die Tat Gottes, aber in keinem Sinne als Tat Christi verstanden ist. Eine einfache, undifferenzierte Identität von Tat Gottes und Tat Christi darf also gerade an entscheidender Stelle nicht behauptet werden. Vielmehr ist im Zusammenhang der Einheit von Gottestat und Menschengeschichte im Ereignis des Heils eine Differenzierung zu würdigen, die Christus die Passivität — im Erleiden des Todes wie im Empfang der Erweckung —, Gott aber die Aktivität zuspricht. Hier ist noch nicht der Ort, die Aussagekraft dieser Differenzierung zu interpretieren[68]. Sie soll zunächst lediglich als Beobachtung festgestellt werden.

Aussagen des Paulus, die sich allein auf Christus beziehen, sind aber damit noch nicht erschöpft. Von Christus, und selbstverständlich von ihm allein, heißt es, daß er vom Weibe geboren und unter das Gesetz gestellt war (Gal 4,4). Er hat eine Geschichte im Fleisch (Rm 1,3. 9,5), eine Geschichte ἐν ὁμοιώματι σαρκός (Rm 8,3). Als solcher ist er der Diener der Beschneidung (Rm 15,8), der Gehorsame (Rm 5,19. Phil 2,8). Im Unterschied zum Reichtum Gottes wurde er arm (2. Kor 8,9) und im Unterschied zur Kraft Gottes hatte er Schwachheit (2. Kor 13,4). So konnte Pau-

---

[68] Siehe unten 187 ff.

lus, ein ihm vorgegebenes Lied verwendend, vom κενοῦν und ταπεινοῦν Christi, von seiner Geschichte in Knechtsgestalt ἐν ὁμοιώματι ἀνθρώπων reden (Phil 2,7 f.). In allen diesen Sätzen ist das Dasein Christi in einer Weise beschrieben, die es von Gott unterscheidet, wobei es völlig klar ist, daß diese Unterschiedenheit mit dem Menschsein Christi gegeben ist.

Dennoch gibt es bei Paulus einen Hinweis darauf, daß selbst die Niedrigkeit und Schwäche der Menschheit Christi nicht einfach der Hoheit und Kraft Gottes entgegengesetzt ist. Er hat 1. Kor 1,23 betont, daß er Christus als den Gekreuzigten predige, für Juden ein Skandal und für Heiden eine Torheit. Gerade in dem hingerichteten Christus aber sehe der Glaube die Kraft und Weisheit Gottes (1,24). Das ist wahrhaftig schon kühn genug, wird aber sogleich (1,25) durch den noch viel kühneren Satz begründet „denn das Törichte Gottes (τὸ μωρὸν τοῦ θεοῦ) ist weiser als Menschen und das Schwache Gottes (τὸ ἀσθενὲς τοῦ θεοῦ) ist stärker als Menschen". Im Zusammenhang der Sätze ist es eindeutig, daß τὸ μωρὸν τοῦ θεοῦ und τὸ ἀσθενὲς τοῦ θεοῦ nichts anderes meinen, als eben den Χριστὸν ἐσταυρωμένον (1,23). Dieser ist demnach zugleich Gottes Kraft und Weisheit und das Törichte und Schwache Gottes. Wenn also von Christus gesagt ist, daß er ἐξ ἀσθενείας gekreuzigt wurde (2. Kor 13,4), so ist damit nicht einfach die Binsenwahrheit gemeint, daß alle Menschen sterblich sind und sich eben darin vom Unsterblichen unterscheiden. Vielmehr korrespondiert die ἀσθένεια Christi dem ἀσθενὲς τοῦ θεοῦ. Was dem ungläubigen Menschen als Torheit und Schwäche erscheint, ist durchaus auch Gott nicht fremd. Man darf der Kühnheit des paulinischen Satzes nicht die Spitze abbrechen aus Furcht davor, hier einen Anthropomorphismus mitten im Neuen Testament zu finden, der die kühnsten Aussagen des Alten Testaments weit hinter sich läßt. Für Paulus gibt es eine Torheit und eine Schwäche Gottes, die sich als solche im Kreuz Christi offenbaren. Wir werden hierauf später noch interpretierend zurückkommen müssen.

3. Das irdische Leben Jesu bei Paulus

Unser Überblick über die Parallelität der Aussagen von Gott und Christus bei Paulus hat uns so weit geführt, daß die Identität der Tat Gottes mit der Tat Christi festgestellt werden konnte. Die Grenze dieser Identität kam zum Schluß ebenfalls in unseren Blick und harrt noch der näheren Entfaltung. Alles ist bisher aber noch sehr formelhaft geblieben: bloße Textvergleiche sind noch keine Interpretation, und der eigentliche Sinn und Gehalt der von uns beobachteten Identitätsaussagen müssen sowohl im Blick auf das Gottesbild wie in bezug auf das Verständnis des irdischen Lebens Jesu bei Paulus nun erst eigentlich dargestellt werden. Dabei wird es nötig sein, größere Gedankenkomplexe der paulinischen Theologie in die Besprechung einzuführen.

a) Zorn und Gesetz Gottes

Der Abschnitt Rm 1,18—3,20 handelt von der Offenbarung des Zornes Gottes[69]. Er steht zwischen der den Römerbrief beherrschenden Grundthese, daß die Gerechtigkeit Gottes im Evangelium offenbar sei (1,17) und der ersten positiven Entfaltung und Erläuterung dieser These in 3,21—26. Das Thema der Gerechtigkeit Gottes, das zunächst in 1,17 thesenartig erklingt und in 3,21—26 eine erste Deutung erfährt, wird also in dem Abschnitt 1,18—3,20 wieder verlassen, indem eine Erörterung des Zornes Gottes eingeschoben wird. Freilich handelt es sich nicht um den Einschub eines der These von der Gottesgerechtigkeit sachfremden Gedankens. Vielmehr ist die Wendung des Gedankens von der Gerechtigkeit zum Zorn Gottes darin begründet, daß der Ausdruck ὀργὴ θεοῦ als Gegenbegriff zu δικαιοσύνη θεοῦ zu verstehen ist[70]. Gottes Gerechtigkeit ist die des Menschen Unheil wendende, ein Neues schaffende und unanfechtbar rechtsverbindliche Rettungstat Gottes[71], die damit dem ganzen Reich der Verdorbenheit des Menschen und der Verdammung durch Gott siegreich gegenübertritt. Gerechtigkeit Gottes, als Inbegriff der Schöpfer- und Bundestreue Gottes, steht im Kampf gegen den Zorn Gottes, den Inbegriff des göttlichen Gerichtes gegen den Schöpfung und Bund und deshalb Gott selbst verneinenden sündigen Menschen. Es ist schon dadurch deutlich, daß die Gegenüberstellung von δικαιοσύνη θεοῦ und ὀργὴ θεοῦ ein Ringen Gottes in sich beschließt, in dem der Schöpfer und Erlöser sich über den Richter durchzusetzen hat[72].

Der Zorn Gottes ist die den sündigen Menschen richtende und zum

[69] So hat G. BORNKAMM seinem Aufsatz über Rm 1—3 die Überschrift „Die Offenbarung des Zornes Gottes" gegeben (in: Das Ende des Gesetzes 9—33), und auch H. CONZELMANN sieht in der Aufdeckung des Zornes Gottes das Thema, das den Zusammenhang Rm 1,18—3,20 beherrscht (Grundriß 264).

[70] Zum Verständnis der Begriffe δικαιοσύνη θεοῦ und ὀργὴ θεοῦ als Gegenbegriffe siehe H. CONZELMANN, Grundriß 264 und Artikel: „Zorn Gottes", in: RGG³ 1932. Ebenso P. STUHLMACHER, Gerechtigkeit Gottes bei Paulus 80.

[71] Ich fasse in diesem nicht als strenge Definition gefaßten Satz einige der wesentlichen Erkenntnisse aus P. STUHLMACHERS Buch über die Gerechtigkeit Gottes bei Paulus zusammen, ebenso die Schwerpunkte der Arbeit von C. MÜLLER, Gottes Gerechtigkeit und Gottes Volk 1964.

[72] Die obigen Sätze fußen auf der Voraussetzung, daß der Begriff δικαιοσύνη θεοῦ bei Paulus aus dem alttestamentlichen Verständnis des Gottesrechts in einer durch die Apokalyptik vermittelten Gestalt stammt und das Schöpferrecht Gottes meint, mit welchem sich Gott gegen eine gefallene Welt so durchsetzt, daß er seine Schöpfertreue zum Heil der Welt bestätigt. Für diese These: E. KÄSEMANN, Gottesgerechtigkeit bei Paulus, in: Exeget. Versuche und Besinnungen II 181 bis 193. DERS., Rechtfertigung und Heilsgeschichte im Römerbrief, in: Paulinische Perspektiven 108—139, besonders 135—139. C. MÜLLER, Gottes Gerechtigkeit und Gottes Volk 1964. P. STUHLMACHER, Gerechtigkeit Gottes bei Paulus 1965. Dagegen: R. BULTMANN, ΔΙΚΑΙΟΣΥΝΗ ΘΕΟΥ, in: JBL 83 (1964) 12—16. H. CONZELMANN, Die Rechtfertigungslehre des Paulus: Theologie oder Anthropologie?, in: EvTh 28 (1968) 389—404.

Tode führende Macht und Tat Gottes. In Rm 1,18 wird der Zorn Gottes als Thema eingeführt und zum Schluß der ersten Durchführung des Themas wird festgestellt, daß alle, die sich vom Zorn Gottes getroffener Taten schuldig machten, todeswürdig sind (1,32). In Rm 2,7 wird denen, die beständig am guten Werke festhalten, die ζωὴ αἰώνιος zugesagt, während die, die der Ungerechtigkeit gehorchend der Wahrheit Gottes widerstehen, ὀργή und θυμός zu erwarten haben (2,8). Das Hendiadyoin ὀργὴ καὶ θυμός[73] ist dabei offensichtlich Gegensatz zu ζωὴ αἰώνιος und schließt also den Tod mindestens ein. Ebenso deutlich wie die Verbundenheit von Zorn Gottes und Tod ist die Verbindung von ὀργὴ θεοῦ mit dem richtenden Handeln Gottes. In Rm 2 und 3 ist die Darstellung des Zornes Gottes als Gottes Richten durchaus herrschend. Daß Zorn und Gericht dieselbe Sache meinen, zeigt Rm 3,5 f., wo ἐπιφέρειν τὴν ὀργήν dem κρινεῖν τὸν κόσμον entspricht.

Sind nun Gerechtigkeit und Zorn Gottes Gegenbegriffe, so stellt sich mit Dringlichkeit die Frage nach ihrem sachlichen und zeitlichen Verhältnis zueinander. Wir stellen zuerst die Frage des zeitlichen Verhältnisses. Es ist klar, daß Rm 3,21 das Thema von 1,17 neu aufnimmt: die Gerechtigkeit Gottes steht im Zentrum der Sätze. Die Formulierung von 1,17 δικαιοσύνη γὰρ θεοῦ ἐν αὐτῷ (sc. τῷ εὐαγγελίῳ) ἀποκαλύπτεται ist der Wendung in 3,21 νυνὶ δὲ χωρὶς νόμου δικαιοσύνη θεοῦ πεφανέρωται völlig analog. „Im Evangelium" (1,17) entspricht dem „außerhalb des Gesetzes" (3,21) und das Präsens ἀποκαλύπτεται (1,17) ist dem präsentischen Perfekt νυνὶ ... πεφανέρωται (3,21) parallel. Daraus ergibt sich eine wichtige Folgerung: wenn ἀποκαλύπτεται in 1,17 durch νυνὶ πεφανέρωται in 3,21 wieder aufgenommen und verdeutlicht wird, dann kann das Präsens ἀποκαλύπτεται nicht so gemeint sein, daß es sich auf einen immer und überall vollziehenden Vorgang bezieht. Das Evangelium ist ja auch nicht immer und überall verkündet worden, vielmehr hat seine Verkündigung einen ganz bestimmten zeitlichen Beginn. Dieser Beginn und die von ihm bestimmte Gegenwart ist in 3,21 durch νυνὶ ausdrücklich als zeitliches Ereignis markiert und man könnte auch in 1,17, ohne den Sinn des Satzes zu entstellen, νῦν ἀποκαλύπτεται lesen. Damit ist dann aber auch über den zeitlichen Sinn der Offenbarung des Zornes Gottes in 1,18 kein Zweifel mehr möglich. Rm 1,18 ist dem vorhergehenden Satz 1,17 so offensichtlich parallel, daß das zweite ἀποκαλύπτεται nicht anders als das erste verstanden werden darf. Auch in 1,18 muß man sinngemäß verstehen: νῦν ἀποκαλύπτεται γὰρ ὀργὴ θεοῦ[74].

---

[73] Schon die LXX verwendet ὀργή und θυμός in gleicher Bedeutung (O. GRETHER/J. FICHTNER, Artikel: „ὀργή etc.", in: ThW V 410) und griechische Texte des Spätjudentums zeigen ebenfalls die Bedeutungsgleichheit (H. SJÖBERG/G. STÄHLIN, Artikel: „ὀργή etc.", in: ThW V 413 f.).

[74] Dieses Verständnis des Satzes, das sich gegen die Auffassung wendet, das

Paulus behauptet also, daß die Offenbarung der Gerechtigkeit Gottes gleichzeitig auch die Offenbarung des Zornes Gottes bringt. Zwar sind und bleiben Gerechtigkeit und Zorn Gegenbegriffe, aber ihre Enthüllung geschieht gleichzeitig[75]. Wie die Verkündigung des Evangeliums einen Anfang in der Zeit hat, so hat auch die Offenbarung des göttlichen Zornes einen Anfang in der Zeit und zwar so, daß der Anfang beider identisch ist. Mehr noch: Offenbar werden bedeutet weder in Rm 1,17 noch in 1,18 lediglich die Ermöglichung einer Einsicht. Hier wie dort ist vielmehr ἀποκάλυψις ein Ereignis, in dem sich Gott handelnd erschließt[76]. Weder die δικαιοσύνη noch die ὀργὴ θεοῦ sind allgemeine Wahrheiten, über die eine Mitteilung gemacht wird. Beide sind Gottes Tat, durch die er sich kundgibt.

Daraus ist nur ein Schluß möglich. Die Zeit, in der Gott gemäß seiner Schöpfer- und Bundestreue zum Heil des Menschen handelt, ist gleichzeitig auch die Zeit, in der sich sein Zorn ergießt. Ist die Geschichte Jesu Christi die Zeitwende, jenseits derer das νῦν der anbrechenden neuen Welt seine Gültigkeit besitzt, so ist diese Geschichte eben die Tat Gottes, die seine Gerechtigkeit wie seinen Zorn enthüllt. Bis zu dieser Zeitwende sah Paulus die Menschheitsgeschichte durch die ἀνοχὴ τοῦ θεοῦ bewahrt (Rm 3,26). ᾽Ανοχή ist „das An-sich-halten Gottes in seinem Zorneswirken"[77]. Aber mit dem Ereignis der Gottesgerechtigkeit ist auch das An-sich-Halten Gottes vorüber[78]. Gottes rettende Gerechtigkeit ereignet sich zusammen mit der rückhaltlosen Vollstreckung seines Zornes.

Die Vorstellung vom Ende einer langen Periode der Geduld und dem nunmehr zusammen mit der Gerechtigkeit ungehemmt losbrechenden Zorn Gottes muß aber genauer bestimmt werden. Dem Juden Paulus war selbstverständlich die alttestamentliche Tradition gegenwärtig, die in erheblicher Ausführlichkeit vom Zorn Gottes zu reden wußte. Im Blick auf diese Tradition sieht es zunächst so gut wie unmöglich aus, die Zeit des Alten Testaments zusammenfassend als eine Zeit der Geduld Gottes zu charakterisieren. Zudem gibt es in den paulinischen Briefen mehr als einen Hinweis darauf, daß Paulus keinesfalls daran dachte, in der Vergangen-

---

Präsens ἀποκαλύπτεται meine einen zeitlosen Vorgang, hat G. Bornkamm ausführlich begründet (Das Ende des Gesetzes bes. 30 ff.).

[75] Ebenso H. Conzelmann, Grundriß 264.

[76] G. Bornkamm, aaO 9 und 31. Außerdem A. Oepke: „Die Offenbarung wird ... nicht im Sinne der Mitteilung übernatürlichen Wissens verstanden, sondern im Sinne des Aussichheraustretens Gottes ... Offenbarung ist göttlicher Akt, Enthüllung des Verborgenen." (Artikel: „καλύπτω etc.", in: ThW III 586).

[77] H. Schlier, Artikel: „ἀνοχή etc.", in: ThW I 361.

[78] Die Auffassung, daß die Zeit vor dem Kommen des Evangeliums eine Zeit der Geduld und also gerade nicht eine Zeit des Zornes Gottes war, ist vertreten von G. Bornkamm (aaO 32), H. Conzelmann (Grundriß 264), W. G. Kümmel (Πάρεσις und ἔνδειξις, in: Heilsgeschehen und Geschichte 267), O. Michel (Römer 109) und P. Stuhlmacher (aaO 89).

heit seines eignen Volkes oder in der zurückliegenden Geschichte der Welt überhaupt ein einfaches Übersehen der Sünde durch Gott zu behaupten. Im Gegenteil: das Gericht Gottes an der Wüstengeneration Israels wird als warnendes Beispiel der sich in Sicherheit wiegenden korinthischen Gemeinde vorgehalten (1. Kor 10,5 ff.), im Zuge der Erörterung des Pharao als Beispiel für die Freiheit der Erwählung Gottes ist die Rede von Gefässen des Zorns, die zum Untergang bereitet sind (Rm 9,22), und schließlich herrschte der Tod, der vom Zorn Gottes nicht zu trennen ist, ja schon von Adam an bis auf Christus (Rm 5,14.17). Von einem An-sich-Halten Gottes in der Ausübung seines Zornes ist an solchen Stellen nichts zu sehen. Daß sie dennoch zu der Rm 3,26 ausgesprochenen Vorstellung von der Periode der Geduld Gottes nicht in Widerspruch stehen, zeigt die auffällige Formulierung des soeben erwähnten Satzes Rm 9,22. Hier heißt es, Gott habe, um seinen Zorn und seine Macht zu zeigen, die Gefäße des Zorns ἐν πολλῇ μακροθυμίᾳ zur Vernichtung bereitet. Das ist ein Satz, der, von innerer Spannung fast berstend, an logischen Widersinn grenzt. Er besagt, daß sich der Zorn Gottes an Pharao, dem Typus für das Gefäß des Zorns, zwar durchaus entfaltet und zeigt, daß aber anderseits dieses Losbrechen des Zornes Gottes doch noch unter dem Vorzeichen der Langmut Gottes stand. Dieser Gedanke verbindet Rm 9,22 mit den Ausführungen in Rm 2, in denen ebenfalls Gottes μακροθυμία eine große Rolle spielt. Auch in Rm 2 ist nirgends von einer Straffreiheit des Ungerechten die Rede, der Ungerechte wird dem Gericht Gottes nicht entfliehen (2,3). Aber das Gericht ist doch begrenzt durch die Gnadenabsicht Gottes, die Raum zur Umkehr lassen will: Gottes Güte, Geduld und Langmut bleiben die tragende Bestimmung der Zeit. Dabei ist μακροθυμία deutlich mit ἀνοχή verwandt (2,4), und so bestätigt auch Rm 2 die Aussage in Rm 3,26. Ihr Sinn ist also dieser: Wohl gab es zu jeder Zeit, unter Israel wie unter den Heiden, ein Hervorbrechen und also auch eine Offenbarung des Zornes Gottes. Bis zu der Zeitwende, die in dem den Anbruch der neuen Welt bezeichnenden νῦν angesagt ist, war das Losbrechen des Zornes aber doch begrenzt und eingedämmt durch die göttliche Langmut, die eine endgültige Zerstörung der Menschen verhinderte. Im ganzen war, trotz aller Gerichte, die Zeit vor dem Erscheinen Christi also doch eine Periode der Geduld. War das Wirken des Zornes nicht einfach aufgehoben, so war es doch gezügelt und gehemmt. Gott hatte in der Tat inmitten aller seiner Gerichte gewaltig an sich gehalten. Aber diese Zeit ist nun vorüber. Das Kommen Christi brachte mit dem Erweis der Gerechtigkeit Gottes zugleich das Losfahren des Zornes Gottes in seiner völligen, ungehemmten Gewalt. Die Zeit des Evangeliums ist auch die Zeit, von der nun ohne Einschränkung gilt: ἀποκαλύπτεται γὰρ ὀργὴ θεοῦ ἀπ' οὐρανοῦ.

Liegen die Dinge so, dann hat der Ausleger des Paulus allen Anlaß, die Rede vom Zorn Gottes auch in ihrer Bedeutung für Gott selbst ernst zu nehmen. Freilich sucht man häufig, in unseren Tagen vor allem im Englisch sprechenden Bereich, die Sache zu entschärfen. Dabei wird ausnahmslos an dem offensichtlichen Anthropopathismus der Vorstellung vom Gotteszorn Anstoß genommen, den man als der hohen Geistigkeit des neutestamentlichen Gottesbildes unangemessen empfindet. Als Beispiel sei die Stellungnahme von C. H. Dodd zitiert, die sich in seinem einflußreichen Römerbriefkommentar findet. Der englische Forscher erklärt zu Rm 1,18: „God's anger suggests the simple anthropomorphic idea that God is angry with men"[79], um nach einer längeren Ausführung über die religionsgeschichtliche Entwicklung der Vorstellung zu folgendem Schluß zu kommen: „There is something impersonal about ‚the Wrath of God‘, from the beginning, and something incapable of being wholly personalized in the development of religious ideas. It is only to a God not yet fully conceived in terms of moral personality that the primitive numinous terror can be directed ... In the long run we cannot think with full consistency of God in terms of the highest human ideals of personality and yet attribute to Him the irrational passion of anger."[80] Bei anderen englischen Gelehrten finden sich Belege für denselben Gedankengang[81]. Dabei handelt es sich natürlich nicht um die Absicht, die Worte des Paulus einfach aller Gültigkeit zu berauben. Man ist vielmehr der Ansicht, daß der Apostel selbst in solcher Weise vom Zorn Gottes sprach, daß von einer echt anthropopathischen Vorstellung nichts mehr übrigbleibt. Die Beobachtungen, die zur Unterstützung dieser Ansicht vorgetragen werden, sind die folgenden: 1. Man bemerkt, daß sich bei Paulus weder ein Verbum noch ein Adjektiv findet, das den Zorn Gottes als eine Handlung oder einen Zustand Gottes beschreibt. 2. Es wird der Tatbestand festgestellt, daß sich die Genitivverbindung ὀργὴ θεοῦ im Corpus Paulinum nur dreimal findet[82], während zehnmal das, wie man meint, unpersönliche, absolute ὀργή gebraucht wird. 3. Es wird hervorgehoben, daß Paulus an Stellen, wo der Zorn Gottes nicht deutlich im Sinne des Endgerichts gemeint ist, offenbar einen innerweltlichen Prozeß im Auge hat, in dem er die Auswirkung des Zornes Gottes in der Welt sieht. Besonders wird dabei auf das dreimalige παρέδωκεν αὐτοὺς ὁ θεός (Rm 1,24—28) hingewiesen, das die Gesetzmäßig-

---

[79] C. H. Dodd, Romans 21.

[80] AaO 24.

[81] A. T. Hanson meint, „there can be no doubt whatever that θυμός had an anthropomorphic, emotional flavour which made the writers of the New Testament avoid it" (The Wrath of the Lamb 87) und G. H. Macgregor fragt sich, ob der Anthropomorphismus, der im Alten und Neuen Testament Gottes Stellung zum Sünder „in terms borrowed from the human passion of anger or ‚wrath‘ " beschreibt, wirklich in christlicher Theologie seinen Platz finden kann (The Concept of the Wrath of God in the New Testament, in: NTS VII 1960/61 101). Seine Antwort, in Anlehnung an A. Ritschl und N. Berdjajew, ist eindeutig negativ.

[82] Dabei sind Eph 5,6 und Kol 3,6 mitgezählt.

keit moralischer Retribution als Erscheinung des Gotteszornes interpretiert. Auf Grund solcher Beobachtungen kommt C. H. Dodd zu der Folgerung, „Paul retains the concept of ‚the Wrath of God' ... not to describe the attitude of God to man, but to describe an inevitable process of cause and effect in a moral universe"[83]. Dieser Meinung sekundiert A. T. Hanson, wenn er schreibt, „there can be little doubt that for Paul the impersonal character of the wrath was important; it relieved him of the necessity of attributing wrath directly to God, it transformed the wrath from an attribute of God into the name for a process which sinners bring upon themselves"[84] und genauso läßt sich G. H. Macgregor vernehmen, welcher feststellt: „It would be fair to say then that Paul does not think of God as being angry in quite the same immediate and personal sense as he thinks of him as actively loving ... Divine retribution is not to be thought of as something as it were external to the sinning, but it is to be found in the tragic fact that the regular result of sin is to create its own primitive consequences."[85]

Wenn solche Deutungen der soeben erwähnten Beobachtungen am Text der Paulusbriefe zu Recht bestünden, so könnte keine Rede davon sein, daß der Begriff Zorn Gottes in seinem Aussagegehalt über Gott selbst ernst genommen werden wollte. Die referierte Anschauung läuft darauf hinaus, Gott selbst von dem in dem Begriff Zorn Gottes gemeinten Geschehen zu lösen und ein unpersönliches, moralisches Wiedervergeltungsgesetz an seine Stelle zu setzen. Gegen die von den zitierten Exegeten vorgetragene Deutung sind aber durchweg bedeutende Einwände zu erheben. Folgen wir der S. 148 aufgeführten Reihenfolge der Beobachtungen am Text, so ist folgendes zu sagen.

1. Es ist zwar richtig, daß Paulus nie ein Verb „zürnen" oder ein Adjektiv „zornig" auf Gott anwendet. Daraus darf aber keineswegs gefolgert werden, daß ὀργὴ θεοῦ deshalb keine von Gott direkt auszusagende Handlung oder ein Gott selbst beschreibendes Verhalten meint. Die Folgerung ist schon deshalb unmöglich, weil zwischen „Zorn Gottes" und „Gericht Gottes" eine so unlösliche Verbindung besteht, daß die angewandte Logik Paulus auch den Gebrauch des Verbums κρίνειν unmöglich gemacht haben müßte. Der Apostel hat aber κρίνειν (Rm 2,16. 3,4.6. 1. Kor 2,13) und sogar κατακρίνειν (Rm 3,8. 14,23. 1. Kor 11,32) unbedenklich mit Gott als Subjekt gebraucht. Auch andere Einzelheiten weisen darauf hin, daß Paulus durchaus ein zürnendes Handeln und Verhalten Gottes kennt. Im Anschluß an die Ausführungen über das warnende Beispiel der Israeliten in der Wüste wendet er sich gegen die Teilnahme an Opferfesten in heidnischen Kulten. Der Abschnitt schließt mit der Frage ἢ παραζηλοῦμεν τὸν κύριον; (1. Kor 10,22), die offensichtlich die Möglichkeit eines Erzürnens

---

[83] C. H. Dodd, aaO 23. [84] A. T. Hanson, aaO 69.
[85] G. H. Macgregor, aaO 105 f.

Christi voraussetzt[86]. Da das richtende Handeln Gottes und Christi von Paulus durchaus gleichartig gesehen wird (vgl. Rm 14,10 und 2. Kor 5,10), kann das Erzürnen des Kyrios von dem Erzürnen Gottes nicht getrennt werden. Ferner ist das dreimalige παρέδωκεν αὐτοὺς ὁ θεός in Rm 1,24—28 ohne Zweifel als eine Vollstreckung des in 1,18 genannten Gotteszornes zu verstehen. Das Dahingeben und Ausliefern des Menschen durch Gott an seine eigenen Gelüste ist aber ein Tun Gottes und die Bemerkung Hansons, παρέδωκεν meine „God allows the wrath; he does not inflict it"[87], ist eine ganz lahme Distinktion, die auf der der Bibel völlig fremden Vorstellung beruht, es gebe ein Zulassen Gottes, das nicht als Tat zu verstehen wäre.

2. Es ist richtig, daß Paulus das absolute ὀργή weit häufiger gebraucht als die Verbindung ὀργὴ θεοῦ. Es ist aber völlig unangebracht, daraus den Schluß zu ziehen, ὀργή sei ein unpersönlicher Prozeß. Paulus kann auch χάρις absolut gebrauchen, wobei es völlig klar ist, daß es sich stets um die Gnade Gottes handelt. Manchmal ist χάρις durch den Genitiv τοῦ θεοῦ ausdrücklich präzisiert (z. B. Rm 3,24. 5,15), aber ebensogut und zwar häufiger kann das absolute χάρις verwendet werden (z. B. Rm 1,5. 5,17.20 f. 6,1.14 f. 11,5 f. 2. Kor 4,15. Gal 5,4). Ἔλεος kommt bei Paulus überhaupt nur absolut vor (Rm 9,23. 11,31. Gal 6,16), und doch ist auch an diesen Stellen eindeutig, daß es sich um das Erbarmen Gottes handelt. Man müßte also folgern, daß Gottes Barmherzigkeit und Gnade ein unpersönlicher Prozeß sind, der über Tun und Verhalten Gottes keine Auskunft erlaubt. Will man den Schluß an dieser Stelle nicht vollziehen, so ist er auch in bezug auf den Zorn Gottes reine Willkür.

3. Es ist eine zutreffende Beobachtung, daß in Rm 1,18—32 der Zorn Gottes als Vorgang innerhalb der heidnischen Welt dargestellt ist[88]. Daraus darf aber nicht der Schluß gezogen werden, daß Gott dadurch vom Handeln gewissermaßen dispensiert würde. Paulus hat dem Gesetz den Fluch verbunden (Gal 3,10.13). Wenn auch an beiden Stellen κατάρα nicht expressis verbis als Tat Gottes bezeichnet ist, in Gal 3,13 vielmehr von der κατάρα τοῦ νόμου geredet wird, so kann doch kein Zweifel sein, daß der Fluch, den das Gesetz verhängt, seine Kraft darin hat, daß er der Fluch Gottes ist[89]. Deshalb steht neben der Schilderung von Rm 1,18—32, die die Wirkung des Gotteszornes als Verstrickung des Heiden in seine

---

[86] Aufschlußreich ist die Kapitulation von A. T. HANSON angesichts dieses Verses, zu dem er nur die Auskunft findet: „there can be no escaping the conclusion that in this chapter Paul is not at his most profound with respect to the wrath", aaO 78.

[87] AaO 85.   [88] C. H. DODD, aaO 26.

[89] Es ist ausgeschlossen, sich durch die Errichtung einer Antithese zwischen Gott und Gesetz zu helfen, wie es A. T. HANSON tut, wenn er schreibt: „Paul can speak of Christ being both curse and sin because these words can be thought of as belonging to the Law and not to God", aaO 82.

eigenen Süchte beschreibt, die andere in Rm 2 und 3, die denselben Vorgang als das aktive Gericht Gottes darstellt. Zwischen beiden besteht kein Widerspruch; denn einen passiven Gott, auch wenn es die Passivität eines bloßen Zulassens wäre, gibt es weder im Alten noch im Neuen Testament.

Es geht also nicht an, das Gottesbild des Paulus zugunsten eines vermeintlich vergeistigten Begriffs der moralischen Persönlichkeit Gottes von anthropopathischen Zügen zu reinigen und auf diese Weise Gott von der Verantwortung für den Zorn zu entlasten. Gottes Zorn muß auch in der paulinischen Theologie als der den Sünder verneinende Wille und die den Sünder zum Tode bringende Tat Gottes verstanden werden. Von einer Erweichung der Härte dieses Gedankens bei Paulus kann keine Rede sein. Im Gegenteil: die Vorstellung vom An-sich-Halten Gottes während der Zeit der Geduld und von der Gleichzeitigkeit der Offenbarung des Evangeliums wie des Zornes Gottes erzwingt die Folgerung, daß erst mit der Erschließung der rettenden Gerechtigkeit Gottes auch sein Zorn in seiner vollen Gewalt hervorbricht. Auch hier, wie im Alten Testament, ist die anthropopathische Sprache mit der Geschichtlichkeit Gottes verbunden. Gibt es eine Zeit des Sich-Zügelns Gottes in seinem Zorn, gibt es eine Zeit des ungehemmten Losfahrens dieses Zornes, so ist die Vorstellung von einem in sich und nach außen ewig unveränderlichen höchsten Wesen dahin. Gott hat seine Zeit wie die Geschichte der Welt ihre Zeit hat und die Inhalte von Gottes Zeit sind, in Gottes Teilnahme an der Zeit seiner Welt, voneinander verschieden. Es ist also auch eine Aussage über Gott selbst gemacht, wenn Paulus die Zeit der Geduld von der Zeit des Zornes Gottes unterscheidet. Gott hatte, in dem dem νῦν vorauslaufenden Geschehen, immer wieder etwas von der Dunkelheit seines geduldigen Strafens über die hochmütigen Menschen gesenkt; er hat aber jetzt, an der Wende der Zeit, die tiefste Finsternis seines Zornes einbrechen lassen. Er selbst war dabei in Bewegung vom Schatten zur Nacht.

Von hier aus versuchen wir nun den Nachweis, daß das Losbrechen des Zornes Gottes für Paulus in der menschlichen Geschichte Jesu geschieht und offenbar wird. Damit wenden wir uns dem sachlichen Verständnis der Satzfolge Rm 1,17 f zu, die die Offenbarung der Gerechtigkeit Gottes im Evangelium mit der Offenbarung des Zornes Gottes vom Himmel her verknüpft. Der Gedanke, daß Christus der Träger des göttlichen Zornes war, ist in der kirchlichen Überlieferung tief verankert. So gibt etwa der Heidelberger Katechismus auf seine Frage 17: „Warum muß Er (scil. Christus) zugleich wahrer Gott sein?" die Antwort: „Daß er aus Kraft seiner Gottheit die Last des Zornes Gottes an seiner Menschheit ertragen, und uns die Gerechtigkeit und das Leben erwerben und wieder geben möchte." Aber der Gedanke, Christus sei der Träger des Gotteszorns, kann heute nicht mehr ohne weiteres vollzogen werden. Es ist nicht von ungefähr, daß G. Stählin in seinem Beitrag zu dem Artikel ὀργή im Kittelschen

152

Wörterbuch unter dem Abschnitt „Objekte des Gotteszorns" Christus nicht erwähnt[90], und daß H. Conzelmann klipp und klar gerade im Blick auf die paulinische Theologie von dem Begriff Zorn Gottes sagt: „er fehlt dagegen in der Christologie; Christus wird nicht als Objekt des Zornes Gottes dargestellt."[91] In der Tat findet sich bei Paulus kein Satz, der Christus als Träger des Gotteszornes bezeichnet, und man muß Conzelmann zustimmen, wenn er fortfährt, die Rede vom Zorn Gottes habe bei Paulus ihren Platz in der Lehre vom Gesetz und der Rechtfertigung[92]. Es fragt sich aber, ob es richtig ist, explizit christologische Aussagen so sehr von Sätzen über Gesetz und Rechtfertigung abzulösen, daß eine innere Verbindung zwischen ihnen nicht mehr gegeben erscheint. Es scheint vielmehr umgekehrt, daß die von Paulus vorgetragenen Gedanken über Gesetz und Rechtfertigung eine christologische Komponente haben, die die Verbindung von Zorn Gottes und Christologie durchaus erfordert. Diese Behauptung gilt es nun näher zu begründen[93].

Paulus hat Rm 4,15 den verwegenen Satz formuliert: ὁ γὰρ νόμος ὀργὴν κατεργάζεται. O. Michel dürfte recht haben mit der Feststellung, daß der Satz eine aufs äußerste konzentrierte polemische Sentenz darstellt, in der ein Zwischenglied ausgefallen ist[94]. Fügt man das Zwischenglied ein, so würde man zu lesen haben: das Gesetz bewirkt Zorn, weil es die Übertretung erzeugt, die Gottes Gericht hervorruft. Aber gerade in seiner konzentrierten Härte ist Rm 4,15 sehr bezeichnend. Der Satz behauptet, die faktische Wirkung des Gesetzes bestehe darin, daß es den Zorn Gottes herbeizieht. Nun hat Paulus auch die Geschichte des Menschen Jesus[95] in Gal 4,4 als eine Geschichte ὑπὸ νόμον, d. h. als ein Leben in Unterwerfung unter das Gesetz beschrieben. Es ist jedenfalls möglich, daß in der Charakterisierung des Lebens Jesu als einer Menschengeschichte in Unterwerfung unter das Gesetz die negative Bestimmung über die Wirksamkeit des Gesetzes in Rm 4,15 mitzudenken ist. Ist das der Fall, dann kann Gal 4,4 so verstanden werden: Die menschliche Geschichte Jesu war, in Unterwerfung unter das Gesetz, ein Leben, das sich der Kraft des Gesetzes,

[90] ThW V 439 f.   [91] RGG³ VI 1932.   [92] Ebd.

[93] Die folgende Besprechung einiger wichtiger Elemente der paulinischen Gesetzeslehre will nicht den Anspruch erheben, das Ganze der Gedanken des Paulus über das Gesetz zu erfassen. Siehe hierzu, außer den entsprechenden Abschnitten in den Theologien des Neuen Testaments: A. SCHLATTER, Der Glaube im Neuen Testament 1963⁵; R. BULTMANN, Christus des Gesetzes Ende, in: GuV II, 32—58; C. MAURER, Die Gesetzeslehre des Paulus 1941; P. BLÄSER, Das Gesetz bei Paulus 1941; A. VAN DÜLMEN, Die Theologie des Gesetzes bei Paulus 1968.

[94] Römer 122.

[95] H. SCHLIER sieht in Gal 4,4 die wahre Menschheit des Gottessohnes in dem Ausdruck γενόμενον ἐκ γυναικός ausgedrückt, während γενόμενον ὑπὸ νόμον die „Geschichtlichkeit seiner Erscheinung" festhält, die zu der wahren Menschheit gehört, Der Brief an die Galater 138.

welches Gottes Zorn hervorruft, beugte[96]. Damit wäre der Gedanke er-reicht, daß Jesus, der Mensch unter dem Gesetz, den Zorn Gottes trug.

Freilich, die Berechtigung für eine solche Zusammenstellung verschiedener Verse muß erst noch erwiesen werden. Sie wird sich nur so geben lassen, daß dem Zusammenhang von Gesetz und Zorn in der paulinischen Theologie noch näher nachgegangen wird. Dabei ist zu berücksichtigen, daß der Begriff ὀργή mit anderen Begriffen wie θάνατος und κατάκρισις unlösbar verknüpft ist[97], so daß auch solche Stellen in Betracht zu ziehen sind, an denen Paulus nicht expressis verbis vom Zorn Gottes sprach.

Rm 4,15 sehr ähnlich ist der Satz 2. Kor 3,6: τὸ γὰρ γράμμα ἀποκτείνει. Klar ist an dieser Stelle zunächst, daß mit γράμμα das Gesetz Moses gemeint ist. Die διακονία des Mose ist die durch ihn erfolgende Gesetzgebung. Sie ist eine διακονία ... ἐν γράμμασιν ἐντετυπωμένη λίθοις, wie es 3,7 in eindeutiger Anspielung auf die in Ex 34 erzählte Beschriftung der steinernen Gesetzestafeln heißt[98]. Das Gesetz ist deshalb γράμμα genannt, weil es auf ein vom Herzen des Menschen verschiedenes, ihm in Form eines auf Stein eingegrabenen Gebots von außen her begegnendes Gesetz hinweist. In dieser Form ist es zugleich das Geschriebene und das Vorgeschriebene[99]. Paulus sieht in der Tatsache, daß das Gesetz als dem Menschen von außen her zugebrachte Schrift und Vorschrift in Erfahrung kommt, zweifellos eine Schwäche des Gesetzes[100]. Das darf aber nicht zu dem Schluß verführen, er habe deshalb das von Mose gegebene Gesetz gar nicht mehr oder nur noch in halbem Ernst als Gottes Willen gewürdigt. Der Zusammenhang in 2. Kor 3 macht diese Folgerung unmöglich. Denn die Gesetzgebung durch Mose ist hier als ein Dienst beschrieben, der ἐν δόξῃ geschah (3,7), ja der selbst δόξα ist (3,9). Deshalb glänzte auch das Angesicht Moses nach dem Empfang des Gesetzes so sehr, daß die Israeliten seinen Anblick nicht ertragen konnten. Paulus hat nicht daran gedacht, dem Mose ein Ereignis abzusprechen, das man geradezu als die

---

[96] In diese Richtung geht das Verständnis von E. Schweizer, der Gal 4,4 „eindeutig" auf Gal 3,13 bezogen sieht und daher annimmt, daß Paulus in Gal 4,4 eine vor ihm auf die Menschwerdung des präexistenten Sohnes bezogene Aussage durch den Zusatz γενόμενον ὑπὸ νόμον auf den stellvertretenden Tod Jesu am Kreuz uminterpretierte. Artikel: „υἱός etc.", in: ThW VIII 385.

[97] Siehe oben 144 f.

[98] G. Schrenk weist außerdem darauf hin, daß die paulinische Antithese γράμμα — πνεῦμα auf Jer 31,33 verweist, wo LXX ᾽Ιερ 38,33 statt γράμμα die Wendung νόμος μου bietet, was die Gleichstellung von νόμος und γράμμα sichert. Artikel: „γράφω etc.", in: ThW I 767.

[99] So A. Schlatter, Paulus der Bote Jesu 510, und G. Schrenk, aaO 765.

[100] Das zeigt deutlich Rm 2,27—29, wo Gesetz als γράμμα zusammen mit der Beschneidung deshalb keine entscheidende Bestimmung des Menschen zustande bringen, weil sie beide vom Inneren des Menschen als Äußerliches verschieden sind (ἐν τῷ φανερῷ), während der lebenschaffende Geist im Herzen des Menschen wirkt, also ἐν κρυπτῷ. Eben deshalb hat das Gesetz nicht die Kraft, Leben und Gerechtigkeit zu schaffen, Gal 3,21.

154

Verklärung des Gesetzgebers bezeichnen muß. Die Verklärung ereignet sich, weil Mose ohne irgendwelche Reserve als Diener Gottes verstanden ist. Sein Dienst ist durch die göttliche δόξα legitimiert; denn δόξα ist die sinnenfällige Erscheinung der Macht und Ehre Gottes[101]. Das gibt der näheren Beschreibung der διακονία des Mose in 2. Kor 3 erst sein eigentliches Gewicht. Gewiß, Moses Dienst ist διακονία τοῦ θανάτου (3,7) und διακονία τῆς κατακρίσεως (3,9). Gerade als solcher aber ist er ein Dienst von Gott, durch Gottes δόξα gestützt und umgeben. Weder Tod noch Verurteilung sind bloße Prozesse, die sich der Gott ungehorsame Mensch zuzieht. Sie sind vielmehr Machttaten Gottes selbst, die er durch das Gesetz ausübt. Darum ist das Gesetz selbst ohne den geringsten Abstrich eine Manifestation Gottes und seine Wirkung ist Kraft und Werk des Gottes, der es verfügt. Daß es nicht zum Leben, sondern zu Tod und Verurteilung des Menschen führt, zieht seine gottgegebene Würde nicht in Frage[102]. Im Gegenteil, gerade als Macht zum Tode ist es Gottes Werk, der als der zürnende Gott verurteilt und tötet.

Wie kommt es zu diesem, dem nichtchristlichen Juden schlechterdings wahnwitzigen Gedanken[103]? Es gibt keine Stelle der Paulusbriefe, die zur Beantwortung dieser Frage geeigneter wäre, als die „Apologie des Gesetzes" in Rm 7,7—12. Die den Abschnitt einleitende Frage „ist das Gesetz Sünde?" (7,7) und die ihn beschließende Folgerung „so ist also das Gesetz heilig, und das Gebot heilig, gerecht und gut" (7,12), lassen sofort erkennen, um was es Paulus geht: er möchte die von ihm selbst in Rm 3, 20. 4,15. 5,20 und 7,5 f. formulierten Sätze keinesfalls so verstanden wissen, daß damit die Heiligkeit und Geltung des Gesetzes selbst in Frage gestellt würde. Ist er aber in 7,7—12 dabei, diese Heiligkeit und Geltung des Gesetzes auch seinerseits zu sichern, so geschieht das doch in einem höchst eigenständigen Gedankengang, der den Zusammenhang von Gesetz, Sünde und Tod von neuem behauptet[104]. Die Erörterung beginnt mit dem Satz (7,7):

[101] Vgl. G. von Rad und G. Kittel, Artikel: „δόξα etc.", in: ThW II besonders 241 und 250.
[102] Wieder sind es besonders Schlatter (aaO 509 ff.) und Schrenk (aaO 767), die die Funktion des Gesetzes als richterlich verurteilenden, tötenden Akt Gottes interpretieren.
[103] Es ist bestimmt nicht von ungefähr, daß auch in unserer Zeit ein jüdischer Paulusforscher wie H. J. Schoeps schreibt: „Nur eben diese paulinische Folgerung, daß das Gesetz ... ein Gesetz zum Tode sei, die kann kein Jude nachvollziehen", Paulus 182.
[104] Grundlegend für das Verständnis des Abschnitts sind W. G. Kümmel, Römer 7 und die Bekehrung des Paulus 1929, R. Bultmann, Römer 7 und die Anthropologie des Paulus, in: Imago Dei 1932, 53—62 und G. Bornkamm, Sünde, Gesetz und Tod, in: Das Ende des Gesetzes 51—69. Mit diesen Autoren ist daran festzuhalten, daß das mit Rm 7,7 einsetzende Ich nicht im Sinne einer autobiographischen Schilderung des Apostels verstanden werden kann. Vielmehr

Ich hätte die Sünde nicht gekannt, wenn nicht durch das Gesetz; denn ich hätte die Begierde nicht gekannt, wenn das Gesetz nicht sagte: du sollst nicht begehren.

Weder ἔγνων noch ᾔδειν ist in diesem Satz als theoretische Einsicht zu verstehen[105]. Viele Kommentatoren verweisen mit Recht auf 2. Kor 5,21, um die Bedeutung von γινώσκειν und εἰδέναι[106] als praktisches Erfahren zu sichern. Es bleibt aber die Frage, wie sich der erste Satzteil zu dem mit γάρ angeschlossenen zweiten verhält. Es wäre möglich, die Aussage τὴν ἁμαρτίαν οὐκ ἔγνων εἰ μὴ διὰ νόμου als eine generelle Behauptung über den Zusammenhang von Sünde und Gesetz zu verstehen, die dann sofort durch das Beispiel eines einzelnen Gebotes näher erläutert würde. In diesem Falle liegt es zweifellos am nächsten, die Wendung οὐκ ἐπιθυμήσεις als Anspielung auf das 10. Gebot des Dekalogs zu betrachten: die allgemeine Wirkung des Gesetzes wird am Beispiel eines Einzelgebots verdeutlicht. Da Paulus das Verbot οὐκ ἐπιθυμήσεις in Rm 13,9 als letztes Glied in einer Kette von Verboten zitiert, die alle dem Dekalog entnommen sind, liegt diese Deutung auf alle Fälle nahe und wird auch von nahezu allen Kommentatoren wie eine Selbstverständlichkeit angenommen. Dennoch kann das Verhältnis der Satzteile auch anders bestimmt werden. Es ist möglich, sie als Parallelaussagen zu betrachten und dieses Verständnis verdient den Vorzug. Einmal läßt sich zwischen γινώσκειν und εἰδέναι nicht unterscheiden; die Verben schildern also denselben Vorgang. Sodann ist in beiden Satzteilen vom Gesetz die Rede, der Begriff ἐντολή als Bezeichnung des Einzelgebots taucht erst in 7,8 auf, ist also für 7,7 noch nicht konstitutiv[107]. Das bedeutet zunächst, daß ἁμαρτία und ἐπιθυμία völlig bedeutungs-

beschreibt Paulus im Stil persönlicher Konfession die Situation des Menschen unter dem Gesetz so, wie sie sich für den durch das Evangelium zur Freiheit Gerufenen darstellt. Dabei dürfte es keinem Zweifel mehr unterliegen, daß das Ich von Rm 7,7–12 mit Zügen versehen ist, die der Sündenfallgeschichte von Gen 2–3 entnommen sind. Dies ist besonders in den Kommentaren von C. K. BARRETT, F. J. LEENHARDT und O. MICHEL und in zwei Aufsätzen von S. LYONETT vertreten worden („L'histoire du salut selon le chapitre VII de l'épître aux Romains", Biblica 43 (1962) 117–151 und „Tu ne convoiteras pas", Supplements to Novum Testamentum VI (1962) 157–165). „In dem ἐγώ von Röm 7,7 ff. bekommt Adam von Röm 5,12 ff. seinen Mund" (BORNKAMM, aaO 59) aber so, daß es dabei nicht um eine heilsgeschichtliche Deutung der Sündenfallgeschichte geht, sondern um ein Bekenntnis des Paulus als Adam. Letzteres zeigt sich vor allem darin, daß eine konsequente Deutung aller Einzelheiten von Rm 7,7–12 als Auslegung von Gen 2–3 auf Schwierigkeiten stößt; so ist besonders der Satz ἐγὼ δὲ ἔζων χωρὶς νόμου ποτέ (7,9) weder heilsgeschichtlich noch biographisch zu verstehen (vgl. H. CONZELMANN, Grundriß 256 f.).

[105] Der Wechsel der Tempora in ἔγνων und ᾔδειν hat keine sachliche Bedeutung, vgl. z. B. C. K. BARRETT zur Stelle.

[106] Gelegentlich wird eine Bedeutungsverschiedenheit von ἔγνων und ᾔδειν angenommen. G. BORNKAMM stellt aber demgegenüber zu Recht fest, daß Paulus die beiden Verben stets promiscue gebraucht (aaO 54).

[107] Ich kann nicht wie A. VAN DÜLMEN (aaO 131) einen willkürlichen Wech-

gleich sind: die Sünde wird als Begierde definiert. Zweitens folgt daraus, daß das Verbot οὐκ ἐπιθυμήσεις als zusammenfassende Aussage über die Absicht des Gesetzes überhaupt zu gelten hat.

Beide Folgerungen, die sich aus dem Verständnis der beiden Satzteile in Rm 7,7 als Parallelaussagen ergeben, können bei Paulus wie in der spätjüdischen Theologie überhaupt nachgewiesen werden. Ἐπιθυμία bzw. ἐπιθυμεῖν wird von Paulus auch andernorts so verwendet, daß es den Wesenszug der Sünde überhaupt beschreibt. In Gal 5,16 ist der Wandel im Geist, also die Grundbestimmung christlichen Lebens überhaupt, der ἐπιθυμία σαρκός gegenübergestellt, und gleich im nächsten Vers heißt es geradezu definitionsartig ἡ γὰρ σάρξ ἐπιθυμεῖ κατὰ τοῦ πνεύματος.

Wie πνεῦμα nicht einen Einzelaspekt des Christseins, sondern dessen Kern meint, so ist auch ἐπιθυμία an dieser Stelle kein auf ein besonderes Objekt ausgerichtetes Verlangen, sondern die Seele der Sünde selbst: Fleisch ist Fleisch, weil es begehrt. Ähnlich ist der Gebrauch von ἐπιθυμία und ἐπιθυμεῖν in 1. Kor 10,6, wo die Worte freilich in LXX-Zitaten erscheinen. Die Korinther werden dort vor enthusiastischem Vertrauen auf die Sakramente gewarnt durch den Hinweis auf Israels Wüstengeneration, die zwar mosaische Sakramente hatte, aber trotzdem massenweise ihrem Ungehorsam zum Opfer fiel. Die Gemeinde in Korinth wird ermahnt, nicht wie jene Wüstengeneration ἐπιθυμητὰς κακῶν zu werden, nicht wie jene zu begehren (καθῶς κἀκεῖνοι ἐπεθύμησαν). Es ist wahrscheinlich, daß ἐπιθυμία und ἐπιθυμεῖν in 1. Kor 10,6 den Oberbegriff für die nun folgende Aufzählung einzelner Verfehlungen der Israeliten in der Wüste darstellt, nämlich für deren Götzendienst (10,7), ihre sexuellen Ausschreitungen (10,8), ihr Versuchen Gottes (10,9) und ihr Murren (10,10)[108]. Ist dem so, dann sind auch in 1. Kor 10,6 ἐπιθυμία und ἐπιθυμεῖν Worte, die das Wesen der Sünde in einen allgemeinen Begriff versammeln wollen[109]. Die Gleichsetzung von Sünde und Begehren ist in spätjüdischer Theologie keine Neuerung. Sie findet sich in apokrypher Literatur in der Vita Adae 19,3

---

sel von νόμος und ἐντολή in Rm 7,7—12 finden, der ἐντολή geradezu als ein Synonym von νόμος erscheinen läßt. Vor allem Rm 7,12 scheint mir klar gegen eine Synonymität zu sprechen, wenn der Satz ὥστε ὁ μὲν νόμος ἅγιος, καὶ ἡ ἐντολὴ ἁγία καὶ δικαία καὶ ἀγαθή nicht als eine überflüssige Verbosität verstanden werden soll.

[108] So sehen das Verhältnis von ἐπιθυμία — ἐπιθυμεῖν zu der folgenden Aufzählung die Kommentare von E. B. ALLO, C. K. BARRETT, F. GODET, A. SCHLATTER und S. LYONETT in den 155 Anm. 104 erwähnten Aufsätzen.

[109] Es kann aber nicht behauptet werden, daß ἐπιθυμία bzw. ἐπιθυμεῖν bei Paulus stets in diesem auf die Wurzel der Sünde strebenden Sinn gebraucht sind. Auf Rm 13,9, wo eindeutig ein Einzelgebot gemeint ist, wurde schon hingewiesen. In Rm 7,8 schlägt der Satz, daß das Gesetz das Begehren verbiete, sofort in den anderen um, daß das Einzelgebot (ἐντολή) Begierde entfache und das Vorkommen des Plurals ἐπιθυμίαι (Rm 6,12; 13,14; Gal 5,24) beweist, daß Paulus an verschiedene, konkrete Formen des Begehrens denken konnte.

und in 4. Makk 2,6, sowie in mehreren Zusammenhängen bei Philo (De decal. 142 ff., 150, 173. Opif. mundi 152).

Die Identifikation von ἁμαρτία und ἐπιθυμία macht es verständlich, daß das Verbot οὐκ ἐπιθυήσεις in Rm 7,7, im Unterschied zu der im Dekalog vorliegenden Form, kein Objekt hat. Die Bedeutung des Verbots ist dadurch zugleich verallgemeinert und radikalisiert[110]. Mag Paulus auch an das 10. Gebot mit gedacht haben, so unterliegt es doch kaum einem Zweifel, daß in dieser Formulierung zum ersten Mal in dem Abschnitt 7,7—12 ein Anklang an jüdische Gedanken über die Geschichte vom Sündenfall in Gen. 2—3 vorliegt. Es gibt rabbinische Legenden, die davon erzählen, daß Eva von der Schlange mit Begierde erfüllt wurde[111], auch die Tatsache ist zu beachten, daß Targume den paradiesischen Lebensbaum, also den Gegenstand der Begierde Evas, mit dem Gesetz identifizieren[112]. Solche Vorstellungen müssen Paulus geläufig gewesen sein, und er hat sie, freilich in charakteristischer Umdeutung, seinem Gedankengang fügbar gemacht. Daraus ergibt sich für unseren Zusammenhang zunächst die Folgerung, daß das Verbot „du sollst nicht begehren" in Rm 7,7 nicht als Schranke gegen diese oder jene Gelüste[113], sondern als Zusammenfassung des Gesetzes überhaupt gemeint ist, das in Erinnerung an die Schöpfungserzählung in dem Gebot Gen 2,17 seine Spitze hat: „Von dem Baum der Erkenntnis von Gut und Böse sollst du nicht essen; denn an dem Tage, da du davon essen wirst, wirst du sterben." Man muß sich erinnern, daß dieses Gebot von der Schlange sofort dahingehend gedeutet wird, daß der Genuß der verbotenen Frucht die Erlangung der Gottgleichheit zur Folge haben wird (Gen 3,5). Was die Zusammenfassung des Gesetzes in dem Verbot οὐκ ἐπιθυμήσεις meint, ist also dies: es wendet sich gegen den Versuch des Menschen, sich selbst Gott gleich zu machen[114]. Das Gesetz stellt sich seiner eigentlichen Absicht nach der Sünde dadurch entgegen, daß es den Willen zur Gottgleichheit als ihren Kern entlarvt. Eben deshalb ist es an sich selbst heilig und zielt in allen seinen heiligen, gerechten und guten Einzelgeboten auf die Freiheit von dem Wahn der Gottgleichheit (Rm 7,12).

---

[110] Das betonen die Kommentare von C. K. Barrett, F. J. Leenhardt und O. Michel.

[111] H. L. Strack/P. Billerbeck, Kommentar zum Neuen Testament aus Talmud und Midrasch III 71. Hier ist freilich überall geschlechtliche Begierde gemeint.

[112] Nachweis bei S. Lyonett, „Tu ne convoiteras pas" 163.

[113] Viel zu blaß ist deshalb m. E. die Übersetzung von ἐπιθυμίαι durch „Wünsche", die E. Fuchs in seinem Aufsatz Existentiale Interpretation von Röm 7,7—12 und 21—23, in: Glaube und Erfahrung 364—401 durchweg verwendet. Ebenso textfremd ist die Auslegung auf moralische Maßstäbe, die C. H. Dodd mit der Übersetzung „desire which conflicts with an objective ethical ideal" gibt, Romans 109.

[114] F. J. Leenhardt hat diese Absicht in den Satz gekleidet: Lorsque la loi intervient pour interdire la convoitise, elle oblige l'homme à choisir de vivre par

Damit dürfen wir uns aber noch nicht zufriedengeben. Paulus hat ja sonst in seinen Briefen das Gesetz nicht mit dem Widerstand gegen die Begierde zur Gottgleichheit in Verbindung gebracht, wohl aber oft genug erklärt, worin er den Mißbrauch des Gesetzes sah. Wir sind in der Lage, daraus zu erschließen, was er konkret für den Versuch ansah, sich in die Stellung Gottes hineinzubetrügen. R. Bultmann hat immer von neuem betont, daß der jüdische Mißbrauch des Gesetzes im Verständnis des Paulus darin bestand, daß die Erfüllung des Gesetzes als Heilsweg begriffen wird[115]. Bultmann hat völlig klargemacht, daß Paulus sich weder gegen die Geltung der Forderung des Gesetzes überhaupt noch gegen die Vorstellung von der unerträglichen Last des Gesetzes wandte, noch daß er mit Hilfe eines heilsgeschichtlich begründeten Entwicklungsgedankens der Ablösung einer Periode der Gesetzesfrömmigkeit durch eine überlegene Epoche der Geistesreligion das Wort reden wollte. Der faule Kern der Religion des Gesetzes liegt vielmehr darin, daß der auf das Gesetz pochende Jude mit seiner Erfüllung des Gesetzes auf den Ruhm vor Gott und Mensch aus ist[116]. Das Gesetz wird als Instrument des Geltungsbedürfnisses ergriffen und als göttliche Aufforderung betrachtet, im Gehorsam gegen seine Gebote sich vor Gott als gerecht zu erweisen. So ist das Gesetz die feste Burg, deren sich der Jude rühmt (Rm 2,17.23), während die Offenbarung der Gerechtigkeit Gottes gerade das Rühmen selbst als Sünde entlarvt (Rm 3,27. 1. Kor 1,29). Darin wird sichtbar, „daß die eigentliche

Dieu et pour Dieu, et, en lieu de se faire ses dieux et sa vie, de se soumettre à Dieu et de recevoir de lui sa vie" (L'épître de Saint Paul aux Romains 107).

[115] R. BULTMANN, GuV II 32—58, besonders 37—43. Ebenso, Theologie 264 f.

[116] Freilich wendet sich gerade die jüngste Monographie zur Gesetzeslehre des Paulus ausdrücklich gegen diese Spitze von BULTMANNS Deutung (A. VAN DÜLMEN, Die Theologie des Gesetzes bei Paulus 1968). Der Verfasserin geht es darum, nachzuweisen, daß Paulus sein Gesetzesverständnis viel mehr vom Christusereignis bestimmen ließ, als es bei der weithin auf dem Felde anthropologischer Analyse erarbeiteten Darstellung BULTMANNS zum Zuge kommt. Sie meint deshalb: „Die Abwendung von der Unheilsmacht Gesetz bedeutet für Paulus nicht so sehr die Unterstellung unter Gottes Gnade, als vielmehr die Zuwendung zu Christus, dem alleinigen Heil", oder auch „nicht Verzicht auf Leistung, sondern Bezogenheit auf Christus" (aaO 179). Hier darf man aber sicher nicht das eine gegen das andere ausspielen. Auch wenn man mit der Verfasserin darin einig ist, daß das bei BULTMANN faktisch weithin sichtbare christologische Vakuum die Schwäche seiner Gedankenführung ist, darf das nicht dazu führen, nun umgekehrt den anthropologischen Sektor für zweitrangig, wenn nicht gar für unerheblich zu erklären. Auch wer der Christologie ihr volles Recht geben möchte, darf nicht behaupten, die Frage des Gesetzes sei für Paulus „ein rein christologisches Problem" (aaO 251) und es ist m. E. völlig unmöglich zu behaupten, die paulinische Gesetzeslehre sei lediglich ein logischer Schluß, der aus der Erkenntnis der Allgenügsamkeit der Gnade Christi abgeleitet sei (aaO 177 f. und passim). Dann wäre Paulus seinem jüdisch-christlichen Opponenten gegenüber lediglich der bessere Logiker. Die oben im Text referierten Sätze BULTMANNS sind deshalb von A. VAN DÜLMEN keineswegs widerlegt.

Sünde gar nicht die einzelnen Übertretungen des Gesetzes sind, sondern die Grundhaltung des Menschen, sein Streben, die eigene Gerechtigkeit aufzurichten, sich vor Gott zu rühmen"[117]. Man wird der Deutung Bultmanns auch darin folgen dürfen, daß aus eben diesem Begehren, sich vor Gott Ruhm zu verschaffen, gleichzeitig die Angst fließt, die Gott zum Sklavenmeister verzerrt, der über der genauen Bewahrung seiner Gebote Wache hält. Jedenfalls ist in Rm 8,12 ff. und Gal 4,4 ff. die Befreiung von der Angst des Sklaven durch den Geist der Kindschaft mit der Befreiung von der Herrschaft des Gesetzes in Verbindung gebracht[118].

Führt man diese Überlegungen, die nur kurz umrissen wurden, weil Bultmann sie ausführlich dargelegt und begründet hat, in den Abschnitt Rm 7,7—12 ein, so ergibt sich zuerst ein klares Bild dessen, was Paulus unter der Wendung „du sollst nicht begehren" als Grundgebot des Gesetzes überhaupt vor Augen stand. Er meinte damit die Intention des ganzen Gesetzes, die jedem Wollen und Trachten des Menschen entgegensteht, das Gott von seinem Thron stößt und den Menschen zu seinem eigenen Gott erhebt. Eben das aber, wogegen sich das ganze Gesetz wesentlich richtet, nämlich die Entgottung Gottes und die Vergötzung des Menschen, sah Paulus in dem auf das Gesetz sich gründenden Geltungswillen des frommen Juden seiner Zeit wirksam. Es ist klar, daß darin die Absicht des Gesetzes durch das Gesetz selbst in sein genaues Gegenteil verdreht und der in echter Gesetzeserfüllung bewahrte Segen in Fluch verkehrt wird. Es wird damit aber ebenso einsichtig, warum das Gesetz sich zum Mittel dieser unheilvollen Umkehrung eignete und darin der Sünde gegenüber eine Schwäche bot. Beides wird im Fortgang von Rm 7,7—12 von Paulus genauer erklärt.

Paulus hält mit der ganzen jüdischen Tradition daran fest, daß Gott sein Gebot zur Erlangung des Lebens erläßt: das Gebot ist ἐντολὴ εἰς ζωήν (7,10). Das gilt schon von dem Paradiesesgebot Gen 2,17, an das Paulus in diesem Zusammenhang wohl zuerst gedacht hat. Es gilt aber ebenso natürlich vom Gesetz überhaupt. Die Zusammenfassung des Sinnes der Gesetzgebung in Deut 30,19 läßt sich sinngemäß für das Gesetz im ganzen und in allen seinen Teilen anwenden:

> Heute rufe ich Himmel und Erde zu Zeugen über euch auf, daß ich euch vorgelegt habe Leben und Tod, Segen und Fluch. Darum wählet das Leben, daß ihr und eure Kinder leben möget.

Nun fordert das Gesetz den menschlichen Willen zur Tat, in Gebot und Verbot hat es die Erlangung des Lebens an das Tun des Menschen gebunden. Das entspricht durchaus dem guten und heiligen Wesen des Gesetzes, das man nicht durch vorschnelles und allgemeines Reden von „Werkge-

---

[117] R. BULTMANN, GuV II 41.
[118] R. BULTMANN, Theologie 243 f. „Das Gesetz wirkt sich nach Paulus in der Furcht aus", E. KÄSEMANN, Der Ruf der Freiheit 96.

rechtigkeit" um seine Kraft bringen darf. Wohl aber wird deutlich, wie die Forderung zur Tat der Punkt werden kann, an dem die Sünde sich des Gesetzes und Gebots bemächtigt. Paulus betont zweimal, die Sünde finde durch das Gebot einen Anknüpfungspunkt, eine Operationsbasis im Menschen, wodurch sie, wie die Schlange die Eva (Gen 3,13), den Menschen betrügen kann (7,8 und 11)[119]. Inwiefern wird das Gebot die Operationsbasis für die Sünde und dadurch zum Mittel eines Betrugs? Eben dadurch, daß das Gebot die Tat fordert und darin das Leben verspricht; denn die ἐντολὴ ἡ εἰς ζωήν (7,10) wendet sich an den Willen, der sich zielstrebig auf die Erreichung des mit der Erfüllung des Gebots verheißenen Gutes ausrichtet. Es ist doch in der Tat scheinbar die natürlichste Folgerung, so etwas wie ein religiös-ethisches Axiom, daß das Gesetz mitsamt seinen Einzelgeboten selbstverständlich dazu gegeben wurde, daß es erfüllt werde, und daß in und mittels der Erfüllung des Gesetzes der sittliche Mensch sich auszeichne, der Schmied seines eigenen Glücks nicht nur, sondern geradezu der Schöpfer seines eigenen Lebens werde. Ist das Gesetz mit seinen Einzelgeboten aber so verstanden, dann ist es eben in flagrantem Widerspruch zu seiner Grundintention aufgefaßt, die in dem οὐκ ἐπιθυμήσεις festgehalten ist. Was das Gesetz als Gottes heiliger Wille, das Gebot als Gottes gute, gerechte und heilige Setzung will (7,12), ist dies: es will den Menschen vor dem Aus-sein auf Ruhm bewahren, das Streben nach auszeichnender Gerechtigkeit verhindern und so Gottes Gottheit als freie Güte und des Menschen Geschöpflichkeit als empfangende Dankbarkeit erhalten. Diesen Willen des Gesetzes verdreht die Sünde[120] in sein genaues Gegenteil: das Gesetz mit seinen Geboten muß nun dazu herhalten, das Begehren nach Ruhm und Selbstvertrauen direkt zu sanktionieren und mit Hilfe des „du sollst" geradezu zur religiösen Pflicht zu machen. Ist dies geschehen, so ist der Betrug der Sünde mittels des Gesetzes gelungen.

Daraus wird auch völlig klar, daß das durch die Sünde in falschen Dienst gestellte Gesetz die Sünde selbst aufs äußerste potenziert. Sie war zwar schon ohne das Gesetz da, aber nur in einer, im Vergleich zu der durch die Perversion des Gesetzes erreichten Intensität, kraftlosen Form: χωρὶς γὰρ νόμου ἁμαρτία νεκρά (7,8). Kommt aber das Gebot Gottes zur Sünde hinzu, so usurpiert die Sünde es in ihren Willen und erhält dadurch den nötigen Wind, der die gleichsam leblos schwelende Glut zu verzehrendem Feuer auflodern läßt. Durch das Kommen des Gebotes wurde also die Sünde erst eigentlich lebendig (7,9), sie tanzt nun in ganz neuer

---

[119] Ἀφορμή kann Anknüpfungspunkt und, in militärischer Sprache, Stützpunkt heißen. Vgl. W. SANDAY/A. C. HEADLAM, The Epistle to the Romans 179.

[120] Viele Ausleger betonen mit Recht, daß Paulus über die Entstehung der Sünde nicht spekuliert. Sie ist in Rm 7,7—12 schon mit dem Gesetz da, nicht etwa erst durch das Gesetz hervorgebracht.

Virilität, weil ihr das usurpierte Gesetz die vermeintliche göttliche Legitimation verleiht. Man muß es extrem ausdrücken: Durch das Gesetz wird
die Sünde zur religiösen Pflicht, zum Grund der Frömmigkeit, zur Trieb-
kraft der religiösen Hingabe.

Damit ist der Sünde ein Betrug geglückt, die den Tod des von ihr durch
das Gesetz betrogenen Frommen zur Folge hat: ἐγὼ δὲ ἀπέθανον (7,10).
Das Sätzchen ἐγὼ δὲ ἀπέθανον kann weder das physische Sterben, noch
ein biographisch orientiertes Erfahrungsurteil meinen. Es weist vielmehr,
wie R. Bultmann als erster aufzeigte[121], auf eine transsubjektive Bestimmtheit des Ich, welche unabhängig von aller Erfahrung als theologisches
Urteil zu fällen ist. Das Ich des Menschen hat im Gehorsam gegenüber
Gottes Gebot, also in der Freiheit von allem Begehren, das Leben. Betrügt
es aber die Sünde durch das Gebot in das Begehren hinein, so ist es dem
Tode anheimgefallen.

Damit ist es für uns möglich geworden, uns der Ausgangsfrage, die uns
zu dem Abschnitt Rm 7,7—12 führte, wieder zuzuwenden[122]. Sie lautet:
Wie kommt es bei Paulus zu dem allen jüdischen Denkvoraussetzungen
glatt widersprechenden Satz, daß der Dienst des Gesetzes ein Dienst des
Todes und der Verdammung und gerade als solcher das Werk Gottes sei?
Die Ausgangsfrage war gestellt im Blick auf das Problem, ob die Gesetzeslehre und die Rede vom Zorn Gottes nicht eine innere Verbindung auf-
weisen möchten. Die Erörterung von Rm 7,7—12 dürfte klargemacht
haben, daß diese innere Verbindung in der Tat besteht und wie sie inhaltlich zu verstehen ist. Freilich, der Zorn Gottes ist nirgends in Rm 7 genannt; dennoch ist unübersehbar, daß Paulus in Rm 7,7—12 inhaltlich
erläutert, was er in Rm 2,1—3,20 vom Wirken des Zornes Gottes sagt, der
über dem Leben aus dem Gesetz als Grund der Selbstrechtfertigung des
Menschen steht. In Rm 1,18—3,20 waren Tod und Verdammung die Folgen des Zornes Gottes[123], dem das Sterben des Ich in Rm 7,7—12 korrespondiert. Schon Rm 2,27 war gesagt worden, daß die Erfüllung der Vorschrift des Gesetzes in Wahrheit Übertreter des Gesetzes schafft (τὸν διὰ
γράμματος καὶ περιτομῆς παραβάτην νόμου), was in der Aussage Rm 7,6,
daß der Christ im Geist des neuen Lebens diene καὶ οὐ παλαιότητι
γράμματος deutlich wieder zum Thema wird und dann in 7,7—12 zu der
Erläuterung dessen führt, was παλαιότης γράμματος, nämlich die Übertretung des Gesetzes durch das Gesetz, faktisch heißt. Der den ganzen Zusammenhang Rm 1,18—3,20 zusammenfassende Satz διὰ γὰρ νόμου
ἐπίγνωσις ἁμαρτίας, der die Darlegungen über die Offenbarung der ὀργὴ
θεοῦ ἀπ᾽ οὐρανοῦ (1,18) thesenartig abschließt, ist in Rm 7,7—12 im einzelnen erklärt: die ἐπίγνωσις ἁμαρτίας von 3,20 ist dasselbe wie das

---

[121] R. Bultmann, Römer 7 und die Anthropologie des Paulus, besonders 55 ff.
Ebenso G. Bornkamm, Sünde, Gesetz und Tod 62 f. und H. Conzelmann, Grundriß 256 f.   [122] Siehe oben 152.   [123] Siehe oben 144 f.

ἁμαρτίαν γιώσκειν und ἐπιθυμίαν εἰδέναι von Rm 7,7. Rm 7,7—12 verdeutlicht also direkt, inwiefern das Gesetz Zorn wirkt (Rm 4,15), warum Paulus sagen kann, das Gesetz vermehre die Sünde (Rm 5,20). Das von der Sünde usurpierte und pervertierte Gesetz ist die δύναμις τῆς ἁμαρτίας (1. Kor 15,56), und der Vorgang dieser Usurpation und Perversion ist in Rm 7,7—12 entfaltet. Wir können den Zusammenhang von Zorn Gottes und Gesetz also zusammenfassend folgendermaßen beschreiben: Zorn Gottes ist die der Sünde des Menschen widerstehende Aktion Gottes, die dem Sünder in Tod und Gericht begegnet. Diese Zornestat Gottes wendet sich natürlich gegen alle Sünde, auch gegen solche, die nicht durch die Perversion des Gesetzes im frommen Juden zu höchster Intensität gelangt ist. Sie wendet sich aber trotzdem ganz besonders gegen *den* Sünder, der das Gesetz zur Rechtfertigung seines Begehrens macht und darin das auf den Kopf gestellte Gesetz als Handlanger der Sünde verwendet. Gesetz und Zorn Gottes kommen auf diese Weise in solche Nähe zueinander, daß sie dasselbe Werk verrichten. Wie Gottes Zorn tötet, so tötet auch das Gottes Absicht entwundene, von der Sünde usurpierte und pervertierte Gesetz. Der Zorn Gottes kann sich also in die Gestalt des Gesetzes kleiden, weil sein Ziel mit der faktischen Wirkung des durch die Sünde mißbrauchten Gesetzes zusammenfällt. Damit ist das Gesetz für den Sünder zum Werkzeug des Zornes Gottes geworden. Sein Dienst ist die διακονία τοῦ θανάτου bzw. τῆς κατακρίσεως (2. Kor 3,7.9) und damit die Vollstreckung des Zornes Gottes.

b) Der Gehorsame unter dem Gesetz

Die Frage nach dem sachlichen Verhältnis von Rm 1,17 und 18, d. h. des Problems der Gleichzeitigkeit von Gerechtigkeitsoffenbarung und Zornesoffenbarung, führte zur Diskussion des Zusammenhangs von Gesetz und Zorn Gottes. Zu Beginn dieser Diskussion wurde die Behauptung aufgestellt, daß das Losbrechen des Zornes Gottes für Paulus in der menschlichen Geschichte Jesu geschehe und offenbar werde[124]. Davon war aber bisher noch nicht die Rede, weil die Verflechtung der Gesetzesanschauung des Apostels mit seiner Auffassung des Zornes Gottes zunächst, das weitere Verständnis vorbereitend, darzustellen war[125]. Wir können uns jetzt dem Bild des Menschen Jesus bei Paulus zuwenden.

---

[124] Siehe oben 151.

[125] Mit dieser Anordnung der Fragenkreise soll nicht der Meinung Vorschub geleistet werden, daß die paulinische Christologie von einer ihr sachlich vorgeordneten Gesetzeslehre abhängig sei. M. E. kommt der Streit über die Vorordnung der Christologie vor der Anthropologie, oder umgekehrt, dem Streit zwischen Henne und Ei gleich, wer von beiden zuerst gekommen wäre. Wer die Menschheit Jesu ernst nimmt, wird kaum Christologie und Anthropologie gegeneinander ausspielen können. An der Priorität des Christusereignisses gegenüber

Zu diesem Zweck werden zuerst vier paulinische Sätze zusammenge-
ordnet und nach ihrem Gehalt befragt[126]. Sie sind deutlich miteinander
verwandt, handeln fraglos vom irdischen Leben Jesu und kommen in ihrer
Gewichtigkeit bekenntnisartigen Aussagen gleich. Es handelt sich um folgende Verse:

1. Gal 3,13: Χριστὸς ἡμᾶς ἐξηγόρασεν ἐκ
τῆς κατάρας τοῦ νόμου γενόμενος ὑπὲρ ἡμῶν κατάρα.

2. Gal 4,4 f: ἐξαπέστειλεν ὁ θεὸς τὸν υἱὸν αὐτοῦ,
γενόμενον ἐκ γυναικός, γενόμενον ὑπὸ νόμον,
ἵνα τοὺς ὑπὸ νόμον ἐξαγοράσῃ.

3. Rm 8,3: Τὸ γὰρ ἀδύνατον τοῦ νόμου, ἐν ᾧ ἠσθένει
διὰ τῆς σαρκός, ὁ θεὸς τὸν ἑαυτοῦ υἱὸν πέμψας ἐν
ὁμοιώματι σαρκὸς ἁμαρτίας καὶ περὶ ἁμαρτίας κατέκρινεν
τὴν ἁμαρτίαν ἐν τῇ σαρκί.

4. 2. Kor 5,21: Τὸν μὴ γνόντα ἁμαρτίαν ὑπὲρ ἡμῶν
ἁμαρτίαν ἐποίησεν, ἵνα ἡμεῖς γενώμεθα δικαιοσύνη
θεοῦ ἐν αὐτῷ.

Diese vier Stellen haben mehrere Züge gemeinsam. Für unsere Untersuchung sind davon zwei von unmittelbarer Bedeutung: die Blickrichtung
auf den irdischen Jesus und die Feststellung, daß das Leben des Irdischen
eine Unterwerfung unter die Mächte des Gotteszornes — wir formulieren
vorläufig noch vorsichtig und unscharf — in sich beschloß[127].

1. Gal. 3,13. „Christus wurde für uns zum Fluch", so lautet hier die
Wendung, die die Unterwerfung Christi unter die Macht des Verderbens
ausspricht. Γενόμενος bezeugt nur die Tatsächlichkeit der Unterwerfung,
ohne eine Antwort auf die Frage zu erlauben, ob die Unterwerfung freiwillig oder unfreiwillig geschah. An der Art des Unterworfenseins ist der

allem theologischen Verstehen muß der Ausleger des Paulus freilich unbedingt
festhalten. Gerade darin sind aber Christologie und Anthropologie miteinander
gesetzt und davon bleiben sie miteinander abhängig. Denn die Christologie ist
im selben Maße wie die Anthropologie ein Verstehensentwurf theologischen
Denkens und also keineswegs mit dem Christusereignis identisch.

[126] Die innere Verwandtschaft der vier Stellen und ihre Beziehung zur Gesetzeslehre des Paulus wurde schon früher von P. Benoit festgestellt in seinem
Aufsatz La Loi et la Croix d'après Saint Paul, in: Revue Biblique 47 (1938)
481—509.

[127] Andere Gemeinsamkeiten der vier Sätze, die im obigen Zusammenhang
nicht von Bedeutung sind, seien wenigstens angedeutet: alle reden von einer
Überwindung der Mächte durch die Unterwerfung Christi, ausgedrückt durch
das ἐξαγοράζειν in Gal 3,13 und 4,5; durch die Wendung περὶ ἁμαρτίας in Rm
8,3, was entweder „der Sünde wegen", d. h. zu ihrer Überwindung, oder „zur
Sühnung der Sünde" meint; in 2. Kor 5,21 liegt in dem Ausdruck τὸν μὴ γνόντα
ἁμαρτίαν ebenfalls die Überwindung der Sündenmacht. Weiter halten alle Sätze
die soteriologische Folge von Unterwerfung und Überwindung fest, die Rm 8,4
und 2. Kor 5,21 mit einem einfachen ἵνα-Satz, Gal 3,14 und 4,5 mit doppeltem
ἵνα Satz ausgedrückt ist.

Satz also nicht interessiert, sondern nur an dessen Faktizität. Deutlich ist aber, daß der Fluch, zu dem Christus wurde, derselbe ist, von dem er uns loskauft, eben die κατάρα τοῦ νόμου. Der Fluch hängt aber nicht nur mit dem Gesetz zusammen, er ist gleichzeitig verbunden mit dem Tod Jesu am Kreuz. Deshalb wird die Aussage, Christus sei für uns zum Fluch geworden, mit dem Satz Deut 21,23 begründet, „verflucht ist jeder, der am Holze hängt"[128]. Der offensichtliche Verweis auf den Tod Jesu als das Geschehen, in dem er für uns zum Fluch wurde, wird dadurch noch unterstrichen, daß unmittelbar zuvor (3,11) Hab 2,4 zitiert wird: „der Gerechte wird aus Glauben leben." Das ist für Paulus, wie Rm 1,17 zeigt, eine allgemeingültige Sentenz, die den Glauben als einzigen Weg des Lebens festlegt, wobei ζήσεται die Erlangung des Lebens im eschatologischen Sinne meint. Der Weg des Gesetzes dagegen führt in den Tod und der Kreuzestod Jesu ist das Siegel dafür, daß seine irdische Existenz unter der Macht des Gesetzes gelebt wurde und deshalb ein Leben zum Tode sein mußte.

Eine Entfaltung seines Sinnes ist in dem knappen Satz Gal 3,13 nicht gegeben. H. Schlier dürfte aber richtig gesehen haben, wenn er in seinem Kommentar zur Deutung auf Rm 7,7—12 hinweist[129]. „Das Dasein, das sich aus den Gebotserfüllungen gewinnt, lebt von der Frucht solcher Taten, in denen die Sünde durch Vermittlung des Gesetzes das Aussein des Menschen nach sich selbst, die Selbst-sucht erfüllt . . . Denn es geschieht ja in den ἔργα νόμου nichts anderes als Erfüllung des an sich selbst verfallenen Lebens, und es ereignet sich nichts anderes als verfallenes Leben, als Tod."[130] Von Christus wird Gal 3,13 gesagt, daß er sich diesem verfallenen Leben, dem im Hexenkreis der durch das Gesetz zur Manie religiöser Pflicht aufgepeitschten Sünde zum Tode hinsiechenden Menschen, unterworfen hat und so zu dem Fluch wurde, den das Gesetz hervorruft.

Ganz auffällig ist die Verwendung des Abstraktums κατάρα in Gal 3,13. Paulus hätte ja auch etwa schreiben können „Christus trug den Fluch für uns", so daß der Fluch immer noch wenigstens ein von Christus selbst verschiedenes Objekt geblieben wäre. Statt dessen heißt es in unüberbietbarer Härte: „Christus wurde Fluch für uns." Daß es sich in diesem Satz nicht um ein einmalig auftauchendes Extrem handelt, zeigt 2. Kor 5,21, wo in unübersehbarer Verwandtschaft zu Gal 3,13 von Gott gesagt wird

---

[128] Daß es sich in Deut 21,22 f. nicht um eine Kreuzigung, sondern um das Aufhängen eines schon Hingerichteten an einem Holzpfahl handelt, ist für Paulus natürlich ebenso unwichtig wie die Tatsache, daß LXX in Deut 21,23 ausdrücklich die Verdammung durch Gott hervorhebt (κεκατηραμένος ὑπὸ θεοῦ πᾶς κρεμάμενος ἐπὶ ξύλου). Daß der Fluch des Gesetzes der Fluch Gottes ist, ist für Paulus selbstverständlich, braucht also nicht ausdrücklich gesagt zu werden (gegen Burton, The Epistle to the Galatians 171 f., der den Fluch des Gesetzes vom Fluch Gottes unterscheiden will).

[129] AaO 92.　　　　　[130] Ebd.

ὑπὲρ ἡμῶν ἁμαρτίαν ἐποίησεν (scil. Χριστόν), und ebenso, von der positiven Seite her, 1. Kor 1,30, an welcher Stelle Christus als σοφία, δικαιοσύνη, ἁγιασμός und ἀπολύτρωσις von Gott her bezeichnet wird[131]. Die Abstrakta περιτομή und ἀκροβυστία werden von Paulus zur Charakterisierung von Juden und Heiden so verwendet, daß „Beschneidung" bzw. „Unbeschnittenheit" das aller individuellen Verschiedenheit Vorgegebene und jede einzelne Handlung als deren transsubjektiven Grund Vorausbestimmende aufdeckt (z. B. Rm 3,30). Das Abstraktum meint also die wesenhafte, eine Person oder eine Menschengruppe auf den Grund ihres Daseins festlegende Bestimmung. So ist auch Christus Fluch, nicht in dem Sinne, daß er unter vielem anderen auch noch den Fluch des Gesetzes erlitt, sondern so, daß er als Person wesenhaft Fluch ist[132]. Seine Person und der Fluch des Gesetzes, das bei Paulus bekanntlich als Macht verstanden ist, sind in Personalunion vereinigt[133].

In der an Kühnheiten wahrhaftig nicht armen Sprache der Bibel stellt Gal 3,13 eine letzte Steigerung dar. Vom Fluch Getroffene gibt es in der Bibel an vielen Orten, aber nie war von einem Verfluchten gesagt worden, der Fluch sei das Wesen seiner Person. Bisher hatte man immer noch trennen können zwischen dem Leben eines Menschen und der fluchwürdigen Tat, die ihn zum Verfluchten werden ließ. Paulus hat diese Trennung nicht mehr vollziehen können, für ihn war Christus der Person gewordene Fluch Gottes. Wir erinnern uns an dieser Stelle, daß wir bei der Besprechung des zeitlichen Verhältnisses von Gerechtigkeitsoffenbarung und Zornesoffenbarung feststellten, für Paulus sei die Zeit der Offenbarung der Gerechtigkeit Gottes im Evangelium gleichzeitig auch die Zeit der Offenbarung des vollen Zorns Gottes[134]. Diese Feststellung wird nun durch Gal 3,13 von einer anderen Seite her bestätigt. Wohl gab es auch zur Zeit des An-sich-Haltens Gottes in seinem Zorn Verfluchte; aber erst mit dem Kommen des Evangeliums ist von einer Person zu reden, die nicht mehr Verfluchung erlitt, sondern Fluch wurde. Γενόμενος κατάρα heißt, daß ein menschliches Leben nunmehr wesenhaft das Wüten des Zornes Gottes ist[135].

---

[131] Es fällt auf, daß mit der Verwendung dieser Abstrakta auf Christus regelmäßig das Verb γίνεσθαι gekoppelt ist.

[132] Des öfteren zeigt sich in den paulinischen Briefen der Reflex einer Häresie, die sich auf mißverstandene Sätze des Apostels selbst stützen konnte. Man ist versucht zu fragen, ob nicht ein Satz wie Gal 3,13 mit dem ἀνάθεμα Ἰησοῦς (1. Kor 12,3) der korinthischen Enthusiasten eine, freilich illegitime, Verbindung gehabt haben mag.

[133] Ähnlich ist das Verständnis von H. SCHLIER, aaO 94.

[134] Siehe oben 146.

[135] Von der Tatsache, daß der Begriff ὀργή (θεοῦ) in Gal 3 nicht vorkommt, darf man sich nicht beirren lassen. Gal 3,13 steht eindeutig im Zusammenhang mit Gedanken über den Tod als Gottes Gericht und mit dem Gesetz als

2. Gal 4,4. Paulus hat in diesem Vers wahrscheinlich auf einen ihm schon vorliegenden Satz von der Menschwerdung des präexistenten Gottessohnes zurückgegriffen[136]. Der von Paulus verwendete Ausdruck dürfte gelautet haben: ἐξαπέστειλεν ὁ θεὸς τὸν υἱὸν αὐτοῦ, γενόμενον ἐκ γυναικός.

In ihm ist lediglich die Menschwerdung des präexistenten Gottessohnes ausgesagt. Paulus hat den Satz aber erweitert und so seiner Theologie gemäß gedeutet, indem er γενόμενον ὑπὸ νόμον hinzufügte[137]. Auf dieser Erweiterung liegt das sachliche Gewicht. Unbestritten ist, daß der Weibgeborene und unter das Gesetz Gestellte der irdische Jesus ist. Was aber bedeutet im Zusammenhang von Gal 3 und 4 das γενόμενον ὑπὸ νόμον? Schwerlich allein die banale Selbstverständlichkeit, daß Jesus als gebürtiger Jude zur Einhaltung des mosaischen Gesetzes verpflichtet war[138]. Die Wendung „unter das Gesetz getan" ist selbstverständlich verknüpft mit der sich durch die Kapitel 3 und 4 des Galaterbriefes hinziehenden Diskussion des Gesetzes. Die Unterstellung Jesu unter das Gesetz[139] geschieht dazu, daß der Loskauf derer, die unter dem Gesetz leben, zustande komme (4,5). Das Gesetz ist also als versklavende Macht im Blick. So hatte Paulus auch in dem 4,4 unmittelbar vorangehenden Vers alle unter dem Gesetz Lebenden als ὑπὸ τὰ στοιχεῖα τοῦ κόσμου . . . δεδουλωμένοι bezeichnet. Andererseits ist die Wendung 4,5 ἵνα τοὺς ὑπὸ νόμον ἐξαγοράσῃ der Formulierung von 3,13 Χριστὸς ἡμᾶς ἐξηγόρασεν ἐκ τῆς κατάρας τοῦ νόμου so evident ähnlich, daß an einer gedanklichen Verbindung der Sätze 3,13 und 4,4 nicht gezweifelt werden kann. Ein Leben ὑπὸ νόμον ist also das gleiche wie ein Leben ὑπὸ κατάραν τοῦ νόμου: das Leben Jesu unter dem Gesetz ist nichts anderes als seine Unterstellung unter den tödlichen Fluch des Gesetzes.

Bringt Gal 4,4 somit in bezug auf das Verständnis des Gesetzes nichts, was über Gal 3,13 hinausführen würde, so ist der Vers doch in anderer Beziehung für unsere Fragestellung folgenreich. Der Vers beschreibt das

---

Gottes richtender Kraft, die in Rm 1,18–3,20 mit der ὀργὴ θεοῦ zu einem Vorstellungsganzen verbunden sind.

[136] E. SCHWEIZER erschließt das, m. E. mit Recht, aus dem Fehlen der Formel γενόμενος ἐκ γυναικός bei Paulus und aus der im hellenistischen Judentum entwickelten Vorstellung von der Präexistenz des Logos und der Sophia (Artikel: „υἱός etc.", in: ThW VIII 376 f. und 385, sowie die dort angeführten Aufsätze des gleichen Verfassers über die Präexistenzvorstellungen im NT).

[137] Die Zufügung ist ähnlich dem paulinischen Interpretament θανάτου δὲ σταυροῦ in Phil 2,8, weil νόμος und σταυρός für Paulus zusammengehören. In beiden Fällen hat Paulus eine traditionelle und von ihm als solche bejahte Aussage durch sein Verständnis von Gesetz und Kreuz verschärfend präzisiert.

[138] So z. B. BURTON, aaO 218: „the subjection to law was, doubtless, rather in the fact of his living under legalistic judaism, obliged to keep its rules and conform to its usages."

[139] Auch hier, wie Gal 3,13, ist lediglich die Faktizität der Unterstellung betont, siehe oben 163 f.

Leben Jesu mit zweifachem Ausdruck: γενόμενος ἐκ γυναικός und γενόμενος ὑπὸ νόμον. Die beiden Wendungen bezeichnen nicht zwei einander ablösende Etappen der Geschichte Jesu, so daß γενόμενος ἐκ γυναικός die Geburt und γενόμενος ὑπὸ νόμον das auf die Geburt folgende Leben Jesu meinte. Denn Leben ἐκ γυναικός ist im Spätjudentum ein geläufiger Ausdruck für den Menschen überhaupt: dieser ist als ganzer und in allen Lebensstadien eben dadurch bestimmt, daß er ἐκ γυναικός stammt[140]. Ebenso ist das Leben ὑπὸ νόμον ein Charakteristikum des ganzen Lebens Jesu. Die beiden Ausdrücke konkurrieren also miteinander, indem sie denselben Sachverhalt zusammenfassend bezeichnen wollen — ein weiterer Hinweis darauf, daß Paulus in 4,4 einen alten Satz kommentierend erweiterte. Dann aber ergibt sich eine wichtige Folgerung: mit der Zusammenfügung zweier Ausdrücke, die beide denselben Tatbestand umschreiben, wird das Menschsein Jesu als Unterworfensein unter das Gesetz definiert[141]. Da Unterworfensein unter das Gesetz für Jesus den Kreuzestod bedeutet, hat Paulus den traditionellen Satz von der Menschwerdung so mit der Kreuzigung Jesu zusammengebunden, daß sich für ihn Inkarnation und Kreuzigung gegenseitig bedingen[142]. Das bedeutet einerseits, daß die Inkarnation von vornherein als Leben zum Tode verstanden ist und andererseits, daß das Kreuz nicht mehr ein historisches Einzelereignis aus dem Leben Jesu bleibt. Besonders das zweite ist für uns von Wichtigkeit: Paulus hat das ganze Menschsein Jesu, weil es Leben ὑπὸ νόμον war, als durch das Kreuz bestimmtes Dasein verstanden. Sein so überaus häufiges Reden vom Kreuz, von Jesu Sterben, vom Blut Jesu, hat also nicht ausschließlich die wenigen Stunden der tatsächlichen Kreuzigung im Sinn, sondern meint ganz umfassend das irdische Leben Jesu in seiner grundlegenden Bestimmtheit: Der Menschgewordene ist zur Kreuzigung geboren. Es ist richtig, was E. Käsemann bezüglich des Verhältnisses der Evangelien zur Theologie des Paulus so formulierte: „in der paulinischen Kreuzespredigt ist gleichsam nur auf einen verkürzten Nenner gebracht, was die Botschaft vom dienenden Christus bezeugte."[143]

3. Rm 8,3. Der Vers ist offensichtlich nicht abgeschlossen. Paulus wollte sagen: „Was das Gesetz nicht vermochte . . . vollbrachte Gott, indem er seinen Sohn sandte . . . und verurteilte die Sünde im Fleisch." Das erste Hauptverb ist versehentlich ausgelassen worden und muß ergänzt werden.

---

[140] Siehe die Belege von E. SCHWEIZER, aaO 385, Anm. 358. H. SCHLIERS Unterscheidung von Natur (ἐκ γυναικός) und Geschichte (ὑπὸ νόμον) des Menschgewordenen (aaO 138) scheint mir deshalb irreführend zu sein.

[141] So auch E. SCHWEIZER, aaO 385.

[142] Auch A. VAN DÜLMEN stellt fest, „daß für Paulus ‚Inkarnation' und Tod Christi in ihrer Bedeutung nahezu identisch sind: beide sind Ausdruck der völligen Unterwerfung Christi an die Mächte des alten Aion", aaO 206, Anm. 50.

[143] E. KÄSEMANN, Kritische Analyse von Phil 2,5—11, Exegetische Versuche und Besinnungen I 82.

Was war dem Gesetz unmöglich[144]? Eben das, was Gott vollbrachte in der Sendung des Sohnes, nämlich das Verdammen der Sünde im Fleisch. Das Gesetz, vom sündigen Menschen gehandhabt, brachte das Gericht über die Sünde nicht zustande. Nach der in Rm 7 unmittelbar vorausgegangenen Erörterung der Ohnmacht des Gesetzes gegenüber der von der Sünde erzeugten Perversion des νόμος kann an dem Sinn dieser Worte kein Zweifel sein. Zwar war das heilige, gute und gerechte Gesetz darauf aus, die Begierde des Menschen nach Gottesgleichheit auszuschalten und ihm so das Leben zu eröffnen. Aber der Mensch unter der Macht der Sünde verstand das Gesetz sogleich als Aufforderung, sich vor Gott und Mensch auszuzeichnen und seinem Begehren nach selbstgewirkter Gerechtigkeit vollen Lauf zu lassen. Der von der Sünde betrogene Mensch merkte dabei gar nicht, daß die Absicht des Gesetzes dadurch in ihr Gegenteil verkehrt und der Zuspruch des Lebens unter der Hand sich in den Vollzug todbringenden Gerichtes verwandelte. Es ist völlig einsichtig, daß ein Gesetz, das zum handlichsten Werkzeug der Sünde wurde, die Sünde selbst nicht mehr richten kann.

Was das durch die Sünde entmächtigte Gesetz nicht zuwege brachte, vollendete Gott in der Sendung seines Sohnes. Der Ausdruck ὁ θεὸς τὸν ἑαυτοῦ υἱὸν πέμψας ἐν ὁμοιώματι σαρκὸς ἁμαρτίας ist in seinem ersten Teil der Wendung in Gal 4,4 ἐξαπέστειλεν ὁ θεὸς τὸν υἱὸν αὐτοῦ so verwandt, daß es auch hier naheliegt, eine vorpaulinische Fassung der Sendung des Präexistenten anzunehmen[145]. Der erste Teil des Ausdruckes beschreibt also lediglich in traditioneller Sprache die Entsendung des ewigen Gottessohnes in die Welt. Anders ist es aber mit dem zweiten Teil ἐν ὁμοιώματι σαρκὸς ἁμαρτίας, der so typisch paulinische Gedanken enthält, daß er, wie das γενόμενος ὑπὸ νόμον in Gal 4,4, als deutender Zusatz des Apostels zu verstehen ist. Das legt von vornherein den Gedanken nahe, daß ἐν ὁμοιώματι σαρκὸς ἁμαρτίας inhaltlich dem γενόμενος ὑπὸ νόμον gleich ist. Ὁμοίωμα kann dann nicht „Ähnlichkeit" heißen, sondern muß als „gleiche Gestalt" erfaßt werden. Diese Vermutung dürfte sich bestätigen lassen.

Die Auffassung wird heute von allen Kommentatoren geteilt, daß ὁμοίωμα in Rm 8,3 keine an den Doketismus streifende Aussage machen will, wie noch J. Weiss meinte[146]. Dagegen ist die von J. Schneider im ThWB vertretene Deutung so allgemein angenommen worden, daß man beinahe von einer communis opinio der modernen Auslegung reden kann. Schneider meint, sich auf die Bedeutung von „Abbild" für ὁμοίωμα stüt-

---

[144] Τὸ ἀδύνατον τοῦ νόμου ist grammatisch schwierig. BLASS-DEBRUNNER, Grammatik § 380, 6 lösen in ὁ τῷ νόμῳ ἀδύνατον ἦν auf. Sehr ausführlich ist die grammatische Diskussion bei W. SANDAY/A. C. HEADLAM, Romans 191 f.

[145] Zur Begründung vgl. E. SCHWEIZER, aaO 376 f. und die dort angegebene Literatur.   [146] J. WEISS, Das Urchristentum 376 f.

zend, daß das Wort gleichzeitig eine Gleichheit und eine Verschiedenheit zwischen Christus und allen anderen Menschen ausdrücke. „Mit ἐν ὁμοιώματι bringt Paulus zum Ausdruck, daß bei aller Gleichartigkeit, die zwischen dem Fleischesleibe Christi und dem der Menschen bestand, das Wesen Christi sich von dem menschlichen Wesen unterschied . . . Das ὁμοίωμα weist aber auf zweierlei hin: auf die Gleichheit in der Erscheinung und auf den Unterschied im Wesen."[147] In ähnlicher Weise kommentiert die große Mehrheit der heutigen Exegeten[148]. Dennoch ist diese Deutung zu bestreiten. Sie entspricht weder dem sonstigen Gebrauch von ὁμοίωμα bei Paulus, noch bringt sie die Strenge der paulinischen Auffassung von der Unterwerfung Christi unter die Macht des Verderbens zum Ausdruck.

Ὁμοίωμα heißt bei Paulus an anderen Stellen nicht „Abbild", sondern „Gestalt". In Rm 5,14 bedeutet ὁμοίωμα τῆς παραβάσεως ᾿Αδάμ die Gleichartigkeit mit der Übertretung Adams, ihre Gleichförmigkeit. Jede Unterscheidung zwischen Erscheinung und Wesen wäre hier völlig unsinnig. Der Satz Rm 6,5 εἰ γὰρ σύμφυτοι γεγόναμεν τῷ ὁμοιώματι τοῦ θανάτου αὐτοῦ wird freilich, im Banne der Frage nach der Taufsymbolik, häufig so verstanden, daß hier ὁμοίωμα das sakramentale Abbild von Tod und Auferstehung Jesu ausdrücken soll[149]. Rm 6,5 redet aber gar nicht mehr von der Taufe, sondern von der Teilnahme des Glaubenden an Tod und Auferstehung Christi. Ὁμοίωμα bedeutet deshalb auch hier die Gleichgestalt mit der Geschichte Christi, was wiederum eine Unterscheidung von Erscheinung und Wesen gerade ausschließt[150]. Auch Phil 2,7 spricht für dieselbe Bedeutung[151]. Es ist an dieser Stelle nicht einzusehen, warum in dem plerophorischen Stil des Hymnus die Aussage μορφὴν δούλου λαβών nicht mit der unmittelbar folgenden ἐν ὁμοιώματι ἀνθρώπων γενόμενος sachlich identisch sein soll. Nun hat E. Käsemann in seiner Studie zu Phil 2,5—11 auf Grund des in hellenistischer Religiosität herrschenden Sprachgebrauchs von μορφή und geleitet durch exegetische Beobachtungen

---

[147] J. Schneider, Artikel: „ὅμοιος etc.", in ThW V 195 f.

[148] Besonders deutlich z. B. W. Sanday/A. C. Headlam, aaO 193: „the flesh of Christ is ‚like‘ ours inasmuch as it is flesh; ‚like‘, and only ‚like‘, because it is not sinful."

[149] Wegen der großen Verbreitung dieser Auslegung ist es fast sinnlos, Beispiele anzugeben. Man vergleiche etwa die Erörterung bei J. Schneider, aaO 191 ff.

[150] Diese Interpretation ist von R. C. Tannehill im Zusammenhang der paulinischen Gedanken vom Sterben und Auferstehen mit Christus m. E. überzeugend vorgetragen worden in seiner Arbeit Dying and rising with Christ 21—39. Ebenso mit guten Gründen W. Thüsing, Per Christum in Deum 134 ff.

[151] Ὁμοίωμα kommt sonst bei Paulus noch Rm 1,23 vor. Dort ist der Ausdruck ὁμοίωμα εἰκόνος φθαρτοῦ ἀνθρώπου aus der Mischung eines Zitates von Ps 106, 20 und eigenen Worten des Paulus entstanden und erlaubt deshalb kaum ein Urteil. Die Bedeutung „Abbild" wäre hier möglich, ist aber nicht gefordert.

mit Recht festgestellt, daß μορφή in Phil 2,7 nicht „Erscheinungsweise", sondern „schlechthin das Wesen meint"[152]. Käsemann stellt ferner fest, daß μορφή und ὁμοίωμα „im jüdisch-griechischen Schrifttum auswechselbar sind" und daß überdies der unmittelbare Kontext für den Sinn „Gleichbild" spreche[153]. Trotzdem hält Käsemann dafür, daß das der Sinn von ὁμοίωμα in Phil 2,7 nicht sein könne und zwar ausschließlich auf Grund von Rm 8,3, was auch er dahingehend versteht, daß ὁμοίωμα hier gebraucht sei, „um für eine letzte Differenz bei aller sonstigen Gleichheit Spielraum zu lassen: Christus ist nicht einfach im „Sündenfleisch" erschienen, sondern in Analogie dazu, sofern er die mit dem Fleisch gesetzte Möglichkeit der Sünde nicht realisierte"[154].

Es läßt sich also sagen, daß ὁμοίωμα in Phil 2,7, ganz auf der Linie von Rm 5,14 und 6,5, ungezwungen im Sinne von „Gleichgestalt", sogar von „wesensmäßig gleiche Lebensgestalt" verstanden werden kann, ja daß diese Übersetzung sich auf Grund des Christusliedes allein empfiehlt. Entgegen der breiten Front der modernen Exegeten ist es aber durchaus möglich, auch Rm 8,3 in der gleichen Weise zu verstehen. Wenn auch in diesem Vers ὁμοίωμα die Gleichheit der Lebensgestalt meint, die eine Differenzierung von Erscheinung und Wesen nicht erlaubt, dann heißt ὁμοίωμα σαρκὸς ἁμαρτίας ohne Vorbehalt völlige Gleichförmigkeit mit dem Sündenfleisch[155]. Die durch das Fleisch menschliches Leben dominierende Sünde ist als das Kraftfeld gedacht, dem Christus wie alle anderen Menschen unterstellt ist. Damit ist nicht an die leibliche Erscheinung des irdischen Jesus gedacht[156], sondern an seine Geschichte, die ebenso wie der Leib eine Gestalt hat. Damit ist nicht behauptet, daß Christus wie alle anderen Sünde vollbrachte[157]. Wohl aber ist festgestellt, daß die wesentliche Gestalt seines irdischen Lebens völliges Unterworfensein unter das Dominium von Sünde und Fleisch war.

Diese Deutung dürfte durch den Hauptsatz in Rm 8,3 bestätigt werden: ὁ θεὸς ... κατέκρινεν τὴν ἁμαρτίαν ἐν τῇ σαρκί. Zunächst muß man daran

---

[152] AaO 73.   [153] AaO 74.   [154] AaO 75.

[155] So verstehen C. K. BARRETT, Romans 156; R. C. TANNEHILL, aaO 37, und W. THÜSING, aaO 137, als Ausnahmen von der Regel.

[156] Dahin geht die Deutung SCHLATTERS, Gottes Gerechtigkeit 256, deren Echo auch im Kommentar von O. MICHEL (Römer 190) zu vernehmen ist.

[157] Die Sorge der meisten Exegeten, Rm 8,3 vom Verdacht einer Teilnahme Christi an aktivem Sündigen frei zu halten, ist in Anbetracht einer jedenfalls möglichen Deutung von 2. Kor 5,21 im Sinne des Paulus zweifellos angebracht. Es ist zu bejahen, daß der Gehorsame nicht in der gleichen Weise wie die Sünder unter der Macht der Sünde lebt. Das liegt aber nicht in der Blickrichtung von Rm 8,3. Dort ist die totale Unterwerfung Christi unter die Herrschaft des alten Aeon ausgesprochen; die andere Frage, wie Christus im Unterschied zu allen anderen faktisch in dieser Unterwerfung gehorsam war, ist an dieser Stelle nicht gestellt. Ich hoffe, weiter unten (181 ff.) Unterschied und Beziehung dieser verschiedenen Fragestellungen noch näher erläutern zu können.

festhalten, daß καταϰϱίνειν richterlich verurteilen heißt und also nicht ab-schwächend als „entmächtigen" übersetzt werden darf[158]. Das macht es höchst unwahrscheinlich, daß Paulus mit diesem Ausdruck die Entmächti-gung der Sünde durch das gerechte Leben Jesu meint[159]. Vielmehr denkt Paulus zweifellos an die Kreuzigung Jesu[160], was auch von fast allen Kommentatoren anerkannt wird. Damit ist die Wendung aber noch nicht geklärt: was besagt es, daß Gott durch das Kreuz Christi die Sünde ver-urteilte? Wir nehmen zur Beantwortung die Tatsache ernst, daß auch Rm 8,3 mit dem paulinischen Denken über das Gesetz verknüpft ist. Am Anfang des Verses war ja von einer Ohnmacht des Gesetzes die Rede, seine eigentliche Absicht gegen das von der Sünde beherrschte Fleisch zustande zu bringen. Was aber das Gesetz nicht vollbringen kann, führt Gott im Kreuz Jesu durch: eben die Verurteilung der Sünde. Das deckt sich mit den Sätzen 2. Kor 3,7 und 9, daß der Dienst des Mose, der als solcher von der Herrlichkeit Gottes legitimiert war, eine διαϰονία τοῦ θανάτου bzw. τῆς ϰαταϰϱίσεως ist. Zweck und Absicht des Gesetzes ist also, sofern es auf den tatsächlichen Menschen als Sünder trifft, die Tötung und Verurteilung des Sünders. Dabei sind Verurteilung und Tötung sachlich dasselbe Geschehen. Diese Verurteilung des Sünders, die das Gesetz beabsichtigt, vollzog sich im Tode Jesu. Das bestätigt, daß die Unterwerfung Jesu unter die Verderbensmacht von Gesetz, Sünde und Fleisch in dem Ausdruck ὁμοίωμα τῆς σαϱϰός so uneingeschränkt gedacht ist, daß sich in seinem Tode der Fluch des Verfallenseins an die alte Welt des Unheils vollzieht und darstellt. Die Sünde ist dadurch im Tode Jesu gerichtet, daß der irdische Christus dem Todesurteil des Gesetzes unter-stellt ist.

Zweierlei muß noch beobachtet werden. Einmal ist in Rm 8,3, ebenso wie in Gal 4,4, die Aussage von der Sendung des Sohnes wieder sofort mit dem Gedanken an das Kreuz verknüpft. Erneut ist also, wenn man diese mehr dogmatische Formulierung billigen will, die Inkarnation mit der Kreuzigung zusammengebunden und interpretiert. Die Konsequenzen sind hier wie dort dieselben[161]. Zweitens ist in Rm 8,3 das Geschehen, das in Gal 3,13 und 4,4 als das ἐξαγοϱάζειν Christi, mithin als die Tat des Christus beschrieben ist, als die Tat Gottes bezeichnet. Das ist für uns nach dem Überblick über die Parallelität der Aussagen von Gott und

---

[158] H. W. Schmidt, Der Brief des Paulus an die Römer 137, weist darauf hin, daß Paulus ϰαταϱγεῖν und nicht ϰαταϰϱίνειν diktiert hätte, wenn er den Ge-danken der Entmächtigung oder Beseitigung des Gesetzes beabsichtigt hätte.

[159] So W. Sanday/A. C. Headlam, aaO 193.

[160] Das gilt auch dann, wenn πεϱὶ ἁμαϱτίας nicht mit dem in LXX häufigen Gebrauch für „Sühneopfer" zusammengebracht wird, sondern allgemeiner „um der Sünde willen", nämlich zu ihrer Besiegung, meint.

[161] Siehe oben 167.

Christus keine Überraschung, muß uns aber weiter unten noch beschäftigen.

4. 2. Kor 5,21. In diesem kurzen Satz ist das genaue Verständnis des zweimaligen ἁμαρτία von erster Bedeutung. Eine von Augustin verwendete und durch seine Autorität verbreitete Auslegung wollte in dem zweiten ἁμαρτία, in Anlehnung an alttestamentlichen Opferdienst, das Sündopfer Christi finden[162]. Diese Deutung ist heute aber durchweg aufgegeben[163]. Dagegen behaupten sich zwei Erklärungen, von denen die eine ἁμαρτία in dem bei Paulus gewöhnlichen Sinn von „Sündenmacht", die andere im Sinne von „Sündenschuld" versteht. Dazu gesellen sich zwei voneinander klar verschiedene Auffassungen über das inhaltliche Verhältnis der beiden Aussagen in 5,21a, die auf das Verstehen von ἁμαρτία einwirken. Man hat in jüngerer Zeit mehrmals vorgeschlagen τὸν μὴ γνόντα ἁμαρτίαν in Analogie zu den Stücken von der Sendung des Präexistenten in die Welt zu verstehen[164]. Das legt vor allem eine Parallele zu 2. Kor 8,9 nahe. Man könnte das analoge Verhältnis von 2. Kor 5,21 und 2. Kor 8,9 in zwei Satzteilen sehen, deren erster das Leben des Präexistenten in der Form Gottes und deren zweiter seine Erniedrigung in der Welt ausspricht:

2. Kor 5,21   τὸν μὴ γνόντα ἁμαρτίαν —
            ὑπὲρ ἡμῶν ἁμαρτίαν ἐποίησεν

2. Kor 8,9   πλούσιος ὤν —
            δι' ὑμᾶς ἐπτώχευσεν

Bei solcher Auffassung wäre τὸν μὴ γνόντα ἁμαρτίαν eine Aussage über den ewigen Sohn Gottes, während der Irdische erst mit ὑπὲρ ἡμῶν ἁμαρτίαν ἐποίησεν gemeint ist[165]. Ἁμαρτία wäre in diesem Fall, analog zu πλοῦτος und πτωχεία in 2. Kor 8,9, eine Aussage über die verschiedenen Machtsphären Gottes und der Welt und die Bedeutung „Sündenmacht" wäre in diesem Fall in beiden Satzhälften angebracht: Der ewige Christus lebt in der „Welt" Gottes, in der keine Sünde erfahren wird; tritt er aber ein in die Welt der Menschen, so betritt er damit den Bannkreis der Macht Sünde.

Die gewöhnliche Exegese sieht dagegen in beiden Versgliedern von 5,21a den irdischen Jesus. Der Irdische hat natürlich Sünde in dem Sinne gekannt, daß er sie als wirksam um sich her beobachtete, aber er hat nicht

---

[162] A. PLUMMER, The Second Epistle of St. Paul to the Corinthians 187.

[163] Zur Widerlegung z. B. H. WINDISCH, Kommentar z. St.

[164] So F. NEUGEBAUER, In Christus 100 und P. STUHLMACHER, Gerechtigkeit Gottes 74. Dabei verweist NEUGEBAUER als Parallele freilich auf Phil 2,5 ff., Gal 3,13 und Rm 8,3, während STUHLMACHER Phil 2 an 2. Kor 8,9 denkt.

[165] Es erscheint mir inkonsequent, daß P. STUHLMACHER trotz seines Verständnisses von 5,21a als Aussage über den Präexistenten doch sagt, „daß Christus der Sündenmacht nicht verfallen war, betont das erste Versglied" (aaO 75). Wenn das erste Versglied vom Präexistenten redet, ist über das Leben des Irdischen darin noch nichts gesagt.

selbst aktiv an ihr teilgenommen. Er hatte keine „Kenntnis" der Sünde in dem Sinne, daß sie in seiner Person Willen und Tat nicht bestimmte. Dieser Sündlose wurde für die anderen, die Sünder, von Gott zur Sünde gemacht. Was aber heißt ἁμαρτία in diesem Falle? M. E. ist es möglich, mit diesem Verständnis des Verses sowohl „Sündenschuld" wie „Sünden-macht" zu verbinden[166]. Man könnte folgendermaßen paraphrasieren: Derjenige, der sich keine Sünde zuschulden kommen ließ, wurde für die anderen zum Träger ihrer Schuld gemacht; oder auch: Der die Macht der Sünde über sich selbst nicht erfahren hat, wurde von Gott zu der Person gemacht, auf die sich die Gewalt der Sünde konzentrierte[167].

Welche der verschiedenen Verständnismöglichkeiten ist vorzuziehen? Beschreibt 5,21a durchgehend den irdischen Jesus, oder bezieht sich das erste Versglied auf den ewigen Gottessohn und allein das zweite auf den Menschen Jesus? Ich wüßte kein Argument, das die Frage im einen oder anderen Sinne wirklich entscheiden könnte und lasse deshalb beide Mög-lichkeiten offen. Dagegen ist die Bedeutung der Wendung ὑπὲρ ἡμῶν ἁμαρτίαν ἐποίησεν durch die genaue Sachparallele Gal 3,13 und, weniger direkt, auch durch Rm 8,3 eindeutig festgelegt. Ἁμαρτία ist hier ebenso wie κατάρα in Gal 3,13 ein Abstraktum, das die wesenhafte Daseinsbe-stimmung eines Lebens aufzeigt. Daß Gott Christus zur Sünde machte, heißt auch hier, daß die Sünde als Macht mit der Person Jesu so zu einer Einheit wurde, daß diese Person mit der Gewalt der Sünde identisch wird. Da der Zorn Gottes für Paulus überall Gottes richtendes Nein gegen die Sünde ist, darf auch hier wie am Ende der Besprechung von Gal 3,13 gesagt werden: Daß Gott den irdischen Jesus zur Sünde macht, heißt, daß menschliches Leben zum geschichtlichen Vollzug des Neins Gottes wird und also zum Ergehen des Zornes in der Person Jesu.

Noch eines bleibt im Blick auf 2. Kor 5,21 festzustellen. Wie in Rm 8,3 ist Jesus auch hier in reiner Passivität das Objekt eines Tuns Gottes, was um so mehr auffällt, als in dem so eng verwandten Vers Gal 3,13 Chri-

---

[166] Ich verstehe jedenfalls nicht, warum P. STUHLMACHER in seinen gegen E. KÄSEMANNs Urteil (E. KÄSEMANN, Erwägungen zum Stichwort ‚Versöhnungs-lehre im Neuen Testament', in: Zeit und Geschichte 47—59) gerichteten Erwä-gungen sagen kann, „ἁμαρτία könnte ja allenfalls in V. 21a Sündenschuld mei-nen, schon in 21aβ nicht mehr" (aaO 77, Anm. 2). STUHLMACHERs Verweis auf Gal 3,13 erscheint mir richtig und zwingend, aber an sich selbst könnte auch das zweite ἁμαρτία in 2. Kor 5,21 durchaus Sündenschuld heißen.

[167] An dieser Stelle leuchtet mir andererseits nicht ein, weshalb E. KÄSEMANN (aaO 50) feststellt: „Ob er (scil. Paulus) von seinem Begriff der Sünde als Macht sagen konnte, Jesus sei für uns zur Sünde, d. h. doch wohl dem Träger aller irdischen Schuld, gemacht worden, sollte ernsthaft überlegt werden." Diese Überlegung führt KÄSEMANN anscheinend zu einem negativen Ergebnis, deren Gründe er leider nicht angibt. Mir scheint umgekehrt der Gedanke von dem irdischen Jesus als dem Träger der Macht der Sünde für die Christologie des Paulus geradezu konstitutiv zu sein.

stus der Handelnde ist, der gerade, indem er κατάρα wird, die Tat des ἐξαγοράζειν vollbringt. Die Identität des Handelns Gottes mit dem Wirken des Menschen Jesus bestätigt sich also noch einmal auf besonders auffällige Weise.

Die bisher besprochenen vier Paulusstellen (Gal 3,13. 4,4. Rm 8,3. 2. Kor 5,21) betonen das Unterworfensein des irdischen Jesus unter die Macht des Verderbens, die unter den Namen Gesetz, Fluch, Verurteilung und Sünde die Todeswelt regiert, in dem sich der Zorn Gottes vollzieht. An allen Stellen war rein tatsächlich von dem Unterworfensein Jesu die Rede; auf die Frage, wie der Irdische selbst sich zu dieser Unterwerfung verhielt, war nirgends reflektiert, es sei denn in dem Ausdruck τὸν μὴ γνόντα ἁμαρτίαν in 2. Kor 5,21, wenn die gewohnte Auslegung recht haben sollte.

Das bedeutet aber nicht, daß Paulus sich mit der Feststellung der Unterwerfung begnügt hätte und daß er sich die Frage des Verhaltens Jesu zu dieser Unterwerfung nicht gestellt hätte. Er hat von der Nachsicht und Milde Christi, von seinem Leben als Dienst an den Beschnittenen, von seinem Dasein im Verzicht auf Selbstgefallen, vom Gehorsam und von der Rechtstat und schließlich von der Liebe Christi zu reden gewußt. Dabei gibt es deutliche Hinweise, daß der Apostel gerade in solchen Zusammenhängen betont den irdischen Jesus meinte. R. Bultmann hat freilich behauptet, die Berufung des Paulus auf die πραΰτης und ἐπιείκεια τοῦ Χριστοῦ sei ebenso wie der Verweis auf das οὐχ ἑαυτῷ ἤρεσεν wie auf ὑπακοή und ἀγάπη Christi samt und sonders im Blick auf den Präexistenten gemeint und habe deshalb mit einem Bezug zum menschlichen Leben Jesu nichts zu tun[168]. Dieser Behauptung muß energisch widersprochen werden und zwar so, daß das genaue Gegenteil als Gegenbehauptung aufgestellt wird: Paulus hat in den erwähnten Zusammenhängen nie an den Präexistenten gedacht, dagegen vornehmlich, und teilweise mit polemischem Nachdruck, an den Menschen Jesus in seinem irdischen Verhalten.

Zum Nachweis dafür müssen folgende Stellen gewürdigt werden: 2. Kor 10,1. Rm 15,3 und 8. Rm 5,16 und 19. Phil 2,8 und Gal 2,20.

1. Die πραΰτης und ἐπιείκεια Χριστοῦ, 2. Kor 10,1[169].

Paulus ermahnt die Korinther διὰ τῆς πραΰτητος καὶ ἐπιεικείας τοῦ Χριστοῦ. Sehr häufig wird der Hinweis auf die Demut und Milde Christi so verstanden, daß Paulus, dem durch die urchristliche Tradition ein

---

[168] R. BULTMANN, Theologie 293 f. und 304. Bultmann muß dagegen zugestimmt werden, was den Begriff der μίμησις betrifft. Vgl. A. SCHULZ, Nachfolgen und Nachahmen 1962 und H. D. BETZ, Nachfolge und Nachahmung Jesu Christi im Neuen Testament 1967.

[169] Ich folge in diesem Abschnitt ohne Reserve der Darstellung von E. GÜTTGEMANNS, aaO 139 ff.

Bild vom Charakter Jesu überliefert worden war, an den Wesenszug der Milde Jesu erinnert, womöglich sogar unter Verweis auf das synoptische Logion Mt 11,29, das als Paulus und den Korinthern geläufig angenommen wird[170]. Nun hat aber E. Güttgemanns sehr einleuchtend klargemacht, daß auch dieser Vers auf der Folie der häretischen korinthischen Christologie und ihrer Bestreitung durch Paulus erst seine bestimmte Kontur gewinnt. In Korinth hat man ja den irdischen Jesus verflucht, um der Majestät des Pneuma-Christus vollen Raum zu schaffen. Paulus hat dagegen die Angefochtenheit und Hinfälligkeit seiner eigenen Erscheinung und seines Dienstes gerade mit dem Sterben des irdischen Jesus verbunden und zwar so, daß er in Jesu Kreuz die Notwendigkeit seines eigenen Leidens begründet sah[171]. In Korinth haben ihn die Enthusiasten deshalb verachtet und ihm die Berechtigung abgesprochen, Apostel zu sein. Dabei war der, wohl spöttische, Hinweis auf die Sanftmut des Paulus vor den Korinthern ein Argument unter anderen (2. Kor 10,1). Daß der irdische Jesus Nachsicht und Demut gehabt haben sollte, war für diese Korinther nur ein neuer Beweis für die These, daß der Irdische abgetan und vom Erhöhten ein für allemal verdrängt war. Insofern er πραΰτης und ἐπιείκεια gehabt hat, war der irdische Jesus eben vom geistesmächtigen Kyrios abgelöst und Milde und Demut waren mit ihm verflucht. Demgegenüber bestand Paulus darauf, ebenso wie im Zuge von 2. Kor 4, daß der als Geist mächtige Kyrios kein anderer ist, als der Irdische, daß deshalb auch seine Gewalt eine milde und demütige Gewalt ist[172]. Auf die Identität des Irdischen mit dem Erhöhten kommt hier schlechterdings alles an. Für Paulus ist „nicht nur der von den Korinthern verfluchte schwache irdische Jesus jetzt der Kyrios, sondern dieser Kyrios Χριστός ist anderseits auch der irdische Jesus, d. h. der Gekreuzigte, der mit seiner πραΰτης und ἐπιείκεια in der ταπεινότης des Apostels präsent ist"[173].

Daraus ergibt sich für uns, daß in 2. Kor 10,1 der Bezug auf den irdischen Jesus zum Kern der paulinischen Beweisführung gehört. Vom Präexistenten ist nicht die Rede. Aber noch etwas anderes ist wichtig. Zwar ist offensichtlich, daß Absicht und Argumentationsweise des Apostels in 2. Kor 4,7—12 derjenigen in 2. Kor 10,1 genau entspricht. Dennoch besteht ein Unterschied insofern, als Paulus in 2. Kor 4 ausschließlich

---

[170] So z. B. A. PLUMMER, aaO 273: „The appeal shows that St. Paul must have instructed the Corinthians as to the character of the Redeemer, whose words and actions must therefore have been known to himself." Die Anspielung auf Mt 11,29 hält auch W. G. KÜMMEL für möglich, H. LIETZMANN/W. G. KÜMMEL, Korinther I/II, Anhang 208 zu 140.

[171] Siehe oben 137 f.

[172] Man beachte, daß dieses Argument in der Tat ein Wissen um die πραΰτης und ἐπιείκεια des irdischen Jesus voraussetzt.

[173] E. GÜTTGEMANNS, aaO 140.

mit Tod und Leben Jesu argumentiert, während er in Kap. 10 von der Demut und Nachsicht Christi spricht. Es ist zwar durchaus möglich, daß Paulus, wenn er von Christi πραΰτης und ἐπιείκεια sprach, sofort an den Tod Jesu dachte und nicht etwa an Wesenszüge des Irdischen. Es ist aber andererseits völlig sicher, daß er zur Verteidigung der apostolischen ἀσθένεια nicht unbedingt das Wort „Kreuz" oder „Tod" verwenden mußte, sondern durchaus auch von Demut und Nachsicht, also von einer Bestimmtheit des Willens, von Entschlüssen gelebten Lebens reden konnte. Das bestätigt uns erneut, daß Paulus mit seiner Kreuzespredigt nicht lediglich die letzten Stunden Jesu im Auge hat, obwohl er selbstverständlich in erster Linie die Kreuzigung meint, sondern viel umfassender an das Dasein Jesu als das vom Kreuz bestimmte Leben denkt. Denn der in πραΰτης und ἐπιείκεια wirkende Wille ist der Wille des Lebens, das dem Kreuz gehört.

2. Der Selbstverzicht des Dienenden, Rm 15,3 und 8.

Im Zuge der Ermahnung, daß in der christlichen Gemeinde die Starken das Unvermögen der Schwachen tragen und daß deshalb keiner sich selbst zu Gefallen leben solle, steht der Vers: καὶ γὰρ ὁ Χριστὸς οὐχ ἑαυτῷ ἤρεσεν, was sogleich mit Ps 69,10 dahingehend erläutert wird: „Die Beschimpfungen der Schmäher sind auf mich gefallen." Zunächst ist festzuhalten, daß das Χριστὸς οὐχ ἑαυτῷ ἤρεσεν sich unmöglich auf den Präexistenten beziehen kann; denn der ewige Sohn Gottes ist nicht Gegenstand von Beschimpfungen der Spötter. Vielmehr gibt das Zitat von Ps 69 einen Hinweis darauf, an was Paulus bei dem nicht-sich-selbst-Gefallen Christi gedacht hat. Der Psalm wurde im Urchristentum außerordentlich häufig zitiert und zwar besonders im Gedanken an das Leiden Jesu (Mk 15,36 = Mt 27,48. Joh 15,25; in der Tradition an die Leidensgeschichte gebunden vielleicht auch Joh 2,17). Es ist wohl kaum ein Zweifel möglich, daß auch Paulus mit dem Zitat an das Leiden Jesu gedacht hat. Das Schriftzitat ist eingesetzt, weil es den Passionsweg Jesu beschreibt[174]. Ist damit der Beziehungspunkt des οὐχ ἑαυτῷ ἤρεσεν geklärt, so gilt es doch, den Ausdruck „er lebte nicht sich selbst zum Gefallen" noch genauer zu beachten. Denn in ihm liegt ja wiederum, wie in 2. Kor 10,1 eine Aussage über den Willen Jesu vor: wer sich nicht selbst zu Gefallen lebt, entscheidet sich zum Verzicht auf Selbstgewinnung, um anderen zu dienen. Während die bekenntnisartigen Sätze in Gal 3,13. 4,4. Rm 8,3 und 2. Kor 5,21 lediglich von der faktischen Unterstellung Christi unter die Mächte des Unheils redeten, kommt nun ein Verstehen des Willens Jesu zum Vorschein, das diese Unterwerfung als freiwillige Hingabe darstellt. Freilich ist diese Hingabe noch nicht deutlich an die Größen Gesetz und Sünde geknüpft, aber die Möglichkeit einer Beziehung kommt doch bereits in den Blick.

---

[174] O. MICHEL, Römer 355.

Im selben Zusammenhang wie der Satz „Christus lebte nicht sich selbst zu Gefallen" steht auch der andere: λέγω γὰρ Χριστὸν διάκονον γεγενῆσθαι περιτομῆς ὑπὲρ ἀληθείας θεοῦ (15,8). Ganz sicher ist, daß damit das Wirken Jesu für die jüdischen Menschen seiner Zeit in Erinnerung gebracht wird. Auch wenn O. Michels Gleichstellung von διάκονος mit עֶבֶד das Wort διάκονος wahrscheinlich mit zu viel theologischem Gewicht ausstattet[175], ist doch klar, daß von einem Menschenleben unter dem Gesetz des Dienstes und nicht von dem transhistorischen Entschluß eines göttlichen Wesens die Rede ist. Diesmal ist auch ganz deutlich ein Ausblick auf die irdische Wirksamkeit Jesu gegeben, die der Kreuzigung vorausläuft, und dabei ist diese Wirksamkeit als Dienst der Judenschaft zugute verstanden. Daß auch in Beziehung auf das Dienersein Jesu für das Judentum der erhöhte Kyrios mit dem Irdischen identisch ist, beweist Rm 11 zur Genüge.

3. Der Gehorsam Christi. Rm 5,18 f., Phil. 2,8.

Gegen Ende der in Rm 5,12–21 durchgeführten Adam-Christus-Typologie stellt Paulus zweimal in antithetischem Vergleich die Tat Christi der Tat Adams gegenüber. V. 18: Das παράπτωμα Adams führt zur Verurteilung aller Menschen, das δικαίωμα Christi dagegen zur lebenschaffenden Rechtfertigung[176]. V. 19: Die παρακοή Adams führt dazu, daß alle Menschen Sünder werden, während die ὑπακοή Christi zur Rechtfertigung aller Menschen führt. Wie die Folgen der Tat Adams und Christi sich antithetisch entsprechen (V. 18 κατάκριμα — δικαίωσις ζωῆς, V. 19 ἁμαρτωλοί — δίκαιοι), so auch die Taten der beiden selbst: Adams παράπτωμα ist παρακοή und Christi δικαίωμα ist ὑπακοή, wobei δικαίωμα der Gegensatzbegriff zu παράπτωμα, wie offensichtlich die ὑπακοή Christi das Gegenteil von Adams παρακοή ist. Die durchgehende parallelisierende Antithetik legt für δικαίωμα in V. 18 den sonst für Paulus ungewöhnlichen Sinn „Rechttat" nahe[177].

Wir fragen zunächst: An was denkt Paulus, wenn er von Christi Rechttat und Gehorsam redet? Die Antwort kann insofern eindeutig gegeben werden, als in V. 18 der Eine (εἷς), in V. 19 der eine Mensch (εἷς ἄνθρωπος) Subjekt der Tat ist. Jedoch gerade darin liegt das Problem. Im Gefolge der älteren religionsgeschichtlichen Schule in Deutschland haben Rudolf Bultmann[178] und nach ihm in ausführlicher Monographie Egon

---

[175] O. MICHEL, aaO 359.

[176] Ich folge in der Übersetzung von δικαίωσις ζωῆς als einem Genitiv des Zwecks der Auffassung von G. BORNKAMM, Das Ende des Gesetzes 88 und E. BRANDENBURGER, Adam und Christus 233.

[177] So O. MICHEL, aaO 142, G. SCHRENK Artikel: „δίκη etc.", in: ThW II, 225, E. BRANDENBURGER, aaO 233.

[178] R. BULTMANN, Adam und Christus nach Römer 5, in: ZNW 50 (1959) 145–165.

Brandenburger[179] die These vertreten, daß Paulus in Rm 5,12—21, ebenso wie in 1. Kor 15, seine Gedanken in Anlehnung an frühgnostische Vorstellungen vom Urmensch-Erlöser entwickelt hat, und daß, obwohl Paulus die vermutete gnostische Grundlage auf Schritt und Tritt korrigierend zerbricht, bestimmte Grundvorstellungen des gnostischen Mythus in der Vorstellung des Paulus erhalten geblieben sind. Zur gnostischen Anschauung gehört ganz wesentlich der Abstieg des himmlischen Urmenschen in die Welt. Wenn Paulus sich diesen Gedanken in seiner Adam-Christus-Typologie zu eigen gemacht haben sollte — und Texte wie Gal 4,4 und Rm 8,3 zeigen ja, daß er durchaus von der Menschwerdung eines präexistenten Wesens reden konnte —, dann ist die Vermutung in der Tat nicht von der Hand zu weisen, Paulus könnte, wenn er von Rechttat und Gehorsam redete, an den Präexistenten gedacht haben. Nun ist freilich die Frage des religions- und ideengeschichtlichen Hintergrundes der paulinischen Adam-Christus-Typologie bis heute nicht wirklich geklärt, und der Annahme einer frühgnostischen Urmensch-Erlöser-Lehre als Hintergrund der paulinischen Darstellung ist gerade von Spezialisten in der Gnosisforschung jüngst entschieden widersprochen worden[180]. Ohne die These vom Rückgriff auf gnostisches Gedankengut würde aber niemand auf den Gedanken kommen, in Rm 5,12—21 den Präexistenten zu finden. Sollte sich aber die These eines mythologischen Hintergrundes unseres Abschnitts doch bestätigen, so besteht selbst in diesem Falle ein zwingender Grund, die Aussage von der Rechttat und dem Gehorsam Christi auf den irdischen Jesus und nicht auf ein vorzeitliches, göttliches Wesen zu beziehen. Die Sprache des gnostischen Dramas hat kosmologische Züge, sie redet von der Niederfahrt des Erlösers und seinem Wiederaufstieg wie von einem

---

[179] E. BRANDENBURGER, Adam und Christus 1962.

[180] Das ganze Problem kann in diesem Rahmen nicht einmal andeutend umrissen werden. Die Schwäche der Darstellungen von BULTMANN und BRANDENBURGER besteht m. E. darin, daß von beiden ein voll ausgebildeter, in seinen Grundzügen feststehender Mythus vom Urmensch-Erlöser angenommen wird. Diese Annahme ist aber von C. COLPE (Die religionsgeschichtliche Schule 1961) und H. M. SCHENKE (Der Gott ‚Mensch‘ in der Gnosis 1962) sehr wirksam in Frage gestellt worden. Andererseits führt der Versuch, die Adam-Christus-Typologie ausschließlich aus jüdischer, bes. rabbinischer, Tradition zu erklären (R. SCROGGS, The last Adam 1966) auch nicht zum Ziel, weil er den Befund in 1. Kor 15,45 ff. nicht wirklich klären kann. Mir scheint viel für die Annahme zu sprechen, daß die Adam-Christus-Typologie eine originale Bildung des Paulus war, die kein festgeprägtes und in Einzelheiten geformtes Schema irgendeiner Tradition voraussetzt, in welche zahlreiche Elemente jüdischer wie heidnisch-hellenistischer Tradition aufgenommen wurden. Letzteres dürfte besonders durch 1. Kor 15,45 ff. nahegelegt sein, wo Paulus auf gnostizierende Gedanken der korinthischen Christologie eingeht und sie seinem Gedankengang einschmilzt. Das bedeutet aber, daß Rm 5,12—21 ohne Rückgriff auf 1. Kor 15,47 ff. verstanden werden kann (so auch C. COLPE, Artikel: „υἱὸς τοῦ ἀνθρώπου", in: ThW VIII, besonders 475—477).

Naturereignis. Die Sprache des Paulus in Rm 5,18 f. ist aber völlig von seiner Rechtfertigungslehre bestimmt. Παράπτωμα, δικαίωμα, παρακοή und ὑπακοή gehören ausnahmslos in den Rahmen der Gedanken über Glauben und Gesetz. Nun hatte Paulus bereits in Rm 3,21–26 die erste Entfaltung dessen vorgeführt, was Rechtfertigung aus Glauben heißt. Dort ist, in Aufnahme traditioneller urchristlicher Sätze, der Tod Jesu als das Ereignis beschrieben, durch das Rechtfertigung geschieht, indem es Glauben schafft. Rm 3,21–26 geht es um das δικαιοῦσθαι (3,26), Rm 5,19 ebenso um das Ziel, daß die Vielen δίκαιοι κατασταθήσονται. Die Sprache der Rechtfertigungslehre bindet deshalb Rm 5,18 f. an die Gedanken in Rm 3,21–26, die alle um den Tod Jesu kreisen. Wir sind deshalb instand gesetzt zu sagen, daß Paulus mit Rechttat und Gehorsam Christi eine Tat des Irdischen meinte und zwar den Tod Jesu.

Ist diese Verbindung mit dem sühnenden Tod Jesu und der Rechtfertigungslehre des Paulus richtig gesehen, so ergibt sich daraus sogleich ein weiterer Schluß. Kreuz und Tod Jesu sind ja dann als Rechttat und Gehorsam bestimmt. Das Sterben Jesu hat deshalb sühnende Kraft, weil in ihm das Rechte getan und der Gehorsam gezollt wurde, den das Gesetz wollte. Es ist also ein sühnendes Geschehen nicht auf Grund allgemeiner Vorstellungen über die Sühnekraft des Opfers[181], sondern weil ein Mensch gehorsam das Rechte tat. Nun hat Paulus unaufhörlich darauf bestanden, daß Gehorsam unteilbar ist und daß die Tat des vom Gesetz geforderten Rechten eine totale Erfüllung sein muß (Gal 5,3. Rm 2,25). Christus, der unter dem Gesetz stand, ist von dieser Forderung selbstverständlich nicht suspendiert. Es ist deshalb völlig ausgeschlossen, sich die Tat des Rechten und den Gehorsam Jesu am Kreuz so zurechtzulegen, daß auf Grund irgendeiner Satisfaktionstheorie das Sterben Jesu allein, in Loslösung von dem ihm entgegenstrebenden Leben, als die Erlangung der Sühne gedacht ist. Vielmehr müssen Rechttat und Gehorsam als die dem Gesetz wahrhaft entsprechende Hinwendung eines ganzen Lebens verstanden werden, das, weil es ganz und gar Gehorsam war, auf das punctum mathematicum des Kreuzes konzentriert werden konnte.

Eben dies, die paulinische Konzentration des Gehorsams eines ganzen Menschenlebens auf den mathematischen Punkt des Kreuzes, ergibt sich auch aus Phil 2,8. Lohmeyers These, daß der Hymnus Phil 2,5–11 in V. 8 von Paulus durch die Worte θανάτου δὲ σταυροῦ erweitert wurde, hat sich

---

[181] Damit will natürlich nicht der Einfluß der spätjüdischen Vorstellung und Sprache vom Sühnetod des Märtyrers auf Paulus und die ihm vorausgehende Tradition bestritten sein, wie sie E. Lohse, Märtyrer und Gottesknecht 1963², herausgearbeitet hat. Wohl aber meine ich, daß die Verwendung dieses jüdischen Gedankengutes bei Paulus durch die Verbindung mit dem Ringen um das Verstehen des Gesetzes in Dimensionen vorgetrieben wird, die, trotz aller Adaption traditionellen Denkens, eine ganz neue Gesamtgestalt des Verstehens erzeugt.

weithin durchgesetzt[182] und wird im folgenden als zutreffend vorausgesetzt. Der von Paulus dergestalt erweiterte Satz lautet: (Χριστὸς) ἐταπείνωσεν ἑαυτὸν γενόμενος ὑπήκοος μέχρι θανάτου. Daß der Vers vom Menschsein Jesu redet, ist nicht zu bestreiten; „nur für den Erniedrigten ist der Gehorsam charakteristisch"[183]. Schon der Hymnus hatte also das Menschsein Jesu als ein Leben in der Niedrigkeit gesehen, das darin das Siegel dieser Tatsache an sich trägt, daß es als Gehorsam bis zum Tode beschrieben ist. Dies ist der Ort, an den Paulus die Erläuterung θανάτου δὲ σταυροῦ anfügt. Die Ergänzung ist einerseits zweifellos eine Verschärfung der Gedankenführung des Liedes; denn Kreuz heißt für Paulus Fluch, Verurteilung und Sünde. Durch die Hinzufügung hat Paulus sichern wollen, daß der im Hymnus ausgesprochene Tod kein bloßes Sterben war in Teilnahme an der Vergänglichkeit aller, die das ὁμοίωμα ἀνθρώπων an sich tragen. Dieser Tod war als Tod am Kreuz durch Sünde und Gesetz als ein Fluchtod qualifiziert. Andererseits ist aber ebenso zu bemerken, daß Paulus die Beschreibung des Menschenlebens Jesu als Gehorsam bis zum Tod übernehmen und ungezwungen mit seiner Betonung des Kreuzes verbinden konnte. Er konnte das tun, weil zuerst für ihn selbst das ganze Leben Jesu die Rechttat und der Gehorsam waren, die im Kreuz ihre alles zusammenfassende Konzentration erhielt.

4. Die Liebe Christi, Gal 2,20.

Die verhältnismäßig wenigen Stellen, die von der Liebe Christi reden (Gal 2,20. Rm 8,35 und 37. 2. Kor 5,14), zeigen insofern ein anderes Bild als die bisher besprochenen Zusammenhänge, als sie sich nicht mit derselben Klarheit auf den irdischen Jesus beziehen. Man darf aber ebenso behaupten, daß eine Beziehung auf den Präexistenten nirgends vorliegt. Wir können uns der veränderten Sachlage entsprechend an dieser Stelle kurz fassen.

Rm 8,35 spricht in Form einer rhetorischen Frage die Überzeugung aus, daß uns nichts von der Liebe Christi trennen könne, was sogleich (8,37) so weitergeführt wird, daß in allem Überliefertsein an die Macht des Todes die Glaubenden siegreich bleiben διὰ τοῦ ἀγαπήσαντος ἡμᾶς. Christus, dessen Liebe auch hier gemeint ist, ist aber in 8,34 als der beschrieben worden, der starb und auferstand, der zur Rechten Gottes sitzt und für uns vor Gott eintritt. Es ist also der Christus praesens, auf dessen Liebe sich Paulus verläßt, die zwar im Kreuz wirksam war, aber durch Auferstehung und Eintritt in die Kyrios-Stellung zur Rechten Gottes ebenso eine gegenwärtige Macht ist. Auch Gal 2,20 scheint eine besondere

---

[182] Das Beiheft zu E. LOHMEYERS Kommentar von W. SCHMAUCH bietet auf 21—23 eine bequeme Übersicht über die verschiedenen Versuche zur Gliederung der Strophen des Liedes, wobei die von den jeweiligen Kommentatoren vermuteten paulinischen Zusätze angegeben werden.

[183] E. KÄSEMANN, Kritische Analyse von Phil 2,5—11, in: Exegetische Versuche und Besinnungen I 81, gegen W. MICHAELIS.

Aufmerksamkeit auf den Irdischen nicht vorzuliegen. Zwar verweist der Ausdruck vom Sohn Gottes τοῦ ἀγαπήσαντός με καὶ παραδόντος ἑαυτὸν ὑπὲρ ἐμοῦ unverkennbar auf die Selbsthingabe Jesu am Kreuz. Der Beginn des Verses redet aber vom Leben Christi in Paulus (ζῇ δὲ ἐν ἐμοὶ Χριστός), was zeigt, daß Paulus auch diesmal an den Christus praesens denkt. Die Leichtigkeit, mit der der Vers vom Leben des erhöhten Christus in seinem Apostel zu der Erinnerung an die Selbsthingabe des Irdischen übergeht, bestätigt uns erneut die Selbstverständlichkeit der Identifikation von Irdischem und Erhöhtem, die wir wiederholt beobachteten. Die Liebe dessen, der in den Tod ging, ist zugleich die Liebe des Gegenwärtigen, der in Paulus lebt. Nicht anders liegen die Dinge in 2. Kor 5,14. Zwar ist auch dort und zwar in besonders starken Worten vom Tode des einen für alle die Rede, indem sich die Liebe Christi erweist. Die präsentische Verbalform in dem Satz ἡ γὰρ ἀγάπη τοῦ Χριστοῦ συνέχει ἡμᾶς dürfte nicht lediglich das Präsens der Erinnerung sein, sondern die gegenwärtig als Lebenskraft wirkende Liebe Christi meinen, die, mit der Liebe des Gekreuzigten identisch, den Apostel zum Wirken nötigt.

Es ist nun möglich, die bisherigen Untersuchungen zusammenzufassen. In Gal 4,4 war das Leben des irdischen Jesus als Unterworfensein unter das Gesetz charakterisiert, was konkret bedeutet, daß der Irdische zum Fluch (Gal 3,13) und zur Sünde (2. Kor 5,21) wird, d. h. er wird den Verderbensmächten der alten Welt so unterstellt, daß sein Leben zur Personalunion mit der Macht des Unheils verwächst. Er wurde so zu der Person, in der Gott die Sünde verurteilte (Rm 8,3). Keine dieser Stellen, die in härtestem und radikalstem Ausdruck das Unterworfensein Jesu festhalten, gab einen sicheren Anhalt zur Beantwortung der Frage her, ob diese Unterwerfung einfach wie ein Schicksal erlitten oder ob sie in willentlicher Bejahung ihrer Notwendigkeit übernommen war. Wir sahen aber ebenso, daß Paulus gelegentlich vom Willen des irdischen Jesus redet, der sich zu Niedrigkeit und Schwäche bekennt (2. Kor 10,1); von seinem Dasein, das sich nicht selbst zu Gefallen lebt (Rm 15,3), sondern als Dienst an der Beschneidung bestimmt ist (Rm 15,8); von seiner Rechttat im Gehorsam (Rm 5,18 f.) und von seiner Liebe, die zwar nicht allein die Liebe des Irdischen, wohl aber nie etwas anderes als die Liebe des Gekreuzigten ist (Gal 2,20. Rm 8,35 ff. 2. Kor 5,14). Besonders in den Versen Rm 5,18 f. war durch die verwendete Terminologie wie durch die Nähe der expliziten Gedanken über das Gesetz (Rm 5,13 f. 20) die Verbindung des willensbestimmten Gehorsams mit der Großmacht Gesetz und den ihr zugehörigen Mächten von Fluch, Verurteilung und Sünde unmittelbar gegeben. Wir entnehmen daraus das Recht zu sagen, daß Paulus niemals, wenn er von der Unterwerfung des irdischen Jesus unter die Unheilsmächte redete, ein rein schicksalsmäßiges Unterworfensein meinte, sondern stets ein Leben im Auge hatte, das diese Unterwerfung freiwillig und seine Notwendigkeit bejahend auf sich nahm. Die Unterwerfung unter Gesetz, Fluch, Sünde und Verurteilung ist von Paulus als die in freiem Entschluß gewollte Tat des Irdischen gedacht. Der Punkt, der die Richtung dieser Lebensbewegung eindeutig bezeichnet, ist für Paulus das Kreuz Jesu. Im Kreuz ist zusammengerafft, was die Bestimmung eines ganzen Lebens ist: Der Gehorsame ist der Gekreuzigte.

Das Leben des Gehorsamen ist die Tat, die das Rechte vollbringt (Rm 5,18). Nun war es für Paulus niemals zweifelhaft, daß das Gesetz Gottes das Rechte fordert. Die Unterwerfung unter die Todesmächte des alten Aeon muß deshalb als die Erfüllung des vom Gesetz geforderten Rechten verstanden werden. Ein Blick auf Rm 7,7—12 ist geeignet, diesen Schluß zu erhärten. Wenn die oben gegebene Auslegung dieses Abschnitts[184] auf dem rechten Wege war, so ergab sich folgender Hauptgedanke: Die Perversion des Gesetzes, die die Sünde zustande bringt, besteht darin, daß der Mensch den Versuch unternimmt, sich selbst vor Gott und Mensch auszuzeichnen, sich zu seinem eigenen Ruhm ethische Vorzüglichkeit zu verschaffen und sich so in die Position Gottes zu manövrieren, von dessen Urteil allein der Mensch lebt. Die Perversion des Gesetzes ist also genau in dem Drang menschlichen Lebens gesehen, der Niedrigkeit und Schwäche zugunsten eigener Auszeichnung verneint, der sich selbst zu Gefallen leben und damit eben nicht Diener, sondern Herr aller Dinge sein will. Es liegt am Tage, daß die Beschreibung des Lebens des irdischen Jesus, die Paulus gibt, zu der in dieser Perversion vorliegenden Willensrichtung genau umgekehrt verläuft. Paulus sieht im Dasein des irdischen Jesus das menschliche Leben erfüllt, das nicht auf Auszeichnung seiner selbst aus war, auf den Ruhm eigener Vorzüglichkeit verzichtete und damit Gott als Herrn über sich anerkannte. Dieses Leben hat „nicht begehrt" (Rm 7, 7) und sich deshalb der Perversion des Gesetzes nicht schuldig gemacht.

Das Bewahren des negativen Hauptgebotes, in dem sich das Gesetz konzentriert, nämlich das „du sollst nicht begehren", wird aber menschliche Lebensgeschichte in der Gestalt (ὁμοίωμα), daß es ein Leben erzeugt, welches die Mächte von Fluch und Sünde in sich versammelt. Diese Spitze der paulinischen Aussagen wird einsichtig unter der Voraussetzung, daß Paulus den irdischen Jesus als den Diener aller betrachtete, die unter Fluch und Sünde nicht eigentlich leben, sondern dahinsterben[185]. Das perverse Verstehen des Gesetzes hat ja notwendig zur Folge, daß der reli-

---

[184] Siehe oben 154 ff.

[185] Zur Erklärung dieses Sachverhalts wird heute in zunehmender Häufigkeit der Hilfsbegriff „corporate personality" verwendet. Ich suche den Begriff seiner Allgemeinheit wegen zu vermeiden; denn gedankliche Zusammenhänge, die bei Paulus bis ins letzte theologisch durchreflektiert sind, werden von einem so allgemeinen Begriff nicht erhellt, sondern weit eher verschleiert.

giöse Mensch sich von der massa perditionis der Sünder sondert. Das gilt sowohl vom einzelnen, wie von der religiösen Gesellschaft. Der Gesetzesfromme sucht sich durch seine Gesetzeserfüllung von der Masse der Gesetzlosen zu unterscheiden und das Judentum als religiöse Gemeinschaft hat darin seinen Vorzug, daß es das Gesetz besitzt als μόρφωσις τῆς γνώσεως καὶ τῆς ἀληθείας (Rm 2,20), worauf es den Ruhm seines Vorzugs vor allen Heiden gründet (Rm 2,17). Eben diesen Vorzug aber wollte und konnte Paulus nicht mehr anerkennen. Die Frage: welchen Vorzug haben wir? die sich aus dem von der Sünde getriebenen Verständnis des Gesetzes ergibt, hat er eindeutig mit der Antwort bedacht: überhaupt keinen (Rm 3,9)[186]! Denn, in direktem Gegensatz zu dem herrschenden Verständnis des Gesetzes, ist es für Paulus der Sinn des νόμος, auch die Gesetzesfrommen der Sünde zu überführen, ἵνα πᾶν στόμα φραγῇ καὶ ὑπόδικος γένηται πᾶς ὁ κόσμος τῷ θεῷ (Rm 3,19). Weit davon entfernt, den Vorzug der Gesetzesfrommen zu errichten, ist das Gesetz also gerade dazu da, die Solidarität aller in der Sünde zu befestigen. Das muß so sein, wenn das negative Grundgebot des Gesetzes lautet „du sollst nicht begehren", da seine Intention eben die Preisgabe alles Wollens fordert, das auf Auszeichnung und Höherstellung aus ist. Das bedeutet, daß der Verzicht auf Begehren auf die Solidarität mit allen Sündern hinausläuft, die das Gesetz als das gute und heilige Gebot Gottes verlangt. In diesem Sinne ist das Gesetz die διακονία τοῦ θανάτου und διακονία τῆς κατακρίσεως (2. Kor 3,7 und 9). Denn Solidarität mit dem Sünder beschließt in sich den Willen, die Situation von Tod und Verurteilung mit ihm zu teilen, in der er sich faktisch unter der Herrschaft der Sünde befindet. Das Leben Jesu unter dem Gesetz ist daher die Geschichte eines menschlichen Daseins, das unter Preisgabe des Begehrens nach sich selbst in Solidarität mit allen Sündern die Verfallenheit unter den Fluch wählte und sich selbst für Sünde, Fluch und Verurteilung verantwortete.

Es wurde oben dargelegt[187], daß Fluch, Verurteilung und Tod die Mächte des Zornes Gottes sind, durch die Gott der Perversion seines Willens begegnet. Dabei ist der Zorn ebenso real als Gottes Tat begriffen wie das Ereignis der Gnade. Wir sahen weiter, daß die Zeit der Offenbarung des Evangeliums zusammenfällt mit der Offenbarung des göttlichen Zorns und zwar so, daß alles Richten Gottes vor der in Christus geschehenen Zeitenwende einem An-sich-Halten Gottes in seinem Zorn gleichkommt. Das Kommen des Evangeliums, nämlich der in Chri-

---

[186] Allein dieser Sinn von οὐ πάντως paßt zu dem folgenden mit γάρ angeschlossenen Satz προῃτιασάμεθα γὰρ Ἰουδαίους τε καὶ Ἕλληνας πάντας ὑφ' ἁμαρτίαν εἶναι, vgl. F. Blass/A. Debrunner, Grammatik § 433,2. Dies steht nicht zu Rm 3,1 f. in Konflikt, da dort von der Gabe der Worte Gottes an Israel die Rede ist, während es sich in Rm 3,9 um den Vorzugsstolz handelt, der daraus abgeleitet wird.

[187] Siehe oben 144 f.

stus gekommenen Gnade Gottes, ist zur gleichen Zeit auch das Kommen des vollen Zornes Gottes, was nichts anderes heißt als das willige und gehorsame Ertragen der unter die Gewalt der Sünde verfallenen Welt durch Christus. Es sei dazu zweierlei nochmals in Erinnerung gerufen, was uns schon zuvor beschäftigt hat. Einmal ist das Geschehen der Unterwerfung Christi unter die Macht des Unheils teils als Tat Christi und teils als Tat Gottes beschrieben. Das Ertragen der Verfallenheit der Welt ist für Paulus also gleichzeitig die Tat eines Menschen und die Tat Gottes. Das Leben Jesu ist deshalb die Geschichtswerdung von Gottes Zorn. Zum andern wurde sichtbar, wie Paulus durch die Verwendung der Abstraktformen κατάρα und ἁμαρτία den Irdischen nicht mehr als Objekt eines Fluches oder einer Schuld beschrieb, sondern sein Dasein wesenhaft als Einswerden mit Fluch und Sünde begriffen wissen wollte. Zwischen einem Subjekt als Träger einer Macht und einem Objekt, das ihm aufgeladen wurde, ist hier gerade nicht mehr unterschieden. Es ist deshalb im Sinne des Paulus nicht scharf genug, wenn man Christus als Träger des Zorns Gottes bezeichnet. Vielmehr ist Christus von Paulus als die Geschichte betrachtet, in der der Zorn Gottes menschliche Gestalt annimmt: incarnatio heißt für Paulus incarnatio irae Dei, weshalb auch stets den traditionellen Sätzen von der Menschwerdung die Näherbestimmung des Kreuzes beigegeben wird. Wie durchweg die Tat Gottes und die Tat des Menschen Jesus ineinsfällt, so kann auch die Unterscheidung eines von Gott kommenden Objekts, also des Zorns, von einem es tragenden menschlichen Subjekt, nämlich dem Menschen Jesus, nicht mehr vollzogen werden. Vielmehr ist das Leben Jesu der Menschengeschichte gewordene Zorn Gottes. Diese Geschichtswerdung ist aber nicht verstanden als ein schicksalhaftes Geschehen, sondern als der Gehorsam Christi, der sein irdisches Leben als die Geschichte des Zornes bejaht.

Unsere ganze Aufmerksamkeit galt dem Verständnis des irdischen Menschen Jesus bei Paulus. Nun hat der Apostel den irdischen Jesus gänzlich als durch das Kreuz bestimmt betrachtet, ihn also als den Menschen gesehen, in dem der auf einer fluchverfallenen Menschheit lastende Tod als das willentlich zu bejahende Gottesgericht zur Geschichte wird. Die Konzentration auf den irdischen Jesus brachte deshalb notwendig die ihr entsprechende Konzentration auf die großen negativen Begriffe der paulinischen Theologie mit sich. Darüber darf freilich nicht vergessen werden, daß die Botschaft von der Geschichte Christi in erster Linie Evangelium, nichts anderes als das Ereignis der Gnade Gottes ist. Es ist auch von der begrenzten Fragestellung aus, die uns hier beschäftigt, möglich, wenigstens den Umriß des Grundes sichtbar werden zu lassen, der die Geschichtswerdung des Zornes Gottes zur gleichen Zeit zum Ereignis der Gnade Gottes macht. Für Paulus ist der Mensch Jesus der Gehorsame, der sich die Grundsünde des Begehrens nicht zu schulden kommen läßt, vielmehr sein Leben völlig als Verantwortung für die begreift, die in der Verfallenheit der Todeswelt leben. Gerade das ist ja des Gesetzes eigentliche Absicht. Ist die Forderung „du sollst nicht begehren" das negative Grundgesetz, so ist dessen positive Wendung das Gebot der Liebe, die der Negation als Position genau entspricht. Denn Liebe ist die Kraft des Willens, in der ein Mensch sich nicht aufbläht, nicht den eigenen Nutzen sucht, alles erträgt um der anderen willen (1. Kor 13,4 f.). Die Liebe Christi ist, als Umkehrung der Perversion des Gesetzes durch die Sünde, eben die Liebe, die des Gesetzes Erfüllung ist (Rm 13,10). Paulus hat freilich die Reichweite des Liebesgebotes bis zu der Dimension vorgetrieben, wo Liebe die Unterwerfung unter das universale Unheil um unseretwillen (ὑπὲρ ἡμῶν) bedeutet[188]. Mit um so größerer Tiefe konnte er deshalb sagen, daß in Jesu Rechttat und Gehorsam der eine Mensch (εἷς ἄνθρωπος) der Gerechtigkeit Geschichte wurde, der dem einen Menschen der Sünde (Adam und seiner Menschheit) gegenüber Menschsein in Erfüllung des Gesetzes Wirklichkeit werden ließ. Gerade in der Hingabe an die Gewalt des Verderbens, im Verständnis des Gesetzes als völliger Liebe um der anderen willen, somit letztlich in der Inkarnation des Gerichtes, ist der neue Mensch erstanden, der das Gesetz nicht bricht, sondern erfüllt und damit auch das wahre Leben, das das Gesetz seinem Täter verspricht, erlangt. Wie in der Geschichte des irdischen Jesus der Zorn Gottes Menschengeschichte wird, so wird genau hierin auch die Gnade Gottes menschliche Tat, weil der Mensch des Gehorsams Geschichte wird.

Waren die hier vorgetragenen Überlegungen der von Paulus vertretenen Sache angemessen, so kann davon keine Rede sein, daß der Apostel am Wie der irdischen Existenz Jesu kein Interesse hatte. Zwar ist es wahr, daß er ein Charakterbild Jesu im psychologischen Sinn nicht vorgetragen hat und daß er Überlieferung vom irdischen Jesus, soweit sie ihm überhaupt bekannt gewesen sein mag, ganz auffallend spärlich verwendet hat. Es ist unbedingt richtig, daß das Sein des irdischen Menschen Jesus für ihn ganz in der Botschaft vom Kreuz konzentriert war. Eben die Botschaft vom Kreuz ist aber die auf den einen bezeichnenden Punkt zusammengeraffte Deutung des Lebens des Irdischen. Der am Kreuz Gestorbene ist der gehorsame Diener aller Menschen und darin der Erfüller des Gesetzes. Bietet Paulus also kein Charakterbild Jesu, so bietet er doch eine aufs äußerste geballte theologische Interpretation dieses Lebens. Das zeigt keine Interesselosigkeit, sondern im Gegenteil intensivstes Interesse, wenn anders theologische Reflexion das Merkmal verdichtenden Interesses ist.

---

[188] Paulus hat Traditionen übernommen, die das Sterben Jesu „für uns" schon vor ihm verwendeten. Er hat aber diesen Traditionen durch das Ganze seiner Theologie eine neue Tiefe gegeben.

Unsere Untersuchung galt der Zusammengehörigkeit von Altem und Neuem Testament. Das alttestamentliche Gottesbild schien uns dabei einem ihm korrespondierenden Verstehen vom Leben des Propheten zu entsprechen. Die anthropomorphe Rede von Gott wies auf ein Verstehen Gottes, das Jahwe der menschlichen Geschichte so zugeneigt sein läßt, daß er an der Geschichte seines Volkes teilnimmt und in dieser Teilnahme menschliches Ergehen zu seinem eigenen Ergehen werden läßt. Andererseits wird der Prophet in Israel in einer eigenartigen Theomorphie gezeichnet dergestalt, daß seine menschliche Geschichte wenigstens in bestimmten Beziehungen zum Zeugnis von Gott in Teilnahme an dem Ergehen Gottes wird. Menschliches Wollen und menschliche Tat sind also hier als echte Stellvertretungen Gottes gesehen, die ihrerseits ein Gottesbild voraussetzen, das Jahwe so sehr des Menschen Gott sein läßt, daß er Menschliches in sich birgt und somit auch vom Menschen in seiner Geschichte vertreten werden kann. Die Vertretung Gottes in der Lebensgeschichte der Propheten führt nirgends im Alten Testament zu einer Vergottung des Menschen. Der alttestamentliche Prophet hat nichts mit den Halbgöttern griechischer Heroensagen gemein. Vollkommen innerhalb der Schranken seiner Menschlichkeit wird er Gleichnis Gottes. Menschliches Sein ist also imstande, in rein menschlicher Weise und in rein menschlicher Geschichte Gottes Stelle zu vertreten, was nur möglich ist, wenn Gott selbst auch in seiner Göttlichkeit Menschliches sich zu eigen macht.

Die Stellvertretung Gottes durch den Propheten hat aber im Alten Testament nirgends die Spitze erreicht, daß man berechtigt wäre, von einer Identität der Tat Gottes mit dem Ereignis eines menschlichen Lebens zu reden. Wir sehen einzelne Episoden und Handlungen, Sprüche und Spruchfolgen, die die äußere und innere Verfassung des Propheten so erfassen, daß in ihnen Jahwe vertreten wird. Muß man demnach von einer Stellvertretung Jahwes durch den Propheten reden, so muß dem doch sogleich hinzugefügt werden, daß es sich stets um eine fragmentarische Stellvertretung handelt. Besonders bei Jeremia stößt man mit aller Deutlichkeit auf eine Grenze, die durch den Glaubensverlust des Propheten gezogen ist. Aber auch dort, wo, wie bei Hosea, von einer durch die Sündigkeit des Gottesboten gezogenen Grenze nichts sichtbar wird, bleibt das Gesamturteil doch gültig: das Alte Testament hat auch im Blick auf seine größten Propheten nirgends den Schluß gezogen, daß in einem Menschenleben als ganzem Gott ganz vertreten war.

Gerade diese Grenze ist aber im Neuen Testament beseitigt. Ausschließlich im Rückblick auf die Theologie des Paulus muß gesagt werden, daß das Heilsgeschehen so beschrieben wird, daß Gottes Tat in der Ganzheit eines menschlichen Lebens und einer menschlichen Person Geschichte wird. Es soll an dieser Stelle nicht wiederholt werden, was im Verlauf der vorausgehenden Darstellung schon gesagt wurde. Es ist aber nötig, nun daran zu erinnern, daß Paulus durchweg in den verschiedensten Zusammenhängen und mit den verschiedensten Begriffen wie mit Selbstverständlichkeit die Grundvoraussetzung seines Theologisierens offenbart, die darin besteht, daß Gott entscheidend, umfassend und in Ewigkeit verbindlich in der Geschichte des Menschen Jesus Christus handelt. Das Heilsgeschehen ist in seiner inneren Struktur vollkommen bestimmt durch die in ihm gegebene Einheit von Gottestat und Menschengeschichte. Darin ist die Struktur des Heilsgeschehens dieselbe wie die im Alten Testament sich öffnende Sicht des an der Menschengeschichte teilnehmenden Gottes und des Gott vertretenden Propheten. Sie ist freilich bei Paulus dem Alten Testament gegenüber entgrenzt. Indem das Leben des einen gehorsamen Menschen erschienen ist, ist auch die Erfüllung des Alten Testaments erschienen.

Die Erfüllung der alttestamentlichen Struktur im Neuen Testament ist aber auch deren Bewahrung. Auch bei Paulus ist die Identität der Tat Gottes mit der Menschengeschichte Jesu Christi nicht so verstanden, daß sie zu einer Vergöttlichung des Menschen Jesus führt. Der Gehorsame und Liebende, der in wahrer Gesetzerfüllung Diener der Menschen ist und sich selbst in Solidarität mit allen Sündern so vor Gott verantwortet, daß in seiner Geschichte der Fluch Person wird, ist von einem Heros oder θεῖος ἀνήρ ebenso himmelweit verschieden wie je ein alttestamentlicher Prophet. Die in der Paulusdeutung seit Wrede so überaus gängige Rede von dem himmlischen Kyrios hat die für Paulus entscheidende Identität des Erhöhten mit dem Menschen Jesus weithin stillschweigend annulliert. Sie hat die paulinische Christologie im ganzen so dargestellt, daß dabei ein Bild erschien, das der Auffassung der Häretiker in Korinth weit mehr gleicht als der Auffassung des Paulus selbst. Die heute mögliche genauere Erkenntnis der Hintergründe des Streits, in den Paulus mit der gnostizierenden Gruppe in Korinth verwickelt war, macht es aber deutlich, daß für den Apostel mit der Einheit von Gekreuzigtem und Auferstandenem alles auf dem Spiele stand. Kyrios war für ihn der Mensch Jesus, der zur Rechten Gottes lebt und nicht ein Nebengott oder Halbgott unter diesem Namen.

Mit der Bewahrung der Menschlichkeit Jesu inmitten eines Verständnisses des Heilsgeschehens, in dem Gottes Tat und Menschengeschichte eins sind, hängt es zusammen, daß Paulus trotz seiner unaufhörlichen Betonung der Identität von Gottes Werk und Werk Christi doch in bestimmter Hinsicht eine Unterscheidung vornimmt. Wir haben oben schon darauf hingewiesen[189], daß er bestimmte Aussagen nur von Gott gemacht und andere Aussagen auf Christus beschränkt hat. Die Unterscheidung

---

[189] Siehe oben 140 ff.

zeigt ihren Kern in der Art, wie Paulus von Christi Tod und Auferstehung spricht. Christus stirbt am Kreuz und Gott ist es, der ihn auferweckt. Hier ist an entscheidender Stelle eine Passivität Christi und eine Aktivität Gottes ausgesprochen, die in einer alles in sich verschlingenden Identität nicht zu ihrem Rechte kommt. Erkennt man nun, daß das Kreuz für Paulus der alles konzentrierende Begriff ist, in dem die Wesensart des ganzen Lebens Jesu wie in einem mathematischen Punkt vereinigt ist, so sieht man, daß die Passivität als eine Bestimmung des Lebens Jesu überhaupt gemeint ist. Sie deckt sich damit, daß Jesus für Paulus der Mensch ist, der im Gehorsam sich der Gewalt einer dem Unheil verfallenen Welt unterwirft. Christi Passivität ist also nicht einfach als die natürliche Begrenztheit menschlichen Lebens verstanden, so wie jeder Mensch seinen Tod zu erleiden hat, sondern als die Tat des Gehorsamen, der in seiner Unterwerfung das Gesetz erfüllt. Seine Passivität ist nicht eine selbstverständliche Naturgegebenheit, sondern das Ereignis, in dem der wahrhaft Gerechte Mensch wird. In der Christologie des Paulus geht es um die Menschwerdung des Gehorsamen. Darin ist in größter Strenge die Menschlichkeit Jesu bewahrt.

Dem entspricht es, daß in der Sprache des Paulus der tote Mensch Jesus in reiner Passivität seine Erweckung zum Leben durch Gott erfährt. Paulus hat nie eine Definition Gottes gegeben. Er hat aber, wenn er von der für Gott bezeichnenden Art des Handelns reden wollte, am liebsten von dem geredet, der das Nichtseiende zum Sein ruft, der die Toten erweckt. Es ist deutlich, daß sich in solcher Sprache die Zentralität der Auferweckung Jesu für das Gottesverständnis des Paulus anmeldet. Die Aktivität des die Toten zum Leben erweckenden Gottes ist das Korrelat zu der Passivität des gehorsamen Menschen. Wie aber die Passivität als Wesensart des gehorsamen Jesus in dem alles in sich konzentrierenden Begriff des Kreuzes zusammengerafft ist, so ist die Gott eignende Aktivität überhaupt in den Satz versammelt, daß Gott das Nichtseiende ins Dasein ruft. Deshalb kann auch die Rechtfertigung Abrahams als die Tat dessen bezeichnet werden, der die Toten lebendig macht (Rm 4,17). Nun ist die Passivität Jesu von Paulus dahingehend gedeutet, daß sie der Entschluß des Gehorsamen ist, sich nicht selbst zu rechtfertigen, sondern im Dienst für alle sich für das Unheil der Welt zu verantworten. In diesem Entschluß zur Schwäche spiegelt sich das Vertrauen auf die lebenschaffende Kraft Gottes, der die Sache des Gehorsamen vertritt, welcher darauf verzichtet, sich zum Vertreter seiner eigenen Sache zu machen. Auch in dieser Wendung des Gedankens ist die Menschheit Jesu bewahrt.

Es wäre demgemäß ein Mißverständnis, wenn man argumentieren wollte, daß Paulus einerseits das Heilsgeschehen in einer Einheit der Tat Gottes und der Tat eines Menschen sehen wollte, daß er aber andererseits diesen Gedanken nicht in voller Strenge durchzuführen vermochte, indem er doch gezwungen war, bestimmte Aussagen nur von Gott und andere ebenso bestimmte Aussagen nur von Christus zu machen. Dann wäre es so, daß die Identität der Tat Gottes und Christi im Heilsgeschehen durch die Unterscheidungen in Frage gestellt und letzten Endes verneint würde. Dies ist aber in Wahrheit nicht der Fall. Denn es hat sich uns ja ergeben, daß die Tat Christi auf der ganzen Linie eben die Tat der Unterwerfung war, also der Entschluß zu einem Dasein, das wesensmäßig auf Gott angewiesen ist, der diese Passivität mit der Aktivität seiner lebenschaffenden Kraft beantwortet. Daß dieser Gedanke nicht an Paulus vorbei spekuliert, zeigt sich an der Tatsache, daß das Geschehen von Kreuz und Auferstehung einerseits sowohl die Gnade Gottes wie die Gnade Christi genannt wird, während andererseits gerade hier die völlige Passivität des Menschen Jesus wie die ausschließliche Aktivität Gottes ausgedrückt wird. An der alles entscheidenden Stelle behauptet Paulus also sowohl die Tateinheit wie die Unterscheidung. Das kann nur so verstanden werden, daß die Einheit gerade in der Unterscheidung als vollzogen begriffen wird. Das heißt dann, daß eben in der Unterwerfung des gehorsamen Menschen unter das Gericht Gottes und in dem lebenschaffenden Eintreten Gottes zugunsten dieses Menschen das Geschehen sich ereignet, in dem Gott und Mensch das Eine vollbringen: die Erlangung des Heils.

Der Gedanke der Tateinheit von Gott und Mensch im Heilsgeschehen ist bei Paulus nicht in Analogie mit dem Mythos einer himmlischen Erlösergestalt entwickelt. Er hat wahrscheinlich solche Mythen gekannt und wohl auch einzelne Ideen und sprachliche Wendungen aus ihnen gelegentlich verwendet. Aber die Struktur seiner Anschauung von der Identität einer Menschengeschichte mit dem Heilshandeln Gottes wächst aus einer anderen Wurzel und hat eine völlig andere Gestalt. Sie entspricht der Struktur, die wir im Alten Testament beobachteten, freilich so, daß sie bei Paulus ihrer Grenzen entledigt und zu ihrem unüberbietbaren Höhepunkt geführt wird. Schon Hosea war, in reiner Menschlichkeit, das Gleichnis Gottes, wenn er in seiner Ehe und Familie wie in der Episode mit der gekauften Konkubine die Ausstoßung Jahwes aus seinem Volk in seinem eigenen Leben geschichtlich verleiblichte. So war auch Jeremia, wiederum in reiner Menschlichkeit, vom Zorn Gottes so mit Beschlag belegt, daß sein Leben zur Gestalt des Menschen unter dem Zorn Gottes geprägt wurde. Paulus hat es unternommen, in äußerster perspektivischer Verkürzung auf die für ihn entscheidende Linie, das Menschenleben Jesu zu deuten als die Unterwerfung des Gehorsamen unter die Mächte des Verderbens. Diese Unterwerfung ist so radikal gedacht, daß in ihr das Wesen der Person als Hingabe an Fluch und Sünde gesehen wird. In dieser Hingabe wird der Mensch Geschichte, der dem Zorn Gottes genau entspricht und so, auch hier in reiner Menschlichkeit, mit dem Handeln Gottes identisch ist. So ist der neue Mensch geworden, dessen Lebenstat als ganze mit dem Handeln Gottes eins ist.

Der Gott, der Menschengeschichte wurde, ist der Gott Israels. Das Neue Testament ist deshalb die Erfüllung des Alten Testaments, weil sich in dem menschlichen Leben Jesu Christi die Anthropomorphie Gottes und die Theomorphie des Menschen geschichtlich vollendet hat.

LITERATURVERZEICHNIS

Die im Literaturverzeichnis wie in den Anmerkungen sich findenden Abkür-
zungen stimmen mit dem in RGG 3. Aufl. gegebenen Abkürzungsverzeichnis
überein. In den Anmerkungen ist häufig ein Buchtitel in verkürzter Form gegeben, wenn Verwechslungen ausgeschlossen sind. Häufig zitierte Werke sind in
den Anmerkungen mit einem Kurztitel zitiert, welcher im Literaturverzeichnis
jeweils in Parenthese aufgeführt ist.

I. Texte

Die Apokryphen und Pseudepigraphen des Alten Testaments, ed. E. KAUTSCH
2 Bände 1921.
ARISTOTELES, Metaphysics, Loeb Classical Library 2 vol ed. H. TREDDENICK 1936.
Biblia Hebraica, ed. R. KITTEL 14. Aufl. 1966.
DIOGENES LAERTIUS, Loeb Classical Library 2 vol ed. R. D. HICKS 1958/59.
Novum Testamentum Graece, ed. E. NESTLE/K. ALAND 25. Aufl. 1963.
PHILO ALEXANDRINUS, Loeb Classical Library vol. I–V ed. F. H. COLSON/G. H.
WHITAKER 1958–1962.
Septuaginta, ed. A. RAHLFS 2 Bände 8. Aufl. 1965.
XENOPHANES, Die Fragmente der Vorsokratiker ed. H. DIELS/W. KRANZ 7. Aufl.
1954.

II. Hilfsmittel

BAUER, W., Griechisch-Deutsches Wörterbuch zu den Schriften des Neuen Testa-
ments und der übrigen urchristlichen Literatur 5. Aufl. 1963.
BLASS, F./DEBRUNNER, A., Grammatik des neutestamentlichen Griechisch 10.
Aufl. 1959.
CHARLES, R. H., The Apocrypha and Pseudepigrapha of the Old Testament in
English, vol. I Apocrypha, vol. II Pseudepigrapha 1963.
GESENIUS, W., Hebräisches und aramäisches Handwörterbuch über das Alte
Testament 17. Aufl. 1962.
GRETHER, O., Hebräische Grammatik 4. Aufl. 1967.
LIDDELL, H. G./SCOTT, R., A Greek-English Lexicon 9th ed. by H. S. JONES/
R. McKENZIE 1968.
LISOWSKY, G., Konkordanz zum Hebräischen Alten Testament 1958.
SCHMOLLER, A., Handkonkordanz zum griechischen Neuen Testament 14. Aufl.
1968.
STRACK, H. L./BILLERBECK, P., Kommentar zum Neuen Testament aus Talmud
und Midrasch, Band 3 4. Aufl. 1965.

192

III. Literatur

ALBRIGHT, W. F., From the Stone Age to Christianity. Monotheism and the Historical Process 2. Aufl. 1959.

ALLO, E. B., Saint Paul. Première épître aux Corinthiens. Études Bibliques Deuxième Edition 1956.

–, Saint Paul. Seconde épître aux Corinthiens. Études Bibliques Deuxième Edition 1956.

ANDERSON, B. W., ed., The Old Testament and Christian Faith. A Theological Discussion 1963.

BACH, R., Die Erwählung Israels in der Wüste, ungedruckte Dissertation Bonn 1951.

–, Artikel „Hosea", in: EKL II (1958) 201–203.

–, Bauen und Pflanzen, in: Studien zur Theologie der Alttestamentlichen Überlieferungen, hg. v. R. Rendtorff u. K. Koch 1961, 7–32.

BARR, J., Old and New in Interpretation. A Study of the Two Testaments 1964. Deutsche Übers. von E. Gerstenberger, Alt und Neu in der biblischen Überlieferung 1967.

BARRETT, C. K., A Commentary on the Epistle to the Romans. Harper's New Testament Commentaries 1957.

–, A Commentary on the First Epistle to the Corinthians. Harper's New Testament Commentaries 1968.

BARTH, M., Conversation with the Bible 1964.

BAUMANN, E., „Wissen um Gott" bei Hosea als Urform von Theologie?, in: EvTh 15 (1955) 416–425.

BAUMGÄRTEL, F., Verheißung. Zur Frage des evangelischen Verständnisses des Alten Testaments 1952.

–, Das alttestamentliche Geschehen als „heilsgeschichtliches" Geschehen, in: Geschichte und Altes Testament. Festgabe für A. Alt BHTh 16 (1953) 13–28.

–, Der Dissensus im Verständnis des Alten Testaments, in: EvTh 14 (1954) 298 bis 313.

BENOIT, P., La Loi et la Croix d'après Saint Paul, in: Revue Biblique 47 (1938) 481–509.

–, MURPHY, R. E./JERSEL, B. VAN, How does the Christian confront the Old Testament? Concilium 30 1968.

BETZ, H. D., Nachfolge und Nachahmung Jesu Christi im Neuen Testament BHTh 37 1967.

BIETENHARD, H., Artikel „ὄνομα etc.", in: ThW V (1954) 242–283.

BLÄSER, P., Das Gesetz bei Paulus NTA 19 1.–2. Heft 1941.

BOISSET, J., ed., Le problème biblique dans le Protestantisme. Les Problèmes de la pensée chrétienne 7 1955.

BORNKAMM, G., Das Ende des Gesetzes. Paulusstudien BEvTh 16 5. Aufl. 1966; daraus:
Die Offenbarung des Zornes Gottes. Röm 1–3, S. 9–35 (ZNW 34, 1935, 239–262).
Sünde, Gesetz und Tod. Exegetische Studie zu Röm 7, S. 51–69 (Jahrbuch der Theol. Schule Bethel NF 2, 1950, 26 ff.).

BOUSSET, W., Kyrios Christos. Geschichte des Christusglaubens von den Anfängen des Christentums bis Irenaeus FRLANT NF 4 3. Aufl. 1965.

–, /GRESSMANN, H., Die Religion des Judentums im späthellenistischen Zeitalter HNT 21 4. Aufl. 1966.

BRANDENBURGER, E., Adam und Christus. Exegetisch-religionsgeschichtliche Untersuchung zu Römer 5,12–21 (1. Kor. 15) WMANT 7 1962.

BRAUN, H., Das Alte Testament im Neuen Testament, in: ZThK 59 (1962) 16–31.

BRIGHT, J., Jeremiah. The Anchor Bible 1965 (Jeremiah).

–, The Authority of the Old Testament 1967.

–, The Date of the Prose Sermons of Jeremiah, in: JBL 70 (1951) 15–35.

BRÜCKNER, M., Die Entstehung der paulinischen Christologie 1903.

BUBER, M., Der Glaube der Propheten 1950.

–, Die Schrift. Bücher der Kündung. Neubearb. Ausg. 1966.

BULTMANN, R., Theologie des Neuen Testaments 6. Aufl. 1968 (Theologie).

–, Glauben und Verstehen I 6. Aufl. 1966 (GuV I); daraus: Die Bedeutung des geschichtlichen Jesus für die Theologie des Paulus, 188–213 (ThBl 7, 1928, 57–67).

Die Bedeutung des Alten Testaments für den christlichen Glauben, 313–336.

–, Glauben und Verstehen II 5. Aufl. 1968 (GuV II); daraus: Christus des Gesetzes Ende, 32–58 (BEvThI, 1940, 3–27).

Weissagung und Erfüllung, 162–186 (StTh II, 1949, 21–44 und ZThK, 1950, 360–383).

–, Der Alte und der Neue Mensch in der Theologie des Paulus 1964; daraus: Römer 7 und die Anthropologie des Paulus, 28–40 (Imago dei. Beiträge zur theologischen Anthropologie. Gustav Krüger zum siebzigsten Geburtstage am 29. Juni 1932 dargebracht, 1932, 53–62).

Adam und Christus nach Römer 5, 41–66 (ZNW 50, 1959, 145–165).

–, Neues Testament und Mythologie. Das Problem der Entmythologisierung der neutestamentlichen Verkündigung, in: Kerygma und Mythos. Ein theologisches Gespräch ThF 1 (1948) 15–53.

–, ΔΙΚΑΙΟΣΥΝΗ ΘΕΟΥ, in: JBL 83 (1964) 12–16.

BURROWS, M., An Outline of Biblical Theology 1946.

BURTON, E. De W., A Critical and Exegetical Commentary on the Epistle to the Galatians ICC Latest Reprint 1964.

CERFAUX, L., „Kyrios" dans les citations pauliniennes de l'Ancien Testament, in: Recueil L. Cerfaux I (1954) 173–188.

COLPE, C., Die religionsgeschichtliche Schule FRLANT NF 60 (1961).

–, Artikel „ὁ υἱὸς τοῦ ἀνθρώπου", in: ThW VIII (1967) 403–481.

CONZELMANN, H., Grundriß der Theologie des Neuen Testaments. Einführung in die evangelische Theologie Band 2 2. Aufl. 1968 (Grundriß).

–, Was glaubte die frühe Christenheit?, in: Schweizerische Theologische Umschau 25 (1955) 61–74.

–, Artikel „Zorn Gottes. III. In Judentum und NT", in: RGG 3. Aufl. VI (1962) 1931 f.

–, Die Rechtfertigungslehre des Paulus. Theologie oder Anthropologie?, in: EvTh 28 (1968) 389–404.

COPPENS, J., Les harmonies des deux Testaments. Folia Lovaniensa Fasc. 3–4, 1949.

Deutsche Übers., Vom christlichen Verständnis des Alten Testaments 1952.

CORNILL, C. H., Das Buch Jeremia 1905.

DAHL, N. A., Die Messianität Jesu bei Paulus, in: Studia Paulina in honorem Johannis de Zwaan 1953, 83–95.

DANIÉLOU, J., Sacramentum Futuri. Études sur les Origines de la Typologie Biblique. Études de Théologie Historique 1950.

DELLING, G., Artikel „ἡμέρα", in: ThW II (1935) 950–956.

DODD, C. H., The Epistle of Paul to the Romans. The Moffatt New Testament Commentary 13th impression 1954 (Romans).

–, ΕΝΝΟΜΟΣ ΧΡΙΣΤΟΥ, in: Studia Paulina in honorem Johannis de Zwaan 1953, 96–110.

DRIVER, G. R., Difficult Words in the Hebrew Prophets, in: Studies in Old Testament Prophecy ed. H. H. Rowley 1950, 52–72.

DUHM, B., Das Buch Jeremia KHC 1901.

DÜLMEN, A. VAN, Die Theologie des Gesetzes bei Paulus. Stuttgarter Biblische Monographien 5 1968.

DÜRR, L., Die Wertung des göttlichen Wortes im Alten Testament und antiken Orient. Zugleich ein Beitrag zur Vorgeschichte des neutestamentlichen Logosbegriffes MVÄG 42, 1 1938.

EBELING, G., Theologie und Verkündigung. Ein Gespräch mit Rudolf Bultmann HUTh 1 2. Aufl. 1963.

–, Was heißt Biblische Theologie?, in: Wort und Glaube 3. Aufl. 1967, 69–89.

EICHRODT, W., Theologie des Alten Testaments, Teil I 8. Aufl. 1968 (Theologie I), Teil II/III 5. Aufl. 1964.

EISSFELDT, O., Einleitung in das Alte Testament 3. Aufl. 1964.

FICHTNER, J., Artikel „ὀργή", in: ThW V (1954) 392–413.

FOERSTER, W., Artikel „κύριος etc.", in: ThW III (1938) 1038–1056, 1081–1098.

FRIEDRICH, G., Artikel „εὐαγγελίζομαι etc.", in: ThW II (1935) 705–735.

–, Ein Tauflied hellenistischer Judenchristen 1. Thess 1,9 f., in: ThZ 21 (1965) 503–516.

FRITSCH, C. T., The Anti-Anthromorphism of the Greek Pentateuch 1943.

FRÖR, K., Biblische Hermeneutik 3. Aufl. 1967.

FUCHS, E., Existentiale Interpretation von Römer 7,7–11 und 21–23, in: Glaube und Erfahrung. Zum christologischen Problem im Neuen Testament. Gesammelte Aufsätze III 1965, 364–401.

FÜCK, J., Hosea Kapitel 3, in: ZAW 39 (1921) 283–290.

GEORGI, D., Die Gegner des Paulus im 2. Korintherbrief WMANT 11 1964.

GODET, F., Commentary on St. Paul's First Epistle to the Corinthians. Transl. from the French by A. Cusin – Vol. I 1886, Vol. II 1887.

GOPPELT, L., Typos. Die typologische Deutung des Alten Testaments im Neuen BFChTh 2. Reihe 43. Band 1939.

GRETHER, O., Name und Wort Gottes im Alten Testament BZNW 64 1934.

–, Artikel: „ὀργή etc.", in: ThW V (1954) 392–394, 410–413.

GÜTTGEMANNS, E., Der leidende Apostel und sein Herr. Studien zur paulinischen Christologie FRLANT 90 1966.

–, Bespr. von D. GEORGI, Die Gegner des Paulus im 2. Korintherbrief, in: ZKG 77 (1966) 126–131.

HANSON, A. T., The Wrath of the Lamb 1957.

HARPER, W. R., A Critical and Exegetical Commentary on Amos and Hosea ICC 1936.

HEADLAM, A. C./SANDAY, W., A Critical and Exegetical Commentary on the Epistle to the Romans ICC 5. ed. 1902.

HEMPEL, J., Das Ethos des Alten Testaments BZAW 2. Aufl. 1964.

–, Die israelitischen Anschauungen von Segen und Fluch im Lichte altorientalischer Parallelen, in: ZDMG NF 4 (1925) 20–110.

–, Die Grenzen des Anthropomorphismus Jahwes im Alten Testament, in: ZAW 57 (1939) 75–85.

HERNTRICH, V., Jeremia. Der Prophet und sein Volk 1938.

HERTZBERG, H. W., Prophet und Gott. Eine Studie zur Religiosität des vorexilischen Prophetentums BFChTh 28,3 1923.

HESCHEL, A. J., Die Prophetie 1936.

–, The Prophets 1962.

HESSE, F., Das Alte Testament als Buch der Kirche 1966.

HUNTER, A. M., Paul and his Predecessors, new rev. ed. 1961.

HYATT, J. P., The Book of Jeremiah. Introduction and Exegesis IntB 5 1956 (Jeremiah).

–, The Deuteronomic Edition of Jeremiah, in: Vanderbilt Studies in the Humanities 1951 (I) 71–95.

JACOB, E., Théologie de l'Ancien Testament 1955.

JAEGER, W., Die Theologie der frühen griechischen Denker 1953.

JONAS, H., Gnosis und spätantiker Geist I FRLANT NF 33 3. Aufl. 1964 mit ErgH 1964, II, 1 FRLANT NF 45 2. Aufl. 1966.

JÜNGEL, E., Paulus und Jesus HUTh 2 3. Aufl. 1967.

–, Gottes Sein ist im Werden 1965.

KAISER, O., Der Königliche Knecht. Eine traditionsgeschichtlich-exegetische Studie über die Ebed-Jahwe-Lieder bei Deuterojesaja FRLANT 71 2. Aufl. 1962.

KÄSEMANN, E., Exegetische Versuche und Besinnungen I 3. Aufl. 1964; daraus: Kritische Analyse von Phil. 2,5–11, 51–95 (ZThK 47, 1950, 313–360).

–, Exegetische Versuche und Besinnungen II 3. Aufl. 1968; daraus: Gottesgerechtigkeit bei Paulus, 181–193 (ZThK 58, 1961, 367–378).

–, Jesu letzter Wille nach Johannes 17 2. Aufl. 1967.

–, Der Ruf der Freiheit 4. Aufl. 1968.

–, Die Legitimität des Apostels, in: ZNW 41 (1942) 33–71.

–, Erwägungen zum Stichwort ‚Versöhnungslehre im Neuen Testament‘, in: Zeit und Geschichte. Dankesgabe an Rudolf Bultmann zum 80. Geburtstag 1964, 47–59.

–, Paulinische Perspektiven 1969; daraus: Rechtfertigung und Heilsgeschichte im Römerbrief, 108–139.

KIRK, G. S./RAVEN, J. E., The Presocratic Philosophers. A Critical History with a Selection of Texts 1962.

KITTEL, G., Artikel: „δοκέω etc.", in: ThW II (1935) 235–240. 245–258.

KÖHLER, L., Theologie des Alten Testaments 4. Aufl. 1966 (Theologie).

KRAMER, W., Christos Kyrios Gottessohn. Untersuchungen zu Gebrauch und Be-

196

deutung der christologischen Bezeichnungen bei Paulus und den vorpaulinischen Gemeinden AThANT 44 1963.

KRAUS, H. J., Geschichte der Historisch-Kritischen Erforschung des Alten Testaments von der Reformation bis zur Gegenwart 1956.

–, Die Biblische Theologie 1970.

KREMERS, H., Der leidende Prophet, ungedruckte Dissertation Göttingen 1952.

–, Leidensgemeinschaft mit Gott im Alten Testament, in: EvTh 13 (1953) 122–140.

KUENEN, A., De Godsdienst van Israel 2 Bände 1869 f. Engl. Übers. von A. H. May, The Religion of Israel 3 Bände 1874 f.

KUITERT, H. M., Gott in Menschengestalt. Eine dogmatisch-hermeneutische Studie über die Anthropomorphismen der Bibel BEvTh 45 1967.

KÜMMEL, W. G./LIETZMANN, H., An die Korinther I.II HNT 9 4. Aufl. 1949.

KÜMMEL, W. G., Römer 7 und die Bekehrung des Paulus UNT 17 1929.

–, Πάρεσις und ἔνδειξις. Ein Beitrag zum Verständnis der paulinischen Rechtfertigungslehre, in: Heilsgeschehen und Geschichte. Gesammelte Aufsätze 1933–1964. Marburger Theologische Studien 3 1965, 260–270 (ZThK 49, 1952, 154–167).

LEENHARDT, F. J., L'Épître de Saint Paul aux Romains 1957.

LEEUW, G. VAN DER, Artikel: „Anthropomorphismus", in: RAC I (1950) 446–450.

LESLIE, E. A., Jeremiah, chronologically arranged, translated, and interpreted 1954.

LIETZMANN, H./KÜMMEL, W. G., An die Korinther I.II HNT 9 4. Aufl. 1949..

LOHMEYER, E., Die Briefe an die Philipper, Kolosser und an Philemon Meyer K. 11. Aufl. 1956, mit Beiheft von W. SCHMAUCH 1964.

–, Probleme paulinischer Theologie. I. Briefliche Grußüberschriften, in: ZNW 26 (1927) 158–173.

–, Kyrios Jesus. Eine Untersuchung zu Phil. 2,5–11, in: SAH phil.-hist. Klasse 1927/28, 4. Abh.

LOHSE, E., Märtyrer und Gottesknecht. Untersuchungen zur urchristlichen Verkündigung vom Sühntod Jesu Christi FRLANT NF 46 2. Aufl. 1963.

LYONETT, S., L'histoire du salut selon le chapitre VII de l'épître aux Romains, in: Biblica 43 (1962) 117–151.

–, „Tu ne convoiteras pas", in: Neotestamentica et Patristica, Supplements to Novum Testamentum VI (1962) 157–165.

LYS, D., The Meaning of the Old Testament 1967.

MACGREGOR, G. H., The Concept of the Wrath of God in the New Testament, in: NTS VII (1960/61) 101–109.

MARMORSTEIN, A., The Old Rabbinic Doctrine of God, II. Essays in Anthropomorphism 1937.

MAUCHLINE, J., The Book of Hosea. Introduction and Exegesis IntB VI 1956.

MAURER, C., Die Gesetzeslehre des Paulus nach ihrem Ursprung und ihrer Entfaltung dargelegt 1941.

MEINERTZ, M., Theologie des Neuen Testamentes. Die Heilige Schrift des Neuen Testamentes. Ergänzungsbände I und II 1950.

MICHAELI, F., Dieu à l'image de l'homme 1948.

MICHAELIS, W., Der Brief des Paulus an die Philipper ThHK 11 1935.

Michel, O., Der Brief an die Römer Meyer K. 13. Aufl. mit Nachtr. 1966 (Römer).

Mildenberger, F., Gottes Tat im Wort. Erwägungen zur alttestamentlichen Hermeneutik als Frage nach der Einheit der Testamente 1964.

Miller, J. W., Das Verhältnis Jeremias und Hesekiels, sprachlich und theologisch untersucht 1955.

Miskotte, K. H., Wenn die Götter schweigen. Vom Sinn des Alten Testaments 3. Aufl. 1966.

Moore, G. F., Judaism in the First Centuries of the Christian Era. The Age of the Tannaim, vol. I 10th impression 1966.

Mowinckel, S., Zur Komposition des Buches Jeremia Videnskapsselskapets Skrifter II Hist.-Filos. Klasse (1913) No 5 1914.

Müller, C., Gottes Gerechtigkeit und Gottes Volk. Eine Untersuchung zu Römer 9–11 FRLANT 86 1964.

Neugebauer, F., In Christus. EN ΧΡΙΣΤΩΙ. Eine Untersuchung zum Paulinischen Glaubensverständnis 1961.

Oehler, G. F., Theologie des Alten Testaments 1873.

Oepke, A., Artikel: „καλύπτω etc.", in: ThW III (1938) 558–597.

Oesterley, W. O. E./Robinson, Th. H., Hebrew Religion. Its Origin and Development 2. ed. 1937.

Ott, H., Geschichte und Heilsgeschichte in der Theologie Rudolf Bultmanns BHTh 19 1955.

Pannenberg, W. u. a., Offenbarung als Geschichte 2. Aufl. 1963.

Pfeiffer, R. H., Religion in the Old Testament. The History of a Spiritual Triumph 1961.

Piepenbring, C., Théologie de l'Ancien Testament 1886.

Plautz, W., Die Form der Eheschließung im Alten Testament, in: ZAW 76 (1964) 298–318.

Plummer, A., A Critical and Exegetical Commentary on the Second Epistle of St. Paul to the Corinthians ICC 1915.

Procksch, O., Theologie des Alten Testaments 1950.

–, Artikel: „λέγω etc.", in: ThW IV (1942) 89–100.

Quell, G., Wahre und falsche Propheten. Versuch einer Interpretation BFChTh 46, 1 1952.

Rad, G. von, Theologie des Alten Testaments. Einführung in die evangelische Theologie Band 1. I Die Theologie der geschichtlichen Überlieferungen Israels 5. Aufl. 1966 (Theologie I). II Die Theologie der prophetischen Überlieferungen Israels 5. Aufl. 1968 (Theologie II).

–, Artikel: „δοκέω etc.", in: ThW II (1935) 240–245.

–, Artikel: „ἡμέρα", in: ThW II (1935) 945–949.

–, Die falschen Propheten, in: ZAW 51 (1933) 109–120.

–, Die Konfessionen Jeremias, in: EvTh 3 (1936) 265–276.

–, Verheißung, in: EvTh 13 (1953) 406–413.

Raven, J. E./Kirk, G. S., The Presocratic Philosophers. A Critical History with a Selection of Texts 1962.

Rendtorff, R., Hermeneutik des Alten Testaments als Frage nach der Geschichte, in: ZThK 57 (1960) 27–40.

REVENTLOW, H. Graf, Liturgie und prophetisches Ich bei Jeremia 1963.

RIETZSCHEL, C., Das Problem der Urrolle. Ein Beitrag zur Redaktionsgeschichte des Jeremiabuches 1966.

ROBINSON, H. W., The Cross of Hosea 1949.

ROBINSON, H. TH./OESTERLEY, W. O. E., Hebrew Religion. Its Origin and Development 2. ed. 1937.

–, Baruch's Roll, in: ZAW 42 (1924) 209–221.

ROWLEY, H. H., The Unity of the Bible 1953.

–, The Marriage of Hosea, in: BJRL 1956, 200–233.

RUDOLPH, W., Jeremia HAT 1. Reihe 12 2. Aufl. 1958 (Jeremia).

–, Hosea KAT XIII, 1 1966 (Hosea).

RULER, A. A. VAN, Die Christliche Kirche und das Alte Testament 1955.

SANDAY, W./HEADLAM, A. C., A Critical and Exegetical Commentary on the Epistle to the Romans ICC 5. ed. 1902.

SCHENKE, H. M., Der Gott „Mensch" in der Gnosis. Ein religionsgeschichtlicher Beitrag zur Diskussion über die paulinische Anschauung von der Kirche als Leib Christi 1962.

SCHLATTER, A., Der Glaube im Neuen Testament 5. Aufl. 1963.

–, Gottes Gerechtigkeit. Ein Kommentar zum Römerbrief 4. Aufl. 1965.

–, Paulus, der Bote Jesu. Eine Deutung seiner Briefe an die Korinther 4. Aufl. 1968.

SCHLIER, H., Der Brief an die Galater Meyer K. 11. Aufl. 1951.

–, Artikel: „ἀνέχω etc.", in: ThW I (1933) 360–361.

SCHMIDT, H. W., Der Brief des Paulus an die Römer ThHK VI 1963.

SCHMITHALS, W., Die Gnosis in Korinth. Eine Untersuchung zu den Korintherbriefen FRLANT NF 48 2. Aufl. 1965.

SCHNEIDER, J., Artikel: „ὅμοιος etc.", in: ThW V (1934) 186–198.

SCHOEPS, H. J., Paulus. Die Theologie des Apostels im Lichte der jüdischen Religionsgeschichte 1959.

SCHRENK, G., Artikel: „γράφω etc.", in: ThW I (1933) 742–773.

–, Artikel: „δίκη etc.", in: ThW II (1935) 180–229.

SCHULTZ, H. Alttestamentliche Theologie 5. Aufl. 1896.

SCHULZ, A., Nachfolgen und Nachahmen. Studien über das Verhältnis der neutestamentlichen Jüngerschaft zur urchristlichen Vorbildethik. Studien zum Alten und Neuen Testament VI 1962.

SCHWEITZER, A., Die Mystik des Apostels Paulus 1930.

SCHWEIZER, E., Artikel: „υἱός etc.", in: ThW VIII (1968) 355–395.

SCROGGS, R., The Last Adam. A Study in Pauline Anthropology 1966.

SJÖBERG, H., Artikel: „ὀργή etc.", in: ThW V (1954) 413–418.

SKINNER, J., Prophecy and Religion. Studies in the Life of Jeremiah 1936.

SMART, J. D., The Interpretation of Scripture 1961. Deutsche Übers. von H. Harsch, Hermeneutische Probleme der Schriftauslegung. Beiträge zur prakt. Theologie 2, 1964.

STAMM, J. J., Die Bekenntnisse des Jeremia, in: Kirchenblatt für die reformierte Schweiz 111 (1955) 354–357, 370–375.

STÄHLIN, G., Artikel: „ὀργή etc.", in: ThW V (1954) 413–448.

STINESPRING, W., Hosea, the Prophet of Doom, in: Crozer Quarterly 1950, 200 bis 207.

STOEBE, H. J., Seelsorge und Mitleiden bei Jeremia, in: WuD 4 (1955) 116–134.

STREETER, B. H., Reality. A New Correlation of Science and Religion 1926.

STUHLMACHER, P. Gerechtigkeit Gottes bei Paulus FRLANT 87 2. Aufl. 1966.

TANNEHILL, R. C., Dying and Rising with Christ. A Study in Pauline Theology BZNW 32 1967.

THÜSING, W., Per Christum in Deum. Studien zum Verhältnis von Christozentrik und Theozentrik in den paulinischen Hauptbriefen NTA NF 1 2. Aufl. 1968.

TUSHINGHAM, D. A., A Reconsideration of Hosea chapters 1–3, in: JNES 12 (1953) 150–159.

VISCHER, W., Das Christuszeugnis des Alten Testaments. I Das Gesetz 7. Aufl. 1946. II Die Propheten 2. Aufl. 1946.

VOLZ, P., Der Prophet Jeremia 3. Aufl. 1930.

VRIEZEN, T. C., Theologie des Alten Testaments in Grundzügen 1957.

WARD, J. M., Hosea: a Theological Commentary 1966 (Hosea).

WEISER, A., Der Prophet Jeremia ATD 20 5. Aufl. 1966, ATD 21 4. Aufl. 1966 (Jeremia).

–, Das Buch der zwölf kleinen Propheten I ATD 24 5. Aufl. 1967 (Hosea).

WEISS, J., Das Urchristentum 1917.

–, Der erste Korintherbrief Meyer K. 10. Aufl. 1925.

WESTERMANN, C., ed., Probleme alttestamentlicher Hermeneutik. Aufsätze zum Verstehen des Alten Testaments ThB 11 3. Aufl. 1968.

–, Das Alte Testament und Jesus Christus 1968.

WILCKENS, U., Artikel: „σοφία etc.", in: ThW VII (1964) 465–475. 497–529.

WILDBERGER, H., Jahwewort und prophetische Rede bei Jeremia. Dissertation Zürich 1942.

–, Auf dem Wege zu einer biblischen Theologie, in: EvTh 19 (1959) 70–90.

WINDISCH, H., Der 2. Korintherbrief Meyer K. 9. Aufl. 1924.

WOLFF, H. W., Dodekapropheton 1. Hosea BK XIV/1961 (Hosea).

–, „Wissen um Gott" bei Hosea als Urform von Theologie, in: EvTh 12 (1952/53) 533–554.

–, Erkenntnis Gottes im Alten Testament, in: EvTh 15 (1955) 426–431.

–, Das Thema „Umkehr" in der Alttestamentlichen Theologie, in: ZThK 48 (1951) 129–148.

WOLFSON, H. A., Philo. Foundations of Religious Philosophy in Judaism, Christianity, and Islam I and II Fourth Printing rev. 1968.

WREDE, W., Paulus. Religionsgeschichtliche Volksbücher 1. Reihe Heft 5/6 1907.

WRIGHT, G. E., God Who Acts. Biblical Theology as Recital. Studies in Biblical Theology 8 5th impr. 1960.

–, The Old Testament and Theology 1969.

ZAHN, T., Der Brief des Paulus an die Römer KNT 3. Aufl. 1925.

ZIMMERLI, W., Das Gesetz und die Propheten. Zum Verständnis des Alten Testaments 1963.

–, Verheißung und Erfüllung, in: EvTh 12 (1952/53) 34–59. (Probleme alttestamentlicher Hermeneutik, ed. C. WESTERMANN 1960, 69–101).

STELLENREGISTER

a) Biblische Stellen

Genesis

1	34
1,26	29, 38
1,27	114
2—3	155, 157
2,17	157, 159
3,5	157
3,8	19
3,13	160
3—11	4 f.
6,6	19
6,12	18
7,16	19
11,5	19
17,1	27

Exodus

6,7	68
15,3	19
15,17	87
16,12	18
17,11	100
19,5 f.	68
20,5	19
21,32	69
32,11 ff.	100
33,19	68

Leviticus

4,1	18
20,23	19
24,16	27
27,4	69

Numeri

5,11 ff.	90
14,13 ff.	100
23,19	24

Deuteronomium

8,5	24
9,10	18
9,18 ff.	100
21,22 f.	164
24,1—4	70
29,19	19
29,21 f.	53
30,19	159
32,2 f.	129
33,26	19

Richter

13,5	91
13,7	91
16,17	91

1. Samuel

7,9 f.	100
12,17 f.	100

2. Samuel

7,10	87
24,10 ff.	59

1. Könige

9,21 ff.	61,68

Psalmen

1	112
2,8 f.	91
44,3	87
69,10	176
80,9	87
103,13	68
106,20	169
110,5 f.	91

Jesaja

15—16	98

1,16	126	6,9	134, 142
1,17	144—146, 164	6,11	132
1,17 f.	151 f.	6,12	156
1,18—3,20	144—151, 161 f.	6,14 f.	150
1,20	125	6,22	131
1,23	127, 169	7,4	142
2,2 f.	128	7,5 f.	154
2,5	128	7,7—12	154—162, 164—166, 182
2,16	128	7,25	131
2,17	158, 183	8,3	141f., 163, 167—174, 176,
2,20	183		178, 181
2,23	158	8,11	126, 133 f., 142
2,25	179	8,12 ff.	159
3,1 f.	183	8,17	127
3,7	127	8,28	140
3,9	183	8,29 f.	140
3,19	183	8,34	134, 141 f., 180
3,20	154	8,34 f.	123
3,21—26	144, 179	8,35	180
3,22	131	8,35—37	124, 181
3,23	127	8,37	180
3,24	123, 150	9,5	142
3,25	133	9,11	140
3,26	131, 133, 146 f.	9,16 f.	125
3,27	158	9,22	147
3,30	165	9,23	150
4,3	131	10,9	131, 134, 142
4,5	131	11	177
4,15	152, 154, 162	11,2	140
4,17	126, 131, 188	11,14	124
4,19	137	11,26	125
4,20	127	11,31	150
4,24	126, 131, 134, 142	12,1	132
4,25	142	12,2	141
5,2	127	12,11	131
5,6	141	13,9	155
5,8	123	13,10	185
5,9 f.	124	13,14	156
5,10	141	14,8	131 f.
5,12—21	177—179	14,9	141
5,13 f.	181	14,10	128, 150
5,14	147, 169 f.	14,15	141
5,15	123, 150	14,18	140
5,16	174	14,23	149
5,17	147, 150	15,3	140, 174, 176 f., 181
5,18 f.	177, 181	15,7	140
5,19	142, 174	15,8	142, 174, 176 f., 181 f.
5,20	150, 154, 162, 181	15,16	130
6,1	150	15,18 f.	130
6,3	141	15,32	132, 141
6,4	127, 134, 142	16,16	129
6,5	141, 169 f.	16,18	131

PERSONENREGISTER

Albright, W. F. 38 f.
Allo, E. B. 156
Anderson, B. W. 3
Aristoteles 22

Bach, R. 49, 60, 87 f.
Barr, J. 3, 7
Barrett, C. K. 155—157, 170
Barth, M. 3
Baumann, E. 64
Baumgärtel, F. 3
Benoit, P. 3
Berdjajew, N. 148
Betz, H. D. 174
Bietenhard, H. 68
Billerbeck, P. 157
Bläser, P. 152
Blass, F. 168, 183
Boisset, J. 3
Bornkamm, G. 144, 146, 154, 161, 177
Bousset, W. 23, 119
Brandenburger, E. 177 f.
Braun, H. 3
Bright, J. 3, 85, 90, 94
Brückner, M. 118
Buber, M. 73
Bultmann, R. 4, 8—16, 119—121, 123 f.,
    144, 152, 158 f., 161, 174, 177 f.
Burrows, M. 2
Burton, E. D. W. 164, 166

Cerfaux, L. 128 f.
Colpe, C. 178
Conzelmann, H. 122, 139, 144, 146,
    152, 154, 161
Coppens, J. 3
Cornill, C. H. 112

Dahl, N. A. 139
Daniélou, J. 3
Debrunner, A. 168, 183
Delling, G. 128
Diogenes Laertius 20
Dodd, C. H. 121, 148—150, 157

Driver, G. R. 75
Duhm, B. 79, 103
Dülmen, A. van 152, 155, 158, 167
Dürr, L. 84

Ebeling, G. 2, 15 f.
Eichrodt, W. 35 f., 116
Eissfeldt, O. 85

Fichtner, J. 145
Foerster, W. 129, 133
Friedrich, G. 125, 130, 134
Fritsch, C. T. 23
Frör, K. 3
Fuchs, E. 157
Fück, J. 75

Georgi, D. 133—135, 137
Godet, F. 156
Goppelt, L. 3
Graf, K. H. 30
Gressmann, H. 23
Grether, O. 83, 145
Güttgemanns, E. 118, 121, 135—138,
    174 f.

Hanson, A. T. 148—150
Harper, W. R. 61
Headlam, A. C. 160, 168 f., 171
Heitmüller, W. 119
Hempel, J. 17, 19, 37 f., 84
Herntrich, V. 89
Hertzberg, H. W. 80 f.
Heschel, A. J. 41—44, 64, 79, 93, 102,
    114
Hesiod 20—22
Hesse, F. 3
Homer 20 f.
Hunter, A. M. 121
Hyatt, J. P. 85, 90, 94

Jacob, E. 37
Jaeger, W. 19 f.
Jersel, B. van 3

Tannehill, R. C. 169 f.
Thüsing, W. 121, 128, 169 f.
Tushingham, D. A. 71

Vatke, W. 30
Vischer, W. 3
Volz, P. 87
Vriezen, T. C. 36

Ward, J. M. 49, 52, 58, 60, 68, 73
Weiser, A. 49, 52, 61, 90 f., 99, 103,
  105 f., 109
Weiss, J. 168
Wellhausen, J. 30

Westermann, C. 3
Wilckens, U. 126
Wildberger, H. 83, 89
Windisch, H. 172
Wolff, H. W. 46, 48 f., 51 f., 58 f., 60,
  63—66
Wolfson, H. A. 28
Wrede, W. 118
Wright, G. E. 2 f.

Xenophanes 19—23, 29

Zahn, T. 125
Zimmerli, W. 4—8, 16, 30, 95

SACHREGISTER

(in Auswahl)